붉은 벨벳앨범 속의 **여인들**

붉은 벨벳앨범 속의 여인들—용산집결지 삶에 관한 보고서

초판 1쇄 인쇄 _ 2007년 10월 20일
초판 1쇄 발행 _ 2007년 10월 25일

기　획 _ (사)막달레나공동체 용감한여성연구소
엮은이 _ 김애령, 원미혜

펴낸이 _ 유재건
주　간 _ 김현경
책임편집 _ 박순기
편　집 _ 주승일, 박재은, 홍원기, 강혜진, 임유진, 진승우
마케팅 _ 이경훈, 김하늘
영업관리 _ 노수준
경영지원 _ 문현희
유통지원 _ 고균석

펴낸곳 _ 도서출판 그린비 · 등록번호 제10-425호
주　소 _ 서울시 마포구 동교동 201-18 달리빌딩 2층
전　화 _ 702-2717 · 702-4791
팩　스 _ 703-0272
E-mail _ editor@greenbee.co.kr

책값은 뒤표지에 있습니다.
Copyright ⓒ 2007 막달레나공동체 용감한여성연구소
저작권자와의 협의에 따라 인지는 생략했습니다.
이 책은 지은이들과 그린비의 독점계약에 의해 출간되었으므로
무단전재와 무단복제를 금합니다.
ISBN 978-89-7682-702-9　03330

이 도서의 국립중앙도서관 출판시도서목록(CIP)은 e-CIP 홈페이지(http://www.nl.go.kr/cip.php)에서
이용하실 수 있습니다.(CIP제어번호 : CIP2007003103)

붉은 벨벳앨범 속의 여인들

용산 성매매집결지 삶에 관한 보고서

막달레나공동체 용감한여성연구소 기획
김애령 · 원미혜 엮음

그린비

책을 펴내며

지난 20년 동안 막달레나의집이 해온 일 중 가장 의미 있는 것은 용산역 앞 성매매집결지의 여성들과 한 이웃으로 살아온 일이다. 긴 세월은 아니겠지만 그렇다고 누군가의 삶을 지켜보고, 그 삶을 함께 추켜세우기에는 그리 짧은 세월도 아니다. 용산역 주변을 터전 삼아 성매매로 하루하루의 삶을 이어가는 여성들, 용산에서의 삶을 살아낸 그녀들은 막달레나의집이 존재하는 이유였으며 우리의 좋은 선생님이자 훌륭한 파트너들이다.

여기에 실린 아홉 편의 이야기는 바로 그들과 함께 엮어낸 결과물이다. 인터뷰에 참여한 사람들의 면면을 보면 글을 모르는 사람에서부터 대학교육을 받은 경험이 있는 사람까지, 십 년 미만의 성매매 경력을 가진 여성에서부터 사십 년 넘는 세월을 용산 성매매집결지에 살아온 여성이 있는가 하면, '아가씨'에서 '펨푸', 업주까지 그 삶의 이력이 각기 다양하다. 다만 이 작업에 함께 한 아홉 명의 참여자들이 지니는 삶의 공통점은 용산 성매매집결지가 그들의 터전이며, 그 어떤 이의 삶도 결코 순탄하거나 만만치 않은, 함부로 단언할 수 없는 개인들의 역사이자 성매매 지역의 역사라는 점이다.

원미혜는 정미화와 「가장 열악한 여성의 가장 치열한 선택, '자유'」를 통해 참담한, 너무도 참담한 고난 속에서도 '얼마 남지 않은 삶'을 인식하며 최선을 다해 오늘을 살아가는 그녀의 삶을 이야기한다. 백재희는 「벨벳앨범의 여인들」에서 흡사 신앙과도 같이 '나눔의 삶'을 소망하는 심부자와의 대화를 통해 과거, 현재, 미래를 관통하는 '여성들의 관계'의 의미에 대해 말하며, 홍춘희는 「일터로서의 용산, 파산을 앞둔 '직장'」에서 삶터로서의 성매매 공간을 인식하며 그 공간에서의 '일'을 자기 삶의 자원으로 받아들이는 이윤경과 만난다.
　「아가씨들과의 기억, 그 연대기」에서 김애령은 '업주'로서 오랜 세월을 살아온 정순희를 만나 여성들과 얽힌 '추억'의 편린 속에서, '업주'가 걸어온 길에서 '아가씨'의 삶을 반추한다. 엄상미는 불구의 몸이 된 채, 42년 세월 동안 늘 꿈꾸었던 용산으로부터의 '탈주'를 이룬 고양자와 함께 「그 절실한 꿈, 용산 밖의 삶」을 돌아본다.
　김민지는 「진주네 방, 태양을 꿈꾸다」를 통해 일기장이나 책장 갈피 갈피에, 또는 어느 사진 한 장에 그 삶의 잔잔한 일상을 간직하며, 괜찮아질 미래를 꿈꾸는 이진주와 만나며, 전유나는 송곰례와 함께 「두 공간을 오가며 : 용산에서의 곰례, 일산에서의 곰례」에서 '일터'와 가정을 오가며 그려지는 삶의 괴리 속에서도 활발하게 살아가는 한 여성의 일상을 꼼꼼하게 그려낸다.
　마치 인생 선후배 간의 대담과도 같이 이어진 이희애와 백경옥의 이야기 「용산의 원조 : 히빠리골목 사람들」에는 성매매방지법을 둘러싼 현장에서의 삶을 밀도 있게 펼쳐 보인다. 김애령은 또 다른 글 「프리랜서, 성노동자, 그리고 새로운 선택」에서 누구보다 치열하게 성매매여성으로서의 정체성을 고민해온 고연주와 대화하며 이제 새로운 선택, 새로운 인생의 그림을 함께 그려본다.

　이 글은 모든 인터뷰참여자들과 함께 검토하는 과정을 거쳐 상호 간에 확인과 동의를 구했다. 어떤 이는 글을 몰라 인터뷰어가 일일이 작업물을 다 읽어줘야 했고, 어떤 이는 빨간펜을 들고 자신이 인터뷰 과정에서 못다한 얘기를 세세하게 첨언하는가 하면, 에필로그에 자신의 현재 생활에 대해서 추가설명을 부탁하거나, 자신의 이야기가 독자들에게 좀 더 제대로 전달될 수 있도록 연구자가 매끄럽게 다듬어주기를 바라는 등 제안사항이 많았다. 인터뷰참여자들이 인터뷰 과정에서 쏟아낸 언어 그 자체를 '매끄럽게' 다듬기를 제외하고는 대부분 그들의 제안사항이 수용되었다.

　재개발을 앞두고 번듯한 민자역사로 탈바꿈한 용산역을 마주보며, 오늘일지, 내일일지 모를 불안의 나날을 사는 수몰지구 혹은 철거를 앞둔 어느 마을처럼 막연히 그날을 기다리며 사는 곳. 이 현장에서 감지되는 '변화'가 압박이나 절망이 아니라 더 나은 삶을 향한 '지향'이 될 수 있기 위해서 우리는 지금 무엇을 해야 할 것인가, 익숙한 삶의 현장, 삶의 방법, 삶의 관계들은 그 무엇으로 대체될 수 있을지……. 이 연구를 진행하며 그 어느 때보다도 마음이 무거웠다.

　이 작업을 진행하고 정리할 때까지도, 우리는 이것이 책이 될 수 있으리라고 생각하지 못했다. 발표조차도 조심스러웠고, 우리가 이 작업을 사랑하고 자랑스러워하는 만큼 이해받을 수 있을지 망설여졌다. 때문에 이 책이 출판사를 통해서 나오기까지는 2년의 시간이 흘렀다. 이 책은 2005년 『태양을 꿈꾸다』라는 제목의 자료집으로 발간되었다. 그 후 인터뷰참여자와 관련 연구자, 후원자들의 격려로 출판을 시도하게 되었다.

가장 먼저 이 책의 저자들인, 인터뷰참여자들에게 무한한 감사를 드린다. 그 누구도 이들만큼 자신의 삶과 경험을 이렇게 진솔하고 생생하게 들려주지 못했을 것이다. 이 여성들이 우리에게 보여준 관용과 친절과 열린 태도는 우리를 정말 행복한 연구자로 만들어주었으며, 우리에게 잊을 수 없는 기억과 이런 연구를 지속할 용기를 남겨주었음을 고백한다. 또한 이 인터뷰에 참여하지는 않았지만, 다양한 방식으로 작업을 도와주고 여러 가지 지원을 아끼지 않은 '막달레나의집' 실무자들에게도 감사의 마음을 전한다. 이들의 차분하고 확고한 도움이 작업을 안정적으로 진행할 수 있는 바탕이 되었다.

우리의 망설임과 조심스러움을 용기와 가능성으로 바꾸어준 그린비 김현경 주간과의 만남에 감사드린다. 우리 작업을 우리만큼 귀하게 여겨준 그린비의 결정이 이 책을 세상에 내놓을 힘이 되었다.

2007년 9월
막달레나공동체 용감한여성연구소

:: **차 례**

책을 펴내며 5

0_들어가기 전에 김애령·원미혜 11

1_가장 열악한 여성의 가장 치열한 선택, '자유' 정미화, 원미혜 35

2_벨벳앨범의 여인들 심부자, 백재희 97

3_일터로서의 용산, 파산을 앞둔 '직장' 이윤경, 홍춘희 149

4_아가씨들과의 기억, 그 연대기 정순희, 김애령 195

5_그 절실한 꿈, 용산 밖의 삶 고양자, 엄상미 245

6_진주네 방, 태양을 꿈꾸다 이진주, 김민지 295

7_두 공간을 오가며 : 용산에서의 곰례, 일산에서의 곰례 송곰례, 전유나 347

8_용산의 원조 : 히빠리골목 사람들 백경옥, 이희애 403

9_프리랜서, 성노동자, 그리고 새로운 선택 고연주, 김애령 469

| 일러두기 |

1 이 책 『붉은 벨벳앨범 속의 여인들』은 2005년 막달레나의집에서 용산집결지를 삶의 터전으로 하여 살아왔던 여성들을 인터뷰한 내용을 책으로 엮은 것이다. 따라서 이 책의 인터뷰들에서 언급되는 기준 시점은 모두 2005년이다. 예컨대, 본문에서 '작년 9월 23일'이라고 했을 경우, 이는 2004년 9월 23일을 뜻한다. 필요한 경우 대괄호〔 〕속에 해당 연도를 명기하여 독자들의 이해를 도왔다.

2 인터뷰를 진행한 연구자들의 이름을 제외하고, 이 책에서 사용된 인명, 지명, 상호 등은 모두 가명을 사용했다.

3 이 책에 실린 인터뷰들에서의 단락구분, 구두점, 약물 사용 등은 인터뷰어들이 가독성을 고려하여 인터뷰 녹취 원고를 편집한 것이다. 이 책에 실린 인터뷰들은 글의 특성상 다음과 같은 기호들을 사용했다.
  〔 〕: 보충설명이나 이해를 위해 인터뷰어가 덧붙인 말
  ( ) : 인터뷰어의 추임새나 간단한 대답 및 질문
  〈 〉: 행동이나 상황 설명
  ~ : 말소리를 늘임
  … : 말을 줄이거나 얼버무림
  (…) : 중략

4 인터뷰라는 글의 특성상 필요하다고 판단되는 경우에는 맞춤법을 따르지 않기도 하였다

0

들어가기 전에

8명의 연구자들을 대표하여 김애령·원미혜

과정으로서의 만남

여성이야말로 여성 자신의 삶, 우리가 살고 있는 삶의 진정한 전문가이다.
— 리키 로버츠

용산역 앞 여성들의 목소리를 전하기까지

2년 전 우리는 성매매방지법 시행 1년이 조금 지나는 시점에 용산 성매매집결지의 여성들을 만났다. 여기, 그 여성들의 목소리를 전하기까지 우리는 얼마간의 우회로를 거쳤다.

 2003년과 2004년, 두 차례에 걸쳐 우리는 "성매매를 경험한 여성들의 전업(轉業)에 대한 인식"을 조사하는 연구를 수행했다.* 이 두 연구는 분명한 연구 주제와 연구 목적을 가지고 있었다. "성판매여성들에게 전업은 무엇을 의미하는가? 성매매 공간의 안과 밖에서 이들이 전업

---

* 막달레나의집, 「성매매로부터의 탈주, 그리고 전업 : 성매매를 경험한 여성들의 전업에 대한 인식」, 『탈성매매-미래를 준비하는 여성들』, 2003 ; 『2004 성매매로부터의 탈주, 그리고 전업』, 2004. 두 연구는 모두 막달레나의집에서 진행한 여성부 지원 '탈성매매 자활지원시범사업'의 일환으로 이루어졌다.

을 꿈꾸고, 그것을 위해서 노력하게 되는 요인은 무엇인가? 성판매여성들의 꿈과 노력에도 불구하고 전업이 어려운 이유는 무엇인가? 일반적인 전업의 어려움 이외에, 성매매 경험이 전업을 어렵게 하는 다른 부가적인 요인들을 만들고 있지 않은가?"** 연구를 시작할 때 우리는 이러한 질문들을 가지고 있었고, 이 질문들을 밝혀보기 위해서 성매매를 중단하고 쉼터에 있는 여성들과 현직에 있는 여성들을 '심층면접'(2003년) 하고 '설문조사'(2004년)했다. "성산업 공간에 머무는 동안 사회로부터의 오랜 단절, 교육과 훈련에 있어서의 취약성, 경험의 부족, 인적·물적 자원의 부족."*** 거기에 덧붙여지는 사회적 낙인. 우리는 전업이 이런 모든 장애를 극복하는 '오랜 시도와 좌절, 시행착오와 모색의 지난한 과정'임을 확인했고, 그것을 위해서는 오랫 동안의 준비가 필요하다고, 그리고 그 준비는 성매매 공간에서부터 시작되어야 한다고 결론지었다. 그러나 2003년 연구에 참여했던 한 성판매여성이 던졌던 물음은 우리에게 불편한 여운을 남겼다. 전업의 시도와 좌절, 성공 가능성에 대해서 이런 저런 이야기를 나누다가 그 여성은 강한 어조로 이렇게 되물었다. '너희들이 생각하는 전업이 뭔데? 너희들이 바라는 성공이 뭐야?'

2004년 9월 23일 시행되기 시작한 성매매방지법은 기존의 윤락행위등방지법과 마찬가지로 '성매매'를 불법행위로 규정한다. 법의 시행과 더불어 대대적인 단속이 시작되면서, 공개적인 성매매 공간인 '집결지'는 일차적인 타깃이 되었다. 성매매집결지에서는 업소들의 불이 꺼

** 「성매매로부터의 탈주, 그리고 전업」, 15쪽.
*** 『2004 성매매로부터의 탈주, 그리고 전업』, 9쪽.

지고, 그 지역의 성매매 관련 종사자, 업주, 상인들은 생존권을 요구하며 거세게 반발했다. 불 꺼진 용산에서도 여성들의 시위가 있었고, '생존'의 문제에 직면한 여성들은 집중된 단속에 대한 항의의 표시로 이불을 태우기도 했다.* 그러나 성매매방지법이 용산집결지에 단속으로만 다가온 것은 아니다. '성매매 알선행위'와 '호객행위'에는 단속과 벌금이, '성매매 피해자'에게는 '지원'이 약속되었다. 그리고 2005년 8월부터 용산에서도 '성매매집결지 자활지원사업'**이 시작되었다. 이제 의료·법률지원과 전업 준비를 위한 직업훈련지원은 물론, 성매매 관련 일을 그만둔다는 전제 하에서 일정한 금액의 생계비도 최장 1년간 지급된다.

두 차례의 '전업인식조사'를 통해 우리는 전업이 어렵고 지난한 과정을 요구하는 만큼, 전업의 전 과정에 개입하는 지속적이고 밀착된, 여성들의 의지와 욕구에 민감한 '지원'이 절실하다고 주장했지만, 여전히 그 여성들이 어떤 공간을, 어떤 관계를, 어떤 일상을 살고 있는지 구체적으로 알지는 못했다. 2004년의 연구에서 성매매 현장이라고 해도, 지역, 업종, 연령, 각 업종 혹은 업소가 가지고 있는 규칙***에 따라, 여성들의 경험 내용이 각기 다르다는 것을 확인했지만, 그 차이를 충분히 감

---

* 2004년 11월 18일 밤 용산역 앞에서 업주들과 여성들은 "우리는 생계 보장을 위해 나왔습니다"라는 플래카드를 내걸고 이불을 태우며 시위를 했다. 이 시위를 보도한 자료로는 2004년 11월 19일 SBS 아침 8시 뉴스의 '사건사고' 보도에 포함된 짧은 내용이 유일하다. 짧은 보도 영상에 덧붙여진 기자의 코멘트는 다음과 같다. "서울 용산에 있는 집창촌 업주와 성매매여성들이 이불을 태워가며 기습 시위를 벌입니다. 이들은 성매매특별법 시행 이후 계속된 단속으로 생계가 막막해졌다며 특별법 시행을 미뤄달라고 요구했습니다. 경찰은 1개 중대 80여 명을 투입해 이들을 해산시켰으며, 별다른 충돌은 없었습니다."
** 2005년 9월부터 막달레나의집 현장상담센터(정부 지원)는 여성부의 지원을 받아 '용산집결지 자활지원사업'을 진행하고 있다. 그리고 상담센터 산하 '현장지원센터'가 현재 집결지 사업의 중심 공간이다.

지할 수 있을 만큼 그 이야기를 담아낼 수는 없었다.

2005년 11월에서 12월 사이에 이루어졌던 용산역 앞 성매매집결지 여성들과의 만남은 성매매에 대한 사회적 이해가 선정적이거나 단편적이라는 반성적 질문에서 출발했다. '성매매 근절'이라는 당위는 확고해 보이지만, 그것이 대상으로 하는 그 '성매매가 이루어지는 공간'에 대한 이해는 여전히 추상적이며, '합법화'가 가장 현실적인 대안이라는 주장이 한편에서 제기되고 있지만, 그 공간을 살아가는 여성들에 대한 이해는 여전히 부족하다고 생각했다. 이러한 이해의 결여는 성과 있는 탈성매매와 전업이라는 지원의 목적뿐 아니라, 인권보호를 위한 효과적인 감시도 어렵게 할 것이다. '행위자'와 '피해자'를 나누는 선명한 구분선 사이에서 그 경계를 넘나들며 살아가는 여성들의 현실을 지난 연구 과정에서도 만났다. 그러나 우리는 그것을 그대로 전달하지 못했고, 빠르게 진행되는 '근절'의 방향, 비현실적인 '합법화' 주장, 집결지 '폐쇄 예고'에 직면할 때, 이 여성들의 현실은 다시금 묻혀졌다. 여기 묶인, 자신의 경험과 기억과 존재를 드러내는 집결지 여성들의 이야기들은 우리에게 이러한 사실을 확인시켜준다.

*** "성산업 업소들을 유형화하는 연구들에서는 흔히 성매매만을 전문으로 하는 전통형 성매매의 현장인 '집결지'와 다른 유흥산업과 연결된 산업형 성매매 공간—룸싸롱, 단란주점, 티켓다방, 안마시술소 등—을 분리하고 있다. 이러한 유형화는 각각의 업소의 업태가 성매매를 주로 하는가, 혹은 소위 '2차'를 통한 성매매와 연결되는가를 중심으로 한 분류이다. 그러나 전통형 성매매가 주로 행해지는 '집결지'도 각 지역에 따라 차이를 보인다. 외출이 자유로운가, 감금이 있는가, 업주의 영향력이 얼마나 강한가, 성거래 이전에 술과 성적인 유흥이 (반드시) 포함되는가 그러지 않은가, '긴 밤 손님'을 받는가 등의 차이는 성산업의 일반적인 힘겨운 현실(빚과 폭력)에서 부차적인 것만은 아니다. 그것은 성매매 공간에 있는 여성들의 생활 패턴을 결정하는 중요한 요인들일 뿐 아니라, 현실에 대한 개인의 통제력의 정도를 결정하는 주요한 지표가 될 수 있기 때문이다."(『2004 성매매로부터의 탈주, 그리고 전업』, 19~20쪽).

왜곡 없이 듣기 위해서

누가 썼고, 누가 이해해야 하는가? ─ 자크 데리다

여성들의 이야기를 묶으면서 우리가 하고자 한 바는, 이 여성들을, 이 지역을, 성매매를 더 잘 이해할 수 있는 자료를 제공하는 것이다. 그것을 통해 입체적인 앎에 근접할 수 있기를, 선명한 범주화가 아니라 늘 그 범주로부터 소외당하는 개인들의 삶의 고단함과 희망을 읽어주기를 바랬다. 그것을 위해 우리는 여성들과의 이야기를 우리가 들은 대로 전하기로 했다.

지난 연구들에서도 우리는 여성들의 이야기를 들었다. 그것이 우리가 준비한 질문에 여러 시간 동안 친절히 답하는 과정이었든, 일을 하는 중에도 시간을 내어 채워준 여러 장의 설문지였든, 우리는 그들이 스스로를 표현하는 이야기를 들었다. 그러나 우리는 지난 연구에서 그 이야기를 우리가 들은 대로 전달하지는 못했다. 우리는 연구 목적과 우리가 제기하는 물음에 맞추어, 그것에 적합한 방식으로 어떤 부분을 강조하고, 어떤 부분을 누락하기도 했다. 그러한 연구 과정은 우리에게 늘 안타까움을 남겼다. 우리를 안타깝게 했던 것은 주장의 객관성을 보완하는 '증거'로 채택된 부분들 사이에 묻혀진 모호한 갈등과 긴장, 우리가 충분히 녹여내지 못한 그녀들의 진정한 관심과 자기 표현방식이었다. 다층적 정체성과 삶의 복합성은 우리가 집중했던 '성매매'라는 주제의 주위에서 흩어졌다. 우리는 우리가 매개해서 전하는 대로가 아닌, 여성들이 스스로를 표현하는 그 목소리들이 그대로 살아날 수 있을 넉넉하고 온당한 공간을 마련하고 싶었다.

그렇게 흩어지던, 들었으나 들리도록 하지 못했던 이야기에 접근하기 위해, 우선 우리는 이번에는 관심의 초점을 '성매매'로 집중하지 않기로 했다. 그 비워진 곳에서 우리는 특정한 공간에서 삶을 영위해온 여성들의 경험과 기억 그리고 그것을 전하는 이야기와 조심스럽게 조우하고자 노력했다. 여성들의 현재 모습에 가능한 한 가까이 다가가기 위해, 우리는 보편적이거나 객관적인 사실에 대한 욕심을 삭제하고 특수하지만 공통적이며 사적이지만 관계적인 개별 주체들에 접근해보려고 시도했다.

과정[*]

우리의 작업규준은 오로지 가설 없는 자료의 제공, 객관성의 압박 없는 개별 사태에로의 접근으로 설정되었다.[**] '용산집결지에서의 일상 공간

---

[*] 여성들의 목소리를 그대로 담아내기 위해, 여덟 명의 연구진들은 연구 관행에 대한 성찰, 소통과 상호작용을 가능하게 하는 접근 방법에 대한 고민 등으로 연구를 준비했다. 이 글이 묶이기까지 전 과정 동안 네 차례의 세미나와 두 차례의 워크숍(2005년 11월 1일~12월 26일)을 통해 연구자의 고민과 반성을 나누었을 뿐 아니라, 여성들과의 즐거운 상호소통, 대화에 개입하는 오해와 이해, 만남의 기쁨과 좌절을 공유했다. 이 밖에도 기존의 연구에서 채용했던 '심층면접' 방법의 한계를 직시하게 했던 '구술생애사 방법론' 세미나도 이 작업을 위한 토대가 되었다. 이번 작업 참여자 중 다수가 참여했던, 이희영 교수(대구대)가 진행한 세 차례의 '구술 생애사 방법론' 세미나(2005년 5월~8월)는 구술 텍스트의 분석이 촘촘하고 반성적인 '해석학적 과정'을 요구함을 확인하게 해주었고, 더불어 기존의 상담과 면접 과정에서의 오류, 주제와 가설에 입각해 임의로 '취사선택'하는 방식의 자료 분석 방법을 반성하게 했다. 구술 텍스트는 구술자의 자기해석을 매개로 하는 '구성된 것'이며, 그것의 해석 과정은 연구자 자신의 한계에 대한 반성을 포함하여 그 자체로 충분히 성찰되어야 하는 살아 있는 텍스트임을, 구체적인 방법론 연습을 통해 인식하는 계기가 되었다.

[**] 이 과정에서 우리 작업의 전범이 되어 준 것은 피에르 부르디외가 기획한 『세계의 비참』이었다. 부르디외와 작업팀은 사회과학적 객관성, 설명에의 압박에서 벗어나 프랑스 사회 내의 다양한 집단들의 다양한 관점들의 교차를 '자료' 그 자체로 제공하고자 위 작업을 진행한다. 피에르 부르디외 기획, 『세계의 비참』 I, II, III, 김주경 옮김, 동문선, 2000~2002.

의 경험과 기억'이라는 막연한 범위 내에서, 구체적으로 접근 가능한 주제들——용산집결지의 역사, 여성들의 공동체, 질병, 인간관계, 가치, 자기 인식, 일과, 여가 등——을 배치하고, 그 주제들에 관심을 가지고 이야기해줄 수 있을 인터뷰 상대를 선정했다.*

인터뷰가 진행되면서 우리는 우리가 듣게 될 것이라고 기대했던 이야기와 인터뷰대상자가 가장 하고 싶어하는 이야기 사이에 간극이 있음을 확인했다. 이 불일치는 작업 과정에서 중요한 성찰의 지점들을 제공했다. 여기에서 우리는 가설을 배제하고자 했으나 여전히 버리지 못하던 우리의 한정된 '선이해'와 여성들의 현실 사이에 존재하는 '차이'를 확인했다. 다른 한편 이 간극이 우리에게 인터뷰 결과 그 자체에 대한 조심스러움과 흥미를 자극하기도 했다. 우리는 또한 각 개별 이야기를 이해하는 데 다른 이야기들이 보완적 이해 지평을 제공한다는 사실을 확인했다. 그 이전에는 충분히 감지하지 못했던 '여성들의 공동체'가 여성들의 삶에 아주 중요한 축이라는 사실을 알게 되었다.

분석을 최소화하고 각 이야기들에서 "자신의 목소리를 들려준 사람들, 그들을 이해하는 방법, 즉 그들을 있는 그대로의 모습으로 받아들이는 방법"을 제시**하기 위해, 인터뷰 텍스트를 여러 차례 숙독했고 또 함께 점검했다.

인터뷰 텍스트 숙독의 과정은 이 여성들을 만나는 우리 자신의 태

---

*인터뷰 대상은 용산에서 20년을 활동해온 막달레나의집과 2005년 성매매집결지 자활지원사업이라는 두 가지 통로를 통해 일정한 사전 정보를 제공한 여성들 중에서 선정했다. 막달레나의집은 활동의 역사만큼이나 용산에서 긴 세월을 살아온 여성들과 지속적인 관계를 맺어왔다는 점에서, 그리고 자활지원사업은 현재 여러 여성들의 상담을 진행하고 있다는 점에서 이 작업에 참여할 수 있는 여성들을 만날 수 있게 하는 훌륭한 통로였다.
**『세계의 비참』I, 10쪽.

도와 대화 방식의 문제점을 속속들이 드러내는 성찰의 시간이 되기도 했다. 우리는 더러 참을성 없이 대화를 재촉하기도 했고, 어떤 상황에 대한 궁금증으로 다그치듯 질문하기도 했으며, 이야기하는 여성의 현재 관심에 충분히 민감하지 못한 태도를 보이기도 했고, 과장된 친근감으로 무작정 다가서는 무례를 범하기도 했다. 인터뷰 이전에 다짐했던 '열린 태도'가 실질적인 대화 상황에서 온전히 실현되지 못한 아쉬움은 우리 자신의 몫이다. 그러나 이러한 실수와 오류조차도, 이 작업이 제공하고자 하는 자료의 중요한 부분이 될 수 있다고 생각한다. 우리는 이전 연구들에서는 실현해본 바 없는 방식으로, 수차례 인터뷰 텍스트를 꼼꼼히 읽으면서, 이야기 상황에서는 오히려 감지하지 못했던, 그러나 분명 그 이야기 안에 담겨 있는 다양한 요소들을 발견했을 뿐 아니라, '그 여성의 이야기' 못지않게 '우리 자신'의 태도에 찬찬히 접근하는 경험을 할 수 있었다.

최종적인 원고 구성을 합의하기까지, 인터뷰에 참여했던 여성들과의 교류와 소통은 이제까지 실현되기 힘들었던 연구 경험을 제공했다. 우리는 인터뷰 텍스트를 가지고 인터뷰참여자를 다시 만났다. 작업 과정이 어떠했는지, 이 작업이 어떻게 마무리될 것인지, 우리가 '그 이야기'에서 이해한 바가 무엇이었는지 설명을 듣고, 여성들은 우리의 글과 인터뷰 텍스트를 꼼꼼히 읽으면서 부분적인 오류를 수정하고 삭제가 필요한 부분을 지적하고 첨부할 의견을 밝혀주었다. 인터뷰 이후의 분석 과정과 그 결과를 함께 나눌 수 없었던 이전의 연구들과 달리, 인터뷰참여자들과 과정을 공유하고 의견을 조율하는 이번 작업의 조건은 우리를 작업이 진행되는 동안에 늘 성찰적으로 사유하게 했다. 이 작업은 많은 노고와 시간과 조정의 과정을 요구했지만, 그 과정 내내 우리는 행복했다. 여기 완성된 이 작업은 이 여성들이 단순히 인터뷰대상자가 아닌, 진정한 '참여자'로서 역할을 해주었기에 완성될 수 있었다.

참여자

이 작업을 함께 한 연구진은 각기 다른 경력과 성매매 연구경험을 가지고 있다. 두 명은 연구자이고, 나머지 여섯 명은 '막달레나의집' 소속의 활동가들이다. 일부는 성매매 공간의 여성들과 만나온 오랜 역사를 가지고 있고 그 만남을 기록했던 경험을 가지고 있지만, 또 이 작업 이전까지 여성들과 인터뷰를 해본 경험이 전혀 없는 경우도 있다. 몇몇은 당시 '성매매집결지 현장지원센터'의 상담원으로 일하고 있었고, 또한 연구진 중 일부는 막달레나의집의 2003년, 2004년 '전업인식 조사' 연구에 참여한 바 있다. 우리의 이러한 경험의 차이는 우리가 진행한 인터뷰에 직, 간접적으로 반영되어 있다.

    이런 각기 다른 배경의 우리들에게 인터뷰참여자들이 자기 삶의 면면을 진솔히 드러내줄 수 있었던 배경에는 용산 성매매집결지에서 20년 넘게 활동해온 '막달레나의집'이 있다. 이번 작업에 참여한 여성들은 대부분 막달레나의집과 오랜 관계의 역사를 가지고 있다. 인터뷰참여자들은 1명을 제외하고는 모두 40대 이상의 중장년층이며, 60대 여성들도 3명 포함되어 있다. 이들 중장년 여성들은 용산과의 인연이 20년 이상 되는 사람들이며, 이 용산을 떠난 전직 업주 두 명을 제외하고는 모두 당시 용산집결지에서 살고 있었다. 30대의 용산 '신입'[*]은 현재

---

[*] 이 여성도 용산 지역으로 보면 '신입'이지만, 성산업 종사 경험은 결코 짧지 않다. 용산 지역 이외의 다른 집결지에서 일한 경험뿐 아니라, 외국에서 일한 경험도 가지고 있다. 뿐만 아니라 몇 차례 전업을 시도했지만 그것에 실패하고 용산으로 다시 돌아왔다.

유리관업소에서 일하고 있었지만, 그 외 중장년 인터뷰참여자들은, 당시 일을 그만둔 한 명을 제외하고는 모두 '히빠리골목'에서 '일하고' 있었다.

이들의 오랜 용산 생활은 중간중간 단절의 역사를 가지고 있기도 하다. 이 여성들은 결혼이나 동거, 전업 시도를 계기로 이 공간을 떠났던 경험을 가지고 있는데, 관계 문제나 경제적 문제, 건강 등이 계기가 되어 이 공간으로 되돌아왔다. 이들 중 두 명은 인터뷰 당시 오랜 아가씨 생활 끝에 '펨푸일'을 하고 있었고, 또 다른 세 명은 업주에 속하지 않은 채 혼자 '독장사'로 일하고 있었다. 이들은 현재까지 막달레나의 집과 연계하고 있다.

인터뷰가 진행되던 당시는 2005년으로 '막달레나의집'이 막 용산 집결지에서 현장지원센터를 운영하기 시작했던 시점이었다. 인터뷰참여자들 중 일부는 그 사업의 일환으로 지원을 받기 시작했었다. 그 후 2년의 시간 동안 여성들에게도 삶의 변화가 있었다. 30대의 '신입' 여성은 6개월 정도 지원을 받으며 전업을 준비하면서 일하다가 지역을 떠났으나, 여전히 지원센터와 연락이 닿고 있다. 몇몇 중장년의 여성들은 전업훈련을 위한 지원을 받아, 운전면허증을 따기도 하고, 간병인 교육을 수료하기도 했다. 1년의 지원기간이 끝나고 난 후, 공공근로나 이런저런 아르바이트로 생활비를 벌고 있기도 하다. 지역을 벗어나 임대주택으로 이사를 한 여성도 있고, 재개발 바람에 이주비를 받아 새집으로 이사해 행복한 주거 공동체를 유지할 꿈을 꾸고 있는 여성도 있다. 중년의 나이에 난생 처음 직장을 다녀보는 여성도 있다. 우리와의 만남 이후 이 여성들도 현장지원이 마련해준 가능성과 함께 희망과 시도, 실망과 회복의 시간을 보냈지만, 여전히 활기차게 미래를 준비하고 있다. 재개발이 임박한 용산집결지에서 이 여성들은, 지역의 폐쇄와 함께 흩어지게 될 '고향친구' 같은 서로에 대한 안타까움으로 친목계를 만들고, 여행을 계획하기도 하면서 그 이후의 삶을 준비한다.

이 작업은 '용산 성매매집결지'에서 시작되었다. 뒤에 밝히겠지만, 용산집결지는 유리관업소 골목과 '히빠리골목'으로 나뉘어 있다. 유리관업소의 경우, 여성들의 연령이 상대적으로 낮고, 이동이 빈번한 반면, '히빠리골목'은 오랜 동안 용산에서 살아온 나이 많은 여성들이 모여 있는 곳이다. 인터뷰참여자들의 면면에서 확인되는 것처럼, 이 작업은 용산 지역의 역사를 함께하며 오랜 동안 성매매 공간에 머물러 온, 그러나 여전히 그곳을 벗어나기 어려운 나이 든 여성들의 경험과 기억이 주를 이룬다. 그러나 이 여성들이 이곳에 붙박이로 있었다는 것은 아니다. 이들은 다른 지역, 다른 유형의 성매매 경험을 가지고 있기도 하고, 또 성매매 공간의 안과 밖을 오간 경험을 가지고 있다. 여기 제공되는 '자료들'은 성산업 공간의 모든 여성들의 경험을 대표할 수 없음은 물론이지만, 이들의 경험이 한 지역에 한정된 것만은 아니다.

이야기를 듣는다는 것, 그리고 이야기를 전한다는 것

우리는 여성들이 전한 바 그 목소리를 가능한 한 그대로 전달하는 것을 가장 중요한 원칙으로 작업했다. 우리가 들은 것은 그녀들의 '이야기'이다. 과거와 현재, 그리고 미래에 대한 이들의 이야기는 이야기를 나누던 당시의 관심과 상황에 의해 선택되고 구성된 것이다. 자신의 역사를 우리에게 납득시키고, 설명하고, 공감 받고자 하는 이들의 이야기에서 우리는 이들이 '이야기하고 싶어하는 것'을 듣고자 했다. 우리가 이 이야기들에 대한 분석을 유보하고 이야기 너머의 '살아온 생애사'를 탐색

하는 것으로 나아가지 않은 이유는 일차적으로 그들이 스스로 이야기하는 그대로 담아보고자 했기 때문이었다.

의도적인 편집은 배제했지만, 인터뷰는 일정한 분량으로 추려졌다. 인터뷰참여자와의 피드백 과정에서 인터뷰참여자의 요청에 따라 드러나기를 원치 않는 부분은 덜어냈으며, 때로는 우리의 판단에서 공개가 곤란할 것 같은 부분도 고려했다. 이 과정에서 우리가 생각하는 '곤란함'과 인터뷰참여자가 생각하는 '곤란함'의 내용이 다르다는 점이 발견되곤 했다. 우리들은 대부분 '성매매'와 관련된 부분, 개인사에 있어서 감추고 싶을 것이라 생각되는 부분을 일차적으로 물었는데, 그에 대한 인터뷰참여자들의 반응은 오히려 흔쾌히 공개하는 쪽으로 기울었다. 반면 인터뷰참여자들에게는 '용산 성매매 공간'에서의 현재 관계가 가장 중요한 고려 사항이었다. 타인의 과거사에 대한 부분이 비쳐져 있거나, 관계에 있어서의 안 좋은 역사가 드러나는 부분에 대해서는 훨씬 민감한 반응을 보였다. 우리는 원칙적으로 이야기를 제공한 당사자의 뜻과 의사를 최대한 반영하여 인터뷰를 부분적으로 덜어냈다.

우리가 그와 더불어 가장 고민했던 문제는, 자신들의 목소리를 들려준 여성들을 있는 그대로의 모습으로 어떻게 제시할 수 있는가에 있었다. 우리가 덧붙인 인터뷰 소개의 글은, 활자화된 인터뷰 텍스트가 드러내지 못 하는 인터뷰 상황에서의 분위기, 교감, 억양의 높낮이, 말투, 강조, 분노나 슬픔, 제스처 등을 부분적으로나마 질감할 수 있도록 하는 것을 목적으로 했다. 더불어 그들의 이야기를 보다 입체적으로 들을 수 있도록, 그 여성들을 소개하려고 노력했다. 그러나 이런 우리의 '소개'가 여전히 우리들의 주관적 인상을 반영하고 있음은 물론이다.

인터뷰 텍스트는 너무 가독성이 떨어진다고 생각되는 부분에 대한 최소한의 조정을 제외하고는 가능한 한 '말한 그대로' 옮기려 시도했다. 단지 인터뷰의 흐름과 주제에의 집중력을 높여주기 위해, 소제목을 붙이는 방식으로 정리했다. 그리고 우리는 인터뷰참여자들은 물론, 그들이 언급한 이야기 안에 등장하는 다른 이름들, 지역들을 가명으로 처리하여, 인터뷰참여자들이 우리에게 보여준 사적 신뢰가 공적 공개의 장에서 훼손되지 않도록 장치했다.*

마지막으로 대화와 그 이후의 만남, 소통의 과정을 소개하고, 그 과정에서 우리 스스로 갖게 된 인상, 남겨진 물음, 그리고 간단한 감상을 에필로그 형식으로 덧붙였다. 대화의 주인공은 우리에게 자신의 삶을 이야기해준 여성들이지만, 그것이 바로 '우리'였기에 그녀들이 그러한 방식으로, 그런 이야기를 했을 것이다. 그렇게 읽어주기를 바란다.

한계

우리는 여성들의 목소리를 모은 이번 작업을 '이해의 출발'이라고 생각한다. 우리는 여기 엮인 이야기들이 성매매 공간에 있는 모든 여성들의 현실을 '대표'한다고도, 어떤 '전형성'을 보여준다고도 생각하지 않는다. 이들도 스스로를 그렇게 드러내지 않았다. 단지 여성들이 스스로를 표현한 이 목소리들은 현실에 접근해가는 하나의 통로이며, 진지한 고

---

* 이러한 장치의 정당성에 대해서는 부르디외가 이미 자신의 기획에서 잘 설명해주고 있다. "이 책에 실린 인터뷰 내용들은, 우리의 인터뷰에 솔직하게 응해준 사람들과 그들에게 진실한 이해로 다가선[다가서려고 노력한] 우리들 사이의 신뢰의 관계에서 세워진 것이다. 그런 신뢰의 관계 안에서 얻어낸 마음속 이야기, 곧 매우 사적인 자신들의 이야기를 공개하기로 했을 때 불안감을 느끼지 않을 사람이 누가 있겠는가? 물론 인터뷰에 응했던 사람들은 우리에게 자신들의 이야기를 책에 실어도 좋다고 허락하기는 했다. 하지만 신뢰 속에서 이루어지는 계약만큼 묵계적인 요구에 책임감 있게 응답해야만 하는 계약도 없을 것이다." (『세계의 비참』 I, 9쪽 이하).

민의 시작점이라고 여길 따름이다.

우리는 인터뷰를 진행하기 전, '권력의 기울기 없는 이상적인 대화상황'을 꿈꾸었고, 그것을 준비하려고 노력했다. '물음을 던지는 자'의 지위, 녹음기를 켜는 순간 발생하는, 이야기하는 사람의 위축감을 염두에 두고, 동등한 대화자의 위치에 우리를 내려놓아야 한다고 경계했지만, 우리가 한 작업이 실제로 그러했는지 자신할 수는 없다. 연구진 중 몇몇은 현재 '상담원'으로 일하고 있으며, 더욱이 '성매매집결지 자활지원사업'의 주체가 되는 '막달레나의집'의 활동가들이다. 이러한 사실은 실질적인 상호관계 내에서 원천적으로 '권력관계'가 배제될 수 없음을 의미하기도 한다. 우리가 인터뷰참여자들이 현재 가장 심각하게 봉착하고 있는 문제들을 해결하는 데 '도움'을 줄 수 있는 조건에 있음을, 서로 알고 있었다. 우리는 이런 사실을 염두에 두고 있었다. 그러나 어쩌면 대화를 나누면서는 우리의 염려만큼 그 역학이 크지 않았을 수도 있다. 여성들에게 더 중요했던 것은 인터뷰어의 위치가 아니라, 이야기를 하고 들을 수 있었던 관계의 역사, 상호 신뢰의 토대였기 때문이다. 우리의 대화가 하나의 자료로 바르게 읽히기 위해서는 이러한 조건에 따른 변수도 함께 고려되어야 할 것이다.

또한 인터뷰를 '그대로' 싣는 작업에도 일정한 '해석'이 개입된다. '이야기된 것'을 문자로 옮기는 과정에서 작은 구두점 하나, 마침표와 말줄임표 하나에 이르기까지, 미묘한 개입이 배제될 수 없음은 물론이다. 이러한 사소하고 미묘한 변화를 차치하고서라도, 인터뷰 전문을 전부 실을 수 없는 조건에서 우리는 인터뷰의 부분들을 몇 가지 이유를 근거로 '덜어냈다.' 인터뷰의 부분들을 '덜어내는 작업'은 그 개인의 '이야기 흐름'을 '글의 흐름'으로 옮기는 과정에서 선택한 것이다. 우리가 들은 이야기들은 때로 불필요해 보이는 반복을 포함하고 있고, 때로 옆 길을 잃은 듯 늘어지기도 했다. 인터뷰 중에도 우리가 이러한 이야기의 움직임에 충분한 참을성을 가지고 있었다고 할 수는 없다. 그리고 인터 뷰를 덜어내는 과정에서는 더욱 그러하다. 이러한 이야기에 있어서의 '과잉'의 요소들이 이야기하는 이에게 결코 의미없는 것이 아님을 알고 있기에, 우리가 가했던 이 개입은 불가피했다 하더라도 안타까운 것이 었음을 밝혀둔다.

여기 제시된 이 이야기들은 여성들이 기꺼이 우리를 향해 열어준 그 존재의 진솔한 단면이며, 열악한 공간에서 치열하게 살아온 그녀들 의 역사이자 주장이다. 이 작업은 사회적으로 인정받지 못해온 자신의 일과 삶을 드러내준 이 여성들의 용기와 성실성이 없었다면 가능하지 않은 것이었다. 우리에게 친절하고 성실하고 따뜻하게 대화를 나누어주 고, 우리의 작업에 용기를 불어 넣어주고, 우리의 작업을 믿어준 이 상 호 신뢰가 다른 모든 것을 떠나 이 작업이 남길 수 있는 가장 큰 성과 다. 우리가 이들과의 만남에서 가졌던 감동이 이 글을 통해서도 나누어 질 수 있기를 기대한다.

용산집결지, 성매매 공간의 역사

여기 실려 있는 이야기들에는 용산 성매매집결지의 역사가 담겨 있다. 여성들은 외적인 변모, 제도적이고 정책적인 변화, 법의 제정과 개정 등에 대해서 확실한 인식을 가지고 있지 않다. 이들에게 용산역 앞 성매매집결지는 일상이 이어지는 공간이기 때문에, 변화에 대한 민감성은 그만큼 낮다. 그것은 곧 변화보다는 지속의 관점에서 자신의 생활세계를 인식하고 있다는 것을 의미한다. 법이 바뀌었고, 제도도 정비되었고, '인권'의 이념이 여성들에 대한 시각을 변화시켰지만, 이들은 여전히 이전의 경험칙 내에서 현재를 바라보기도 한다. 여성들이 이야기한 '용산역 앞 8통 골목', 그리고 젊은 시절부터 여러 차례 경험했던 '단속'과 '수용소'의 경험을 이해하기 위해, 우리는 그녀들이 생활해온 2~30년간 변화해온 용산집결지의 모습을 개괄해보기로 한다.

용산집결지

용산 성매매집결지는 용산역 앞 한강로 2가에 위치해 있다. 뒤쪽으로는 큰길 가의 고층빌딩들이 내려다보고 있는 용산집결지는 용산역 광장 쪽을 향해서 앉아 있다. 한국전쟁 당시부터 군용열차가 정차하던 용산역은 현재 호남행 고속열차가 정차하는 민자역사로 바뀌었다. 용산 성매매집결지는 용산역과 남부시외버스터미널, 현재에는 용산 전자상가로 변모한 '용산 야채시장'*을 끼고 있어 유동인구가 많던 지역이다.**

용산집결지는 그 지역 사람들에게 '7통, 8통'으로 불리는 두 구역으로 나뉘어 있다. 7통은 이전에는 여인숙 밀집촌이던 것이, 점차 새로 들어온 업주들이 운영하는 유리관업소로 바뀌어 있다. 용산역 광장을 마주보고 있는 8통 뒤쪽 골목은 용산의 오래된 성매매 골목이다. 여인숙촌이 유리관골목으로 바뀌기 전에는 여인숙 손님들도 이 골목에서 여성들을 불러 성매매를 했다고 한다. 현재 8통도 큰 골목을 끼고 유리관업소가 주를 이루고 있지만, 뒤쪽 좁은 골목에서는 예전처럼 호객('히빠리')으로 손님을 끈다. 단독으로 영업을 하는 여성들도 있고, 작은 업소에서 호객꾼('펨푸')들***이 끌어다 주는 손님들을 상대하는 여성들('아가씨'****)도 있다. 유리관골목은 주로 상대적으로 나이가 어린 여성들

---

* 용산의 '야채시장'은 청과물시장이었다. 1987년 서울시의 수도권 정비계획과 농수산물 유통구조 개선사업의 일환으로 용산 청과물시장의 상인들을 가락동 농수산물시장으로 이전시키고, 세운상가의 상인들은 용산으로 유치하여 용산을 새로운 전자유통단지로 조성하게 되었다.
** "이 지역은 19년 전(1970년)만 해도 시골에서 올라오는 농수산물을 받아 소매상에게 넘기는 시장이 있었고 휴가장병이나 서민층이 이용하는 삼등열차의 종착역이 있는 곳으로 아주 적은 돈으로 여자들을 사러 오는 상인, 군인, 열차손님들이 대부분이었다. 일제시대 때 지었다는 2, 3층짜리 목조 건물 몇 채와 스레트나 판자 등으로 지은, 집이라고조차 할 수 없는 무허가 건물이 대부분이었지만 개중에는 여인숙이라고 간판을 건 집도 여럿 있었다."(강영수, 「한국사회의 매매춘에 관한 연구 : 용산역 주변 매춘여성을 중심으로 한 사례연구」, 이화여자대학교 대학원 석사학위청구논문, 1989, 57쪽 이하)
*** 현재 용산의 '펨푸'는 '아가씨'를 하다가 그 공간에서 나이를 먹은 나이든 여성들이 주를 이루고 있다. 그러나 6~70년대만 해도 동네 건달들, '기둥(서방)'들이 '펨푸'를 했고 여성들의 화대를 갈취했다고 한다. 「한국사회의 매매춘에 관한 연구」 58쪽의 사례 참조.

이 많고, 업소를 여럿 가지고 있는 업주들, 그러나 이 지역의 역사로 치면 상대적으로 들어온 지 얼마 되지 않는 업주들이 업소를 운영하고 있다. 반면 8통의 전통적인 '히빠리골목'에는 나이 많은, 이 동네에서 오랫동안 살아온 여성들이 많아, 업주나 펨푸나 아가씨들이 서로의 사정과 역사를 비교적 잘 알고 있다.*****

현재 이 지역의 업소 수는 102개로 추정된다.****** 이는 1990년대 여인숙이 모두 유리관업소로 바뀌면서 그 숫자가 늘어난 것이다. 그러나 히빠리골목의 여성들은 7~80년대의 용산역이 더 '북적북적했다'고 기억하는데, 그 당시에는 '유리관'이라는 업소형태 없이 다양한 사람들이 오가는 역 광장에서 호객을 하는 방식으로 영업을 했기 때문인 것으로 보인다. 성매매방지법이 시행된 이후 유리관업소의 젊은 여성들은 그 수가 줄었고 이동도 늘어났지만, 오랫동안 용산집결지에서 살아온 전통적인 '히빠리골목'의 나이 많은 여성들은 그 수가 거의 줄지 않았다고 한다.

용산집결지의 역사에는 여성들의 자치조직인 '개나리회'가 있다.******* 1980년대 사회정화운동의 일환으로 조직된 사회정화위원회

**** '아가씨'는 통상 성매매를 하는 여성을 말한다. 그러나 이 8통 '히빠리골목'에서 호객꾼이 끌어다 주는 손님을 상대하는('앉은뱅이' 영업) '아가씨'들은 일반적으로 연령대가 높다.

***** 이 곳의 업소 수는 정확히 파악되지는 않는다. 2005년 당시 이 골목에서 일하는 펨푸와 혼자 영업하는 아가씨의 수는 대략 20명 가량으로 '막달레나의집 현장상담센터'는 파악하고 있다. 이 중에서 혼자 영업하는 '독장사 아가씨'는 10명이 채 되지 않는 것으로 보인다.

****** 이 숫자는 2005년 6월 현재 파악된 숫자이며, 단독영업('독장사')을 제외한 것이다. 그리고 이 지역에서 일하는 여성의 수는 대략 150명 정도로 추산하고 있다. 막달레나의집 현장상담센터, 「2005년 용산집결지 자활사업 운영계획」, 3쪽.

******* 엄상미, 「어떤 역사 : 성매매 지역 여성들의 자치 조직, 개나리회」, 『용감한 여성들, 늑대를 타고 달리는』, 삼인, 2002.

산하로 성판매여성들의 자치 조직인 개나리회가 1981년 만들어졌다. '개나리회'는 회원들 스스로의 권익 보호와 착취 방지, 건강관리(성병 관리, 지나친 흡연·음주·약물 남용* 방지), 친목, 불우이웃 돕기, 자립을 위한 저축 등을 목적으로 1983년까지 활동했다. 현재 히빠리골목의 나이든 여성들 중에는 '개나리회'의 회원이었던 여성들이 상당수 있고, 이때의 자치활동과 봉사의 기억을 자신의 인생의 가장 좋은 경험으로 간직하고 있는 경우도 있다.**

용산집결지의 역사에서 중요한 한 축을 차지하고 있는 것은 '막달레나의집'이다. 막달레나의집은 1985년부터 현장 상담을 시작했고, 현재까지 지속적인 아웃리치 활동을 벌이고 있다. 성매매에 대한 사회적 인식과 관심이 전무하던 시절부터, 막달레나의집은 용산집결지 여성들의 이웃으로 그들의 크고 작은 문제들을 상담하고 해결하는 역할을 지속해왔다. '막달레나의집 현장상담센터'는 2005년 9월부터는 '용산 성매매집결지 자활지원사업'을 운영하고 있다. 집결지 자활지원사업을 통해 집결지 여성들에게 생계, 법률, 의료지원 및 직업 훈련의 기회를 제공하고 있다. 2005년 10월부터 1년여간 현장지원센터에서는 '햇살고운진료소'가 일주일에 한 번씩 집결지 여성들에게 의료상담을 제공했고, 다양한 의료서비스를 연계했다.***

---

* 몇 년전 '약사관리법'을 통해서 엄격한 관리가 이루어지기 전까지, 집결지에서는 여성들이 중추신경억제제('옵타리돈')나 진해거담제('러미날') 같은 약물을 남용하였다. 이 약들은 현재는 생산이 중단되었지만, 당시에는 치료제로도 사용되었던 것들이다. 이 약품들이 환각 목적의 약물로 분류되고, 단속이 강화되면서 집결지에서 이 약물의 남용은 사라지게 되었다.
** 성매매방지법 이후, 용산 지역에도 2004년 10월 여성자치모임이 결성되어 자체 회의를 진행하고, 대표자가 '성매매방지법 유예'를 위한 여의도 단식농성에 참여하였다. 이 자치모임은 이전의 개나리회 활동과는 아무런 연계도 가지고 있지 않다.

해방 후, 성매매 관련 정책의 역사

성매매방지법이 시행되기까지 '윤락행위등방지법' 하에서 성매매여성은 사회적·정책적 무관심 속에서 심각한 인권의 사각지대에 놓여 있었다. 불법행위자로서의 지위는 늘 손님이나 업주와의 관계에서 자신의 권리를 주장하기보다는, 일차적으로 자신을 무화하는 방식의 해결을 우선하게 했다.

여성들의 이야기에 등장하는 단속과 '수용소' 경험은 성매매 공간에 대한 사회적 무관심과 몰이해가 여성들을 얼마나 열악한 조건에서 싸우면서 살아가도록 방치했는지를 가늠케 한다. 이 당시 '수용소'[****]는 단속을 통해 입소가 강제되는 곳이다.[*****] 첫번째 단속에 걸리면 3주를, 그리고 두번째 단속부터는 1년 이상의 수용기간 동안 감금되어

[***] 가정의학과와 치과 의사가 일주일에 한 번씩 현장지원센터에서 진료와 상담을 진행했다. 질병 진단 및 치료뿐 아니라, 칫솔질 교육, 당뇨교실, 금연교실 등 생활건강교육을 실시하기도 했다. 김민지·전유나, 「성판매 여성의 건강을 고민한다는 것」, 『경계의 차이 사이 틈새』, 그린비, 2007 참조.

[****] 여성들이 '수용소'라고 기억하는 시설은 대방동과 수서에 있던 '부녀보호소'를 말한다. 1961년 서울특별시 조례 제204호에 의거 설치된 '시립부녀보호소'는 "1963년 5월 10일에 영등포구 대방동 110번지에 신건물을 건축 이전하고 직업보도를 시작"했다. 1969년 강남구 수서동에 신축된 '행복원'과 일정한 기간 동안은 공존하다가, 이후 대방동의 부녀보호소는 없어지고, 수서로 옮겨졌다. 보건사회부, 『부녀행정 40년사』, 1987, 269쪽.

[*****] "윤락행위등방지법은 양벌규정을 표방하면서도, 실제 포주나 남성의 경우는 벌금형에 그치는 반면, 성매매여성들은 수용소에 10개월에서 1년 이상까지 강제입소를 시킴으로써 법 적용의 형평성을 해치는 결과를 초래했다." 수용소 강제입소에 따른 위헌 시비와 인권 논란이 대두되면서, 서울시립여자기술원은 1994년 폐원 조치되었고, 1995년에 있었던 경기도여자기술원 방화사건을 계기로 윤방법이 개정되었다. 자발적 입소를 원칙으로 하는 개정된 윤방법(1996년 시행) 이후, 보호소의 강제입소는 사실상 폐지되었다고 할 수 있다. 원미혜, 「한국사회의 매춘 여성에 대한 통제와 착취에 관한 연구」, 이화여자대학교 석사학위청구논문, 1997, 72~82쪽.

강제로 "미용, 수예, 편물, 양재, 이용 등"의 직업교육을 받아야 했다. 그러나 입소자가 모두 '윤락행위등방지법'에 의거한 성매매 행위자에 한정되지는 않았고, '요보호여성'이라는 명목하게 '윤락행위를 할 가능성이 현격한 여성'도 강제입소시킬 수 있었다.* 당시의 수용소는 '감옥보다도 더 열악한 곳'으로 기억된다.**

1960~70년대 '윤락여성 선도대책'은 당시 인권 의식이 얼마나 저열했으며, '윤락여성'에 대한 사회적 인식이 얼마나 비하적이었는지를 보여준다. 1963년과 1964년에 서울시립부녀보호소에서는 수용된 여성들 중 '희망자'를 선발해 "충남 서산군 인지면 모월리 소재 대한청소년개척단*** 단원들"과의 결혼을 주선했고, "서울시에 거주하는 넝마주의들과도 합동결혼식을 2차례에 걸쳐" 진행시켰다.**** 70년대에도 개인 결혼 주선 사업을 진행하기도 했는데, 감금 상태에 있던 여성들은 그곳에서 빠져나오기 위해 '결혼'이라는 기회를 활용하기도 했다.

여성들의 이야기를 통해 볼 때, 7~80년대와 비교하여 현재의 단속은, 그것이 성매매방지법 이후 강화된 형태라 하더라도 "예전에 비하면 양반"이다. 당시의 합동단속은 문을 부수고 한밤중에라도 집안으로 쳐들어와 아궁이와 벽장까지도 뒤지고 뒤집어놓는 '무서운 것'으로 기억된다. 성매매 공간에서 업주들의 경찰들에 대한 상납은 일상적인 관

---

* 성매매 현장에서의 단속뿐 아니라, 집결지 동네에서의 싸움이나 경찰에 대한 항의 등도 단속과 수용의 이유가 되기도 했다. 「벽을 허무는 싸움」, 『막달레나, 막 달래나?』, 개마서원, 2000 참조.
** 김연자, 『아메리카 타운 왕언니 죽기 오분 전까지 악을 쓰다』, 삼인, 2005.
*** '대한청소년개척단'은 전후 거리에 넘쳐나던 거리의 부랑자, 걸인들을 모아 국가에서 결성한 단체로, 지방의 미개척지로 수용하여 그곳에서 농지 개간을 하도록 했다.
**** 『부녀행정 40년사』, 269~270쪽.

행이었고, 그것도 단속으로부터 여성들을 충분히 지켜줄 수 있는 것은 아니었다. 이러한 물리적이고 모독적이며 비인격적인 단속의 관행이 사라진 것에 대해서는 "좋아졌다"고 평가하지만, '불법적인 일'이라는 굴레는 성매매방지법 이후에도 여전하고, 특히 호객을 통해 개별적으로 영업을 하는 여성들의 경우는 이전보다 상시적인 단속의 위협과 과중한 벌금의 압박을 받고 있다.***** 특히 과중한 벌금은 다른 대안을 갖지 못한 상태에 있는 여성들에게 경제적 압박과 굴레로 작용하기도 한다.

    용산역 앞 성매매집결지는 '재개발'이 임박해 있다. 용산의 뉴타운 개발 정책의 여파는, 높은 빌딩과 화려한 민자역사 사이에 끼어 있는, 이 무허가 건물들의 군집을 그대로 내버려 두지 않는다. 이러한 사정은 이 공간을 살아온, 여전히 그곳을 근거지로 살고 있는 여성들의 미래를 불안정하게 만들고 있다. 여기에 머물 수 있는 시간이 그리 길지 않다는 것을 알고 있는 여성들, 그러나 이곳이 아니면 발붙일 곳이 없는, 오랫동안 이곳에서 삶을 유지해온 나이든 여성들에게, 이 남겨진 시간은 무엇이라도 준비해야만 할 아쉽고도 아까운 시간이다.

***** 2004년 9월 23일부터 2005년 6월까지 용산집결지에서는 성매매방지법과 관련 14건이 단속되었다. 이 중 업주가 단속된 것은 단 1건에 불과하고, 13건은 호객행위로 인한 것이다. 「2005년 용산집결지 자활사업 운영계획」, 4쪽.

정미화씨와의 인터뷰 1

가장 열악한 여성의 가장 치열한 선택, '자유'

정미화, 원미혜

<< 프롤로그

정미화씨를 인터뷰하기까지

정미화씨를 처음 만난 것은 지난[2005년] 11월 한 결혼식에서였다. 신부인 고연주씨의 친구로 온 그녀의 화장기 없는 얼굴은 스마트하고 깔끔한 외모, 시원스러운 미소와 함께 세련되면서도 활동력을 느끼게 했다. '유머러스하고 활달한 성격이 서로 잘 맞을 것'이라는 이옥정 대표의 인터뷰 궁합(?) 예언에 힘입어, 우린 인사를 나누었고 인터뷰를 약속했다. 암 수술 때문에 다리가 불편한 데다가 얼마 전 술에 취한 손님 때문에 넘어져 다리에 깁스를 하고 있었음에도 정미화씨는 반갑게 웃어주었다.

12월의 수요일 저녁, 일하던 서류들을 바삐 정리하고 약속장소인 용산을 향했다. 평일 오후 퇴근길의 사람들이 굳은 표정으로 전철을 빼곡히 채우는 동안 나는 줄곧 미화씨와 집결지를 생각하고 있었다. '용산'이 가까워질수록 집결지에서 만난 여성들이 선명히 떠올랐고 그럴수록 마음의 부담감이 더해졌다. 하루하루 살기가 빠듯할 정미화씨의 영업시간을 방해하는 것은 아닌지, 오늘의 만남이 그녀에게, 또 지원사업에 어떤 도움이 될 수 있을지 ……. 책임감이 묵직해져 왔다. 그러나 다른 한편, 정미화씨라는 한 개인에 대한 관심과 호기심으로 가슴은 뛰고 있었다. '정미화씨는 어떤 분일까?' 어떤 공간에서 가장 생생하게 빛나고 있을 인물을 떠올리며, 정미화씨의 생애를 가장 생명력 있게 추동하는 것은 무엇인지, 어떤 조건이 그녀를 가장 빛나게 할 수 있는지 내심 궁금했다. 관련 연구를 시작한 지 꽤 많은 시간이 축적되었지만 인터뷰는 언제나 긴장되고 흥분된다. 평소 잘 아는 관계에서조차도 인터뷰 직전의 마음은 설레임으로 팽팽하다. 생애 이야기는 일상적 관계와는 또 다른 탐험, 이야기 속 새로운 주인공과의 만남이기 때문이다.

나는 회색의 퇴근길에서 발견한 여러 빛깔의 국화꽃을 건강의 안부와 함께 정미화씨에게 건넸다. 그녀는 생화를 선물받아본 게 거의 처음인 것 같다며 꽃들을 반겼다. 우리는 함께 저녁식사를 한 뒤, 현장지원센터의 상담실에서 약 3시간(8시~11시) 동안 첫 인터뷰를 진행했다. 인터뷰 장소가 된 막달레나의집 현장지원센터는 4개월 전부터 정미화씨가 자주 드나드는 친숙한 곳이기도 했다.*

세 시간 동안의 인터뷰는 "그동안 살아왔던 이야기를 자유롭게 해주세요"라는 단 하나의 질문으로 촉발되었다.** 사실 나는 정미화씨로

---

* 인터뷰하는 날에도 정미화씨는 이 공간에 대해, "나는 여기 오면 일단은 기분이 업(up)돼요. 인테리어도 너무 이쁘고 편안하고, 사람들도 어쩌면 하나같이 다 친절하고, 여기만 오면 너무 즐거워요. 일단 우리 같은 사람을 사람 대접 해주니까"라고 말하며 공간 구석구석에 친근한 눈빛을 보냈다.
** 인터뷰 시 '열린 질문'(opened question)은 연구참여자가 자신의 이야기를 스스로 구성할 수 있게 한다는 점에서 중요하지만, 여러 가지 어려움을 유발하는 작업이기도 하다. 나는 이전에 열린 질문으로 시작하는 인터뷰에 실패한 경험들을 가지고 있는데, 당시 연구참여자들은 '구체적인 질문을 해야 대답을 하겠다'고 성화를 내는 것이었다. 특히 자신의 삶을 반추했던 경험이 별로 없는 경우(특히 청소년), 자신의 이야기를 적극적으로 말하는 것을 꺼려하는 경우, 연구자와 충분한 라포르(rapport)가 형성되지 않은 연구참여자의 경

부터 대답을 듣고 싶어 안달복달하는 수십 개의 질문들을 가지고 있었다. 내가 말문을 열기 시작하면 '쬠'을 보며 기다리던 참을성 없는 질문들이 벽장 밖으로 쏟아져 나올 참이었다.

정미화씨는 약간 긴장하는 듯했으나 자신의 이야기를 정성스럽게 들려주었다. 인터뷰를 하면서 그녀가 관계 지향적이고 상대방의 반응과 욕구에 민감하다는 느낌을 받았다. 이야기를 하는 동안 그녀는 웃고 울고 분노하고, 당시의 사건을 배우처럼 재현하는 등 다채로운 삶의 여정마다 약하고 강한 톤으로 자신의 감정을 이입하고 있었다. '(암투병으로) 약물을 해서 깜빡깜빡한다'며 기억해내는 것을 힘들어 하기도 했지만, 남의 말이나 평가를 빌리기보다는 자신에 대한 이야기와 상황을 오감(五感)이 느껴질 정도로 생생하게 표현하는 그녀의 능력은 놀랍기까지 했다.

정미화씨는 왜 다시 용산집결지로 왔을까?

정미화씨는 어렸을 적 아버지에 대한 기억으로 이야기를 시작했다. 정미화씨는 네 개의 중요한 삶의 연대기를 통해 생의 이야기를 진행했다. 첫째 집결지 생활의 시작을 전후로 한 청소년기(어렸을 때~22세), 둘째

우 열린 질문에 답하는 것을 더욱 어려워했다. 그들은 종종 인터뷰 시 삶의 스토리를 말하는 것보다 단편적인 질문에 대답하는 것이 더 용이하다고 생각하는 듯했다. '자신의 이야기'를 구성하는 작업이 누구에게나 쉬운 것은 아니다. 열린 이야기 공간에서 말하는 이가 적극적으로 자신을 삶의 주인공으로 재현해야 하는 부담감이 주어지기 때문이다. 이번 연구에서 연구방법론 세미나를 진행한 이희영 교수는 "스토리를 만든다는 것은 맨땅에 집을 짓는 것과 같다"라고 표현하기도 했는데 당시 '상황'에 대한 구체적인 기술은 꾸며내서 혹시 표피적으로 말하기 어렵다는 의미이기도 하다.

성매매 유입과 탈주 그리고 재유입을 반복하던 시기(22세~32세), 셋째 결혼생활(33세~42세), 넷째 이혼 이후 현재까지(43세~49세). 그리고 각각의 과정에서, 삶의 주인공인 정미화씨가 생을 이끄는 커다란 축은 자신의 타고난 '기질'과 '관계'이다.

가족에 대한 기억과 자신의 기질에 대한 서두에서의 이야기는 뒤에 따라오는 주제들과 연결되고 있었다. 가족관계와 자신의 기질은 자신이 왜 '이런' 생활을 시작하게 되었는지, 왜 성매매 공간에서 벗어나 결혼생활을 하게 되었고 또 남편으로부터 벗어나고자 결정하게 되었는지, 자신의 현재상황 등을 설명해가는 중요한 축이다.*** 인터뷰 동안 정미화씨가 가장 신나게 이야기한 부분은 결혼생활 동안 했던, 보험, 가전제품 등의 영업사원이나 부녀회장 등 사회활동에 대한 경험이다. "그니깐 장사로는 타고 났던 거 같애, 옛날부터", "가만히 있지 못하는 성격" 등 자신의 활동적인 기질에 대한 언급은 '어렸을 때 연예인이 꿈'이었다는 진술과 함께 계속된다. 결혼 당시의 사회생활을 가능하게 했던 장사수완 좋고 활동적인 성격의 일관성은 사람들에게서 인정을 받는 원천이었다. 이는 경제적 어려움과 의처증이 있는 남편과의 고립적인 결혼생활을 버티게 하는 에너지이기도 했으며 남편과의 트러블을 만드는 근거가 되기도 했다.

한편, 정미화씨는 생에 가장 중요한 사건으로 '출산'과 '암' 발병을

*** 정미화씨 생애 이야기 전반에는 '성매매'가 있다. 인터뷰에서 성매매를 주요 주제로 삼은 것은 정미화씨의 삶의 중심에서 중요한 주제이기도 할 터이지만, 그녀와 나의 관계, 막달레나의집, 자신의 관심사 등을 배경으로 하기 때문이다. 특히, 최근 본격적으로 인연을 맺게 된 현장지원센터에 대한 신뢰가 강한 상황은 정미화씨의 구술을 제한하는 요소로 작용할 수도 있다.

이야기한다. 이는 자신의 인생을 전환하는 큰 사건인데, 아이를 낳은 사건은 남편의 폭력 속에서도 결혼생활을 견디도록 강제했고 암에 걸린 사건은 더 이상 결혼생활을 참아내는 것을 불가능하게 했다. 특히, 암에 걸린 상황은 자신의 현재적 삶과 연동되는 핵심적인 주제이다. 이 질환과 관련하여 정미화씨의 이야기는 먼저 두 '관계'를 꺼내 보이는데(친구 미란과 남편), 정미화씨에게 '암'이라는 질병은 외부에서 찾아온 병이라기보다는, 관계의 역사물로 이해되고 있기 때문이다. 암 발병의 원인은 가장 억압적인 관계(남편)의 결과물로 표상되는 동시에, 죽음으로 상실되었지만 가장 의미 있는 관계(친구 미란)의 연속선으로 표상되고 있다.*

사실, 정미화씨의 생애 전반에서 성매매 생활을 한 기간은 그리 길지 않다. 22세 즈음에 용산집결지에서 2년 동안 하다 그만두고 이따금씩 재유입을 반복하기는 했지만, 남성과의 동거/결혼, 수용소 강제입소 등은 탈성매매의 중요한 동인이었다. 그러나 성매매를 그만둔 경우에도 용산집결지는 포장마차 등 장사를 하거나 삐끼를 하거나 '도움을 주고받을 친구 미란이 있는' 공간이었다. 그리고 6~7년 전 이혼한 후에 '업주 없이 일하는' 집결지에서의 삶이 본격적으로 이루어지고 있다.

정미화씨의 삶의 이야기는 '이런 데 오지 않기' 위해 애쓴 역사이기도 하다. 그렇다면 암에 걸려 더욱 힘들어진 정미화씨가 '왜 다시 용산집결지로 들어오게 되었을까?' 이혼 후 다른 일을 할 수도 있었을 텐데도 말이다. 정미화씨는 "남은 시간이 많지 않다는 걸 알기 땜에 그 시

---

*정미화씨는 죽은 친구 미란이 등장한 자신의 꿈에 대해 많은 시간을 할애하여 자세히 이야기했으며, 남편의 폭행으로 암이 생겼다고 진술한다.

간만큼이라도 자유스럽게 살고 싶은 거야'라고 말한다. '몇 번을 죽으려고' 했을 만큼 계속된 남편의 구타와 욕설, 구박으로 점철된 결혼생활에서 '이혼'이 곧 '자유'였음을 이해하기란 그다지 어렵지 않다. 그러나 그 자유의 실현지가 다시, 용산집결지라는 것에서 쓰라린 삶의 아이러니, 자유의 아이러니를 발견하게 된다. 이 주제는 인터뷰를 통해 정미화씨가 가장 말하고 싶어 하는 테마이기도 하다. 그녀의 이야기에서 등장하는 소주제들과 사건들, 그리고 반복되는 어구들은 그 일관된 주제를 향하고 있다.

'얼마 남지 않은 삶'에 대한 절실함을 깨닫고 자유를 희망하던 그녀가 그러나, 다른 곳이 아닌 가장 열악한 이곳으로 온 이유는 무엇일까. 정미화씨는 후술될 인터뷰 자료[**]를 통해, 그 이유를 말하고 있다. 정미화씨와 같은 여성들을 외면하거나 어떤 대안을 마련하기에 앞서, 그녀의 이야기를 이해하고 공감하길 기대하는 마음, 그것이 정미화씨가 세상을 향해 자신의 이야기를 어렵게 꺼내는 원동력은 아닐는지.

[**] 지면의 제한으로, 여기에 실은 구술 자료는 인터뷰한 전체 분량의 50% 정도만을 담았다. 이 자료는 1차, 2차 인터뷰 내용으로 재구성된 것이다. 대부분은 인터뷰 당시 이야기 순서를 그대로 살려 실었으나 2차 인터뷰는 생애 연대기에 따라 소주제 형식으로 삽입되었다. (2차 인터뷰의 경우 별도로 표시하였다.)

<< 정미화씨와의 대화

어렸을 때 기억과 용산에 오기까지

원미혜(이하 ㅇㅇㅇ) 언니가 살아왔던 얘기 자유롭게 해주세요. 말씀이 끝나면 제가 질문 드릴게요.

정미화(이하 ●●●) 응, 그래요. 저 같은 경우는 이제 아버지가, 그니깐 어렸을 때, 그때는 제가 뭐 그런 걸 몰랐는데 아버지가 … 이~ 마작? 노름 있죠? 노름을 하셨어, 아버지가. 근데 인제 전 어렸을 때 그런 게 노름인지 그런 걸 몰랐잖아. 그래가지고 그래 가정교육이 제가 크면서 배웠는데 가정교육이 그게 되게 중요한 거 같더라고. 어렸을 때 제가 부모의 사랑을 별로 못 받았어요. 그래가지고 인제 저, 제가 저희 가족 중에서 제일 못 생기고, 저를 낳고 집안이 안 됐다 그래가지고, 기울었다 그래가지고 아버지가 저를 죽으라고 엎어놓고 그랬었데요. 근데 이제 그게 크면서 들은 거지. 그래가지고 아버지하고 어렸을 때는 되게 안 좋았는데 크면서 성장하면서 아버지하고 저하고 인제 되게 가깝게… 제가 그냥, 아버지가 되게 높고… 저는 저한테 그래요, 나쁘게 한 기억은 생각이 안 들고 그냥 잘해드리고 싶더라고요, 그냥. 그래가지고 돌아가시기 전까지 가깝게 만난 사람이 저고, 가장 인제… 제가 제일 많이 두드려 맞고, 많이, 아버지가요… 때리면 막 혁대로 때려요. 그래갖고 제가 제일 많이 맞고 자랐는데, 그… 인제 그 어렸을 때 그런 또 막… 저를 미워하고 맞고 그러니깐 제가 바깥으로 튀어나간 거야.

그래 가지고 제가 어렸을 때부터 이… 꿈이 연예인 되는 게 꿈이었어요, 어렸을 때. 그래가지고 집을 나와서, 그 옛날에는 가설극장이 있었고, 제가 고향이 인천인데 연희다리 그 밑에가 이… 약장사가 있어요. 노래도 부르고, 연극도 하고 그러는, 약장사가 그니깐 서커스단하고 같이, 무지개서커스단하고 같이 했어요. 그래가지고 제가 집을 나와서 첨엔 인제 그 악극단 따라다니면서 노래도 불렀고 연극도 그냥 쪼끔 하고 이랬거든요. 그랬는데 엄마가 그 동네에서 하니깐 인제 동네 사람들이 불러가지고 "당신 딸 저기서 지금…". 그때는 이제 사당패라고 옛날 어른들이 막 응 그렇게 생각하잖아? 사당패…. (예에….) 그래서 엄마가 막 거기서 명치를 끌고 막 데려간 거야. 근데, 제가 지금은 가끔은 이래, 엄마한테 그래요. 제가 지금 크면서 너~무 아프고 고비가 많잖아? 그래서 가끔 만나면 "그냥 나 서커스단에 있게 내비 두지, 어? 그랬으면 엄마, 내가 뭐가 되도 됐을 거 아니냐? 이렇게, 이런 인생을 살진 않았을 거 아니냐?" 근데 인제 그래갖고 그때부터 집을 나왔다 들어갔다 붙잡혔다 들어갔다 나왔다 이러다가….

이런, 인제 이런 데를 나중에서야 알게 됐어요. 용산이라는… 제가 원래 고향이 인천이거든요. 옆에 숭의동을 많이 봤어요, 이런 데를. (예에….) 근데 집 나와가지고 막 전전하면서 용산에 우연히. 그 옛날에 왜 저기 군복이 유행이었잖아요. 유에스 암[U. S Army] 이런…. 그때는 머리도 좀 그러고… 나이도 어리니깐. 내 나름대로 꾸민다고 꾸미고 그때 뭐, 지리산 어딘가에 놀러갔다 오면서 용산역에서 우연히 내리게 된 거야. 그니깐 인제 내려서 여기서 내리면 이태원이 가깝잖아요. 그래가지고 이태원 갈려고. 옛날에 거기서 운동, 체육관에서 운동하던 데도 있고, 거기가 노는 장소가 많잖아? (예에.) 그때는 나이트, 막 나이트 이런 데 찾아당길 때니까. (몇 살 때에?) 몇 살? 스물 셋에서…. 그냥, 그니깐 제가 좀, 다른 저기보다 좀, 큰 편이었어요.

그 나이 때. 그 당시에… 그래갖고 용산에 와갖고, 인제 여인숙이지, 말하자면. 역전에 와갖고 피곤해갖고 역전에 내렸는데요. 피곤해서 꽃마차여인숙이란 데서 독방을 잤어요. 자다가, 지금 생각하니깐 포줏거야. 그 여인숙 주인이 포주가 아니라, 그 여인숙 뒤에 문이, 요만한 문이 아가씨 장사하는 데랑 통로, 통과가 되더라고, 뒤에 가. 그러더니 "아가씨 밥 좀 먹을래요, 식사하는데?" 내가 화장실 나온다고 이렇게 나오다가 본 거야. 근데 "식사하실래요?" 그러는데 "아, 괜찮은데요." 자꾸 먹으래요. 근데 제가 집에서 사랑을 못 받고 자라다 보니깐 이게 좀 친절하니깐 제가 거기서 이틀 자면서 한 이틀, 삼일인가 잤나? 그 나이 먹은 언니가 저한테 너무 잘해주니깐 제가 그냥 거기에 집도 나왔겠다, 돌아다니고 막 그랬을 땐데 그냥 확 의지를 한 거야, 여기. 그래가지고 용산에서 눌러 있게 된 거야, 제가. 그래가지고 제가, 지금 약물〔암치료제〕을 받아서 좀 그런데, 이십 한 칠 년 전이면 내가 지금 마흔아홉이니깐 그니깐, 스물두 살 때지? 몇 년 전인지 모르겠는데, 내가. 까먹었어.

성매매로부터의 탈주, 계속되는 시도들

그래가지고 그때 이제 여기서 한, 한 2년? 제가 한 2년 정도 있다가 꿈을 빨리 깨고 나갔어요, 이 생활을 안 할라고. 나갔는데, 인제 모르겠어. 그게, 사람 사는 게요, 너무 너무 순탄치가 않은 거야. 내 팔자가 이런지. 그래갖고 여기서 인제 용산에서 그니깐 건달은 아니고 좀… 건달보다는 조끔 착하다고 봐야지? 여기 있다 보니깐 나이도 어리고 하니깐 또 찝쩍대는 사람도 있더라고. 그래갖고 그 사람 만나갖구요. 저는 인제 첨에 일을 이런 일을 하면서도, 제가 여기서도 인제 장사를 많이 했어요. 포장마차도 해봤고, 역전에서. 혼자서. 나이가 아직 어리니깐. 손기창이란 분이 지금은 돌아가셨는데. 그 강원도에서, 그 여관에요, 대구포 같은 거 팔러오는 팀들이 있었어요. 그래갖고 그 팀들한테 제가 '그거 좀 팔아드릴 테니깐 좀 달라'고 해갖고, 막 이태원으로 어디로 이고… 가정집이고…. (예에.) 그걸 누가 시켜서 하겠어? 그니깐 장사로는 타고 났던 거 같애, 옛날부터. 그래갖고 인제 이 생활 안 할라고 막 그러니까, 잠깐잠깐 안 할라고… 음… 포장마차도 해봤고. (예에.) 포장마차도 해봤고, 남자랑도 살아봤고, 그런데도 그게 또 끝까지 그게 안 됐고….

그래가지고 제가 인제 용산에서 좀 있다가 잡혀가지고 수용소에서 한 3년을 살았어요. 왜냐면 그 71년도에 집 나와가지고 이런 생활 하다가 들어간 게 아니라 들락날락 했다고. 나중에는 직업여성을 갖고 했는데, 잡혀갈 때는 첨에는 집 나와서 아동으로 막 그냥 돌아댕기다가 잡혀갔는데, 나중에는 영업을 하다가 잡혀갔잖아요? 그래갖고 인제 거기서 한 3년을 살았는데, 부모가 와가지고… 얘는 일찍부터 들락거려갖고 내보내줘도 또 들어오니깐 안 내보내주는 거여, 거기서. 그래갖고 거기서 또 자매결연을 또 맺은 저기다 나를 결혼을 시켰어요, 거기서. 시골에 농부들이 장가를 못 가니깐. (네에.) 응. 나를 갖다가 거기 결혼을 해야지만 나를 내보내준다 하니깐 결혼식을 한 거야. 그래갖고 진짜 있죠,

제가 나오고 싶어갖고, 거의 거짓이라고 봐야지…. 결혼식을 했는데, 단지 사회에 나올려고, 안 내보내주니깐.

○○○ '합동결혼식' 하고 그랬다는…?

●●● 예예. 아니, 합동결혼식이 아니라 저는 혼자 했어요. 그 수용소 원장님이 시골에 자매결연을 맺은 교회를 통해가지고 해줬는데, 어, 진짜 살아볼려고, 처음에는 거짓말하고 금방 나올 생각하고 했는데, 진짜 살려 그랬어요. 가서 보니깐. 강원도로 갔는데, 그 엄마도, 부모도 좋고 정말 좋은데. 제가 인제 시골교회 그 전도사님이, 전도사님은 재단이 약하니깐, 전도사님이 목사님 세울 재단[형편]이 안 돼서, 전도사님이 설교를 하고 제가 글로 시집을 갔으니깐 주일학교를 제가 맡았어요. 율동 가르치고, 애들. 어, 그래가지고, 어, 신랑이라는 사람이 교회 댕긴다 그래가지고 교회 댕기고. 저는 이런 데 나오기 전부터 어렸을 때부터 교회생활 쪼금 했었거든요. 어우! 근데, 교회 앞에 와가지고 소주 대병짜리 갖다 놓고 막 이러니깐 도저히 내가 혼자…. 그리고 내가 또 나중에 임신한 거를 거기서 살면서 몰랐는데, 도망 나와갖고 나오기 직전에 알은 거야. 임신한 거. 근데도요, 막 교회 앞에 와가지고 술 먹고 곤조 부리고, 나를 갖다가 막 욕하고 이러니깐, 내가 진짜 이런 데를 안 들어올라고 진짜 한번 살아볼려고 했는데 너무 사람을 이렇게 볶아 싸니깐.

이…사람이 눈이 뒤집히니깐요, 이 사람이 나를 막… 치악산 뒷산에 살았는데 그 밤중에요, 오후에 막 나를 때릴려고 저기하고, 이불에다 불, 담뱃불 던져갖고 이불이 타는데도…. 그 무섭잖아? 일단. 그리고 또 그땐 나이도 어렸고, 깡다구나 뭐 있었어요? 그때는.

그래가지고 도망을, 밤에 산을 타는데, 무서워 죽겠는 줄 알았어. 몇~ 시간을 산을 타갖고 내가 도망을 온 거야, 거기서. 혼인신고는 안

부녀보호소 건물 모습

1960년대 대방동과 수서에 있었던 부녀보호소를 여성들은 '수용소'라는 이름으로 기억한다. 당시의 '수용소'는 단속을 통해 입소가 강제되는 곳이다. 첫번째 단속에 걸리면 3주를, 그리고 두번째 단속부터는 1년 이상의 수용기간 동안 감금되어 강제로 직업교육을 받아야 했다. 그러나 입소자가 모두 '윤락행위등방지법'에 의거한 성매매 행위자에 한정되지는 않았고, '요보호여성'이라는 명목하게 '윤락행위를 할 가능성이 현격한 여성'도 강제 입소시킬 수 있었다. 또 이 시설에서는 단체결혼이나 개인 간의 결혼을 주선하기도 했는데, 이런 결혼이 수용소 탈출에 이용되기도 했다. 사진은 1963년 촬영한 대방동 부녀보호소의 모습이다.

했으니깐. 결혼해갖고 한 몇 개월 됐죠. 애기를 가진 거야. 나와서 진찰해보니깐. 그래가지고 어떡해, 배운 게 도둑질이라고. 그렇게 하고 뛰어가지고 나왔는데, 다시 당장 맨주먹으로, 끼던 반지, 시계 하나, 목걸이, 닷 돈인가, 몇 돈인가. 그래가지고 거기서 몇 시간을, 거기서 산을 타가지고 도망을 나왔는데, 아니 차가 있어야지? 아무 트럭이나 타가지고 반지, 쌍가락지니깐. "제가 반지 팔아서 차빈 얼마든지 드릴 테니깐 저 좀 어디 멀리 좀…" 그랬더니만 그 사람이 경주까지 간다는 거야. 그래 갖고 경주까지 가가지고 반지 하나 빼주고. 〈손가락에서 반지를 빼는 시늉을 하며〉 그때 이… 한 짝 빼주고. (예에.) 그래서 거기서 용산으로 막 오면 잡으러 온단 말이야, 수용소에서. 잡으러 오거든. 결혼해가지고 도망 나오면 잡으러 와, 수용소에서. 아, 그래갖고 어디로 도망갔냐? 울산으로 도망간 거야. 울산으로. 그랬다가 인제 한~참 있다가 왔지. 울산까지 다~ 갔는데, 저기, 거기서 이제 다방엘 들어갔어. 다방. 나중에 알고 보니깐 임신이 된 거야. 그래갖고 주인 언니가 데리고 가서 병원에 가서, 인제 보호자가 있어야 뗄 수 있다고 하더라고, 애를. 의사가 그냥 안 시켜줘요. 그래갖고 애기 떼고 거기서 인제 당분간 생활하다가 용산으로 왔는데….

결혼생활

남편

그래… 용산에 와가지고 빨리 꿈을 깨갖고요. 제가 인제 나갔어요. 그래가지고 애기 아빠를 만나가지고 인제 아들 둘을 낳고…. 이 직업을 아는 사람을 만나니깐 생활이 평탄하지가 못해요. 그 사람도 이제 그때 그 도망나와가지고 만났는데, 아우~ 막 일주일에 한 번 꼴로 나를 막 두들겨 패는 거야, 애기 아빠가. 근데 제가 지금 생각을 하면 결혼생활을, 11년 만에 이혼을 했는데요. 저는 진짜 살아볼려고 노력을 했거든요. 근데 아프면서 제가 강제로 인제 거기서 이혼을 안 한다는 걸 끌고 가서 이혼을 했지. 왜? 내가 이 시절을 용산에서 있다가 나가가지고요, 결혼생활을 지금 제가 10년 정도 하고 나왔잖아요. 예? (예에.) 근데 애 아빠가, 제가 절대 욕하는 거는 못 참겠는 거야. 씨발년, 뭔 년, 어? 막 그래가지고. 애기 아빠가 그때 너무 없는 사람을 만났는데, 어후, 애기를 하나 낳고, 하나 가지고 먹을 게 그 안산에서 제가 밀가루 죽에 밥 한 끼 먹던 시절이 있었어요. 근데 남자가 얼굴이 번지르르 하니 잘 생겨서 별명이 장동건이야, 애기 아빠가요. 또 괜찮았으니깐 제가 만났을 거고. 그랬는데 제가 애기 아빠를 서른? 만난 지가 한 11년? 11년 된 거 같으니깐 11년 됐나? 서른 살 넘어서 만났지. 근데 아는 거는요, 안면이 있었던 거는 훨~씬 오래전에 알았지요. 그래갖고 거기 돌아댕기면서 봤으니깐.

○○○ 그때 어디를 돌아다녔다는 [말씀인가요]?

●●● 애기 아빠가 나중에 알고 보니깐 천호동 건달이라 하더라고. 아, 그니깐 이런 세계에서 만났지. (용산에 있을 때 만나셨어요?) 그니깐 용산에 있다가 남대문에 잠깐 갔다가 있을 때. 그때 안 거야. 이 남자가 나중에 딱 저를 꼬실려고 거기 자주 지나댕겼다 하더라고. 으흐흐 〈웃음〉 그래갖고 근데, 이제 애기 아빠란 사람은, 〈주먹을 올려 때리는 시늉을 하면서〉 이케 이케 손이 가볍고, 욕을 잘해, 입이. 그래갖고 하여튼 그~ 때리는 거예요. 거의 한 10년 동안은 〈눈물 핑 돔〉 맞고 살았다고 해도 과장이 아냐.

정미화씨의 기질과 결혼생활

근데, 제가 인제 활동하는 거를 되게 좋아해요. 그리고 어디를 가면 꼭 뽑혀요. 그래서 부녀회 회장을 총 6년을 했어요, 제가. 광명에서 한 4년을 했고, 어 또 시흥에서 이혼하고 나와가지고 다시 들어갔는데… 거기서 또 뽑힌 거야. 그래가지고 2년. 그래, 살아볼려고 막 그랬는데, 나중에 진짜 막상 인제 한 11년을 살고, 그렇게 매도 많이 맞고 〈울먹이는 목소리로〉 예전에 제가 아들 둘 낳아가지고 그 애들 땜에 내가 여기서 이렇게 저기해도, 그래도 이 사람이 벌어다 주는 걸로 그래도 살아야겠다 해갖고, 힘들어도, 애들이 불쌍하잖아요? 일단 내가 낳았는데. 몇 번 헤어질려고, 몇~번 마음을 먹다가도…. 지네 아빠가 애들도 다 챙기고 그런 스타일이 아닌 거야. 그래갖고 애들도 불쌍하고 그래서, 아, 내가 애들 때문에 꾹꾹 참았는데, 나중에 암 선고…. 제가 이~ '중이 제 머리 못 깎는다'고, 그 애기 아빠 만나서 애를 업고 댕기면서 진짜 이런 데 안 들어올려고 안산에서 옷 장사를 했어. 머리에 보따리 보따리, 여기〔용산〕와서도 많이 했어요. 그렇게 팔았는데. 애기 업고 또 보따리 이고 댕기면서 식당 같은 데 이런 여자들 일하는 데 있잖아? 이런 데, 주위 사람들하고, 그렇게 인제 팔고 하여튼 옷 장사도 하고. 안산에서 사람들이 막, 다, 또순이 억순이라 그랬는데….

제가 벌 때는 이렇게 욕심이 있는데요. 관리를 잘 못하는 스타일이에요. 돈이 주머니에 있으면 밥 안 먹어도 배부르다고 하잖아요? 돈이 주머니에 있으면 좀 저기한 사람이 있으면 막 퍼주는 스타일이야. 그랬는데. 나중에 이제 그 안산에서, 참, 밀가루 죽에 밥 한 끼 먹던 시절이 있었는데, 이 남자가 그때 나를 만날 때 첨에 나이가 어려가지고 얼굴만 보고 만난 거야. 만났는데 돈이 너무 없어가지고요, 살림 처음 시작할 때 십삼만 원, 십삼만 원 가지고 시작했어요. 그래가지고 그 안산에 보증금 이십에 사만 원짜리가 있는데, 제가 인제 그 부동산 사장님이 여자더라고요. 사정을 했어. "제가 보증금이 십만 원 부족한데요. 제가 저기 조금 이자 오천 원이라도 붙여갖고 드릴 테니깐, 한 달만 기회를 달라" 그랬어. 애 아빠는 말주변이 없어. 나한테만 돌리는 스타일이야.

그래가지고 거기서 방 얻어갖고 만나가지고 한 달 만에 애를 가진 거야. 그 전에는 다른 사람 만났을 땐 애를 못 가져갖고 4년 동안 동거 생활하다가 나왔잖아, 미안해가지고. 부모가 애기를 자~꾸 원하는 거야. 그 사람도 여기서 만난 사람이야. 근데, 내가 진짜, 그런 데 아는 사람을 만나면 거의가, 거의 뭐, 끝까지 가는 사람도 있겠지만 자식 땜에, 거의가 파탄이, 거의 아닌 거 같애, 이런 데서 만난 저기는.

근데, 이제 제가 알기로는 저도 이런 데 지금까지 몸을 담고 있지만, 이, 사람이요, 여기 있는 사람들은 외로워서, 이~ 남자를 만나고 싶어서 만나는 게 아니라 〈코 훌쩍임〉 저녁에 일할 때 징그럽게 남자들을 보는데 무슨 남자? 그치만 그거는 하나의 직업이고, 사랑을 받고 싶어서…. 제가 진짜 용산을 알은 지 오래됐고, 또 지금까지 다시 와서 느낀 점은, 그 전에 나이 어렸을 때 같은 동료를 만났을 때하고, 지금 이렇게 나이 먹어서 만났을 때하고, 생각 차이가 또 있더라고요.

옛날에는 제가 어렸을 때 이렇게 나와가지고, 뭐 일단 몸이 어떻게 되는 건 생각을 안 하고 주인이 좀 잘해주면 그 날 영업을 더~ 신경 쓰는 거야, 내가. 또 주인이 나를 기분 나쁘게 하면 그때는 또 나이 어리니깐 배짱도 또 꼬라지가 있잖아. 주인이 잘하면은 다 또~, 우리 같은 사람은 성격이 약간 이러니깐, 막~ 이렇게 칭찬해주면 그 날은 또 열심히 막 저긴데, 좀 주인이 기분 나쁘게 하면 농땡이 부리고…. 그리고 또 내가 또 철이 없었던 게, 여기 있을 때, 그땐 통금이 있었잖아요? 11시 반까지만 주인하고 딱 못을 박어. 11시 반까지 딱 영업해주고, 30분 동안 차타고 갈 테니깐. 노는 걸 그렇게 좋아했어요, 제가. 그리고 돈을 못 챙기고. 그때는 뭐 주인들이 솔직히 뭐, 옷이나 사주고, 그죠? (음….) 계산이나 뭐 제대로 할 줄 알았나, 그때 뭐? 그저 옷이나 사주고 용돈이나 주고, 그리고 나쁜 주인 만나면 거의 계산도 못했죠. 어? 지금이야, 그렇게 하면 안 되지만. 응? (예에.) 그때는 진짜 그랬어요, 그 당시에는 그저 돈이나 쬐끔 주고 뭐~ 데려가서 옷이나 사주고 용돈 주면 그렇게 막 따지고 그런 거 없었죠. 근데, 있으면서 후회했겠지. 그래갖고…. 말을 하다 보니깐 두서가 별로 없는데. (아니에요.)

근데, 그~ 진짜 제가 살아보려고 했다가 다시 이렇게 6년 전에, 지금 나온 지가 한 7년 됐나? 6년 됐나? 그건 잘 모르겠는데, 이혼하고 나온 지가요. 〈코훌쩍임〉 근데, 제가 이렇게 암이라는 게, 나는 여지껏 남 얘긴 줄… 나는, 내가 이 암 걸린다는 건 생각도 못 했어요. 그래서 진짜 이런 데[성매매집결지] 안 댕길려고, 애기 아빠가 때리고, 저 진짜, 이 팔 있죠? 〈소매를 걷어 올려 보여주며〉 여기서부터 여까지 쇠파이프 하고, 여기서부터 여까지 꼬맸지. 오죽 하면 저 언니가, 옥정 언니[막달레나의집 대표]가 저 보고 "야~, 니 몸도 성한 데가 없다. 전부 흉이잖아". 내 몸이 전부 흉투성이야. 나를 조금 표현하면 말대꾸 한다고 술병을 던져갖고 그랬지. 다리도 지금 생각하니까, 그 복도에서 술 먹으면서 뭐라고 내가 말을 했다고. 그 자리 같애. 술병을 던져갖고 스쳐갔는데. 이 암이라는 게요, 세포가 갑자기 충격을 주면 거기 나타난단 말이야, 나타난다네. 그래가지고 이게 소아암인데, 골육종이. 서른아홉에 암 선고를 받은 거야, 제가.

그니깐 안산에서 고~생 고~생 하다가 광명시에 아파트 그 저저 저 근로자 아파트, 그 뭐지? 그 뭐, 무슨 시영아파트 같은 거 있죠? 그걸 해갖고 광명시, 걸로 이사 갔는데, 뭐 나오는 거 갖고 아파트 얻었어요. 저희 아파트예요. 근데, 그때 이제 고~생 고~생 하다가 반지하 살다가, 그 아파트가 당첨이, 주택부금 들어갖고, 당첨이 돼가지고 광명시에 들어가는데 몇년 만에. 그니깐 안산 사람들이 "진환이 엄마, 세상에 어? 고~생 고~생 하다가 살 만하니깐 죽을 병…." 거기선 나 아마 다 죽은 줄 알 거야. 안 간 지 오래 돼갖고. 그래갖고 거기서 암 선고를 받았는데, 제가 이~ 여기 수녀님〔막달레나의집 문애현 수녀〕하고요, 인연이 된 게, 옥정 언니하고요.

친구 미란

제가 용산에 있을 때, 같은 동룐데 걔가 반벙어리예요. 지금 걔가, 17년을 이 객지에서 처~음으로 친구, 친구지만 자매같이 친하게 지내갖고, 동네 사람들이 여기〔용산〕 동네사람들이 자매가 영업하는 줄 알았어. 여기, 어? (예에.) 근데, 저희 집에 오빠가 두 다리를 못 써요. 그, 저~ 장애인 1급이야. 장애예요. 소아마비로. 그래서 집안에서 아픈 오빠가 있다 보니깐, 객지에 나와서도 같은 동료가 반벙어리고 못 들으니깐, 또 그렇게 또, 남 같지 않게 보이더라고. 그래서 걔 심부름도 해주고, 뭐 이렇게 하다 보니깐 거의 한 17년을 친구로 지냈는데. 여기서 제가 나가면서요. 안산으로, 여기 생활하다가 나가면서 나가서 애기 낳고 살면서 걔를〔용산집결지에서〕 떼어냈어요. 여기서 떼어내갖고.

인제 안산에 우리, 그~ 우리도 못살았으니깐. 단칸방에 복도가 있어. 그래갖고 걔 오면 한 번씩 오면 자고, 데려왔을 땐 같이 생활하다가,

식당에 내가 취직을 시켜줬는데, 식당에 취직을 시켜주면 듣지를 못하니깐~, 일은 잘~ 해요. 앞에 입 모양 보고 웬만한 거 다. 근데 쫓겨났어. 같이 일하는 사람이 주인한테 자꾸 그러니까. 주방 일을, 주방에서 설거지 했었는데, 홀이 바쁘면 홀에도 나와서 거들어줘야 하는데, 종업원, 같이 일하는 사람이 스트레스 받는다고 해갖고, 넣어주면 두 달도 안 돼서 쫓겨나고, 넣어주면 두 달도 안 돼서 쫓겨나서 우리 집에 와 있고, 있고, 그랬어. 철가방이라 그러는데, 지금 배달하는 거, 그리고 식당에 넣어주면 또 식당 주인 동생 그런 사람하고 그러고… 그거를 내가 제재를 했더니, 그렇게 하지 말라고. 내 간섭 받기 싫어가지고 지가 나가버린 거야. 그래서 또~ 이런 데〔성매매집결지〕서 생활했어요. 그래가지고 그런데, 그때 내가 그랬거든 "너는 응? 내 말 안 들으려면 나 볼 생각도 하지 말라"고. 그랬더니 나가가지고 지가 나한테 한 소리는 있으니깐… 그리고 폐암이 걸린 거야, 걔가. 그래가지고 폐암 3기가 돼갖고요, 말기가 돼갖고 주인이 나한테 연락을 해준 거야.

　　그래가지고 여기〔막달레나의집〕〔문애현〕수녀님, 그래가지고 내가 수녀님한테 부탁을 했어요. 백병원에 있었는데, 병원비도 지꺼 딱 백만 원 벌어놓고 죽은 거야, 걔가. 병원비를, 병원비도 무섭겠지. 원무과에 가서 해갖고 백팔십이 나왔는데, 통장에 백만 원이 있더라고. 그래갖고 해결하고. 아우~ 답답한데, 어디다 연락할 때도 없고, 내가 예전에, 여기 '막달레'〔막달레나의집〕가 40번지에 있었어요. 〔막달레나의집이〕 여기 있기 전에. 20년 전에 있었다고, '막달레' 가. 그니깐 아니, 역전 바로 앞에, 이 골목 안에 말고, 저 위에 한강 가기 전에. 하꼬방 있잖아? 쭉~ 가다 보면 웨딩 코리아 뒤에. (예에.) 거기 있을 때 인제 내 친구가 거기 막달레, 죽은 친구가, 지금 최현숙이도 죽었지. 또… 그러니깐 죽어갖고 여기 '막달레'에 [사진을] 모셔놨잖아요? 다~. 그래갖고 그 아파가지고, 제가 누구한테요, 저도 저기할 데가 없어가지고 문수녀님을 찾아갔어요. 부탁을 했어요. 죽기 전에 미아리 성가복지병원에 거기다 좀 불쌍한 애니깐 좀 해달라 그래갖고, 천주교인 아니면 못 들어가는데 수녀님이 해주셔갖고, 간 지 10일 만에 걔가 거기서 마지막을 지냈는데 제가 너~무 너~무 그 친구랑 친했기 때문에, 그리고 걔를 보내고. (…)

그런데, 근데 제가 희한한 게 우리 이 친구, 친구가 죽고, 너무 너무 친했거든. 근데 친구가 죽고 3개월 있다 제가 암 선고를 받은 거야. 근데 제가 애기를, 그때 애가 하나가 어려서 업고 쫓아댕기다가 안산에서 맨날 같이 쫓아댕기다가, 힘들어갖고 이틀에 한 번씩 가고 그랬거든. 그랬는데 아~, 꿈에요. 우리 아파트, 걔 안 와봤거든요. 걔가 그래서, 우리 고~생 고~생 하는데 거기서만 봤지, 단칸방에 살 때만 봤지, 아파트. '아유, 기집애 저럴 줄 알았으면, 아팠을 때 이렇게 사는 모습이라도 보고, 아파트라도 데리고 와서 저기 할 걸.' 지가 나한테 한 꼬라지가 있잖아? 나를 버리고 갔으니깐 지도 양심[에 걸렸었겠지], 주인은요, "애기하지 말라, 나한테 얘기하지 말라" 그러더래요, 걔가, 친구가. 어? 그런데 그래도 나는, 주인이 전화가 왔어요. "진환 엄마는 알고 있어야 할 것 같아서 연락을 했다"고. 그래갖고 내가 막 주인한테 욕을 막 했지. 그때 "그러게 좀 일찍 연락을 해주지, 다 죽게 생겼으니깐 연락해주냐"고 그때 막 다투고 했는데,

그 애가 막 가고, 3개월 있다가 제가 선고를 받았는데요. 더 특이한 게, 자는데 그 아파트에서 자는데, 걔는 우리 집 와보지도 않았는데, 꿈에 애가 창문에서 막~ 쳐다보면서 나를 막~ 부르는 거야. 그래서 제가 너무 친했던 사람이니깐 걔가 죽었는데도요, 하~나도 안 그래, 걔가 부

르니깐 반가워가지고 내가 문을 따준 거야. 그랬더니 그러고 깼어요. (…) 근데 이 친하면은, 친한 사람 데려갈려 한다는 이 옛말도 있잖아. 근데, 그래가지고 '막달레'에서 제가 그래서 걔 땜에, 그 전에도 제가 미란이 때문에 들락날락 하다가, 옛날에는 인제 친구가 거기 있고 하니깐, 거기서 인제 왔다 갔다 하고, 거기 또 가면은, '막달레'에 불쌍한 사람들이 많이 또 생활을 했어요. 그래서 언니, 옥정이 언니랑 수녀님, 문수녀님이랑 다 돌봐줬잖아요, 저기한 사람들을. 그래가지고, 그래가지고 인제 왔다 갔다 하다가 또 친구로 인해서 문수녀님을, 첨에 이렇게 〔친구 미란에게 도움을 주기를〕 부탁할 때 저기했고〔도와주셨고〕, 제가 또 그 머리 다 빠져갔고 성가복지병원에서 염하는 거까지 제가 다 봤잖아요. 봤는데, 3개월 있다 제가 암 선고를 다 받아가지고 병원에서 약물치료 받고, 이 머리를 빠진 모습을, 그 전에도 걔랑 나랑 많이 닮았단 소리를 많이 들었거든요. (예에.) 근데, 거울을 다 봐도 걔를 보는 거야, 내가 봐도. 근데, 그때는 섬뜩하더라고요. 꿈에서 나올 때도 다 저기했고.

그래서 근데 지금도요, 아~ 엄마가, 저희 엄마가 가끔 전화하면은, 제가 얼마 전까지도 걔 생각하면 많이 울고 이랬는데, 걔 보내고 자꾸 꿈에 나타나니깐, 그 생각을, 걔하고 나하고 찍은 사진이, 친하니깐 이 ~만큼 되는 거예요. 그걸 안 없앴거든요. 근데 나중에 그러더라고. "애기 엄마, 꿈에 자꾸 나타나고 몸도 아프고 그러니깐 그 사진을 깨~끗한 데 가서 태워서 뿌려주"래요. 그래서 내가 그 광명 소망병원 그 아파트 밑에, 소공원에 깨~끗한 데다 그걸, 걔가 소주 같은 걸 좋아했거든요, 걔가. 소주도 잘 먹고, 막걸리를 그때는 먹고 이랬는데. 그 사진하고 소주 한 병, 또 그때 〈갸우뚱하면서〉 내가 막걸리 갖고 내려갔나? 그래가지고 그걸 태워주면서, 걔가 여기서는 가명이 미란이인데 본명이 명선이에요. 김명선, "명선아, 나 그만 쫓아댕기고 너, 어? 이 세상에서 얼마나 불행하게 살았냐, 어? 그냥 나 이제 더 이상, 솔직히 니가 지금 나를 데려가도 암 선고 받고 나서, 솔직히 니가 우리 아이들을 얼마나 이뻐했냐, 어? 내 새끼같이 항상 이뻐하고…." 나 그때 안산에서 부업을 이 원짜리도 하고 사 원짜리도 하고 그랬어요, 부업을. 어떻게든 여기〔성매매 집결지〕까지 안 올려고, 다시. 하~루 종일 끼워야 이 원이고, 조금 길은 거는 사 원이야. (뭘요?) 슬라이딩, 자꾸〔지퍼〕, 자꾸, 이거 끼는 거. (아, 예에.) 제가 그래서 그때 애기 가져갖고 그걸 했다니깐요. 애 아빠가 능력이 없으니깐. 그래가지고 내가 "나 쫓아댕기지 말고 하늘나라 가서 훨~훨 날아댕겨라" 이제. 그렇게 뿌려주고 그랬는데….

근데 걔가, 이제 너무 걔가 저하고 친하기도 했었지만, 저는 이 생활 나왔을 때요, 걔는 영업을 했었어요. 했었는데. 애기 아빠가 돈은 못 벌고 내가 애기를 가졌는데, 먹을 게 너무 없어갖고 걔가 한 달에 한 번씩 계산해갖고 오면은, 나를… 〈잠시 침묵. 눈물 흘림〉 인간도 참 간사스럽더라고. 나도… 왜냐면 나를 이렇게, 얘가 한 달에 한 번씩 오면은. 〈깊은 한숨. 눈물 흘리며〉 과일만 사갖고 오는 게 아니라 그니깐 먹을 것도 없고 하니깐, 임신해갖고 귤 천 원 어치를, 거의 천 원이 없어가지고 첫애 갖고 못 먹었다고 봐야지. 그래갖고 한번 역전 앞 가게에 외상 사 천 원 어치를 졌다가 애기 아빠한테 그~렇게 두드려 맞은 거야, 내가. 그래갖고, 그때 깼지. 근데, 그 친구가 오면은 수박도 사오지, 갈 때 꼭 삼만 원씩 주는 거야. 그니깐 그 안산에서요. (…)

그래갖고 결혼식에 가서, 결혼식 하기 전에, 이 친구가 오면은 지금까지도 내가 너~무 너무 고마운 게, 우리 애들 옷 다~ 사다주지, 어. 또 지가 한달에 한번씩 힘들게 벌어가지고 용돈 삼만 원씩. 그니깐 걔가 보고도 싶고 외로워서…. 〈눈물〉 보고도 싶지만, 오면은 일단 먹을 걸 사갖고 오고 돈을 주니깐 그게 더 또 기다려지는 거야. 너무 돈이 없으니깐. 이십사만 원짜리 사는데 보증금은 한 달 있다 주기로 하고, 오천 원 더 주기로 하고 십만 원을 밀렸어. 거기다, 보증금을. 걸어준 거. 복덕방 여자가, 자기가 걸어주고. 오천 원 줬으니깐 "안 받아" 하는데 줬지, 그때는. 그래갖고 그 친구가, 그래서 지금 고인이 됐는데, 제가 가만 보면 착한 사람이 더 빨리 죽는 거 같애. 내가 생각에. 그리고 고생을 너~무 해갖고 그렇게 빨리 죽는다곤 상상도 못 했거든요. 그리고 걔를 보내고, 깨끗한 데 태워주고 다 날려주고, 그러고 나니깐 꿈에 안 보이더라고요. 안 보이는데, 몇 개월 전에 한 번 딱 봤어요, 또. 몇 개월 전에.

힘든 결혼생활과 보람된 사회활동

결혼을 해서 결혼생활 한 11년 만에 제가 암 선고 받고, 이제 다리를 여기까지 자르라고 진단이 떨어졌었어요, 제가. 그래갖고 옥정이 언니, 난 기억을 못했는데 옥정이 언니가 소망병원까지 찾아오기까지 했었거든요, 언니가. (…) 그런데 돈이 아무것도. 넉넉하게 못 살고, 임대 아파트로 들어간 지 1년 만에 아무것도 없는 상황에서 암 선고를 받았는데…. 제가 인생을 살면서, 인생을 많이 산 건 아니지만 49년을 살아오면서 하나 깨달은 게요. 그래도 지금도 제가 푼수같이 사는 거 같애요. 지금도 항상 그런 마음을 갖고 사는데, 정~말 내가 할 수 있는 일은 하고 사는 게…. 저는요, 처음에 저는 애기 아빠가요, 진짜 히푸다고[헤프다고] 욕도 많이 먹고, 들을 소리 안 들을 소리 다 듣고 살았는데. 욕 무지무지하게 먹었어요. "씨발년아, 니가 뭐 이 세상에 봉사할려고 태어났냐?"고 해가면서 그런 소리를, 그런 욕을 참 많이 먹었는데, 이 아파트 부녀회라는 거는 말 그대로 봉사거든요. 그런데 이제 쓰레기 같은 거 분리 같은 거, 동네 부녀회들이 많이 하잖아요. 재활용품 같은 거, 막⋯ 근데 그런 게 보기가 싫었던 거야. 그리고, 근데 음⋯ 제가 인제 이게요, 가진 자가 더 많이 가질려고 하고 없는 사람이 사실은 더 봉사를 하는 거 같더라고, 제가 봤을 때. 저는 가진 것도 없었고, 근데 제가 인제, 남의 일에 좀 튀는 편이에요. 나서는 편이에요, 좀. 막 좀 억울한 거 당하는 꼴을 못 봐요, 저는. 옆에서 그냥, 막 내 일도 아닌데 가서 막 밝혀줘야지. 그러다 보면 또 가서 싸움도 하고 그러는 거야. 근데, 그래갖고 인제 좀 저기한 사람 있으면 좀 다 퍼줄려고 하는 게 많죠. 난 좀 주는 거 좋아하는데, 그러다 보니깐 애 아빠한테는요, 히푸다고[헤프다고] 욕도 많이 먹고. 진짜 막, 응? 들을 소리, 안 들을 소리 다~ 듣고 그러고 살았는데, 암 선고를 받으니깐, 진짜 나 주위 사람 없었으면, 저 죽었어요. 병원비가 없어서라도 죽었어. (예에.)

  제가 부녀회 일을 하는 걸 자랑을 할려고 하는 게 아니라, 처음에는 2년을 했었어요. (네에.) 병 걸리기 전에 2년을 했는데, 투병 생활을 마치고 집에를 왔는데, 머리가 다 빠지고 그니깐 그랬는데, 반상회를 하는데 제가 투병 생활 하고 나와서, 그~ 인제, 옛날에 임원들이 "아, 언니 왔는데 반상회나 하러 내려가자" 그러더라고요. 그러면서 아이구, 주민들이요, 애기 엄마는 집에 가서 가만히 있으면 더 빨리 죽으니깐 활동을 해야지 된대요. 그렇다고 또 다시 뽑아준 거야, 저를. 투병생활 하는 동안에. 부녀회를 그때 부회장이 맡고 있었는데, 부회장이.

○○○ 입원은 얼마 정도 하셨는데요?

●●● 예? (입원은 얼마 정도?) 한 2년을 들락거렸죠. 왔다 갔다. 왜냐면 계속 맞으면 죽으니깐. 일주일 약물 받고 보름 나와 있고, 일주일 받고

그랬는데, 나왔다가 백혈구 떨어지고 혈소판 떨어지면 가다가 죽을까 봐, 소망병원에서 응급조치하고 갔어요. 근데 이제, 거기서… 무슨 얘기 할려다가? 금방 또 이렇게 깜박깜박 하네… 〈함께 웃으며〉 (부녀회.) 예~에, 부녀회. 그래 가지고 인제, 아 가만 있어봐, 부녀회~ 아, 그래가지고 뽑혔잖아.

근데 진짜로, 제가 요번에 투병 생활 하고요, 이렇게 살면서 무슨 생각 했냐면, 부녀회 한 2년 하고 또 또 다시 뽑아줘서 2년 했고, 아프기 전에 제가 소망회 부회장을 맡고 있었고. 또 아프고 나서요, 그러니깐 애기 아빠가 나한테 욕하는 거야. "병신이 되기 전에 하도 튀어가지고, 이제 병신이 돼서, 저 여자가 집에서 살림이나 하겠다 그랬더니." 〈웃음〉 그리고 인제, 또 저저저저~ ○○당. 저저저 뭐지? 평택시 거기에 또 조직부장. 그때 저는 저, ○○당이었어요. (…) 아유, 제가 막 그 선거할 때요, 진짜 사람들 동원해가지고 그렇게 활약을 많이 했지. 그니깐 조직부장을 만들어놨지. 이제 대개 아파트 부녀회장 팀장들을 많이 세워놓고. (예~.) 사람 많이 해야 하니깐. 그래갖고 〈기침〉 그렇게 하고 하니깐 뭐라 하냐면 "병신이 돼갖고 저 여자가 이젠 아파가지고 집에만 있겠구나 했는데", 이제 애 아빠가 돌아다니는 거 싫어하는데, 저는 가만히 있는 스타일이 아니에요. 제가 막 치우고 항시 움직여야 사는 사람이에요. 근데 이게 타고나서 어쩔 수가 없어, 성격이 이래서. 그러니깐 나보고 "세상에, 아프고 나서도 저렇게!" 응? 그~렇게, 부녀회장을 다시 뽑아놨는데 못하게 했었어요. 내가 "부녀회장을 다시 해보라 하는데, 나는 또 볶을 거 같으면 나는 아예 안 할란다", "그건 진환이 엄마가 알아서 해" 그러더라구, 애 아빠가.

근데요, 애 아빠가 순간순간 바껴요, 마음이. 쪼끔 이렇게 쪼~끔 이렇게, 하면 잘하고 안 그러면 바로 욕해버리는 스타일 있잖아. 그래가지고, 제가 활약을, 제가 쪼끔 가면 어디 가면 쪼끔쪼끔 튀잖아요. 그런다고 이혼하고 그래서, 내가 남은 시간에 그렇게 고생하다, 선고 받고 나서, 그래도 내가 어떻게 하다가 이런 병 걸려가지고, 집 나가면 나 죽는 건데, 근데 애 아빠가 너무 나를… 아플 때는요, 병원에서 "어떻게 해든 살아나야 한다. 애들 생각해서 살아나야 된다. 자기 뭐 나 죽으면 거지 된다." 이렇게 해놓고 세상에! 퇴원하고 일주일 만에, 나를 갖다가, 내 머리통 갖다가 때려가지고 〈머리를 짚으며〉 여기, 몇 바늘 꼬맸잖아~? (아휴….) 그래서 내가 그때 한 번은 여성단체를 한번 찾아간 적이 있어요, 안산에. 거기 여성단체 있더라고요. 안산에 사무실이. 견~디다 견~디다 못해갖고, 내가 이 팔을 두들겨 맞아가지고 여기 이런 데…〈몸 여기저기를 짚으며〉 멍이 감아논 거 같이. 그래서 이제 그걸 다 사진을 찍어주더라고요. (예에.) 사진 찍어주고, 거기서 여기 다 찍고 물어보고, 나중에 그거 다 증거 보관한다고 다 찍었고. 어디로 나를, 어디로 쉼터로 보내준다 하는데, 애들이 또 어리고 하니깐, 그렇게. 그러다~ 그러다~ 이렇게 살은 거야, 한 10년을.

폭력 남편으로부터의 탈주 시도 : 가출[*]

●●● (…) 애를 큰애를 하나 데리고 나와서, 응? 왜냐면 이 사람이 애도 때려요. 그래가지고 작은애는 이뻐했는데 큰애를 미워했어. 그래가지고 그때 큰애를 데리고 나갔는데 딱 제 수중에 이십팔만 원이 딱 있었어. 제 수중에 이십팔만 원 있는데, 나는 자신 있게 나왔어요. 나올 때

---

[*] 2차 인터뷰 자료

는. 어떻게 나왔냐면 '내가 어디 가서 내 손에 구정물만 담그면 우리 아이들하고 나하고, 우리 큰애 개랑 나랑 먹고 사는 거는 최소한 걱정을 안 하겠다.' 그리고 무작정 기차를 타고, 어디를 갔냐면, 청주로 간 거야. 충청도 청주. 근데 그것도 무작정은 아니고, 거기서 아파트에서 제가 인제, 부녀회를 하면서, 거기 내가 부녀회장이면 밑에 부회장이 있죠? 부회장 고모가 청주에서 다방을 하더라고, 거기 다방. 그래서 인제, 그 다방에 취직이라도 해보려고 처음에 주방에라도 갈려고 딱 갔더니, 그 적어준 거만 보고 찾아갔는데, 사람을 쓴 거야. 그러니 얼마나 실망이 돼. 자신 있게 갔는데. 그래가지고…. (애는 몇 살이었는데요?) 애가 지금? (그때가?) 그때요? 그때 애가 7살이었어요. '6살? 7살?' 이었죠. 큰애가. (아직 학교 안 들어갔겠네요?) 예, 그니깐. 그런데 내가 인제 그 애를 데리고 거기를 찾아갔더니 사람을 썼다는 거야. 아우~ 그래가지고 이십팔만 원에서 여인숙이, 여인숙 한 달 방세가 이십에. 이십에 해줬어, 주인 할아버지가. 그런데 내가 할아버지한테…. 취직은 못하고 거기 가갖고, 빠꾸 당하고 와갖고, 일단 애하고 어딜 들어가야 될 거 아니야. 여인숙을. 그래서 내가 그 여인숙 주인이요, 나이도 많지만 너~무 너무 고마워서, 제가 진짜 다시 애 아빠하고 돌아와서 살면서, 다시 찾아갔어요, 내가. 너무 고마워가지고. 자그마한 성의 표시를 해갖고 일부러 한 번 갔었어, 청주로.

○○○ 얼마나 계셨는데요?

●●● 거기서, 딱 두 달 일했어요. (일은 하셨어요, 그래서?) 예. 다방에서 거기서 안 하고 그 여인숙, 그 주인 할아버지가 그 동네 통장이더라고, 또. 그런데 막 애하고 내가 막 두 다리를 피고 울으니깐…. (그땐 아프시기 전이세요?) 아프기 전이죠. 그래갖고 인제 취직을 못하고, 인제

난 자신 있게 나왔는데, 취직이 안 되니깐. 그래서 인제 두 다리를 뻗고 막 울었어요. 그랬더니 인제 그래서 나보고 그러더라고. "다른 데를 한 번 가보라" 이거야. 식당을. 문 앞에 보면은 아줌마 구한다고 써놓은 데 가 있대요. 그래갖고 인제 식당이라도 들어갈려고, 거기서 들어가니깐 써놓기만 했지, 사람은 다 뽑았다네. 거기도 또. 아~ 그래갖고 인제 막 막한 거야. 애는 데리고 나왔지. 그래서 막~ 울다가 나중에 그 통장 할아버지가, 여인숙 그 할아버지가 저기 청주에 다방, 이름은 안 댈게. 왜냐면 이렇게 이런[지금 인터뷰하고 있는 다방] 무슨 다방인데, 거기 주방 아줌마를, 나를, 취직을 시켜준 거야. 첨에.

아, 근데 일을 안 해봐가지고, 주방일은, 아니 뭐 금방 쌍화차, 두향차… 이름도 못 외우겠어. 금방 헷갈리니깐. 쌍화차, 무슨 대추차, 무슨 율무… 근데 이거를, 내가 일을 해보던 사람 같으면 전표가 들어오면 빨리빨리 끓여서 내야 되는데, 처음이니깐. 근데다 하는 사람이 하나가 있는데, 옆에서 보조도 빨리 빨리 해야 되잖아? 아우, 근데 난 도저히 못 하겠드라, 그거는. 그래서 그, 그, 사장이 젊었어요, 거기. 그 당시에 한 서른네 살이었나? 아니다. 서른네 살인가, 스물넷, 스물여덟인가? 하여튼 젊었어, 좌우지간. 내가 좀 더 먹었던 거 같애. 그래갖고 내가 그랬어. "사장님. 저 차라리요, 이거는 못하겠고, 차라리 홀에서 손님 유두리나 하고, 이렇게 차나 이렇게 나를께요" 하니깐, "그러면 내일부터"… 이제 내가 성을 또 속였어, 당시 주씨로. "그러면", 사장이 이래서 득 되는 거지. 이뻤거든. 지금보단 낫지~ , "그럼 주마담, 주마담으로, 그냥 손님들한테 주마담이라 할 테니깐, 나이도 있으니깐 그냥 얼굴마담이나 해보세요" 그러더라고. 그래갖고 인제 카운터 책임은 그 당시에 백칠십을 줬고, 얼굴마담은 백오십까지 준다 하더라고, 홀. 배달이 들어오면 그걸 또 다 싸야 돼. 딱딱딱딱딱. 그것도 배우는데 한~참 걸렸어. 움직이지 않게 어떻게 묶으는 게 있드라니까. 그래갖고 인제 뭐 커피면 'C' 하고, 하나 딱 그면, 커피 하나 'C' 하고, 이렇게 하면 커피 두 개. 그걸 [카운터] 보는 거야. 우유는 미리 싹, 그리면 하나.

그래갖고 거기서 두 달을 있는데, 우리 아이가 지금 유치원을 댕기다가 내가 데리고 나왔잖아요? 그래서 부모의 죄로 아이가 피해를 보면 안 될 거 같더라고. 그래갖고 인제 취직을 했으니깐 그 사장님한테 저를 믿고 유치원비 한 달 치만, 응? 미리 한 달 치 주고 들어가잖아, 애를. (예에.) 그래갖고 거기서 저기 떨어지니깐 딩동댕 유치원이 있대. 청주에. (예에.) 그래갖고 애를 거기다 매꼈는데. 내가 이 여인숙 주인 할아버지랑 왜 고마웠냐면요? 나는 아침에 8시까지 인제 애~, 뭐 씻기고 준비하려면 일찍 일어나야 돼. 그러면 7시, 응? 보통 6시 반이나 7시 때 일어나갖고 애를 준비해갖고, 차가 와요, 다방 앞으로. 그 버스가, 유치원 버스가. 근데 내가 진~짜 눈물 났던 게… 〈잠시 침묵. 눈물 흘림〉 그 애를 데리고 나왔는데, 내가 다방에서 일을 하니깐 이 애를, 내가 여인숙에서 밥을 못 먹고 나는 다방에서 먹으면 되는데, 애를, 아침을~ 못 멕이는 거야. 〈눈물 핑 돔〉 근데다가 처음에는 미안해가지고 아침에 모닝커피 시키면, 이 [계란]프라이가 나가잖아요? 배달을. 직장에는 프라이를 다 보내. 근데, 처음에는 미안해 가지고 애 먹는 거를, 계란 값을 내가 줬어요. 첨에 계란 값. 거기서 일하면서. 아니? 애한테 너무 미안하잖아. 응? 그래갖고 데리고 나와 갖고 밥도, 아침밥도 못 멕이고 유치원을 보낼려고 하니깐…. 〈잠시 침묵. 흐느끼며 움. 수건으로 흥건히 젖은 얼굴을 닦으며〉 거기 계란 값을 줬는데… 〈잠시 말을 잊지 못함〉 그 사장이 그러더라고. 〈다시 울먹임〉 "주마담 언니, 계란 값은 내지 말라"는 거야. "애 먹는 거는 내가 안 받겠다"고. 그랬는데 그러다가 커피가 밀리면은 계란을 배달 먼저 보내고, 유치원 가는 시간이 있잖아요? 어떨 때는 못 멕여서 보내는 거야. 주인이 공짜로 준다는데 첨에는 돈 주고 멕였거든. 그래가지고 인제, 시간이 됐으면 계란 2개 후라이 해 멕여서 유치원을 보내고, 다방은 보통 이거 청소하고 뭐하고 하면은, 보통 10시 반에 끝나도, 치우고 어쩌고 하면 11시, 12시. 11시가 넘어요.

근데 애가 유치원에서 9시까지만 봐주는 거야. 9시, 9시까지. 그것도 늦춰가지고, 늦~춰갖고. 그래갖고 여인숙 할아버지가 나보고 그러는 거야. "애기 엄마, 사정이 참 딱한 거 같은데, 애가 유치원에서 오면은 내가 비디오라도 틀어서…, 비디오테이프만 좀, 어디 테이프만 좀 빌려서 놓으라"는 거야. 비디오라도 보여주고, 애기 엄마 올 때까지 봐줄 테니까. 그 할머니, 할아버지가 우리 애를 봐준 거야, 어? 그게 내가 너~무 너~무 고맙고, 그렇게 인제 지내다가 애 아빠가, 그때는 핸드폰이 없었잖아요. 내가 인제, 작은애가 걸려가지고 전화를 한 번 하면 "진환이 엄마지? 진환이 엄마지? 내가 진짜 잘못했으니깐 한 번만 자기 용서해달라"고, "들어오라"고 계속 막~ 그러는 거야. 그래가지고 내가 "나는 인제 필요없다. 어차피 너랑 나랑 잘못, 잘못 만나서, 어? 너도 하나 맡아라, 작은애. 너도 아빠니깐 애 하나 맡아서 살고, 나도 큰애, 내가 가엾어서 데리고 왔다. 너는 작은애를 이뻐하고 큰애를 너는, 내가 잘못할 때 애를 두드려 패는 사람 아니냐?" 그러면서 "내가 큰애 데리고 왔으니깐 나 인제 신경 쓰지 말고 잘 살아라, 나 없이." 나 있을 때 나를 두드려 패고 허구헌날 나보고 〈눈을 부라리고 손을 올려 때리는 시늉을 하면서〉 "씨발년 이 막!" 하면서, 그러면 다른 욕은 듣겠는데, 씹팔년 소리는 도저히, 아니요, 다르게 나를, 이 새끼 저 새끼 욕을 하고 막 야단을 치는 건 내가 견디겠는데 씹팔년 소리하면 딱! 이게 우리가 오는 게 있잖아요, 딱. 어? 자격지심이. 그리고 내가 거기서 돌아버리는 거야, 내가. 욕하는 게.

그래갖고 저기, 근데 나와서 이렇게 진짜 막 너~무 너무 일하는 게 힘든 거야. 그리고 한 달에 한 번, 딱 놀게 해준대, 한 번. 그거를 사정해 가지고 두 번으로 늘리게 해달라는 거야. "애가 있으니까. 사장님, 내가 월급을 조금 덜 받드라도"… 근데요, 거기가 또 티켓다방이었어요. 그래갖고 하루 쉬면 아가씨가 십오만 원을 물어주고 쉬었다니까. 그런데 내가 솔직히, 내가 아가씨도 아니고 애기 엄만데, 어? 애 땜에 하루 쉬고 십오만 원씩 까는 건 못 하겠드라고. 그래가지고 뭐야, 저기 한 달에 2번 쉬는 거, 내가 그랬지. "애랑. 애가 지금 어린데 여기 내가 물론 내 맘대로는 못하지만 애하고 한 달에 두 번은 놀아줘야 될 거 아니냐?"고. 그래갖고 내가 진짜, 나와서 좋은 사람, 진짜 많이 만났어요. 왜냐면 어떨 때는 배달을 마담으로 보내라고 그럴 때가 있어요, 가게가. 그리고 거긴 왜 또 장[시장]이 그렇게 많어? 어? 그러는데 거기 이제 자주 오는 손님이 배달 오라는데, 우리 애가, 세상에, "엄마, 여기서 뭐해요?" 그래. "엄마 식당에서 일한다" 그랬더니, 아~ 이놈의 새끼가 광명에 가더니 집엘 들어왔는데 "니네 엄마랑, 니네 엄마 뭐하다 왔냐?" 그러니까 "우리 엄마 식당에서 접시 돌려요" 그러는 거야. 어? 그걸 본 거야. 접시 날르고 하는 걸. 차 날르고 하는 걸. 이걸 큰애가 들은 거야. 세상에….

그런데 그 애를 갖다가 씻길 시간도, 밤에 오면은 할아버지가 보다가 떨어져 자지. 내가 또 들어갔다면 애가 자고 있지. 언제 씻길 시간이 없는 거야. 그래갖고 한 번은 내가 이제, 애가 유치원 안 가는 날, 하루 장 같은 데 이런 데 내가 데려다 주고 하잖아. 한 번 씻겨주는 여관집,

그 사람한테 그랬어. "내가 저기할 때 애기 데리고 한 번 [와서 씻기겠다고]" 한 시간 티켓이 삼만 원? 한 시간 티켓이 삼만 원이거든. 내가 일하는 날에 내가 나갈려면 한 시간 티켓을 끊어야 돼. 삼만 원을 물고 나가야 돼. 그거를. 그런데 내가 손님이, 자주 오는 손님이 있는데, 내가, 상황을 내 생활을 알고, 그 손님이 "주마담, 내가, 커피하고 갖고 와라. 두 시간 끊어줄 테니깐. 애기 데리고 와서 목욕을 시키라"는 거야. 그~ 얼마나 고마워? 그래가지고 내가 그렇게 해서 애를 목욕을 시키고, 그 두 달 동안, 두 달 약간 못 참았지.

　참~다 참~다가 애를 내가 너~무 고생을 시키는 거 같은 거야, 어른의 죄로. 그래서 나중에 다시 애기 아빠한테 전화해갖고 다짐 받고 그러고 들어갔는데, 이 새끼가, 야~ 그럴 때는 가서 갔는데, 며칠 안 있으면 또 욕지거리하고 또 날 손찌검 하고 이러는 거야. 그래서 내가 〈고개를 약간 흔들며〉 도~저히, 〈인상을 찌푸리며〉 아, 그러다가 내가 암 걸렸다니깐~! 그래 암 선고 받아서… 그래 나를 갖다 사람, 딴 사람들은 "애기 엄마 나이 먹어가지고, 아들, 이렇게 떡두꺼비 같은 아들 둘이나 놔줬는데 왜~ 그렇게 진환이 엄마 열심히 살려고 하는데 왜~그렇게 진환 엄마를." (…)

또 다른 가출, 그리고 이혼
그래서 제가 진짜 암 선고 받고 너무 분하잖아, 갈 데도 없고. 내가 솔직히 바깥에 나와갖고 빨리 죽을 수도 있잖아. 사람은 모르잖아요. 그런데 그 남은 시간이 많지 않다는 걸 알기 땜에, 그 시간만큼이라도, 자유스럽게 살고 싶은 거야. 그래서, 근데, 제가 이혼까지는 사실은 생각을 점에 안 했었는데. 여, 이 사람이 다방에 있는 여자랑 알은 거를, 나랑 싸우고 나서 나보고 걸핏하면 나가 죽으라고 그래가지고, 첨에 옆에 동 부녀회장 고모가 시흥에, 그래서 제가 시흥에 살게 됐어요. (…)

그니깐 이제 제가, 제 팔잔가 봐요. 이게 또 보면은 이런 저기는 되게 안 할라고 해도, 저기를, 그래도 여기〔용산〕 와야 좀 반겨주는 사람이 있잖아. 어딜 가서 누가 어, 나를 다리 병신 돼갖고, 어? 이게 그렇다 그러면, 이게 뭐 소아마비 이런 것도 아니고 암인데, 누가 날…. 또 어디 다리야 성해야 식당에 가서, 응? 하다못해 성격이 활발하니깐, 서빙이라도 보고. 첨에 삼겹살 집에 들어갔어. 이혼하고 나와가지고, 아니? 이혼하기 전에 도망 나와가지고 한 번, 하도 두들겨 패니깐 갈 데가 없잖아. (예에.) 그래, "월급은 조금 줘도 되니깐요, 나 좀 여기 좀 있게 해달라"고. 나이 잡순 사람인데, 부천, 거기 식당에 있었어. 근데 거기서도 오래 못했어. 왜냐면요. 식당이 홀에서만 왔다 갔다 하면 되는데, 방이 있잖아요. 보조기를, 그때는 내가 이 보조기를 찬 게 아니라 〈다리에 찬 보조기를 빼서 보여주면서〉 양 쪽에 이~ 지금 이 보조기는 내가 머리를 쓴 거야. 이 양쪽을 뜬 거야. 양 쪽에 철, 철 있는 거. (아, 예에.) 철 달린 거를 신었었잖아요. 근데 이렇게 해서 이렇게 신는 걸 몰랐어, 그때는. 나중에 알았어. 근데 지금두 그때는 양쪽 쇠로 하니 쟁반을 들고 일일이 벗었다 신었다 그걸 못하니깐 두 달 만에 나와서 쫓겨났지. (아, 아~.) 그래갖고 인제 두 달 만에 쫓겨나갖고 또 그 지옥〔남편이 있는 집〕을 또 들어간 거야, 나도.

광명! 애기 아빠한테로. (어~.) 그러다가 나중에 도~저히 "내가 이게 죽은 목숨이지, 산 목숨이 아니다. 내가 차라리 나가서 그 짓을 다시 하든, 저기 하든. 어디로 갈 거야." 갈 데~가 있어야지. 그러니깐 마지막에 병 걸리고 갈 데가 없으니깐 여기 다시 용산에 온 거야. 그리고 용산에서 나를, 자기네들 돈을 벌어줘서 잘해줬는지는 모르지만, 그래도 반갑게 해주는 데가 여기니깐. 포주가 됐든 뭐가 됐든, 그래도 오면 나를, 지네가 돈을 벌어 먹을려니깐, 잘해줄 거 아니에요? 어렸을 때 첨 왔을 때는 잘해주니깐, 그 전에 외롭다 보니깐 그 정에 굶주림을, 정에 굶주림을 받다 보니깐, 좀 잘해주니깐, 그게 너무 따뜻했던 거야. 처음에. 그래가지고 여기 몸담으면서 또 나갔다가 들어왔다가 들어와버렸지. 그러니깐 이번에 인제 병 걸려가지고 인제 그래도 일단은 갈 데가 없으니깐 그래가지고 여기를 왔는데. 제가 그때 가끔 그래요. "옥정 언니, 나, 나도 이제 말년으로 어디 가겠냐?" 그때 강화〔막달레나의집 장기쉼터 '시골집'〕, 그때 한 번 갔다오면서 "나도 인제 여기, 여기로〔막달레나의집〕 와야지~."〈함께 웃음〉

아니? 사실요, 그렇다고 뭐, 부모가 잘사는 것도 아니고, 부모도 나이 잡숴서, 저희 엄마 팔십이 넘으셨어요. 우리 오빠, 오빠가 인제 뇌졸중인데, 근데 지금 오빠가 엄마라도 옆에 있으니깐 지금은 그나마 다행인데, 만약에 엄마 돌아가시고 나면 오빠가 좀 문제가 되고. 작년에 오빠가 뇌수술을 여섯 번 했어요. 그래갖고 저희가 언니가 위암으로 죽고, 오빠가 뇌졸중. 오빠 거의 다 죽는다고, 책에도 나왔잖아, 저희 가족이. 여기도 하나 있는데, 그래가지고 인제 제 이름이 거기 들어가 있고요. 딸 하나밖에 없는 거야, 언니가 죽었으니깐, 딸 하나. 이게 가족이 다 아파가지고, 그 저기 뭐지? 어느 그 저기서 와서, 다 와가지고 취재도 오셨어요. 다 병원에다 촬영까지 다 해가지고. 그래갖구 제가 집에 가도 내가 있을 곳이 없는 거야. 엄마네 가도 뭐 오빠가 성격이, 머리수술을, 중환자실에서 거의 다 죽는다고 했었어요, 오빠. 기적으로 살았어.

ㅇㅇㅇ 그럼, 가족이 어떻게 되시는 거죠?

●●● 지금 친정집이요? (예.) 오빠 하나, 남동생 하나, 엄마 하나, 그리고 언니, 그 죽은 언니는 오빠하고 나하고 아버지가 틀려요. 근데 우리 언니는 미스코리아라 그랬어. 언니가 하도 이뻐가지구. 남자가 금방 채갔어. 외국으로 시집갔는데. 위암. 거기서 다섯 번 수술했어요. 한국 같으면 그렇게 시도 못 하지, 옛날에. 다섯 번. 외국에서 언니 시체도 못 찾았어요. 왜냐하면 시체가 한국에 왔었대요, 그 인천〔정미화씨의 출생 지역〕. 글로 왔는데 주소지가 안 맞아 가지고 다시 갔대요. 그래갖고 엄마가 그게 한이 돼가지고 가끔 명절 때 이런 날 되면은 괴로워하셨는데, 지금은 세월이 많이 흘렀으니깐 이제 잊어버렸고, 그래도 지금도 제가 뭐 이렇게, 몸이라도 성해야 어디 가서 〔일이라도 해볼 텐데〕, 어디 남의 집 가서 할 게 없는 거야. 내가 지금, 깝깝하잖아? (…)

'말할 수 없음'의 답답함과 용산과의 관계*

○○○ 언니 결혼해서 생활하셨을 때 용산에 있는 친구분들이나 이런 분들하고 어떻게 관계를 유지하셨는지?

●●● 여기? 아~ 결혼하고?

○○○ 예에.

●●● 결혼해갖고 나갈 때는 여길 안 왔죠. 여긴 안 왔고, 죽은 그 친구, 걔 하나만 17년을 자매같이 지낸 사이니까. 지금은 고인인데, 그 막달레나에 가면 영정사진을 모셔놨거든요. 근데 걔 죽기 전에 걔만 만났지.

○○○ 그분만 만나셨어요?

●●● 걔가 나한테 자주 오고. 또 걔가 여기서 포주, 포주 있지? 만약에

---

*2차 인터뷰 자료.

포주하고 싸워가지고, 예를 들어서 해결을 못 볼 때, 또 개가 좀 억울한 일을 당할 때면 내가 와서 같이 붙어서래도 싸워가지고, 싸우면서~ 그런 거를 내가, 뭐가 뭐 있어서 걔를 도와줄 형편은 못 되고, 몸으로~ 개가 벙어리였으니까. 개가 벙어리였어요. 그래갖고 듣지를 못하는데 나랑 17년을 자매같이 지내다 보니까, 나는 개 입 모양만 봐도 다 알아듣거든요. 개도 나를 내 입모양만 보면 알고. 그래가지고 내가 몸으로 때우는 거는, 내가 거의 쫓아댕겼어요, 몸으로 뛰는 거는. 그래갖고 하여튼 친자매같이 나한테 의지를 많이 했어요, 개가.

○○○ 다른 분들하고는 뭐 이런 연락이나 이렇게~?

●●● 예에. 다른 애들하고는 뭐 그렇게…. 또 아이를 낳고 또 살다 보고, 내가 또 여기서 나가서 이런 회사, 전자제품이든 뭐 보험이든. 이런 데를 안 들어오려고 옷 장사도 좀 했었고, 거의 그런 쪽으로. 난 장사하는 쪽으로 행동을 했죠.

○○○ 예에. 그 언니가 그 남편 분께서 많이 힘들게 하셨을 때….

●●● 어어, 많이 힘들게 했지.

○○○ 많이 힘들게 하셨을 때 말할 수 없어 너무 답답했다 그랬잖아요?

●●● 예에 그렇죠.

○○○ 언니가 그러면…?

●●● 〈질문이 끝나기도 전에〉 그래서 갔다 왔잖아. 안산, 안산 여성의, 여성단체. 거기 한 번 갔었잖아. 날 너무 두드려 패가지고 막 이런 데고… 몸을 막 멍들은 데를 다 사진 찍더라고, 나를.

○○○ 그럼 언니 그런 거를, 저~ 그런 거가 외부에 알려지는 게 좀 많이 두려우셨어요?

●●● 그러니까 이제~ 내가 부녀회장을 하면서, 나는 또 주위에서 이

렇게 부녀회장을 하면 그래도 또 인정을 받으니까 부녀회장을 뽑아줄 거 아니에요? 그런데 허구헌날 애기 아빠가 옆에 사람들 다 듣게끔 씹팔년, 뭔 년 해가면서 막 때리고, 조금만 바깥에 나갔다가 조금만 늦게 들어오면 "어떤 놈하고 무슨 짓하다 왔냐?" 그러고 이러니까, 그런 걸로 스트레스를 받았고. (…) 그런데 내가 젤 속상했던 거는 여기서 사실이 동료래도, 이 동네에서 같이 살면서 동료라도 (동료?) 아니, 속상한 일이 있을 때 동료라도 옆에 있으면 터놓고 얘기라도 이렇게 하면서 풀을 수가 있잖아. 그 가정동네에서 누구를 붙잡고 내가 얘기를 하겠어, 내 망신이지. 그리고 또 이런 데서 있다고 하면 사람같이 봐요? 사람같이 안 보지. 그런 게 좀 가장 힘들었고.

○○○ 여기〔용산〕 와서도 얘기할 사람은 없었어요?

●●● 여기 와서? 아니죠, 다시 왔을 때는….

○○○ 다시 오기 전에, 언니 결혼생활 하고 있을 때.

●●● 그때, 애기는 안 하고, 죽은 친구, 그 벙어리. 걔한테는 인제 개 죽기 전에 속상하면 걔한테 쫓아가서 개 만나고, 걔가 또 한 달에 한 번씩 우리 집에 오고 그럴 때 인제 같이. 걔는 또 그 사람에 대해서 알으니깐. 그래서 걔하고나 말했지 뭐. 그걸 어디서 누구를 붙잡고 얘기하겠어? 나를, 그렇다면 인간 이하로밖에 안 보잖아, 사실.

○○○ 그래도 막상 옆에서 그렇게 살면은…?

●●● 아니, 이 동네〔용산〕에서 살면서 애 낳고 살고 이렇게 하면 속상하면 같이 옆에 사람한테 얘길 하면, 내 과거를 아니깐 아무 저기가 없는데, 가정동네에서 누굴 붙잡고 얘길 하겠나? (예에.) 바깥에 나가기도 좋아하고 어울리기도 좋아하는데 그런 말을 못하잖아. 진짜 속상하지.

○○○ 과거에 대해서 얘기하지 못하는 게 제일 힘드셨나요?

●●● 어. 너무 너무! 나는 십여 년 동안요, 진짜 거짓말 안 하고, 자살하고 싶은, 진짜 자살하고 싶은 생각을 무지 많이 가졌어요, 내가. 진짜. 근데, 그때 이제 내가 애기 아빠 만나가지고 한 달 만에 애를 가졌잖아. 〈눈물 핑 돔〉 그래가지고, 그것도 나이 먹어서 애를 가졌는데 그 남자가 내가 정말 아니다~ 싶었지만 애가 갖고 싶었던 거야. 애를 하나 낳고 싶더라고.

○○○ 아~아~, 언니가 낳고 싶었었구나.

●●● 어. 왜냐면 애기를 원래 좋아해요, 제가. 그래가지고 그래서 갖고 싶어갖고 하나를 낳고 사는데 너무 너무 고통스러운 거야. 그래가지고 정~말 이혼할려고 마음을 먹었는데 애기를 또 가진 거야. 그래서 인제 둘을 낳는데. 내가 너~무 살다 힘들어가지고 한 번 집 나온 적이 있었었어요. 그래가지고 그때 얘기했는지 모르지만, 그러니까 엄마가 차라리 그때 나가서 안 들어왔으면, 암 걸려서 죽을, 암 안 걸렸을지도 모른다고 엄마가 한 번 그런 말을 한 적 있었는데…. (…)

이렇게 임신해가지고 아버지가 돌아가실 때는 그 추석에 진짜 먹고 살기가 힘들어가지고 이 용산역에서 내가 관광을 나가고 있었어요. 애, 애 하나. 아니다. 임신해가지고 애기 하나 낳고, 애기 낳고선 갓난 애기를 여기〔용산〕양귀비미용실한테 애기를 보라 그러고, 내가 너~무 먹을 게 없어가지고, 그때.

○○○ 관광이라는 게?

●●● 그때 여기 서정애 언니하고 이 건달들이 추석되면 성남, 광주, 부천 다~ 해갖고 다~ 손님을 차에 태워가지고 하는 거 있잖아? 그래가지고 그거를 했는데 그때는 보험회사 있으면서 내가 몇 번을 했거든, 근데 이제 애기 낳고 살면서. (…)

이혼 이후의 삶

이혼의 과정과 현재 삶의 의미

○○○ 그러면 언니 같은 경우는 이혼한 이후에 뭐 돈이라든가 좀 어떻게, 갖고 나왔나요?

●●● 아니요. 아니죠. 돈을 달라 했으면? 그 사람도 넉넉한 살림이 아니었으니깐. (임대 아파트는?) 임대 아파트도 그 주택부금을 들은 거, 죽을 때까지 사는 거 있잖아? (예.) 팔지는 못하고. 나올 때 이혼…. 〈기침〉 여기 오기 전에 거기서 막 올 때는 남대문. 〈기침〉 처음에는 이혼하고 한 2년을 삐끼〔호객행위〕했었어요, 제가. 남대문에서 삐끼 생활을 했었어요. 영업까지는 안 할려고, 애기 엄마니깐. 삐끼를 한 2년 했는데, 아~유 그것도 그렇고 그렇고 해서, 용산에 옛날에 있던 데~, 첨에 있던 데라고 왔는데, 누가 또 장사한다면서 좀 도와달라는 거야, 그래갖고 삐끼 한 2년 하다 갔어.

남대문에서 한 2년 하다 왔어. (예에.) 또 다시 영업하게 된 거야. 아유, 나이도 많은데 뭐 누가 찾겠냐고 하는데. 근데요, 그래도 그쪽 골목에서요, 제가 젤 잘 벌었었어요, 그때만 해도. 지금은 1, 2년 너무 몸을 추스르지를 않고… 어떨 때요, 이렇게 타락할 때가 있잖아요. "어차피 살다 가는 거 얼마나 사냐? 먹고 싶은 거 다 먹고 가자 재밌게 살다 가자." 그러고 또 그럴 때도 있고. "아, 애들 생각해서 내가 정신 차리고 똑바로 살아야 되는데" 이렇게 이런 생각하고 있다가, 어떨 땐 또 애들이 전화를 안 해주면 "이 놈 새끼들은 생각 안 하는데 내가 뭣하러 애들을"…. 또, 제가 마음이요~, 애들 같아요, 애기 같은 게 있어여, 제가. (음~.)

그래갖고 지금 활달하게 튀면서요~, 제가 이렇게 좀 뭐라 그럴까? 숫기가 이렇게 많이 있는 거 같으면서도 노여움을 빨리 타는 편이에요, 제가. 이렇게 남이 제가 인제, 그 사람이 여자한테도 되게 이렇게 믿었는데 나를 이렇게 배신하고, 나를 이렇게 좀 노여움을 많이 타고 상처를 받으면 좀 크게 받는 편이에요. 이렇게, 별로 생각 안 하는 사람이 하면은 별로 안 받는데요, 이렇게 뭐 굉장히 친하고 서로 뭐. (…)

○○○ 이렇게 물어보면 좀 뭐하겠지만, 결혼생활 하시는 거랑 나와서 계시는 거랑 다르긴 하겠지만, 어떠세요?

●●● 아니, 그니까 물론 남편과 헤어진…. 어쩔 때는요, 전 이혼한 거는 후회는 안 했어요. 왜냐면 살 때 저한테 너무 너무 가혹하게 했기 때문에, 저희 엄마가 처음으로 애 아빠한테 한 마디, 악조건에 살면서 한 마디도 안 했어요. 나한테 화가 갈까봐. "니가 우리 딸 암 걸리게 만들었다"고. 첨으로 병원 갈 때까지는 몰랐는데, 소망병원에 가서 보니깐 〔제가 걸린 암의 종류가〕 아이들 병이거든요, 제가. 구루병. 아이들이 자전거 타다 넘어져서 진찰하러 왔다가 알았다는 거야. 근데 내가 진짜 많이 좀 생각해보니까 복도에서 소주 먹을 때 뭐라고 말을 하길래 말대꾸 한 마디 표현을 하는데, 그 말대꾸라고 해갖고 그 소주병을 던졌는데 이게 탁, 맞은 게 아니라 살짝 치면서 비켜갔거든. 근데 지금 딱 생각해보니깐 고 자리가 욱신욱신거려가지고, 고 자리 잘라냈잖아~, 여기. 지금 다리가 꼭 팔뚝같아~. 여기를 부닥쳤는데 여기〔상처부위〕를 지금 잘라냈잖아〔암수술로 제거함〕. 지금 아프고 나서 생각을 하니깐, 그런 거 같애. 그 자리. 그런데 이것도 울 엄마한테 얘길 한 거야. "엄마, 옛날에 애기 아빠가 소주병 던진 그 자리 같애." (…)

근데 그 〔남편의〕 아버지 여자가 자살했잖아요. 이 사람, 애기 아빠

엄마가 자살했어요. 자살했고…. 그니깐 나도 죽고 싶드라니까. 얼마나 힘든데. 저기여, 그 베란다, 나 이렇게 살다가 암까지 걸려가지고 남편한테 수모 당하면 죽은 목숨이지. 그렇잖아? 안 아플 때도 나 그렇게 스트레스 받고 살았는데, 그래서 내가 그 베란다에서 떨어져서 진짜 막 죽고 싶은 마음이 몇 번 가져서. "진짜 나한테 고통을 주면 나 진짜 떨어져 죽을 거다." 그랬더니 뭐래는 줄 알아여? "야, 이 씨발년아, 앞으로 떨어지지 말고 뒤로 떨어져서 죽으면, 하얀 그 뭐지 푸대, 거기 띨띨 말아서 갖다 버려 줄께." 이러더라니까. 근데 병 걸린 사람한테 이런 말은 진~짜 이건 고통이거든요. 그래서 내가 아유~ 남은 시간이 얼마나 될지 모르지만 남은 시간만큼은 그냥, 자유스럽게 내가 하고 싶은 거 만큼은 다~ 하다, 하고 싶어요. 그래서 지금 자유스럽게 살고 싶어서 다시 나왔어요. 뭐 요즘 사람이 어디 가면 뭐 밥 못 먹는 사람 있어요? 사실. 하다 못해 여자는 손에 꾸중물만 담가도 밥은 얻어먹고 살잖아. 근데, 그래도 가장 따뜻하게 나를 대해주는 데가 그래도 여기더라고, 보면.

좋은 직업은 아니지만 제가 지금, 지금부터, 지금까지 살면서 그냥 삶을 접기도 하고, 나쁜 직업을, 제가 좋은 직업은 아니잖아요? 여자가 이게 젤 막바지인데 그래도 이 세계가 사람을 그래도 이렇게…. 〈침묵 뒤. 복받치는 울음〉 몰라, 저는 제가 제일…. 〈울음〉 나를 알아줄 데는 여기밖에 없더라고 그냥…. 내가 이런 생활 싫어가지고 애기도 낳고 살아도 보고 했는데, 그래도 제일 말이 통할 수 있는 데가 여기고, 답답하면 같은 동료들하고 다 터놓고 얘기할 수도 있고. 바깥에는 그런 사람들은 내가 이런 생활했는지도 모르고… 응? 그렇다고 어, 내가 속상한 거 그 사람한테 툭툭 털어버리면 내 흉 잽히고, 어? 내가 그냥, 이거를 속이 상하고 애기 아빠가 막 어쩔 때는 손찌검하고 이러면 어우…. 답답해서

어? 어디 가까운 데 가서 얘기라도 하고 싶은데, 그래도 한 사람은 있었죠, 부녀회 총무라고. 그~ 애기 아빠 불알친구의 각신데, 임대 아파트를 같이 넣어가지고 어떻게 같이 들어오게 됐는데, 그 여자애가 다방에 있었나 봐여. 그니까 그나마 나랑 쪼금 통했던 거지. 나는 이제 그거 한 걸 모르지, 그 여자는. 그나마 그래도 말 좀 통해가지고.

○○○ 그때 같이 활동했던 분들하고 연락되시는 분들 있으세요?

●●● 네. (지금?) 어디 활동? (그 광명에서 활동하시거나….) 네, 있죠. 있는데 하나는 그 부천 쪽인가, 그쪽으로. 전화번호는 다 있고, 있는데, 진짜 우리, 근데 우리 애기 아빠가 자기 여자가 막~ 곁에다가만 놔두려고 하는 거야. 근데 내가 타고난 거야, 이케. 붙어서 있는 저기가 아니잖아요, 나는. 막 활동하고 이렇게 움직이는 저긴데. 내가 문에서 안 나가면 싸울 일은 없는데, 바깥에서, 그래서 요번에도 아프고 나서 나중에 하라고 해갖고 부녀회를 다시 뽑아줬는데, 하라고 하는데 물어봤어여. 나 또 볶일까봐, "그럴 거 같으면 아예 안 한다" 그랬더니 "아니, 그녀 몸도 아픈데, 이제 니가 하고 싶은 거 다~ 하고," 말로는 그렇게 얘기해 놓고, 또 저기 내가 없으면 또 욕하고 또, 어? 환장하게 하더라고. 한 말 또 하고 한 말 또 하고. 이 사람은 저기 다~ 형사처럼요…. 사람을 자게, 안 자게 하고, 고통이라니까 고통. (…)

근데 그래서 첨에〔용산에〕다시 와갖고는, 다시 와서 인제 애네들이 나한테 욕을 해갖고는 싸운 적이 몇 번 있었어요. 다른 건 참는데 욕하는 건 제가 못 참거든요. 지금 인제 한~ 또 이렇게 살다 보니간 그냥 어떨 때 속상하면 "씹팔" 소리가, 나도 무의식중에 나가더라니까. 첨에는 상대방이요, 나한테 욕해가지고, 내가 막 〈손으로 누르는 몸짓을 하면서〉 이렇게 눌러놨었잖아, 모가지를. 〈웃음〉 진짜로, 어. 그래갖고 친하게 됐어. 진숙이도… "이 쌍년" 하고 술 먹고 와서 막 이러는데 제가 너무 황당했던 거야. 제가 곧이곧대로 듣다 보니깐. 나중에는 지가 얘길 하더라고 "정미화하고 좀 친해져 볼려고 그랬다" 그러더라고. 난 좀 많이 황당했지. 그날따라 기분이 많이 우울해가지고 혼자 술을 먹고 우는데, 나는 인제 혼자 먹으니까 개가 들어오니깐 반가워서 "술 한 잔 했니?" 그러니깐 "그래 이 씨발년아" 이러는 거야, 개가. (어~?) 근데 나는 그때요, 그게 내 딴에는 술을 한 잔 줄려고 그러다가 말을 그렇게 받고 나니깐 그게 너무 황당해 가지고 "너 지금 나한테 욕했어?" 나는 기분 나쁘면 얼굴이 바껴버려. "너 지금 나한테 욕했니? 왜?" 제가요, 욕하는데 노이로제 걸린 거야. 애기 아빠가 10년을 살면서 그게〔욕하는 게〕 완전히 여기에〔가슴에〕 꽂혀가지고 누가 "씨발년" 하는 소리가 나면요, 그 생각이 팍 들어가지고….

집결지에서 다시 이어지는 삶

●●● (…) 내가 온 거잖아. 그래서 사람들이 갔다 오고 갔다 오고 하는 이유가 그거고. 나갔다가도 살아볼려고 나갔다가도 바깥에서 그게 또 이루어지는 게, 에? 그게 안 되니깐 또 다시 여기를 또 오는 거야. 왜냐면 밖에서 적응을 할려고 노력을 하다가도 물론 적응을, 옛말에 이런 말이 있잖아, '화류계가 살림을 나가면 쌀 서 말을 먹고 무덤 간다'는 말이 있잖아, 〈원미혜가 잘 못 알아듣는 표정을 지음〉 옛말에. 쌀 서 말을 먹고 오면 잘 오는 거라는 말이 있어~, 우리 그 시대 때. (예에.) 그러고 보니까 내가 또 되~게 나이 먹은 거 같네…. 〈함께 웃음〉 그런데 그 말이 또 이해가 가는 게, 바깥에서 살을려고 나갔다가 사람 대접을 안 해주니깐 또 여기 막바지 길이래도, 우리말이 있잖아. 옛말에 '끼리끼리

슬픔을 묻고 삶을 지탱한 곳, 용산
집결지, 사회적으로 '낙인'의 굴레에 갇힌 그 곳이 누군가에게는 생계를 이어가는 일과 삶의 공간이다. 특히나 3~40년씩 용산집결지에서 생의 많은 부분을 살아온 여성들의 경우는 이 곳이 곧 동료와 이웃이 있는 소중한 삶의 터전이기도 하다. 이들은 한결같이 언제고 성매매로 이어지는 삶을 끝내겠다고 마음먹지만 떠남은 마음처럼 쉽지 않다. 성매매가 아닌 다른 삶을 선택하는 것이 어려운 까닭은 사회와 자기 스스로가 부여한 장벽이 그토록 견고하고 두터운 까닭이리라. 사진은 나이든 여성들이 주로 자리잡고 있는 8통 펨푸골목의 밤풍경.

모여 산다'는 말이요. 끼리끼리…. 우리가 진짜 별 볼일 없이 이렇게 막 살아보여도, 끼리끼리라는 말이 왜 나왔냐? 아유~, '저것들은 끼리끼리 만나서 저거 한다.' 이렇게 말을 하잖아. 그게 왜 끼리끼리 만나서 생활을 하게 되냐면, 서로 말하면 말이 통하잖아, 일단은. 근데 우리가 답답하고 깝깝한 걸 이 가정동네에서 누구를 붙잡고 얘길 하겠어요, 어? "내가 옛날에요, 어디 용산에서 나 몸 팔았었는데…." 어? 말할 수 없잖아. (예에.)

남자 하나 보고 바깥에 나갔단 말이야. 나갔는데 근데 이 남자가 사랑을 해줘도 사실 우리가 이 생활 다~ 저기, 어? 우리가 벌어서 돈을 개같이 벌어서 막, 예를 들어서 정승같이 쓰라는 말이 있는데, 그 당시에는 돈을 모르니깐 정승같이 쓰지를 못하고 그냥 내 치장하는 거, 어. 돈을 그때 모았으면 지금도 여기 주인들이 그래. "옛날에 정미화 돈 벌었으면 빌딩 지었다"는 말이 있어. 그걸 다 모았으면, 어? (예.) 그때는 돈을 모르니깐…. 왜 이렇게 돈도 잘 따러. 돈 벌으면 일단은 뭐, 구두에 옷에 내 사치 부리는 데 다 쓴 거야, 쉽게 말해서. 멋 부리고. 뭐 놀러 가고 싶으면 놀러 가고 이랬는데.

만약에 뭐, 예를 들어서 남자 사귀면 남자 하날 보고 나갔단 말이야. 그 사람이 나만을 사랑을 해주고. 예를 들어서 사랑을 해주고 이렇게 해도 그 남자가 열등하면 옆에 있을까 말까 하는 판국에…. 근데 프리로 살다가 그 남자 하나 보고 나갔는데 이 남자까지 나를 사람 대접을 안 해주고, 뭐라고 분해서 말을 표현을 하면 나를 갖다 두드려 패고, 어? 자식을 하나 낳아갖고 자식 땜에 첨에 살았단 말이야, 진짜~. 이혼 안 하니깐 애를 또 가진 거야, 내가. 에? (아~.) 그러니까 이제 둘을 낳으니깐 더 못 헤어진 거야, 이제. 그래도 내가 아~니, 병 걸려가지고 오죽하면 병 걸려가지고, 그 남자 옆에 내가 있어야 다른 얼마라도 사는 길인데, 그 사람을 놓고 애를 놔두고 내가 이혼을 하자고 했을 때는, 그 내 마음이요…. 〈울먹함〉 우리 아이들한테는 죄가 없어요. 어른의 잘못으로 애들이 피해가 말이 아니에요, 어? 그러면, 그나마 내가 다행인 게, 내가 아들만 낳은 게 그나마 다행인 거야, 어? 만약에 딸을 낳아서, 예를 들어서 부모가 서로 부부싸움 잦고 자식 챙겨주지 못하면 내 딸이 이런 데 안 오라는 법이 있어요? 솔직하게 그찮아? 그래서 그나마 나는 감사한 게, '야~ 나 같은 년을 또 하나 만들지 않는구나.'

그래도 아들만 둘인데 애들이 또 착해요. (어.) 바르게 컸어. 내가 이렇게 나와 있구…. 그리고 내가 인제, 내가 옷도 팔고 그럴 때는 애 아빠가 돈을 못 벌고 그러니까, 애들 멕이는 거라도 나을 것 같아서, 진짜여, 고생만 했지 돈 뭐 모아놓은 거는 없고. 애들은 먹고 싶은 거는 진짜 내가 뭐 거의 멕이는 편이었거든요. 먹는 거는 안 애꼈어요, 저는. 지금도 먹는 거만큼은, 뭐 이렇게 뭐 특별히 사고 이러진 않아도 먹는 거만큼은 내가 그냥 먹어요. 먹을려고 해요. 근데 옛날에 사람들이 먹을려고 태어난 사람들이 무식하다 그러는데, 그게 아니야. 무식한 사람이나 똑똑한 사람이나 삼시 세 끼 먹는 거 똑같으잖아요. 그죠? 그리고 또 이렇게 사나 저렇게 사나 먹고 사는 거잖아. 솔직히 말하자면, 뭐 쫌 남같이 쫌 높게 살지는 못하고, 뭐 부유층하고 저기하고 상하가 있어서 그렇지. 몰라! 저는요, 제가 별로요, 뭐 제가 지금 이렇게 그냥 사는데 아프기 전에는 통도 좀 있고, 사람이라든지, 인제 저 친구들~, 활동을 많이 하니까 아는 엄마들은 많을 거 아니야? 그러면 광명에 뭐 우리 아파트만 있는 게 아니라 목련동, 개나리동 광명 지구로 가면 아파트가 많~잖아. 다른 사람들 뭐 48평 친구들 집 가면은, "아~ 나도 언제 저런 집에서 살아보나" 이랬는데, 사람이 딱 몸이 아프고 나니깐 인제는 뭐 그냥 그런 거는 그냥 생각 안 하고, 사는 동안에 재밌고, 어? 즐겁게 살려고 내가 노력을 해요. (예에.)

왜냐면 혼자 고민하고 이래봤을 때 몸에만 안 좋고, 그리고 제가 뭐 지금도 남자친구를 하나 옆에다 놓는 것도, 왜 놓냐? 내가 지금 이러다가 갑자기 죽으면 누가 우리 집에 연락해줄 사람은 있어야 될 거 아니야. 죽으면 혼자 죽는 거 아니야~. 뭐 예를 들어서 막된 말로 어디 잠깐 아픈 병도 아니고 나 같은 사람, 선고를 받은 사람인데. 그래서 그래도 진숙이를, 그래서 내가 3층에, 그래도 가까운 친구 하나 있으면 그래도 덜 외롭고 또 무슨 일 있으면 또 같이 저기 하고 하니깐. (…)

막달레나의집과의 인연

●●● 그래서 그 용산에서 지금 인제 하고 또 거기서 또 이제 이렇게 집창촌, 어? 빨리 이렇게 탈출해서 나와 주기를 바라잖아, 지금 다들. 그리고 막달, 여기 막달레, 여기도 오면은…. 제가 그 전에는 여기를 잘 안 왔어요. 뭐 옛날에만 이렇게 왔다 갔다 한 그거만 기억이 있었고. 또 먹고 살기 바쁘니깐 그래 안 오게 되더라고. 근데 그 여기, 그때 저기 제가 손을 다치면서 이 팔 다치면서 연결이 돼가지고, 그때 힘들어가지고. (예.) 근데 여기서 저기~ 도와주는 제도가 있다 그래가지고 누가 연결을 해줘가지고, 가만히 보니깐, 막달레 하고 연결이 돼 있는 거 몰랐거든요. 그랬는데 여기[현장지원센터] 오면은요, 사람이 업(up) 되는 게 인간 대접을 해주는 거야, 사람을. 그래서 내가, 그 전에는 몰랐을 때는 사람들이 뭐 진주도 여기 오고, 오는 애들이 몇 명 있는데 저는 그때는 다 바깥으로 돌아갖고 여기 오는 걸 몰랐어요. 아프고 나서[팔을 다친

후에] 연결이 돼갖고 이쪽으로…. 이제 여기 하나같이 다~ 친절한 거야. 사~람 대접을 해주잖아. 솔직히 진짜 이렇게 지금 저랑 같이 있으니깐 우리끼리 얘기지만, 바깥에 나가서 그런 생활을 한다고 그러면 인간 취급으로 안 봐여~, 솔직한 얘기로. 다방에 있을 때도 화류계라고 하는데….

음? 만약에 이런, 어? 이런 데서, 사실 그때는요, 챙피한 줄을 몰랐어요. 어릴 때는요, 이런 데 있을 때는요. 근데 제가 여길 떠나서 결혼생활도 해봤고, 부녀회도 맡고 막 이런 사회활동을 좀 해보다 보니깐 이게 진~짜 챙피한 직업이었던 거야. 그때 첨에는 그걸 몰랐지요. 몰랐으니깐 했을 거 아니야? 나이가 어려 갖고. 근데 지금은 그걸 다 알지만. 마지막 병 걸려서 갈 데가 없으니깐 여기로 와 갖고, 그래도 여기 오면은 동료들이 서로 의지가 되고, 뭐 동료라고 말이 안 맞는 동료도 있지만, 그래도 거의 뭐 사는 것도 다 외롭고 하니깐 서로 위로해주고 또 그러잖아요, 또. 근데 제가 아까도 얘기했지만 정에 굶주려서 있는 사람들이 많아요. 그래갖고 외롭다 보니깐 옛날에 화류계하고 건달이 딱 맞는다 그러잖아요, 예를 들어서. 그 둘이가 팔자라서, 보통 화류계하고 건달하고 잘 이루어지는 게…. 그게 그렇게 하는 게 아니라 사랑이 부족하다 보니깐 손님을 접대하는 거는 이건 어? 일시적으로 돈 받고 접대하는 거고, 여자니깐 사랑 받고 싶잖아요. 여자한테도 사랑 받고 싶고, 남자한테도 사랑도 받고 싶고. 그러니깐 사랑이 굶주리다 보니깐. (…)

○○○ 그러니깐 [남편분과] 헤어지고 지금 6년 되신 거예요?

●●● 예. (근데 아주 최근에 막달레나하고 연결되신 거네요?) 예. (아~.) 제가요, 그게 아니고, 옛날에 그~ 옥정이 언니[막달레나공동체 대표]랑 우리 친구들 제가 먼저 보냈다 그랬잖아요? 그리고 인제 광명에서 그래

도 애를 낳고 암 선고 받을 때 병원에도 옥정이 언니가 왔는데~, 아우~ 제가 다시 이런 델 왔다는 게요. 너무 챙피한 거야. 그래서 사실요, 골목을 이래 지나가다 옥정이 언니가 있으면 절로 피해가요, 제가. 진짜 그랬어요. 그랬는데, 옥정이 언니가 그러더라고. 이번에〔2005년 8월〕 팔 다쳐갖고 돈 딱~ 삼만 원 쥐고 엎어진 거야. 없는 거야, 돈도 없이, 이거 이거 팔. 그니깐 우리 그 지하에요, 지한데, 제가 항암제를 맞다 보니깐 제가 시력이 잘 안 보여요. (계속? 지금도요?) 아니, 지금은 안 맞죠. 나 이거 맞으면 인제 죽어. 체력이 안 따라줘서. 그때는 항암제를 열 번 맞으라는 거, 돈이 없어 갖고 일곱 번 맞고 중단한 거야. 다 맞았으면 제가 체력이 딸려서 죽었을 거야. 제 생각에. 그게 암으로 죽는 게 아니야. 약물이 너무 독하고 먹지를 못하니깐 이게 안 받쳐서 죽어요. 암으로 죽는 게 아니라니깐. (어~.)

근데 팔을 다쳤는데 근데 저는 여기도 몰랐어요. 저는. 전 이런 제도, 이런 걸 전혀 몰랐는데 옆에 정희라는 애가 내가 보기가 깝깝한지 내 이렇게 팔 다쳐갖고 일을 못하고 쭈그리고 앉아 있으니까. "언니 병원비는 마련했어?" 이러더라고. (음~.) "야, 무슨 돈이 있냐, 나 돈 삼만 원 쥐고 자빠졌다, 야." 이러는데 "언니, 확실한 거는 모르는데 내가 어디 한번 알아봐 줄까?" 이러더라고요. 그래서 저는 여기다 하는지 하나도 몰랐다니까요. 그래가지고 그때 그 연결이 돼가지고 이 병원비 도움 받고, 아, 근데 일 할려고…. 요번 〔2005년 11월〕 15일 날 첫 출근할려고 첫 출근 나가자마자 거꾸로 또 처박혀 가지고, 손님이 술을 먹었는데, 우리는 나이가 있으니깐 술 먹은 사람이나 어떻게… 인제 바깥에서 어떻게 해볼까 해가지고 하다가. 그때 첫 출근 한 거야. 이거〔팔의 깁스〕 풀어갖고 얼마 안 돼갖고. 그 동안 놀았으니깐. 힘드니까. 돈은 나가야 되잖아, 방도 얻었고.(예에.) 그래 갖고 첫 출근 했는데 지하에요, 우리 가게. 술 먹은 사람이 같이 내려가는데 거기서 거꾸로 넘어진 거예요. 근데요, 내가 아거 막지 않았으면요, 그 사람 어? 다 나갔어. 그럼 내가 다 물어줘야 하잖아. 우리 가게에서 다쳤으니깐. 그래서 제가 그냥 이걸로〔자신의 몸으로〕카바해가지고, 이 팔 여기 멍들고, 이 다리 이게 그거 깁스한 거잖아. (아~.) 그저께 풀었어요. 그때〔친구 고연주씨의 결혼식〕거기〔다리〕기부스〔깁스〕하고 갔었어요. (예에.) 그니깐. 아, 그니깐 사람들이 옆에서 그래, "아홉수라서 그런 거"라고. 그게 인간이 좀 간사스럽잖아요.

○○○ 그래도 다행이네요, 그래. 올해가 거의 다 끝나서요.

●●● 그니깐 연관이 있어. 그렇게 다 되잖아. 사람이 인간이 약한 거야. 그래서 그렇게 해갖고 인제 너무, 근데요, 여기 알아갖고 너무 좋은 거 같애. 내가, 지금은. 왜냐면… 여기 오면은 배고프다 그러면, 밥 줘, 오면은 사람을 기분 좋게 해줘. 진짜요, 너무 사람을 너무너무 기분 좋게 해줘요. 너무 기분이… 근데 정말이예요. 마음이 너무 좋아지고, 또 거기다, 아니〔집도〕어떻게 얻다 보니깐요 또 이렇게〔사무실 근처에〕얻었어. 그래갖고 음~, 여기 와갖고 사람이 이렇게 즐거움을, 즐거움을 찾으면 건강해서 좋잖아. 근데 첫째 젤 좋은 게 사람 대접을 해주니깐. 그래서 내가 여기 3층에 진숙이란 애랑 같이 가제니깐 안 간대. 안 간대요, 에? (음~.) "아무 말 하지 말고 따라와. 너무 좋아." 한 번 와보더니 너무 좋다고 그러니깐 걔 지금 치료 받으러 댕기잖아요. 댕기고, 진짜 많이 저희들한테 도움을 주고, 도움 많이 돼요. 왜냐면 솔직히 보통사람 치과 치료 같은 거, 우리 진숙이 같은 경우는 지금 인슐린 약, 약 타다 먹지, 치과 이빨도 여기 앞에 세 개 다 해넣었지.

솔직히 요즘 나이 먹고 장사가 되요? 특별법 때리고 나서는 거짓말 아니라 손님도 없어요. 옛날하고 틀려~. 그리고 또 앞에 나이 어린 애들 쫙~ 있는데, 어? 이쪽에는 우리같이 나이가 많지만. 그래도 특별법 있기 전에는, 손님이 잘못 잡히면, 고지식한 사람들은 저기한 사람들은 다 숨어서라도 오지만, 고지식한 사람들은 벌금 물고 할까봐, 그찮아요? 다 지네 저기 했다가 없는 살림에 그렇게 될까봐 못 오는 사람들도 있더라고 보니깐. 말을 들어보니깐. 그래서 지금 여기서 그때도 상담을 할 때도 그러더라고. 이 지금 제도가 될 수 있으면 거기서 빨리 나오는 준비과정, 그렇게 하는데, 보내주는데 저기 뭐 해줄라 하는데, 우리는 당장 뭐 나오면 해먹고 살 게 마땅치도 않고. 그래서 지금….

먹고살 일에 대한 희망과 근심
●●● 근데, 제가 마음이 기분을 좋게 하면 엔돌핀이 돈다고 하잖아. 근데 어쩔 때는 제가 또 깜짝깜짝 놀랄 때가 있어요. '이거 도대체 오진이 아니었을까?' 그런 생각을 할 때가 있어요, 한동안. 왜냐하면은 거의 다 저기한 거만 보다가 내가 이렇게…. 그니까 마음이 젤 중요하고 일단은 매사에 긍정적으로. 제가 예전에〔보험회사 영업할 때〕어디 가서 강의를, 보험회사에서 초빙을 해갖고 "사례 발표를 한 번 하라" 그래갖고 가서 한 번 한 적이 있는데, 모든 사람이 무엇을 하면서 살든 간에 양심껏 열심히 살면은 또 복을 줄 거 같애요. 근데, 저는 복을 너무 많이, 하는 것 보다는요, 아프면서 복을 너무 많이 받아. 그니까 여러 사람이 저를 살린 거지. 그 당시에 애기 아빠 돈, 천만 원 돈이 들어갔어요. 오천만 원 넘게 까먹고도 살아났잖아. 사람들은 다 사람이 있고, 돈 없애고 했잖아요? 그니까 할 수 있는 일은 하면서 사는 게 더 좋은 거 같고.

지금 인제 여기도 막달레. 여기 다른 단체에서 지금 많이 하나씩 구제를 해줄려고 작정을 하잖아요. 하니까 저도 지금 빨리 탈피를 해가지고 우리가 다르게, 우리 다르게 살게 하기 위해서 여러 사람들이, 물론 나라에서 지원도 지원이지만 그것도 그렇잖아요. 직장[현장지원센터]도 다른 직장도 많은데 이렇게 여기서 이것도 직장, 자기하고 또 맞아야 되거든. 근데 여기 와서 이 저기 아까도 얘기했지만 사람 대접을 해주니까 너무 좋은 거야. 좋고, 너무 또 사람을요, 기분 좋게 만들어줘요. 그리고 답답한 거 의지가 되고, 얼마나…. 밥 안 먹었으면 밥 먹으라고 하지, 또 막 진짜 막 이게 진실되게, 다~ 여러 사람들이 하나같이 전부 다 친절한 거야.

그니까 첨에 [현장지원센터를] 안 올라고 그랬어요, 제가. [그런데 지금은] 첨에 안 올려는 애들 막 데리고 오잖아. 그러면 계속 오잖아. 오고, 인제 그래서 지금은 내가 지금 너무 힘드니까 지금 당장 내가 어떻게 못 하는데, 그래서 지금 요즘에 지금 장미화장품 아까 제가 장미화장품 교육 받았거든요. 두 시간씩 받아요. 그리고 이제 아직 아홉 시 오십 분에 출근하면 원래 보험도 그렇고 이게 또 시장에도 있잖아. 근데 그런 걸 떠나서 시장을 잡아놓으면 판촉할 때 솔직히, 판촉물로 [쓰니깐] 그런 것도 좋은데, 거기 가면 일단 마음이, 사교가 있다는 게 마음이 즐거워. (예에.) 노래할 때 노래하지, 사가 제창하지. 그런 거 옛날에 보면 알지, 또 나는 그 뭐야? '나는 자랑스런 태극기 앞에' 그거 그거 하잖아? 나는 나이 오십에 학생이 되는 것마냥, 박수치고 조회하고 국기에 대한 경례 하고 그러니깐요, 마음이 일단, 처음부터 뭐 솔직히 판촉을 얼마 하겠어요? 또 알리다 보면, 필요하면, 그 사람이 날 불러줄 것이고. 보험할 때도 저는요, 누구한테 보험 들어달라는 소리는 한 번도 안 해봤어요. 든다고 말을 먼저 꺼내면 그쪽에서 그때부터 강력하게 팍~ 하는 거지. 근데 한국 사람은 막 하라 그럼 안 하거든. 진짜로 막 그 사람을 피곤하게 하면 안 돼. 내가 그냥 편안하게 판촉물 돌릴 거 돌리고, 내가 편안하고 자연스럽게 하면 그 사람이 필요하면 나를 불러줄 거 아냐. 그리고 인제 노래 부르고 필요하다고 할 땐 적극적으로 이렇게 또 해주고.

보험할 때 그래서 제가 여왕을 했어요, 제가 94년도에. 가급적이면 그 이런 물을 안 먹으려고 나도 많이…. 애기 낳고 살면서 또 좀 바르게 살려고 하는데도 그게 참 운이 안 따라주는 거. 그래갖고 그 보험도 처음에는 삼진〔회사 이름〕을 했었는데요. 삼진 쪼끔만 하고, 애 아빠가 인내심이 없어요, 끈기가. 그래가지고 내가 이렇게 저기하는 거를, 저보다 좀 튀는 꼴을 못 보는 스타일이야, 또. 옛날에 또 보험할 때 월급 문제 갖고도 많이, 여왕 하니까 월급도 좀 꽤 됐잖아, 여자 수입으로서. 그래가지고 그때 안산, 평촌, 안양 해가지고 신인으로, 신인 여왕 한 번 하고, 마트전자 그거 할 때도 그 그룹장이 나를, 아픈데, 일을, 투병생활하다 나왔는데도 나를 오라고 가끔 전화 오는데 인제, 아파서 못 한다고 했지. (사회생활도 재밌게?) 예. 재밌게 했어요. 그리고 제가 또 어디 가면은 또 사람들이 굉장히 많이 따라줘요. 그냥 말하는 데도 그냥, 즐겁대요, 그냥. (…)

●●● 이제 때 되면〔집결지가 폐쇄되면〕 도대체 뭘 해야 할지 젤 걱정이야, 나부터…. 아니, 이거〔집결지 폐쇄〕 진짜 하면, 이거 다른 사람들은 뭐래도 하고 그러는데, 나 같은 경우는 다리가 이러니까. 근데다 나도 이제 걱정이지.

○○○ 뭐를 배우시거나 이러실 생각은 없고요? 그 지원이 나오고 그러니까 배우고 싶으신 거 있으면 좀….

● ● ● 아니, 난 이렇게, 저는 딱~ 체질이, 간병인 하면 딱 체질이에요. 근데… (간병인도 힘들죠?) 간병인도 힘들죠. 근데 간병인도 힘들어, 힘들어 그니깐 그~, 그 전에 보니깐 호스피스 하시는 것 보면, 그것도 그런데. 아~ 근데 일단 마음이 편해야, 그지? 그런데 지금은 눈앞에서 있으니까, 더… 어제는 다리 아파가지고 안 나갔고 그랬거든요. 근데….

○ ○ ○ 어저께도 [집결지에 나가보니] 다 나와는 계시더라구요.

● ● ● 어제께 진숙이도 [손님이 한 명도 없어서] 속상하다고 그래서 어저께 술 한잔 먹었다고….

○ ○ ○ 언니는 직접 하시는 건가요?

● ● ● 예. 나 싫다 그러면 젊은 애들, 그 전에는 좀 내가 데리고 있었으니까.

○ ○ ○ 손님 몇 분 정도 받으세요?

● ● ● 손님이 있을 때는 뭐 셋도 받고 또 네 명을 할 때도 있는데, 요즘은 손님 없어요. 날이 추우니.

○ ○ ○ 그러면 가격은 그 전하고 똑같애요?

● ● ● 아이, 틀리지~. 그때 그때.

○ ○ ○ 얼마 정도 하세요?

● ● ● 그니깐 뭐 손님마다 틀려. 손님이 뭐 삼만 원짜리, 사만 원짜리. 오만 원 불렀다 사만 원도 받고, 어떨 때 저기할 때는 삼만 원도 받고. 아직까지 이만 원짜리 하는 애도 있어. 혼자 하는 사람들은 이만 원을 해도 주인이 떼면 사만 원짜리 하는 애들하고 똑같으니까.

○ ○ ○ 예에. 그럼 언니는 떼는 거는 없는 거죠?

● ● ● 나는 인제 내가 방을 이거 하나 얻어갖고 첫 출근 나갔다가 다친 거잖아. (그렇죠.) 내가 갖고 있던 거[집결지 방]는 냈잖아. 내고 그거 빼

가지고 얻은 거야. 방. 보증금 빼가지고 얻은 거잖아. 의욕이 없어진 거야. 일단 몸이 안 따라주니깐. 난 지금 내가 다리만 안 아프면요, 우리 엄마가 전쟁터에 내보내도 먹고 산다고 그랬어. 장사 수단이 많아요, 나는. 어렸을 때부터 타고났다고 그래. 안 해본 일이 없어, 나는. 옥수수도 삶아서 팔아보고. 그거 그때는요, 누가 시켜서 한 게 아니에요. 제가 제 스스로 그렇게 할려고 했대니까. 그러니까 엄마가 "내가 밥을 안 줬냐?" 그랬는데 나중에는 지쳐가지고 엄마 친구들이 "아니, 냅둬. 지가 해가지고 학용품이라도 사 쓴다고 하는데, 다른 사람들은 안 할려고 하는데 내비두라"고. 6학년 방학 때 그렇게 했다니깐, 동네에서. 동부시장, 거기 떨어진 이파리는 다 내꺼야. 〈웃음〉 한 장에 삼십 원 씩, 그 있잖아~ 제가요, 어렸을 때 또순이라 그랬는데요…. (…)

현재 생활*

○○○ 집세는 지금 어느 정도에 있어요? 지금 언니 사는 데.

●●● 이십팔만 원. 한 달에 이십팔만 원.

○○○ 한 달에 이십팔만 원. 그럼 얼마를 벌어야 언니 생활이 유지돼요?

●●● 하루에 내가 여기서, 이제 내가 빚이 있으니까 빚이 있으니까…. 내가 못 벌어도 최하로, 예를 들어서 주인을 끼면 구십을 벌어야 가까이… 난 혼자니까, 큰 욕심은 없어요. 하루에 십만 원 정도, 예를 들어서 십만 원 정도 평균적으로 그렇게 벌어야 생활이 돼요. 몸이 아파서 쉬는 날이 많아. (주말은 하세요?) 아니요. (일요일? 일요일만 안 하세요?) 예, 일요일만. (예에.) 그래갖고 이제 그렇게 해서 벌으면 일단 지금 일수를

---

* 2차 인터뷰 자료

많이 밀렸어요. 지금 (음~, 얼마?) 지금~ 한~ 일수 오백 정도 남은 거 같애요. 근데 인제 오늘 오빠[경제적으로 도움을 주고 있는 손님]가 찍으라고 줬기 때문에 사백한 오십? (음~.) 내가 알기론 한 오백 정도는 남은 거 같애. 더 있을 수도…. 이자가 있어요, 또. 백에 또 이십이잖아. 그래가지고 일수를 준 사람이 나를 많이 도와줬어요. 많이 도와줘가지고. 근데 이혼하고 나서 솔직히 돈 한~푼도 없이 나와갖고 그 언니를 남대문에서 만났는데, 그 언니가 그래도 가게 얻을 때 도와주고, 방 얻을 때 도와주고. 한동안 또 내가 타락해가지고 내가 노름도 좀 했었고, 그래갖구 많이~. 그러다 정신을 차리니까 돈이 안 붙데~, 정신을 차리니까.

○○○ 돈이란 게 꼭 그래. 〈함께 웃음〉

●●● 맞어. 그래요. 그래서 지금은 인제, 그래도 인제, 뭐 추운 데서 안 떨고 저 오빠[경제적으로 도움을 주고 있는 손님]가 날 따뜻하게…. (그럼 일 안 해도 되겠네요?) 아니, 그래도 오빠한테 나오는 것도 일이지. 쉽게 말해서. 근데 인제 오빠가 "밖에 나가지 말라", 막말로… 만나면 십만 원도 주고… 생활은 일단 되니깐. 오빠가 해동될 때까지는 도와준다 했으니까. (…)

○○○ 언니, 다시 결혼하실 생각 있으세요?

●●● 나는 다시 결혼한다, 안 한다 이런 생각은 없고 그냥 재밌게 살고 싶어. 그냥 재밌게. 응… 진짜야, 왜냐면 그냥 대접 받고 싶고. 그게 진짜 사람으로 대접 받고 싶은 거. 남자가 너~무, 나는요 남자 복이 없었어요. 그래갖고 나는 [결혼생활 그만두고] 나와갖고 몇 사람 알았는데 나한테 민폐 끼치는 사람만 만났고 도움되는 사람은 없는 거 같애. 〈끝〉

<< 에필로그

정미화씨와의 인터뷰는 총 3번의 만남으로 이뤄졌다. 첫번째 만남은 인사와 간단한 소개, 두번째는 생애사 인터뷰, 세번째 만남은 첫번째 인터뷰에 대한 보충질문과 인터뷰에 대한 피드백으로 이뤄졌다. 특히, 세번째 만남에서는 인터뷰 목적, 앞으로 발간될 [인터뷰가 실릴] 자료집의 생산과정과 사용 용도, 이름이나 지명의 명시방법 등 인터뷰가 자료화되는 과정 전반에 대해 이야기했으며, 인터뷰를 한 '나'에 관해서도 좀 더 자세히 설명하는 시간을 덧붙였다. 그리고 1차 인터뷰를 바탕으로 쓰여진 원고와 녹취자료를 보여주며, 인터뷰 내용 중 싣고 싶지 않은 부분이나 인터뷰 과정에서 불편한 것이 있었는지를 물었다. 초고를 보면서 정미화씨는 가명을 쓴다면 별 문제가 되지 않을 것이라고 흔쾌히 말했으나, 자신의 이야기가 어떻게 활자화되는지 궁금해하는 듯했으며 완성된 원고와 인터뷰 자료를 최종적으로 검토해주기로 약속했다.*

연구자에게 있어 이번 만남은 인터뷰 과정과 (인터뷰를 녹취한) 텍스트 사이의 관계에 대해서도 민감성을 가질 수 있는 경험이었다. 예를 들어 정미화씨와의 인터뷰를 진행하면서 느낀 가장 강렬한 느낌은 그녀의 생명력 있는 에너지였다. 그럼에도 불구하고 녹취 자료를 다시 읽었을 때의 지배적인 느낌은 '참담함'이었다. 텍스트에서, 그녀가 바라던 '자유로움'은, 암에 걸리고 이혼당해서 '어쩔 수 없이' 다시 집결지로 돌아올 수밖에 없었던 '비참함'으로 읽혀졌고,[**] 온통 슬픔과 원망, 비애로 들끓었다. 남편의 혹독한 구타와 모욕, 성매매 경험 여성에 대한 끈질기고도 막강한 낙인(stigma), 빈곤과 용산 생활의 열악함을 '자유로움에 대한 갈망'과 강한 생활력으로 무력화했던 그녀의 생명력. 인터뷰 당시 느꼈던 그 느낌은 어떻게 설명해야 할까? 첫번째 인터뷰의 녹취자료를 정리하고 2차 인터뷰를 하면서 이런 질문은 더욱 깊어졌다.

2차 인터뷰는 정미화씨가 일하는 곳 주변 '다방'에서 이루어졌는데, 인터뷰가 끝나고 현재 정미화씨에게 경제적 도움을 주고 있는 남성 손님과 함께 어울린 시간(오후 6시~11시)은 정미화씨의 일상을 질감하는데 도움이 되었다. 나는 2차 인터뷰를 진행하면서, 인터뷰(만남) 당시의 '느낌'과 '쓰여진(녹취된) 것' 사이에 어떤 간극이 존재함을 깨달았다. 그 간극은 바로 '그곳에 있는 그녀', '삶의 현장'이라는 요소였다. 녹취록은 목소리의 높고 낮음, 어투의 빠르고 느림, 눈빛의 주저함과 확신, 몸짓, 주변 분위기, 인터뷰를 둘러싼 관계들, 자신의 생활공간에서

---

[*] 이번의 연구 작업은 내게, 그동안 소홀히 해온 연구과정을 성찰하고 새로운 시도를 가능하게 했다는 점에서 중요한 의미를 갖는다. 사실, 연구자가 연구 참여자로부터 인터뷰 결과물을 검토 받을 수 있다는 것은 행운에 가까운 일이다. 시간에 쫓기거나, 주제와 관점에서 마찰이 우려되거나, 당사자가 거부할 것에 대한 두려움 등의 이유로 결과물에 대한 동의나 피드백을 얻는 과정은 거의 생략되기 마련이다. 이러한 일방적인 연구생산 과정, 연구자와 연구 참여자 간의 식민지적 관계를 조금이라도 개선해보고자 하는 시도가 이번 연구에서는 이루어졌다. 사실, 정미화씨의 인터뷰 및 원고 게재 동의는 그동안 막달레나의 집이 쌓아온 신뢰의 현재의 관계에 기반한 것이라 생각한다.

[**] 정미화씨가 많은 시간을 할애하여 용산에 돌아온 이유를 정당화하고자 함에도 불구하고, 그 어떤 경우에도 이혼 '당했다'든가 '어쩔 수 없어서' 용산으로 돌아왔다든가 '후회한다'는 식의 표현은 결코 쓰지 않았다.

의 통제력 등 현장적 요소가 빠져나간 텍스트였으며, 인터뷰 상황과 녹취된 텍스트 사이의 간극은 생각보다 큰 것이었다.

그러나 나는 연구를 위해 주어진 시간 동안 새로운 질문이나 인터뷰를 하기보다는, '그곳에 있는 그녀'를 떠올리며 정미화씨 생애의 키워드를 이미 이야기된 텍스트 안에서 살피고자 했다. 인터뷰시 '필(feel) 꽂힌' 느낌이나 녹취된 자료에 대한 표면적 읽기만으로 부족했기 때문이다. 이번 연구에서 생애사 분석을 하지는 않았으나, 살았던 삶의 연대기를 정리하는 과정은 꼼꼼함과 성실성을 요했고 수차례 읽고 분석할 때마다 매번 새로운 것을 발견하고 느끼게 해주었다. 그리고 정미화씨가 말한 생의 텍스트 안에서 내가 가지고 간 처음의 물음, '질병과 건강'에 대한 주제와도 만날 수 있었다.

인터뷰 전반을 통해, 내게 주어진 화두는 정미화씨가 용산으로 돌아온 '자유'의 아이러니에 관한 것이었다. 그러나 한편, 주어진 조건에서 정미화씨가 택한 삶의 선택을 '아이러니'로 만드는 것은 그녀의 삶이 아니라 내가 가진 편견일 수도 있겠다는 생각도 들었다. 수용소에서 벗어나기 위해 결혼하기도 하고, 폭력적인 결혼생활을 견디기도 한 정미화씨의 역사에서, 자유의 아이러니는 '가정'이란 사적 공간, '수용소'라는 대안적 공간이 성매매 공간만큼이나 폭력적이며 끔찍한 곳일 수 있음을 반증하는 것은 아닐까?[*] 정미화씨의 삶은 성매매 공간 내부가 아니라, 그 바깥에 존재하는 '여성의 삶'에 대해 되묻게 한다.

성매매 공간만큼이나 혹독한 결혼생활을 견뎌온, 외로움의 절박함과 경제적 열악함 속에 놓인 그녀에게 성매매는 어떤 의미를 가질까? 정미화씨의 이야기는 성매매를 주요주제로 삼고 있음에도 용산으로 돌아온 이유의 핵심에 '성매매'는 없다. 그녀가 그 낙인을 깊이 인식하고 있을지라도 말이다. 그 삶을 선택한 시점에도, 또는 현재까지도 그녀에게 중요한 것은 친밀성, 관계, 존중받고 싶음, 구속되지 않는 삶에 대한 절실한 갈망이다. 외로움, 사랑받지 못한 경험과 이에 대한 갈망은 '가출', '성매매', '동거와 결혼'을 가능케 했으며, 동시에 그것을 채울 수 없는 현실은 탈성매매, 이혼을 추동케 했다. 그리고 지금은 벌이가 시원치 않아도, 그나마 이곳 용산은 '나를 알아주는 곳'이다. 이곳은 나를 기억하는 사람들이 있고, 동료들끼리 통하는 유머와 문화가 있고, 좋은 사람을 만날 수 있는 또 다른 가능성도 존재하는 공간인 것이다.

용산으로 돌아온 정미화씨는 젊은 시절보다 더 오랜 기간 동안 이곳에 머물고 있다. 나이와 질병으로 다른 삶의 가능성을 여는 문은 더욱 좁아지고 있으며, 경제적 고통과 매순간 찾아오는 또 다른 외로움을 견뎌야 한다. 암과 불편한 다리, 얼마 남지 않았다는 삶의 절박함, 가장 열악한 여성이 치열하게 선택한 '자유'는 아이러니컬하게도 차가운 겨울바람이 몰아치는 용산의 거리에서 지속되고 있다. 별로 돈벌이는 되지 않지만, 낙인이 그나마 자신의 자유와 존엄성을 빼앗지 않는, 그나마 '나'를 가장 알아주는 사람들이 매서운 삶을 견디고 있는 곳에서.

---

* 인터뷰 후, 나는 루스 밀크먼(Ruth Milkman)이라는 페미니스트 학자가 떠올랐다. 그녀는 여성들이 직장을 그만두고 가정으로 돌아가는 현상을 연구했는데, 여성들을 가정으로 돌아가게 하는 것은 근본적으로는 성차별적 이데올로기와 여성 배제의 구조적 장치들 때문이었다. 그러나 한편, 밀크먼은 그것이 개별 여성 스스로의 선택이기도 했다는 사실과 직면해야 했다. 가정으로 돌아간 여성의 대부분이 공장노동자로서의 '끔찍했던' 경험을 기억하며, 힘들지만 가정주부의 삶에 차라리 더 만족한다고 말하고 있었기 때문이다. 이러한 현상에 대해 밀크먼은 그것이 여성들의 선택이었다는 것을 부정하지 않았다. 오히려 그녀는 가정을 선택한 여성들의 경험, 가정주부의 삶이 더 행복하다고 느끼게 하는 요인들을 정교하게 분석함으로써, 당시의 노동시장이 여성에게 얼마나 치명적인 공간이었는지, 얼마나 차별적이며 열악했는지를 역설적으로 보여주었다.

심부자씨와의 인터뷰 2

벨벳앨범의 여인들

심부자, 백재희

<< 프롤로그

환갑을 지낸 심부자씨는 40년 넘게 성산업 공간에서 삶을 유지해왔고, 현재에도 그러하다. 정확히 말하면 용산에서만 30여년을 살아왔으니 용산집결지의 산증인이라 해도 과언은 아니다. 우리가 그녀를 인터뷰하게 된 것은 비단 그 세월의 길이 때문은 아니었다. 2002년 그녀는 막달레나의집에서 책 출판 작업을 함께 했는데, 그 과정에서 우리는 심부자씨가 '용산' 여성의 삶에 대한 다양한 기억을 가지고 있음을 알게 되었다. 또한 그녀는 몇 년 전부터 같은 경험을 가진 여성 4명과 '함께 살기'를 시도하고 있기에, 우리는 그녀의 이야기를 통해 여성들의 일상과 역사를 담아낼 수 있을 것이라 생각했다.

낯설지 않은 인터뷰

심부자씨에게 있어 인터뷰는 낯설지 않았다. 용산집결지 지역의 여성모임이었던 개나리회*에 대한 인터뷰 경험이 있었고, 이전부터 알고 지내오던 터라 이야기를 나누고 싶다는 의사를 전달하는 것은 그리 어렵지 않았다. 하지만 몇 차례 약속이 미뤄진 후에야 첫 인터뷰가 가능했고,

첫번째로 만난 장소는 집결지 현장지원센터**였다. 오랜만에 만났다는 말로 시작하여 막달레나의집은 어떤지, 식구들은 몇 명이나 있는지, '큰언니'(막달레나의집 이옥정 대표)는 잘 있는지. 이사 가기 전(용산집 결지 근처에 쉼터가 있었을 때)에는 그래도 좀 다녔는데 요즘은 살기 바빠 못 가고 있다는 등의 안부 인사를 잊지 않았다. 그렇게 안부 인사를 전하고 나서야 "근데 뭘 그렇게 이야기하자는 거야. 남의 이야기는 내가 할 수 없지"라는 말로 인터뷰의 난감함을 표현했다.

심부자씨는 인터뷰의 목적이나 주제에 대해서 잘못 예상하고 있었다. 전화로 인터뷰 시간을 잡으면서 성매매 지역에서 오랫동안 살고 있는 중년 여자들의 이야기, 특히 함께 사는 이야기를 듣고 싶다는 인터뷰 요청을 했는데, 이 요청을 주변의 다른 여자들의 이야기를 해달라는 것으로 이해했고, 다른 사람 이야기는 '프라이버시'의 문제이기에 할 수 없는 것이라며 주저하는 모습이었다. 하지만 이번 인터뷰가 성매매 공간에서 또는 성매매를 경험한 50대 이상의 여성들과 함께 살아가면서 느끼는 일상에 관한 것임을 설명하자 그의 불편함은 이내 사라진 듯했

---

* 개나리회는 1981년부터 1983년까지 존재했던 용산 성매매 지역 여성들의 자치조직이다. 당시 정부의 사회정화사업에 동참하는 것에서 시작하여 자체정화, 회원의 권익보장(포주, 펨푸, 기둥서방, 공무원으로부터의 착취방지), 회원 간의 친목도모(불우한 동료나 약한 자 돕기), 빠른 자립(직업전환), 건강관리(성병, 지나친 흡연, 음주 또는 환각제 복용 관리) 등을 목적으로 구성되었다. 개나리회 회원들은 철도이용객 식수제공과 조기청소, 불우이웃돕기, 위급환자 병원알선 및 수술지원 등의 활동을 하였다. 자세한 내용은 다음에 수록되어 있다. 엄상미,「어떤 역사 : 성매매 지역 여성들의 자치 조직, 개나리회」,『용감한 여성들, 늑대를 타고 달리는』, 삼인, 2002.
** 현장지원센터에서 인터뷰하는 것은 그리 적절하지 못했다. 특히 의료진료가 있던 날이었기에 상담센터는 사람들로 북적였고, 다른 동료여성들이 무슨 이야기를 하냐고 한 마디씩 묻는 통에 이야기의 맥이 끊어지기도 했다. 하지만 그곳이 이야기를 나누기에 적절하지 못한 더 큰 이유는, 이미 그와 내가 상담원과 내담자라는 위치로 설정되는 공간이기 때문이다. 이 경우, 관계형성이 매끄럽지 못하다면 이야기는 단선적이고도 불편한 감정을 동반한다는 것을 알기에, 더 조심스러울 수밖에 없었다.

다. 이미 인터뷰라는 대화 방식을 경험해보았던 그녀였기에, 녹음에 대한 거부감은 없었고, 이야기 중에 동료여성들이 문을 열 때마다 상담 중이니까 나중에 보자며 인터뷰를 지속했다. 그 말을 듣고 '이야기 중이라도 친구나 동료에게 인사를 나누시라' 고 하자, "그렇게 말해야 돼. 그거 [녹음]나 잘 되나 봐" 라며 스스로 녹음이 충실히 될 수 있도록 배려하곤 했다.

2차 인터뷰에 대한 부드러운 사양

내가 심부자씨에게 인터뷰를 요청한 것은 성매매를 경험한 여성들이 서로를 어떻게 지지하며 살아가고 있는가를 보고자 함이었다. 사실 내가 그녀의 이야기에서 예상했던 것은 같은 경험을 가진 중장년 아니 준고령 여성들이 서로를 지지하며, 자신의 경험을 공유하면서 쌓아지는 삶의 노련함과 같은 힘이었다. 하지만 그녀에게 있어 비슷한 경험을 가진 여성들과 함께 살기라는 주제는 그리 흥미롭지도 않고 명분도 없었던 것 같다. 심부자씨에게 있어 '함께 살기' 는 우리가 처음 예상했던 지지와 소통이기보다는 "없는 사람들끼리 그저 모여 사는 것"이라고 설명되었고, 이야기 전반에는 여성들이 겪고 있는 경제적인 어려움이 반복적으로 등장했다. 그 때문인지 이야기를 하며 그녀는 이전에 보던 모습과는 다르게 목소리와 어조에 힘이 없어 보였다. 물론 풀어내는 이야기 모두가 그러했던 것은 아니었다. 젊은 시절 누구보다 역동적이었던 자신의 모습과 친구들을 이야기할 때 그녀는 활기차 보였다.

  2차 인터뷰를 제안했을 때, 그녀는 "지금 다 해. 더 이상 뭐 있냐"라며 부드럽게 사양하였다. 이야기를 시작하면 누구보다 생동감 있게 자신을 설명하던 그녀였기에, 추가 인터뷰에 대한 부드러운 사양은 나의 마음을 무겁게 했다. 하지만 다시 만나고 싶다는 나의 조심스런 요청에 그녀는 일주일 후 다시 만날 것을 약속하였다. 2차 인터뷰를 위해 전화를 할 때마다 우연이었는지, 인터뷰에 대한 불편함 때문이었는지 그녀는 선약이 있었고 우리의 약속은 성사되지 않았다. 이 과정에서 나는 2차 인터뷰를 시도하는 것이 어려울 것이라 생각했고, 1차 인터뷰의 내용마저 담을 수 없는 상황에 대해서도 고민해야 했다.

고민은 오래가지 않았다. 녹취한 것을 글로 풀어내기 위해 그날의 이야기를 수차례 다시 듣게 되면서 내가 알게 된 것은 그녀와 충분한 이야기를 나누지 못했다는 우려가 나의 욕심이라는 사실이었다. 그녀는 이미 알고 지내던 나에게 새로이 말해줄 수 있는 사실을 최대한 자세히 설명했지만, 내가 알고 있을 것이라 예상되는 사실에 대해서는 군더더기 없이 요약했는데, 그것을 파악하지 못한 것은 나의 부족함이었다.[*] 그녀의 의중을 늦게나마 파악했다는 것은 다행이었고, 함께 작업을 했던 연구자들과의 논의를 통해 나와 그녀 모두에게 무력감을 줄 수 있는 인터뷰를 무리하게 시도하지 않기로 결정했다. 조심스럽지만 인터뷰에 대한 소개와 대화내용은 1차 인터뷰만으로 구성되었다. 한 번의 대화내용으로 심부자씨를 설명하는 것은 턱없이 부족했다. 아쉬움이 컸기에 에필로그 부분은 일상의 만남과정을 담았고, 인터뷰 과정에서 속속들이 발견된 나의 실수들은 굳이 말로 하지 않아도 드러나기에 변명하지 못했다.

---

*이전부터 알고 지내왔기에 설명되지 않는 부분이 있지만, 이번 작업에서는 이전의 이야기를 통해 미루어 유추한 내용을 포함하지 않았다. 그렇게 유추하여 설명하는 것은 그녀가 표현하는 사실이라기보다는 나의 생각이 지배적으로 개입된 것일 수밖에 없기 때문이다.

스물넷, 험한 세상을 살다

그녀는 20세가 되던 1964년 미군과 결혼, 피엑스(PX)를 드나들며 물건을 떼어다 파는 경제생활을 하였다. 국제결혼에 대한 사회적 터부가 심했던 시기였지만, 그녀에게 있어 "아무것도 모를 때" 선택한 결혼생활은 짧지만 자유롭다. "살아도 같이 붙어살지 않았"기에 주변의 친구들과 보내는 시간이 많았고, 먹고살기 어려운 살림이기보다는 "PX에서 막 돈 쓰고 다니던" 경제적으로 여유롭던 시절이다. 하지만 결혼한 지 4년 만에 미군이 본국으로 송환되며 그녀의 삶은 크게 흔들린다. "내가 타락이 되어가지고 술 먹고, 쌈질하고, 행패도 부리며 (…) 그때는 험한 세상을 살았다"라는 그녀는 아직도 미군 남편이 왜 본국으로 송환되었는지 알지 못한다. 미군기지에서의 삶은 에너지 넘치는 젊은 시절의 추억인 동시에 아픔이기도 하다. 국제결혼은 여전히 그녀의 삶에 존재한다. 현재 그녀는 공식적인 문서상으로 미군과의 결혼 상태이기 때문에 정부로부터 최소생계비를 지원받는 기초수급대상자가 될 수 없다고 한다.* 그녀가 설명하는 '험한 세상 살기'의 시간은 거의 5년이 넘는다. 그 때문이었는지 그녀의 이야기에는 평소와 다르게 작은 한숨이 배어나왔다. 하지만 그녀는 힘들고 고단했던 그 시절을 구체적으로 회상하지는 않았다. 담배를 빼어 물고 다시 20대 후반의 자기 모습을 설명하기 시작하면서 그녀는 다시 힘을 찾는 듯했다.

---

* 노년의 삶을 살아갈 최소한의 장치인 기초수급자 신청을 위해서는 공식적인 서류로 남아 있는 미군과의 결혼관계를 정리해야만 한다. 때문에 문서상의 이혼은 중요하며, 현재 그녀는 38년 전 파기된 결혼관계를 공식적(행정적 문서 등)으로 정리하고 있다.

서른, 금순이 있는 용산으로

1970년 그녀는 용산 주변으로 삶을 옮긴다. 정확히 말해 용산집결지로 오기 전, 그녀는 삼각지 주변의 여관으로 두 명의 여성과 함께 이사를 하였고 미군전용클럽에서 웨이트리스 일과 "양키물건장사"를 했다. 당시 그녀는 미군과의 결혼상태에 있었기 때문에 미군 PX로의 출입이 자유로웠고, 미군 헌병이 아니고서는 그녀를 제재하지 않았던 것으로 기억한다. 그러다가 그녀와 함께 살던 여성들이 저지른 절도사건에 연루되어, 그녀는 8개월의 실형을 살게 되었고 구치소에서 만난 인연(안금순)으로 1974년 용산집결지로 왔다. 당시 그녀는 폭력사건으로 경찰서에서 조사를 받던 안씨를 보게 되고, 우연히 자신이 수감된 구치소의 같은 방에 안씨가 들어오면서 이들의 만남은 시작된다. "구치소로 안금순이가 왔는데, 그렇게 반가울 수가 없었다"고 회상하였고, 그 이후 안씨가 자신의 삶에 있어 중요한 존재였음을 반복해서 설명했다. 서로가 성산업 공간에서 일하고 있음을 알고 있었기에 반가웠던 것은 아니었다. 때문에 그녀는 왜 두 사람이 끌리게 되었는지를 "우연"이라고 말할 수밖에 없다고 했다. 수감시절 그녀는 "왈왈거리고, 떵떵거리며" 살았기에 그 덕에 안씨는 비교적 편안한 수감생활을 할 수 있었다. 그 인연으로 두 사람은 다시 용산에서 만나게 된다.

서른 둘, 나가 살기 그리고 다시

'용산'으로 온 지 얼마 지나지 않아 그녀는 단골손님이었던 남성과 동거를 하게 되는데, 3년이라는 시간을 시동생을 돌보며 봉제공장을 다니는 등 "죽어 지내며 살아보려고 노력"하다가 "디런 년"이라는 남자의 한 마디를 듣고 바로 용산으로 돌아왔다. 하지만 그녀는 어쩔 수 없이 다시 용산으로 돌아온 것이라고 하지 않았고, 죽어 지내며 살지 않기를 선택했다는 걸 강한 어조로 표현했다. 또한 그녀는 자신의 경험이 '이런 일'을 하다가 새로운 길(결혼)을 희망했던 여성들에게 보편적인 일임을 확신했다. 그녀와 함께 사는 여성들이 그러하며, 그나마 자신은 나았다고 설명한다. 대부분의 여성들은 함께 사는 남자, 남편이 '과거'를 들먹이기 시작하는 순간부터 폭력에 시달려야 했고, "참다가, 참다가 돌아이"가 되거나 아이까지 데리고 다시 용산으로 돌아오는 많은 여성들이 있기 때문이었다. 30대의 젊은 시절 그녀는 두 번의 나가 살기(동거) 경험을 하였는데, 한 번은 '과거'가 문제되어 다른 한 번은 '남자(동거남)의 미래를 위해서' 다시 용산으로 돌아오는 것으로 마감한다. 그녀에게 있어 동거는 모험이었고, 되돌아옴은 방황의 시간으로 이어졌다. 이때를 기억하며 그녀는 그럼에도 불구하고 자신을 믿고 지지해준 사람 중 한 명인 '아저씨'(업주의 남편)를 떠올린다. 그녀는 업주의 남편을 "아버지 같던" 사람으로 표현하는데, 자신이 동거를 시작할 때마다 "이 일 그만두고 다시 돌아오지 마라, 이곳을 쳐다도 보지 마라"고 당부했던 사람이라고 했다.

마흔에서 쉰을 넘어, 금순과 미순

심부자씨가 인터뷰 전반에서 이야기하는 내용은 '함께 살기'에 대한 질문에서 시작되었지만, 오히려 그녀의 이야기에서 반복적으로 등장하는 것은 자신을 존재하게 한 친구 그리고 "잊지 못할" 관계이다. 친구를 이야기할 때 그녀는 행복해 보였고, 젊은 시절을 떠올리며 당당했다. 표면적으로 보면 안금순이라는 여성은 그녀에게 성매매를 알선한 것으로 볼 수 있다. 하지만 그녀는 자신을 용산으로 오게 한 안금순씨를 "그게 아니지. 친구니까, 벌어먹고 살라고 한 거지"라고 설명한다. 지금도 심부자씨에게 있어 안금순씨는 젊은 시절 가장 중요한 단짝이며 그리운 사람이다. 1995년 안금순씨가 교통사고로 갑작스럽게 세상을 떠난 이후 지금까지도 그와 보낸 시간들은 선명하다. 안금순씨가 죽고 난 이후 그녀에게 있어 또 한 명의 중요한 관계는 강미순씨이다. 인터뷰의 처음 질문인 여성들이 함께 살게 된 배경에서부터, 용산집결지가 폐쇄한 이후 함께할 노후에서도 강미순씨는 그녀의 중요한 관계로 언급된다. 하지만 그녀는 자신의 존재만큼이나 중요한 안금순씨와 강미순씨의 배경이나 상황에 대해서는 기록으로 남기기를 원하지 않았다. 남의 말을 함부로 하는 것을 싫어한다는 그의 성격 탓이기도 해서인지 그녀는 다른 사람은 어떠하다는 평가 같은 것을 하지 않았으며, 굳이 타인에 대한 이야기를 돌려 물어보아도 일관되게 자신의 경험과 역사만으로 이야기를 구성하고 있다.

예순 둘, 용산이 없어지면

용산집결지의 폐쇄라는 미래 사실은 심부자씨와 다른 세 여성의 '함께 살기'를 불안하게 만들고 있다. "없는 사람들끼리 그저 모여" 살면서 먹고살기 힘든 상황을 공유하는 것이 함께 누리는 유일한 여가생활인데, 그렇게 서로의 힘겨운 하루하루를 굳이 말하지 않아도 이해되는 공간이 위협받는 것은 너무나 현실적이어서 절실하다. 때문에 그녀에게 있어 용산집결지 폐쇄는 삶의 터전을 바꾸는 것뿐만 아니라 모든 인간관계를 바꾸는 것이기에 암담할 수 있다. 2004년 9월 23일 성매매방지법이 시행되자마자, 그녀 역시 여의도며 청량리로 집결지 폐쇄를 반대하는 시위를 다녔다. 하지만 당장의 방값과 생계를 위해 바로 식당일을 시작했고, 이 역시 그녀에게는 답답하고 절망적인 경험이었다. 그것은 익숙하지 않은 일로 인한 육체적인 힘듦만은 아니었다. 꼼꼼하게 일하는 자신의 스타일과 자신의 나이가 노동시장에서 선호 받지 못한다는 사실, 게다가 크게 맘먹고 시작한 식당일조차 저임금의 이주노동여성(중국교포여성)으로 인해 할 수 없게 된 상황은 그녀를 다시 펨푸의 일로 되돌아오게 했던 것으로 보인다. 다시 용산의 펨푸로 살아가면서 요즘 그녀는 경제적 어려움과 함께 우울증, 나이듦을 확인하고 있다. 남성고객에게 할머니라는 말을 듣기도 하며, '쉬었다 가라'는 말조차 하루에 몇 번 하지 못할 정도로 손님이 없기에 더 친해지는 것은 담배뿐인 상황을 직면하고 있다.

'용산'이 없어지면 그녀는 강미순씨와 함께 시골에서 살겠다는 계획을 가지고 있다. 돈을 하도 떼여 생긴 인간에 대한 배신감으로 술만 먹으면 싸움을 일삼던 그녀였지만 "나이가 가르친" 대로 술도 끊고 싸우지 않고 살아가려 노력한다. 또한 30여년을 용산집결지에 살면서 간직해온 자신의 소중한 기억 ——개나리회 시절 봉사활동——은 젊은 시절 이루지 못한 "꿈"과 연결되어 자신의 역사적 사실을 연결하는 소재로 강하게 등장한다. 그러나 여전히 그녀는 특별한 날(생일) "관재수(단속에 걸리는 일) 없게" 해달라는 기도를 하며, 봉사하고 베풀며 살고 싶다는 삶의 가치는 "생계만 해결된다면"이라는 전제가 우선할 수밖에 없는 현실을 살고 있다.

정작 하고 싶었던 이야기를 미루며

2차 인터뷰를 포기한 후, 1차 인터뷰만으로 결과물을 만들고자 한다는 설명을 하기 위해 다시 만났을 때 그녀의 모습은 인터뷰를 피하는 듯한 느낌과 사뭇 달랐다. 이미 그녀는 내가 질문했던 모든 이야기를 해주었다고 확신해서였는지 여전히 '함께 살기'는 부수적인 주제였고, 그녀가 다시 힘을 주며 시작한 이야기는 바로 며칠 전 또는 어제의 현실이었다. 오랜 기간 삶을 이어온 '이곳'에서만 알 수 있는 관계들, 펨푸 단속과 벌금, 아들뻘 되는 경찰들에게 받게 되는 모욕적인 상황, 그럼에도 경찰서에서 "나도 아가씨"라고 말하는 자신. 기록에 남겨져야 할 이야기들이 이어졌고 질문에 대한 대답이 아닌 그녀가 하고 싶어 하는 이야기였기에 아쉬움이 컸지만, 그 이야기들을 기록하는 것은 뒤로 미룰 수밖에 없었다.

<< 심부자씨와의 대화

옛날에 이런 데 있던 사람들, 그래서 넷이 살게 된 거야

심부자(이하 ●●●) (…) 응. 그전에 옛날에 이런 데 있다가. 살게 되는 거? 그전에 용산에 있다가. 뿔뿔히 살다가. 처음에 미순이가 달방[을] 세주고 있었거든. 우리집에 살던 윤아라는 아가씨가 있었는데 소개를 해서 한 10년 전에 경숙이라는 애가 우리집에 방을 얻어서 불쌍하니까 살게 된 거야. 예전에 여기 있다가 가갖고 딴 데 갔다가 다시 온 거거든. 여기서 나와서 식당을 다녔어. 십만 원에 방을 달라고 해서 내가 줬어. 아무것도 없이 와서 빈 몸으로 왔지. 우리집에 십만 원에 방을 주었지. 아무것도 없이 빈 몸으로 왔지. 데리고 있으니까 얘는 착해. 식당을 다니다가 손님을 모시기도 했지. 고만두다가 다시 식당 다녔지. 내가 "그런 일 하지 마라, 차라리 식당 다녀라"고 했지. 그러다가 계속 있었지. 같이 밥 해먹고 우리집에 있었지. 그러다가 경숙이가 친구 하나를 데리고 왔지. 옛날에 이런 데 있던 애인데. 그래서 내가 또 방을 하나 줬지. 그래 또 같이 살게 된 거야. 모여서. 애들 다 착해.

 그러자, 그게 우리집이라는 게 원래 강미순네 집이었어. [강미순씨가 세주던 월세방들을 심부자씨에게 운영하도록 함) 근데 못해먹겠어. 내가 방을 줘도 다 떼이고. 한 2년 동안 내가 쌩방세를 물다시피 했다. 왜냐하면 불쌍한 사람들 방을 줬거던. 싸게. 근데 돈이 없어서 못 내는 거를 어떻게 하니. 강제로 달랠 수도 없지. 노동일 하던 사람들이라 겨울이면 돈이 없는데. 일이 없으니까. 내가 담배 값도 대줄라. 차비 대주고 그런 거야. 그걸 어떻게 하냐. 방세도 일년치, 6개월치 밀리는데. 나는 또 미순이한테 줘야 되잖아. 그래서 할 수 없어가지고 내가 빚을 졌잖아. 왜냐면 나는 줄 사람을 줘야 되니까. 그래가지고 빚을 지게 된 거라구. 그러니 방세 줄라, 기름 때줄라, 밥 못 먹고 있으면 밥 해줄라. (…)

하루 벌고 하루 사는 사람들이라. 걔네들이 가서 일하고 돈도 못 받아와요. 일당도 못 받고 그런 사람들도 있었어. 참 나쁜 사람들 많아. 일을 시키고 돈을 안 주면 안 되지. 난 방세도 싸게 주는데, 돈을 못 받으니까. 그러다가 여기 가서 틀어막고, 저기 가서 틀어막고, 내가 빚만 지게 되는 거지. 그래서 안 되겠어. 미순이한테 "못 하겠다" 했지. 미순이가 그럼 방을 싸게 준다고 그래. 그래도 나는 "갈란다. 못 한다" 그랬지. 그러니까 미순이가 알았다고. 그리고 나서 미순이가 딴 집을 얻었지. 그래서 내가 애네들도 [경숙, 선희를] 데리고 가자고 했지. 그래가지고 같이 살게 된 거지. (…) 그래서 넷이 살게 된 거야. 그래서 넷이 살게 된 거지.

딴 데 봉사 다니는 거보다 우리집 식구들한테 봉사하자

백재희(이하 ㅇㅇㅇ) 아가씨들은 그 방(세주던)을 쓰지 않았나?
● ● ● 아가씨들은 주인집에서 살았지. 자기 집에서 출퇴근하지. 없는

사람들. 노동일 하고 오갈 데 없는 사람들. 한 달에 십이만 원. 십오만 원. 내가 다 제공해주니까. 불도 다 때주고 다 해주니까. 자기네도 그렇게 싼 방 어디서 사. (하숙집처럼?) 그렇지. 아니, 밥을 안 해주기로 했는데, 굶으니까 밥을 주는 거지. 나 혼자 어떻게 먹어. 굶는 사람 보고 어떻게 하냐. 내가 딴 데 봉사 다니는 거보던, 우리집 식구들한테 봉사를 하자. 이래가지고 내가 그랬는데. 돈덜 다 떼어먹고 가버렸어. 〈웃으면서〉 밤새 술 처먹고 난리를 쳐서 파출소에도 몇 번 찾아가고. 내보내 달라고, 나가라고 그러면 또 안 나가요.

아줌마처럼 해주는 데 없다는 거야. 또 철따라 또 우리집에 있던 사람들로 밥 한 술이라도 벌어먹으니까. 내가 다만 옷이라도 사줘야 되고. 추리닝이라도 한 벌씩 사줘야 되고. 명절 때 같은 날은. (어머, 정말 집주인이 별걸 다 했네…) 그럼. 안됐잖아. 명일〔명절〕 때 갈 데가 없으니까 내가 또 다만 떡국이라도 끓여주고 밥이라도 해줘야 되잖아. 옷이라도 사서 입히고. (가족 같았네.) 어. 그런데 이 새끼들은 말 안 듣고 술 처먹고 그러니까. 지들도 일이 안 풀리니까 그랬지. 내가 너무 힘들어서 다 내쫓아버렸어. 몇 십만 원씩 밀리니까 어떻게 해. 몇 사람은 짐 놔두고 도망가고, 그 짐도 바로 못 빼. 그러다 보니 빚을 지는 거야 내가. 나도 힘들지. 하루하루 살라니까. 장사가 안 되고. 그러니까 나도 아가씨한테 손님 대주는 일을 했지. 그 돈 가지고 유지를 하니까. 그게 또 잘 안 되니까. 근데, 내가 손님 대주던 집이 사고가 났어. 사고가 나서 〔주인이〕 교도소 가니까. 그것도 못 하고. 그래서 여름엔 아이스크림 장사도 하고, 번데기 장사도 하고 겨울엔. 어떡허냐. 몇 년 하니까 빚지게 된 거야. (몇 년이나 하셨어요?) 한 5년 정도 했나. 그래갖고 안 되겠더라구.

●●● 상명〔강미순씨의 아들〕이 엄마한테 내가 더 이상은 못 한다고 했

지. 그래서 상명이 엄마가 '관둬라' 하더라구. 근데 상명 엄마가 천칠백 주고 전세를 얻어줬어. 우리 살집을 얻어준 거야. 내가 돈이 없으니까. 빚도 지고 돈이 없으니까. 내가. 상명이가 나한테 잘해. 친구니까. 늙었을 때까지 같이 살자고. 지도 외롭고 하니까. 지가 천칠백짜리 세를 얻어준 건데. 우리가 상명 엄마한테 사글세를 주는 거지. 십이만 원, 경숙이가 구만 원, 선희도 구만 원. 나는 방이 크니까. (미순 언니는?) 미순이는 그 앞에 방을 별도로 얻어서 살고. 내가 이왕이면 같이 모여 살자고 했지. 딴 데 얻어서 사는 거보던 같이 사는 게 좋잖아. 그래가지고 옆방을 얻었지. 오백만 원에 오백만 원씩을 주고. 우리한테 방을 싸게 미순이가 준 거지. 계속 5년 동안을. 〈힘주어 말함〉

낮에는 걔네들이 나가고, 밤에는 우리가 나가고

○○○ 선희 언니랑 경숙 언니는 어떤 일을 하세요? 아직도 식당에 다니세요?

●●● 경숙이는 아퍼. 요즘. 선희는 일 다니고. 아가씨집 청소해주고. 이런 데 그만두고. 경숙이는 이런 데 그만두고 일 다니지.

○○○ 그 언니는 그만둔 지 얼마 되셨어요?

●●● 그만둔 지 오래된 거지. 그러니까 낮에는 걔네들이 나가고, 밤에는 상명이랑 나랑 나가고. 밥도 둘씩 먹고, 미순이랑 나랑 둘이 먹고, 이렇게 된 거야. 근데 미순이랑 내가 타임이 안 맞아. 걔는 바쁘니까. 나는 아침에 밥을 잘 못 먹어. 근데 미순이는 '밥 먹어라'〈고함치듯〉고 하지. 나는 아침에 빵 하나 때우고, 여기 나오면 주인이 밥은 해주니까. 밥은. 그렇고 끝나는 거야. 미순이랑 나는 한 집이 아니니까. 걔는 8통이고,

나는 7통이지. 일하다가 새벽 5시에 같이 집에 오고.

○○○ 7통이 좀 낫지 않아요?

●●● 똑같아. 근데 요즘은 아가씨들이 없어. 그래서 하루 만 원도 벌고, 못 버는 날도 있고. 그래. 그리고 단속이 있으니까. 순경들 있으면 하지도 못하고, 신고 들어가면 못하고. 그러지. 그러면 들어가 있다가 나오지. 10시에 나와서 5시에 들어가게끔 돼 있거든. 회의를 했거든. 그 안에는 못 나오지. 왜냐면 출퇴근하는 사람들 있으니까. 그 시간을, 우리가 [출퇴근] 안 하는 시간을 이용을 하는 거지. 요즘은 옛날처럼 잡아 땡기고 못 하지. 그냥 조용히 〈낮은 목소리로〉 '쉬었다 가세요' '쉬었다 가세요' 하거든. 얼마냐고 하면 '아유, 이리오시라' 고 하는 거지. 옛날같이 끌어당기고 할 수 없어. 그러다 보면 큰일 나.

○○○ 연세가 어떻게 되세요. 언니들이.

●●● 나이가 많아. 내가 제일 많지. 경숙이랑 선희가 한동갑이고, 쉰아홉. 미순이가 쉰여섯이고. 미순이는 옛날부터 친구니까 그냥 말 트고. 그전에는 텄잖아. 또 내가 개 키웠으니까, 나리[키우던 개 이름] 엄마 그러고. 딴 애들은 언니라고 그러지. 그러구서 저거 할 때는 얘기를 하지. 어디서 저기서 어땠다 저랬다. 안 됐다. 또 일 갔다 와서 그 집이 까다롭게 굴었다 어쨌다 하면 그러냐 하고.

오늘도 만 원 벌어왔냐

●●● 내가 작년에 파출부 나갔거든. 밤에 7시부터 11시까지 해기로 했는데. 근데 그 쥔은 얼마나 깐깐한가. 내가 6시 반에 가거든. 가서 다 미리 준비해주거든. 근데 2시간 돈 만 원 줘. 손님이 없으면 그냥 가라고

해. 앉아 있으면 손님 안 들어온다고 서서 있으래. (식당에서?) 식당에서 그래. 내가 3개월 다녔나. 내가 일을 못하니까 답답했겠지. 처음에 일 나와서 부려 먹을래니 쥔도 힘들었겠지. 쥔이 일을 잘해. 내가 식당 일은 안 해봤잖아. 식당일도 복잡하더구만. 설거지 하고, 뭐 갖다주고. 그래도 그 집에 있었어. 쥔이 가라면 가고, 오라면 오고 그랬지. 미순이는 나 못 다니게 했지. 이용만 당한다고. 그래도 난 또 그런 게 아니잖아. 사람이 다니던 덴데.

 알아보니까 파출부 한 4시간을 쓰면 이만 원을 주는 거래. 오천 원씩. 근데 그 집에서는 만 원도 주고, 만오천 원도 주고 가라고 하니까. 손님 많을 때는 더 해주고 오지. 그럴 때는 이만 원도 주고. 이만삼천 원도 주고 그러지. 손님 없을 때는 자기네가 하고, 노니까, 자기네가 하고. 돈 만 원만 주고 가라고 하는 거지. 그래서 거기서 나와 가지고 다시 여기〔펨푸일〕에 나온 거지.

○○○ 다른 언니들은 뭐라고 해?

●●● "언니 그만둬" 그러기는 했지. 나는 또 열심히 다녔지. 금세 그만 못 두겠더라. 그러니까 미순이랑은 "야, 오늘도 만 원 벌어왔냐?" 그랬지. 그때는 일〔펨푸일〕 못 하게 했으니까, 약값이라도 해야지. 작년〔2004년〕 겨울, 아니다 작년 10월 달부터 시작했던 거지. 또 5시간 일해주고 하루 일당 이만오천 원 받으면서. 중국집에 다녔지. 우리는 오천 원이고 중국 여자들은 삼천오백 원이더구만, 일당이. 그러니까 중국 사람들 쓰고 우리를 안 쓰더라구. 그래 딴 집에 파출부를 또 갔어. 12시간에 오만 원. 야~ 근데 정말 너무 힘들어서 못 하겠더라. 아침 10시에 나갔다가 저녁 10시에 끝나니까. 너무 힘들더라구, 일도 많고. 거기 한 번 갔다 와서 이틀을 앓았나 봐.

할머니 자식 없어요? 할머니 갈 데도 없어요?

○○○ 그 일〔파출부〕을 하게 된 계기가?

●●● 법 바뀌고 단속하니까. 장사는 못 하고, 당장 먹고 살아야 하고. 그런 데는 밥이라도 얻어먹고, 거기〔식당〕는 밥은 주니까. 담배라도 피고, 약이라도 살 수 있었잖아. 집세도 내고. 전기세, 집세 내기도 힘들어. 그렇게 벌어가지고는. 약값 해야지 담배 펴야지. 힘들더라구. 그래도 다녔다니까. 돈 애끼고 애끼고 애껴 써가면서. 겨우 유지는 되니까. (겨울에 다니느라 더 힘들었겠네?) 힘들었지. 손도 엉망이 되고. 그래도 지금 좀 나졌다.

〔현재 펨푸 일을 하기 위해〕돈 벌려고 나오는 거 말고는 거의 없지. 요새는 경기가 없어요. 한 달에 이삼십만 원, 참 이달은 그것도 못 벌었다. 이도 빼고 했으니까. 사람들이 이빨만 봐. 밥을 먹어도 소화도 안 되고 그러니까 더 힘든 거지. 쉬었다 가라고 하면 사람들이 이빨만 봐. 할머니, 할머니 하고, 챙피하고, "할머니 자식 없어요?", "할머니 갈 데도 없어요?" 아~ 〈작은 한숨〉 힘들어. 그때는 아줌마라고 하더니 이빨 빼고 나니까 할머니라고 해. 그래서 나갈 때 화장도 하고 나간다, 요즘은. 옛날에는 화장도 안 했는데… 그러면 조끔 아줌마라고 불르는 사람도 있고. 그렇게 하다 보면 어떨 때는 자신이 "아, 이런 생활을 떠나야지" 하면서도 목구멍이 포도청이라 떠날 수도 없고, 이러지도 못하고 저러지도 못하는 심정이야.

그런데 저기〔기초수급대상〕가 될 수 있다고 그러더라고. 근데 그전에도 여기 있을 때, 통장이 해준다고 했어. 근데 내가 옛날에 국제결혼을 했잖아, 그것 때문에 안 된다는 거야. 등본을 떼다 줬더니 "어이고,

누나 국제결혼한 남편 있어서 안 된다"는 거야. 헤어진 지 오래됐는데, 나는 없는 줄 알았어. (지금 진행이 되고 있지요?) 진행은 되고 있는데, 잘 안 되는 것 같아. 뭐, 아퍼야 된대. 다른 사람들은 잘 되는데…. 그래서 해긴 하는데, 그래서 내가 시청에 가서 결혼증명서랑 다 떼다 줬잖아. 그랬더니 이혼이 안 되어 있더라고.

○○○ 그제서야 아신 거예요?

●●● 그전에도 알고 있었는데, 안 돼. 돈도 없지. 돈 몇 푼 갖고 되지도 않고. 변호사를 살 돈도 없고. 포기하고 그랬지. 먼저 번에 막달레나집에서 해준다고 했는데, 내가 포기하고 했어. 아직 나이도 있고 하니까. 지금 내가 극단에 오니까 헐 수 없이 해는 거지. 근데 이게〔기초수급대상〕 됐으면 좋은데…. (…)

미군부대, 거기서 결혼했지

○○○ 결혼생활 몇 년이나 하셨어요?

●●● 결혼생활이라고 하나마나 한 4년인가. 살아도 같이 붙어살지 않았어. 옛날에는 부평 미군부대 있는데, 거기에서 결혼했지. 64년도에 스무 살 때, 아무것도 모를 때. 그 미군이 뭔지는 모르겠는데, 하여간 붙잡혀갔어. 붙잡혀가고 나서 영 소식이 없어서, 내가 타락이 되어가지고. 별짓 다했지. 내가 술도 먹고 쌈질도 하고, 행패도 부리고 그러다가 내가 삼각지로 이사를 갔지. 내가 그때는 험한 세상을 많이 살았지. 클럽에서 웨이츄레스도 하고. 또 결혼증명서가 있으니까 PX 왔다 갔다 하고. 클럽에서 일하고 그랬는데, 술 먹고 그러니 좋아하는 사람이 어디 있냐.

그래가지고 거서 나와 가지고 내가 집을 하나 얻어 가지고 아가씨 둘을 데리고 와서 삼각지에서 살았지. 경성여관(가명)이라고. 그때 아가씨 하나가 남산서 남자 하나를 데리고 왔어. 그리고 걔가 남자 돈을 털은 거야. 그래서 남자가 신고를 한 거야. 근데 난 그걸 몰랐어. 근데 걔가 나한테 핫팬츠 2개를 맞춰준 거야. 어린 맘에. 난 훔친 거는 모르고. 근데 집주인 여자는 그걸 알았던 거야. 걔가 나 모르게 그 여자랑 연결이 된 거야. 그래서 내가 얼마나 속이 상하냐구. 근데 집(여관)주인 여자가 나보고 도망가 있으래. 도망갔다가 그러다가 아무래도 안 되겠어. 그래서 왔어. 그리고 집주인 여자하고 싸우고, 파출소에 신고를 했어. 숨어 못 살잖아. 난 다른 사람 물건 뭐고 손 안 대. 나는 모르고 그렇게 된 거니까. 근데 나를 잡아가데. 그래서 잡혀갔지. 71년도인가 72년도인가. 내가 불었으니까 줄줄이 잡혀왔지. 그래서 훔친 애는 1년을 받고, 나랑, 같이 살던 그 애는 공범이라고 8월 실형을 받은 거지. 자수를 했는데도. 쥔 여자는 돈 쓰고 나가고. (…) 그래서 내가 자수를 했는데, 우리를 왜 넘기냐고 했는데도 우리는 억울하게 살은 거지. 훔친 사람은 딴 사람이고, 쥔하고 연결이 되었는데도.

○○○ 어디로 가신 거예요?

●●● 용산경찰서에서 옛날 서울구치소로 갔지. 그래서 열흘 만에 넘어갔지. 거기에서 안금순이라는 애를 거기에서 만난 거야. 내가 용산경찰서에서 있는데, 까무잡잡한 게 술 먹은 게 하나 들어왔더라구. 싸우고 왔대. 그때는 말 안 했지. 나도 공범이 하나 있었으니까. 내가 다음날 [서울구치소로] 넘어가고 며칠 있으니까 안금순이가 [구치소로] 넘어왔더라구.

내가 힘깨나 썼어

●●● 〈어깨를 흔들며〉 나는 원래 왈왈거려서 거기[구치소]서도 떵떵거리고 살았거든. 처음 갔는데도 교도관하고 싸웠지. 내가 옛날에 좀 왈왈거려서 힘 깨나 썼어. 팔에 문신도 있고. 딱 들어가서 앉았는데 "이 여자 전과 좀 있겠구만" 하면서 나를 툭툭 쳐. 그래서 한바탕 싸웠지. 내가 처음인데 나보고 왜 저거하냐. "야 씨발년아, 니가 뭔데 나를 치나. 내가 널 보기나 했냐. 교도관이면 교도관답게 놀아라". 아무리 처음 왔다고. 사람 머리를 치면서. 아주 나쁜 년들이야. 사람 머리를 탁탁 치더라구. 이부장이라는 년이. 이북사람이지. 내가 막 뭐라 했어. 내가 간수년덜하고 소리소리 지르고 막 싸웠지. 나이 어린 년덜. 전라도 애들인데. 그년하고 소리소리 지르고 싸웠지. 거기 부장이 셋이야. 3교대니까. 거기 홍부장이라는 젊은 애가 좀 괜찮았고. 내가 막 그러니까 들어가라고 그러대. 그래서 어디 두고 보자 하고 들어갔지. 방에 들어가니까 10명이 칼잠을 자는 거야. 이렇게 〈손으로 그리며〉 뺑기통 있고. 가만히 보니까, 사형수가 대빵이지. 나보고 끄트머리에서 자래. 신입이라고 화장실에 절을 세 번하고 자래. 그래서 "너 사람 잘못봤다. 나 전과자다" 내가 그래버렸지. 그런데 가만히 보니까 칠푼이 같은 애가 자리 좋은 데 창문 있고 중간쯤에서 자더라고, 그래서 "야 저리가". 그래서 내가 거기에서 전과 있다고 하니까 꼼짝을 못해. 거기는 다 신입생덜이거든. 내가 거짓말을 한 거지.

한 이틀 있으니까 안금순이가 우리 방으로 들어온 거야. 우리방으로. 딱 보니까 용산경찰서에서 본 앤 거야. 참~ 〈감탄하듯이〉 반갑더라구. 근데 알지도 못 하는데, 용산경찰서에서 왔다니까는 그렇~게 반갑더라구. 그래서 내 자리 앞에 놨지. '야, 거기 인사하지 말고, 내 앞으로 와' 그랬지. (다른 사람들이 가만히 있어?) 가만히 있지. 내가 전과자라고 하고. 그럼. 내가 보통이 넘지. 내가 목소리도 커요. 그래가지고 내가 앞으로 재운 거지. 뒤로는 못 재워. 그래서 안금순이를 알고, 용산으로 온 거야. 나는 8월 살고, 금순이는 집행 달고 나가고. 폭력으로 들어왔기 때문에. 금순이가 나보고 여기〔용산〕오면 손님 잘~모시겠데. 거기서도 왈왈거리고 내가 거기서도 반장노릇 했거든. 청소 다 하고 그러니까. 거기서 내가 총 반장이었거든. (8개월밖에 안 있었는데도?) 내가 깡다귀가 좀 있거든. (언니가 하겠다고 한 거야?) 아니지. 처음에는 일 좀 하라고 뽑아가. 죄수덜 빨래나 바느질 공장에 가는데. 우리는 미결수니까. 근데 딱 보니까 주부장이라는 애가 나를 잘 봤어. 왈왈거리고 왔다 갔다 하고 목소리도 크니까. 그래서 구내반장을 시킨 거야. (…)

금순이는 날 좋아하고, 난 금순이를 좋아하고

● ● ● 금순이가 주인이래. 그 집 아가씨하고 같이 온 거야.
○ ○ ○ 금순 언니가 용산에서 일하는 걸 그때 안 거네.
● ● ● 용산경찰서에서는 몰랐지. 금순이가 술 먹고 들어왔으니까. 교도소에서 참~ 반갑더라구. 내가 총반장하니까 금순이를 끌어냈지. 옷 꼬매는 일을 시키려고 금순이를 데리고 다녔지. 그때부터 단짝이 되어가지고. 왔다 갔다 한 거야. 금순이는 날 좋아하고, 난 금순이를 좋아하고. 우연이라는 게 그런 데 있더구만. 그때 금순이가 지가 용산 역전에 있는데, 여기 오면은 너는 손님 모시면 잘 할 거래. 그리고 누가 건들 사람이 없을 거래. 그래가지고 교도소에서 나와 가지고 일로 온 거지. 안금순이

낯선 인연이 시작되는 곳 용산역

수많은 여성들이 용산역에서 낯선 삶을 시작했고, 또한 이내 익숙해진 삶과 이별하기도 했다. 오랜 세월 용산을 둥지 삼아 살아온 여성들에게 집결지는 생계를 잇고, 생활을 영위하는 일과 삶의 공간이며, 한평생 벗어나고 싶은 공간이거나 이웃과 동료들이 있는 '고향'이기도 하다. 국가 정책에 의해 폐쇄를 앞두고 있는 용산역 일대의 집결지. 정책의 집행 이전에 누군가에게는 삶의 터전이 되었던 공간의 의미가 읽혀지고 그 삶이 배려될 수 있어야 할 것이다. 사진은 1980년대 중반에 촬영한 옛 용산역사의 모습으로 어느 눈 오는 겨울 날 막달레나의집 실무자들이 찍은 것이다.

를 찾아오래. 사람들이 모르면 파출소 가서 안금순이를 찾으래. 그래서 내가 나가서 용산역전에서 딴 사람한테 물어봤지. 근데 사람들이 모른대. 그래서 파출소 갔지. 박순경이라는 사람이 있어. 여기 안금순이라는 사람 있냐고 했지. 그러니까 박순경이 있대. 그래서 박순경이 집까지 알으켜주더라구. 가보니 하꼬방이 죽 있고, 금순이가 주인이고 아가씨들이 있더라구. 나보고 역전 광장에 가서 손님을 모셔오래. 그래서 손님을 모셔오라고 해서 가니까 〔손님이〕 나하고 놀재. 그런데 비위에 안 맞더라구. 그래서 내가 우리 언니네로 갔어. 언니네로 갔는데, 이런 데 돌아다니던 사람이라 할 수 없어. 남의 집에서 얹혀살기도 싫고. 그래서 다시 금순이한테 왔어. 그리고 나서 한 이삼일 있었는가, 그랬더니 옆집 아줌마 쥔이 나 좀 빌려달래. 금순이한테. 그래서 "여기는 사람도 빌려가는가 보다" 했지. 이런 데는 처음이었으니까. 금순이가 "엉, 데리고 가" 그러더라고. 그래서 그 아줌마가 구석방 하나를 준 거야. (…)

○○○ 그때 나이가?

●●● 그때 괜찮았어. 여기서 누가 핫팬츠 입고 나오는 사람이 어디 있어. 여기 올 때 아가씨들이 너무 식모데기 같이 하고 있었어. 단속이 심하니까. 막 붙잡혀가고 그럴 때야. (미군부대하고 틀리지?) 안 그러지. 미군부대는 잡혀가고 그런 게 없으니까. 홀에 가서 술 마시고 손님을 모시고 그런 거니까. 또 나는 국제결혼하고 그랬으니까. 친구들도 많거든 나는. 나는 일 끝나고 놀고, 방을 하나 얻어서, 살림방 말고. 그래서 장사 끝나고 계산 다 하고 나면 거기로 다 모여, 8명이. 내가 국제결혼을 제일 먼저 했어, 스타트로. 하나씩 연결이 돼서 국제결혼들을 한 거지. (…) 한창 때, 젊었을 때는 돈 쓰고 한창 때니까 젊어서 뭘 몰라서 돈도 막 뿌리고 다니고 그랬지. 뭘 몰랐지.

살림 나갔지. 동거라는 게 힘들어

○○○ 한창 때 언니한테 결혼하자는 사람도 많지 않았어요?

●●● 많았지. 근데 결혼할 생각은 없었지. 그때만 해도 돌아다니고, 후라빠로 돌아다닐 땐데. 용산에 살다가, 살림나갔다 왔지. 나가서 동거를 했어. 손님 만나서 동거하다 다시 오고, 왜냐하면 동거라는 게 힘들어. 내가 단골손님이 있는데, 괜찮더라고. 그래서 나갔어. 내가 빚도 없고 그러니까. 그때 봉천동에서 방 하나 오천 원이었지. 그 남자가 전기공사 다니니까 한 달에 육만 원씩 받아. 옛날에는 큰 돈이야. 내가 알뜰히 살았지. 살아볼려고 노력 많이 했어. 그때 31살인가. 노력도 많이 했어. 내가 3년인가 살다가 다시 돌아왔는데.

○○○ 무슨 일이 있었나?

●●● 시동생 때문에. 시동생을 시골에서 데려다놨지, 고등핵교 다닌 애를. 중장비 가르칠려고, 노량진에서. 방은 딴 데서 살고, 내가 밥 해주고, 빨래 해주고 그랬지. 그래갖고 그 돈 가지고 살 수가 없어서 내가 봉제공장에 인형 맨들어서 한 달에 만오천 원도 벌고 그랬어. 옛날에 살던 데 반장아줌마가 데리고 다녔어. 나를 잘 봤지. 서글서글하다고. 근데 동생이 나를 좋아한 거야. (어머….) 그래가지고 12시가 돼도 안 가는 거야. 동생이 형보다 덩치도 좋고 그래. 내가 동생한테 "니 집에 가서 자라" 그래도, 술에 취해가지고 나한테 엉기는 거야. 그래가지고 내가 뭐라 했지. 그런데 나하고 사는 사람이 나한테 "디런 년"이라고 하면서 따귀를 한 대 때리는 거야. 거기서 내가 헤어진 거야. 너하고 더 이상 못살겠다. 니가 낭중에 내가 나이가 먹어도 이런 있던 얘기 안 하겠냐. 무신 일이 있으면… 또 술도 좋아해요. 그런 얘기하고 남을 거다. 현재 니가

의지할 데 없으니까 서울에서 나한테 의지하고 있지만. 막상 니 집에 가서 살면 더할 거다. 그러면서 나온 거지. 그러다가 계속 있었어. 여기서.

그러다가 여기서 남자를 또 하나 만났어. 〈잠시 멈춤〉 걔는 내가 좋아했어. 나보다 나이도 어려. 나는 젊은 사람들을 참 좋아했어. 군인이었는데. 손님으로 만났지. 그래서 여기서 나왔어. 제대하고 나왔어. 그래서 여기 여관방 하나 얻어서 장사를 했어. 과일 장사. 방 하나는 살림방하고, 하나는 물건방하고. 근데 일 년을 살다 보니까 안 되겠어. 왜, 젊은 애하고 사니까 안 되겠더라구. 나이가 11년이나 차이가 지니까. 걔 인생을 위해서 보내야겠더라고. 강제로 보냈어. 걔를 보내고 걔 몰래 삼각지로 이사를 했어. 근데 또 찾아온 거야. 걔 장래를 위해서 온갖 거짓말을 다 했어. '나 폐병환자다 일 년 있으면 죽는다. 오고갈 데도 없고, 집에서도 내보낸 사람이고. 집에도 안 간다. 나 때문에 신세 망치지 말고 가라' 고 보냈어. 한 열흘 동안 싸우고 보냈나봐. 술 먹고. 보냈으니까 다시 와야지. 종점으로. 여기 와서 있으면서. 헤어진 후에 일 년이 지났는데 일 년 만에 개한테 다시 전화가 온 거야. 진짜 죽었나 확인할라고. 내가 전화를 받았지. (…)

아무리 독한 놈이라도 삼 년을 사니까 과거가 나오더라구

○○○ (…) 가족을 만들까 생각해본 적 없어요?
●●● 아니 〈단호하게〉. 왜? 질렸거든. 사람이 꼭 과거 얘기를 해요. 이거 때문에 못 살아. 내가 남자를 알거든. 내가 서너 번 사겨봤는데. 그래서 알거든. 이 과거 쳐드는 바람에 못 사는 거야. 다른 애들도 그렇고 내 경우도 그렇고. 꼭 술 한 잔 먹으면 과거가 나와. 그래서 못 사는 거야.

과거 때문에. 아무리 독한 놈이라도 한 삼 년을 사니까 과거가 나오더라구. 그중에 잘 살더라도 애 하나 살다가 꼭 과거가 나와서 애 데리고 튀어나오는 거야. 내가 그런 경우를 많이 봤잖아. 때리고 막. 손님 새끼들이 때리고. 나야 맞지는 않았지. 내 성격이 못 돼서 한 대 때리면 때리는 성질이고, 쥐여서는 못 살지. 내 태생이 그래. 그러다 보니 여기에 계속 눌러 있었지. 손님 모시다가 잡혀도 가고 구류도 살고, 벌금도 물고. 살다 보니까. 그러다가 미순이 만나서 이거를 인수를 한 거지. 그러다 하다가 경숙이랑 선희도 만나고.

○○○ 한 명도 결혼생활해서 잘 사는 사람이 없나?

●●● 내가 보기에는 한 명도 없었어. 열이면 열 다 나왔어. 다들 애 하나씩 안고 나왔어. 왜 나왔냐. 두들겨 패고. 그러면 과거는 좋다고 해. 애가 있으니까. 근데 때리는 거야. 한두 번 아니지. 참고 살라고 해도. 자꾸 때리니까 못 사는 거야. 하나는 또라이된 애가 있었는데. 뭐. 한 두 번은 참고 사는데. 때리는 거야. 그래서 못 사는 거야. 그래서 나이 먹은 사람들이 여기 있는 거야. 먹구 살 저게 없으니까. 걔네들이 어디 이런 데서 일한 경험이 없는 사람도 많지. 기껏 남자 놈들한테 봉사해주다가 다시 이런 데 나오는 거야. (경숙 언니랑 선희 언니는?) 동거하다가. 걔네들도 남자한테 질려가지고 고만뒀다는데 뭐. 여기로 다시 와서 혼자 사는 거지. 식당 다니면서 자기가 돈 벌어서 먹고 사는 거지. 뭐 있나.

벌어야 먹고 사는데. 생각을 해봐라. 어떻게 놀아

○○○ 비슷한 경험을 한 여자 4명이 같이 사는 거잖아. 아무리 못 만나도 만나게 되더라도 주로 어떻게 시간을 보내요. 고스톱 치나?

●●● 아니. 우리는 집에서 고스톱 안 쳐. 그냥 바깥 얘기 하지. 누가 이랬대더라, 걔 아냐 안됐더라, 도로 나왔더라, 신랑한테 얻어터져가지고 다시 나왔더라, 안됐더라. 그 얘기지 뭐 딴 얘기가 뭐 있냐. 그러다가 아껴서 돈을 어떻게 해가지고 어쩌자. 그런 거. 말과 뜻대로 잘 되는 거야. (이런저런 거 해보고 싶다는 궁리?) 돈이 없으니까, 그런 궁리는 못 하지. 미순이하고는 가끔 하지. 미순이가 가게가 헐리면 시골 가서 살면서 밭이라도 조그맣게 지으면서 일할 데 있으면 하고. 지가 집을 얻으면. 그런 얘기는 하지. 둘이서 그런 거는 있지. (경숙 언니, 선희 언니는?) 걔네들은 둘이 친구야. 나하고 미순이는 여기 와서 한 30년 친구고. 그러니까 잘 안 되지. 자기네들이 일 갔다 와서 누가 어쨌다는 얘기하지. 그러다 보면 누가 다시 나왔더라, 안됐다. 그런 얘기하면서 재미있기도 하나? 걔네들도 먹고 살기 힘드니까. 고달프고 그러지. 남의 집 사는 애들이니까. 힘들지. 한 달에 두 번, 한 번 이렇게 쉬는데 뭐. 경숙이는 아파서 일 못 나가고. (…)

○○○ 4명이 같이 놀러가 본 적 없어요?

●●● 한 번 갔지, 한강에. 미순이가 차 가지고 있을 때. 길을 몰라가지고, 거기를 몇 바쿠 돌았다. 걔들은 한강에서 빨리 오라고 그러지. 경숙이랑 선희랑 미리 거기 있었고. 길을 모르니까 여의도에서 한강을 못 들어가는 거야. 그래서 우리는 길을 모르니까 몇 바쿠를 돌아서. 우리는 거기를 찾느라고. 물어 물어서. 먹을 거 준비하고 놀다가 왔지. (자주 가시지?) 근데 벌어야 먹고 사는데. 생각을 해봐라. 놀 수가 없잖아. 어떻게 놀아. 〈웃으면서〉 말도 못해. 재미는 있어. (…)

○○○ 지금 언니들이랑 사는 게 더 좋지만, 살다보면 부딪치는 일도 있지 않을까?

사진 속의 여인들

"그 사진 중에 눈을 뗄 수 없었던 사진 하나가 있었는데, 심부자씨가 용산에 와서 얼마 되지 않아 동료들과 함께 놀러 가서 찍었다던 흑백사진이었다. 그 안의 여성들은 앞자락에 브로치를 단 한복을 입고 있었고, 모두 일어서 춤을 추는 듯한 모습이었다. 이 사진을 보며 나는 다시 한 번 확인할 수밖에 없었다. 심부자씨가 살아온 세대를 이해하기에 내 나이가 너무 부족함을…. 또한 내 어머니의 연배인 그녀에게 감히 '언니' 라는 호칭을 쓰면서, 그녀 역사의 한 귀퉁이를 질문하는 것은, 어떤 이유에서든 무례할 수밖에 없었음을 시인해야 했다." 사진은 심부자씨가 1970년대 동료들과 찍은 것이다.

●●● (…) 내가 누구하고 조금 친하거나, 상명이는 내가 누구하고 친한 꼴을 못 봐. 그런 거 못 봐. 상명이는 그 사람이 돈이라도 많아서 그 사람하고 친하냐고 엄포를 놓지. 나는 말을 함부로 안 하거던. 그러다가 술 먹으면 과거 얘기가 또 나오지. 지랑 나빴던 얘기랑 나오는 거야. 그럼 나는 절대 과거 얘기는 안 하거든. 싸우면 그 즉시 얘기만 해라. 그러거던. 서로 간에 그게 오고가는 차에 이거 한잔 먹으면 치고받고 싸우고 그러거든. 인제는 싸움도 않지만은.

○○○ 가족 중에 선희 언니나 경숙 언니나 지금 여기서 나가서 혼자 살고 싶다, 아니면 혹시나 만약에 나 결혼하겠다, 그러면 어떨 것 같아요?

●●● 〈단호하게〉 그런 게 없어. 없어. 내가 남자라도 사겨서라고 하면 '남자는 무슨 남자' 그러는데 뭐. 개네들도 지겹거든. 얻어터지고 그렇게 사는 게…. 지네들도 혼자 사는 게 편하대. 혼자 사는 게.

용산이 없어지면, 우리는

○○○ 만약에 용산이 없어진다는 이야기가 거의 10년 가까이 들려오고 있잖아요? 용산이 없어지면 언니들 계속 같이 살 것 같아요?

●●● 아니지. 요번에 집이 어떻게 될지 몰라. 그러면 지네들은 딴 데로 갈 것 같고. 상명이 엄마하고 난 딴 데로 가고. 시골 쪽으로. (생각해보신 곳이 있어요?) 시골 가서. 지금은 아직 변두리로 갈라고 하니까. 먹고 살라니까 우리가 돈도 없으니까. 아직까지는 없어질 때까지는. 2~3년. 그때까지만 좀 어떻게 견디다가, 시골에다 집을 얻고 하다 보면, 뭔 일이 있어도 있을 것 아니냐구. 일을 하고. 식당 일을 오래 못 하니까 시골에서 밭일을 할 수 있으면 해야지. 시골에서 논매고 그렇대며. 그거라도

할 수 있으면 해야지. 정 안 되면…. 또 상명이는 자기네 집을 도와주어야 하잖아. (그렇게 해서 도와주기는 어렵잖아.) 그러니까는 상명이 엄마는 나랑 같이 간다고 했는데, 안 되면 나는 강화* 가서 살지. 뭐 혼자 슬슬 일이나 해주고. 애들 다독거리고. 살아도 되지. 그래 안 그래? 거기 집 좋겠다. 내 집처럼 거기서 편하게. 거기 밭도 있더라구. 나 그런 걸 좋아하거든.

○○○ 법이 시행되던 날 불이 다 꺼졌잖아요. 언니는 나오셨어요?

●●● 안 나왔지. 불 꺼졌을 때 안 나왔지. 그러니까 식당 다녔지. 못 나오게 하면 안 나오지. 우리는 다 합세가 된 거니까.

○○○ 여의도나 청량리는 같이 다니시면서 어떠셨어요? 언니는 그분들보다는 나이가 많으시고.

●●● 그렇지. (…) 생활비 대는 사람들이 많아. 남자하고 사고 나서 애 둘씩 데리고 나온 애들 있구. 그런 애들은 어떡하냐구. 방 얻어가지고 몸 팔아가지고 공부시켜야 하는데. 노골적으로 말해서. 이런 데서 못 벌고 가면 애들 굶다시피 해. 라면 먹고 그런다고. 애들 교육도 못 시키고. 그러면 걔네들 또 어디로 가겠냐는 거야. 사실 이런 데 아니면 감방 간다고 도둑질 다니고, 못된 짓거리 배운다고. 이런 데 있는 애들이 지들 애들을 얌전히 잘 키워요. (…) 이런 데서 키우는 애들은 고생을 많이 했기 때문에, 엄마가 고생을 했기 때문에. 절대 뭐라도 한다고 해. 못 배웠어도 기술이라도 배울려고 하고 해가지고 돈 벌어서 엄마 데리고 고향 간 애들도 있어. 그런 애들이 많아. (…) 옛날에는. 이런 데서 자라서 없는 애들은 무슨 기술이라도 배워가지고 뭐래도 할라고 해. 애들 잘 되어

---

* 막달레나의집에서 운영하는 중장년 여성을 위한 장기 쉼터. 시골집.

서 나가요. 가만히 보면. 왜? 자기 엄마가 몸 파는 거는 모르고 뽐뿌〔펌
푸〕인 줄 알지. 우리도 속이니까. 그런 애들이 많아. 엄마, 법관 되어서
도와줄 수 있다고 이러면서 공부를 열심히 한 애들이 얼마나 많다고.
○○○ 경숙 언니나 같이 사는 언니들은 다 자식이 없나요?
●●● 없지. 왜 그러냐면 다덜 남자한테 디어서.
○○○ 미순 언니는 아들이 있지요. 어때요?
●●● (…) 처음에는 애가 착했었어. 내가 키웠을 때는. 내가 국민학교 4
학년 때까지 공부도 가리키고 그랬거든. 내가 지한테 알아듣게끔 좋게
얘기하고. 지 엄마는 제로야. 그래서 지금도 내 말은 들어요. 꼭 인사하
고 그래. 잘 알아. 뭐가 먼지 모르겠지만. 지금은 또 안 그래.
○○○ 언니한테 가족, 형제들은?
●●● 형제? 어떻게 만나. 헤어진 지도 오래되었고. 여기 있을 때 엄마
가 좀 왔다가고. 오빠들 돈 좀 갖다 쓰고 돈을 못 갚는데 어떻게 하냐.
생각을 해봐. (만약에 언니가 갚으시게 되면 친가족들이랑 같이 사는 것도
생각해봤어요?) 아니야. 오래전부터 나왔기 때문에. 열여섯인가 열일곱
에 나왔거든. 그렇기 때문에 정이 없어. 그리고 내가 정을 주지 않았어.
(언니, 정이 많잖아요?) 근데 이상해. 형제들한테는 정이 없어. (…)
○○○ 지금 형제분들은 다 살아 계세요?
●●● 우리 큰언니 죽고, 둘째 언니 죽고, 셋째 살았고 넷째 살았고. 넷
째는 친형제이지만 싸움을 많이 했어. 우리 아버지가 나는 미워하고 개
는 좋아했거든. 사이가 안 좋아 옛날부터 지하고 나하고 싸우고 나면 말
안 해. 가보지도 않고. 서로가 참견 안 해. 셋째 언니, 그 언니가 나한테
잘했어. 〔내가〕 우리 큰오빠 돈 가지고 갔지, 우리 작은오빠 돈 가지고
왔지. 우리 올케와 싸웠지. 그러니까 나만 가면 〔식구들이〕 겁나는 거야.

돈만 갖다 쓰지 돈 안 주면 술 먹고 행패부리고 그랬으니까는 사이가 나쁜 거야.

○○○ 지금은 다른 분들과 다 연락하고 사시고?

●●● 엄마가 불쌍하다고, 옛날에 김칫거리 붙여주고 가고 하셨어. 근데 엄마가 나이가 많고 담석증이 있어서 못 와. 〈잠시 주춤〉 몰라. 울 엄마 안 본 지도 한 8~9년 되었지. 내가 안 가. 내 자신이 못 가는 거지. 옛날에 내가 노름도 많이 했고 돈도 많이. 그래서 내가 못 가.

○○○ 엄마 사진 있으세요?

●●● 사진 있어. 가끔 보지. 다 해드리고 싶지. 그렇지만 내가 못 하니까 못 하는 거지. 〈잠시 말을 멈추고, 담배를 피움〉

내 인생에 중요한

○○○ 언니는 예쁘게 찍힌 언니 사진, 언제 때 사진을 가지고 계세요?

●●● 많어. 봉사할 때 찍은 거 많어. (제일 좋았던 때가 언제였던 것 같아요?) 젊었을 때가 제일 좋았지. [개나리회에서 활동하면서] 봉사 갔을 때. 나환자 마을에. 옛날에 안양 거기 갔을 때. 자기 자식들도 안 오는데 가서 손 만져주고 가서 얘기해주고 씻겨드리고 그게 젤 흐뭇했지. 문수녀님하고 친목회 해가지고 그 돈 가지고 문수녀님 청량리 거기 가서 밥 해주고.

○○○ 지금도 만약에 그런 일이 있으면 하시겠어요?

●●● 〈고개를 들고 고쳐 앉으며〉 그럼 하지. 나 해. (…) 다니고 싶어. 왜냐하면 장애자 그런 데 가서 씻겨주고. (…)

○○○ 언니 인생에서 가장 아름다웠었던 때가?

●●● 안양 거기 갔을 때. 자식들도 안 찾아오고 그런데 거기 갔다는 게. 그게 참 난 아직까지도 못 잊어. 왜? 나는 불교를 믿지만 천주교에서 좋은 일을 많이 하잖아. 나는 천주교 그런 데 다 쫓아다니거든. 옛날에 이옥정〔막달레나의집 대표〕이가 가자고 하면 가거든. 가면 그게 참 고맙더라구. (…)

○○○ 언니 지금 20대, 30대, 40대 이렇게 쭉 얘기해주신 거잖아요. 20대 때 제일 중요한 건 무엇이었던 것 같아요?

●●● 20대 때 결혼해가지고 PX에서 막 돈 쓰고 다닐 때, 철부지, 아무것도 모르고 친구들 다 모여서 그럴 때고. 30대에는 살림나갔던 것, 그러다가 충격을 받고 다시 들어온 것….

○○○ 그 나이 때 언니 인생에서 가장 중요했던 건 뭐였던 것 같아요?

●●● 내가 국제결혼을 했어도 내가 포부가 있었어. 옛날에. 그게 허물어졌어. 내가 여기서 강원도로 가가지고 고아들 한 10명하고, 할머니 할아버지들 한 10분 모셔가지고. 시골에서 농사지면서 같이 사는 게 꿈이었어. 옛날부터 꿈이었는데 허사가 되어버렸어. 내가 그때 돈을 많이 벌었어. 돈을 많이 벌었는데 내가 사기를 당해버렸어. 수양언니를 삼았는데. 내가 나쁜 행동을 하고 다녀도 PX 다니면서 돈 악착같이 벌었지. 근데 그 언니가 나한테 거짓말을 해가지고 돈을 갖고 도망가버렸어. 그때부터 내가 막 하기 시작한 거야. 그리고 또 하나를 만났는데 그 사람이 또 뜬 거야 또 사기 당했어. 못된 짓 해도, 장사해서 돈은 잘 벌었어. 어디로 안 다닌 데가 없다. 미군부대, 문산이고, 평택이고 안 다닌 데가 없지. 물건 사다가 넘기고 그랬지. 옛날에 우리는 건들지 못했어. 경찰들도 우리 타치 못했어. 미군헌병들이나 할 수 있지. 그런데 돈을 많이 띠었어. 장사꾼들한테 사기도 많이 당했지 내가. 내가 국제결혼을 했어

도 돈 때문에 했거든. 돈 때문에 포부가 있었기 때문에. 그런데 그게 허사가 돼버린 거야. 그 담부터 망가지기 시작해가지고. (…) 그때부터 막 돌기 시작했어.

그래도 나쁜 짓은 안 했어. 도둑질은 안 했어. 쌀이 없어도 굶으면 굶었지. 그래도 못되긴 못됐지. 그래가지고 용산 와가지고 많이 벌었어. 그러다 보니까 노름빚을 대줬어. 왜냐면은 십만 원을 꿔주면 그 사람이 삼만 원을 먼저 띠어줘. 내가 칠만 원만 [빌려] 주는 거야. 그 바람에 노름방에서 홀라당 띠었어. 그래가지고 "니네들 주느니 내가 한다"고. 내가 노름해갖고 돈을 다 띠었어. 그러다가 안 되겠다 싶어서. 남자도 만나서 살림도 나갔고. 장사를 시작했지. (…)

한 번 뭉탱이 돈이 나가고 두 번 나가고 하니까 그게 안 벌려. 그러니까 술만 먹으면 인간이 싫은 거야. 좋을 때는 안 먹어. 어떤 사람이 나에게 뭐라고 해도 꾹꾹 참아. 애들한테는 안 그래. 근데 상대할 만하다 싶으면 몇 번 참아줘. 참다가, 술 먹고 한번 터지는 거지. 누가 말리지는 못해 나는. 끌고 가고, 그러면 경찰서에 앉아 있고. 그러면 벌금 물고 나오고. 지금은 안 그래.

나이가 들며, 나는 한 사람밖에 몰라

○○○ 언니가 나이 오십, 육십 되시면서 지금 제일 믿는 건? 의지되는 건 뭐예요?

●●● 그게 힘들어. 문제는. 이제는 왜? 내가 했던 게 다 허사였거든. [믿는 건] 건강한 거지. 딴 것 없어 남한테 피해 안 주고. 내가 갈 때쯤 되면 내 스스로 목숨을 끊지. 그것밖에 없어. 의지라 할 게 없지. 내 스

스로가 이겨나가는 거지.

○○○ 같이 살면서 의지가 되기도 하잖아요, 지금 4명.

●●● 상명이 엄마지. 그 애 마음은 어떨지 모르지만은. 진심은. 나는 한 사람밖에 몰라. 그 사람이 죽어야지 다른 사람 생기지 그 이상은 몰라. 옛날에는 금순이밖에 몰라. 금순이 죽고 나서 지금은 상명이 엄마밖에 없어. 친한 사람이라고는. 나는 내성적이면서 활발해 마음이. 이 사람이 몇 번 내 눈밖에 났다 그러면 안 봐. 지금은 이제 말 안 해. 사람 만나다 보면, 남의 흉 잘 보는 사람 있지. 〔나는〕 그 사람 쐬주는 편이야. "니 힘든데 왜 남의 이야기를 하느냐, 니 일이나 해." 그래서 〔사람들이 날〕 미워해. 그 이야기를 안 들어주니까. 그리고 무슨 일이 있으면 엄포를 놓지. 그리고 〔모른 체〕 쓸데 없는 말을 해버려. 그러니까 상명이 엄마가 막 성질을 내. 내가 알아듣고선 모르는 체 하니까. (…) 상명이랑 다니면서 별 얘기 다 하지. 술 먹고 그런 이야기 할 수가 있지. 그런데 딴 사람한테는 안 되지. 남의 이야기하지 말라고.

○○○ 만약에 상명 언니와 같이 못 살게 될 수 있잖아요. 그런 경우 상상해본 적 있으세요?

●●● 하지. 나는 지를 믿고 있는데, 〔상명 엄마는〕 지 가족을 부양해야 하잖아. 그건 이해하지. 그러면 나 혼자 따로 살아야지. 혹시 저를 믿고 했는데, 걔가 만약에 나를 배신했다, 자기네 집을 위해서. 그러면 할 수 없지. 양보는 해야지, 지 가족이니까. 나보다 가족이 우선이잖아. 상명이 엄마 할 일이 많잖아. 내가 그걸 알잖아. 그러니까 그런 것에 대해서 언짢지 않아. 친구인데 그만한 배려도 없으면 친구가 아니거든. 그렇지만 지는 모르지. 모르지만은 나는 그게 아니야.

○○○ 상명 언니는 말씀 하실 때마다 우리는 "끝까지 간다" 하잖아요.

●●● 그렇지만 사람 일은 모르는 거야. 그러니까 분명히 알고 있지 내가. 난 그래. 이제는 옛날처럼 당하지 않고 나 스스로. 내가 우울증도 있어. 하지만 내가 그걸 이겨. 어쩔 때는 죽고 싶다, 한강이라도 빠질까, 그런데 내가 수영을 잘 해서 죽지도 않을 꺼고. 그럼 차에 쳐죽으면 남한테 죄짓게, 못 살게 하는 거밖에 안 되고. 그래서 죽을 데가 없는 거야. 그러다가 "죽는 힘으로 살자. 몸 아프지 말고 살자" 이러지 나는. 그러면서도 때로는 심란해지는 거야. 거짓말 아냐. 누가 뭐라고 하면 머리가 복잡해져. 깨질 것 같아. (…) 우울증 증세가 신경 쓴다고 오는 게 아니야. 가만히 살다 보면 푹 올라오는 것 같어. 화 치밀듯이. 그럴 때는 정신이 없어. 사람이 별안간에 실수라는 게 그런 데서 오는 거야. 머리가 핑핑 도는 거야. 나한테 뭐가 있으니까. 머리가 핑핑 돌아. 저걸 죽이면 아무 문제가 없겠지. 그런 생각이 들어. 쓸데없는 공상이 드는 거지. 아 내가 이러면 안 되지. 산에 올라가서 내가 죽어볼까 이런 생각이 드는 거야. 어쩔 때는 누가 보기 싫어 죽겠어. 괜히. 〈동료들이 문을 열고 인사를 함, 잠시 휴식〉

나이가 가르치더라

○○○ (…) 언니가 지금 이렇게 원래 성격이 이런 것도 있지만 같이 살면서 변화된 모습이 있나요?

●●● 맘이 변했지. 내가, 내가 자제를 하지. 이해성이 많아졌지. 왜냐하면 내가 나이를 먹어서 이해를 해야지 뭔 소리 날 때도 참고. 그런 게 변했지. 내가 마음을 비우지. 왜냐하면 그게 쌓으면 싸움밖에 안 돼. 그리고 이거밖에 〈술 마시는 모습〉 안 먹게 되니까.

○○○ 혼자 살았다면 변화하지 않을 수 있었다는 건가요?

●●● 그런데 그게 나이가 가르치더라. 나이가. 왜냐하면 경찰서 가는 것도 나이가 가르치는 거지. 젊었을 때는 "에이 씨발, 빵간에 가서 못 살겠냐. 한 번 갔는데 두 번은 못 가냐" 했지. 그러면서 쌈도 하고 그러는데. 근데 나이가 가르치더라. 지금은 나이가. 내가 이렇게 살면 안 되지. 옛날에는 욕도 잘했어. 근데 내가 지금 욕을 안 해. 욕이 없어져. 옛날에는 손님이 뭐라고 하면, 같이 뭐라고 하는데. 지금은 나한테 욕하면 내가 저런 사람한테 쉬었다 가라고 하는 게, 자신이 나쁜 사람이라고 생각하지. 그치만 할 수 없으니까. 그렇게 생각을 하지. 할 수 없으니까. 요새는 싸움도 안 해. 싸움도 안 하고 누가 뭐라 그래도 "그냥 그렇게 봐줘라" 그냥 그러고 다독거리지. 여기서 내가 나이가 많거든. 내가 싸웠다 하면. [무엇이냐면] 쥔이 못되게 할 때가 있어. 아가씨들이 돈 못 벌어다 주면 그런 게 있어. 쥔 덜이. 그리고 입이 나불거릴 때가 있어. 그럴 때는 참다가 내 일도 아닌데…. 그게 안 좋아. 그러면 내가 싸워버려. 그러면 지[주인]는 "왜 니 일들도 아닌데 싸우냐?" 이러면 막 해버려. "씨발년 집어넣는다"고. 파출소 막 뛰어가고. [내가] 그런 성질이 있어. 근데 파출소 가면 안 그러지. 그런 소리하는 게 아니지. 우리 힘들게 먹고 사니까는 좀 봐달라고 하지. 주인은 신고하러 간 줄 알지만, 나는 아니거든. 술이 취했어도 그 얘기는 안 하고 내 얘기만 한대. 집어넣을려면 파출소에 왜 가. 생각해봐.

○○○ 아가씨들한테 잘못해주고 주인이? 그러면?

●●● 〈고개를 끄덕이며〉 어어어. 그래. 내가 나서. 돈 못 벌어왔다고 지랄하고 그러잖아. 그러면 내가 나서. (좋아졌네, 아가씨들은.) 난 아가씨들하고 말 안 해. 손님 맺어주고 나와버리지. 자발자발 말하고 그러는

거 아니야. 근데 말이 들어오잖아. 용산에 무슨 일이 생기면 나한테 들어와. 다 얘기해줘. 누구네가 저떻다 하지. 근데 우리집 일이 아니면 간섭을 안 해. 〔하지만〕 내 집에서 주인이 그랬다 그러면 가만히 않지. 그러면 가만 안 있지. 우리 주인 착해. 옛날에는 우리 주인도 그랬는데. 옛날에는 주인이 〔돈이〕 없었지. 없이 살았지. 자식들 키울라니까 아가씨들 계산도 잘 안 해주고 그랬지. 나도 많이 안 해주고 그랬어. 나도 모르니까. 용산이 처음이었거든. 그걸 몰랐는데. 〔주인도〕 얘들 공부시키고 그러고 나니까. 주인이 베풀어. 베풀 줄 알어. 아가씨들한테도 베풀고도 우리한테도 베풀고.

우리 아버지도 그렇게 못했어

○○○ 베푸는 게 뭐예요?
●●● 하나라도 있으면 나눠먹으려고 하고, 뭐 하나 얻어도 나눠주려고 하고. 주인〔아줌마〕 연세가 칠십 둘. 나보다 10년 위야. 나하고 지금 몇십 년 같이 있었지. 지금이 첫 스타트고, 지금 그 집이야. (한 번도 안 바뀌셨어요?) 몇 번 바꿨지. 쌈도 많이 하고.

　근데 그 집 아저씨가 참 나한테 잘해주었어. 그걸 못 잊어. 내가. 우리 아버지도 그렇게 못 했어. 딴 집 남자들은 자기 마누라 편들고 그러잖아. 그런데 그 아저씨는 꼭 내 편들었어. 내가 살림 몇 번 나갈 때도 아저씨는 군소리 없어. 아줌마 막 저거하고 그래도. 아저씨는 잘 살으라고 그러고. 병나게 되면 항상 '나한테 먼저 연락하라'고 그러고. 항상 그랬어. 아저씨는. 그래서 그 아저씨를 우리 아버지처럼 여겼어. 여기서 나와서 정 받아보기는 그 아저씨한테 처음이야. 정도 받고 인정도 받고.

(인정받았다?) 인정도 받고 돈도 받았고.

ㅇㅇㅇ 인정받는 게 뭐죠?

●●● 날 믿어주었다는 거. 딴 사람들은 나한테 거짓말 깐다 그러지. 근데 그 사람은 날 믿어주고 잘해주고. 그 아저씨만큼은 내가 돌아가셨지만 내가 못 잊어. 그 아저씨 부인이 지금 주인이야. 싸움도 많이 했지. 싸움도 많이 하고 내가 욕도 잘 하지, 지금도. 근데 그 아저씨만큼은 날 믿어줬어. 돌아갔지.

ㅇㅇㅇ 그 아저씨 돌아가셨을 때 기억나세요?

●●● 기억나지. 아파가지고 그때. 그 일이 좀 그랬어. 병원에서 많이 아파서 돌아가셨거든. 근데 남 보는 앞에서 울 수는 없잖아. (왜?) 그 집 식구들이 있는데 내가 뭐라고 그 집 종업원이라고 울겠냐. 그때 내가 그 집 종업원도 아니고 다른 집에 있는데. 혼자 병원 밖으로 나가서 밖에 몰래 울었지. 〈손수건을 꺼내 흐느낌〉 하여튼 그 아저씨만큼은 내가 못 잊어 〈강한 어조로〉. 자기 부인하고 나하고 싸우면 자기 부인 역성드는 게 아니라 꼭 내 역성을 들었지. 아저씨가 그렇게 좋았어. 여기 처음에 봉사 활동할 때[개나리회 활동], 옛날에 광장에 물 끓여서 주고 그랬잖아. 그때 아저씨가 그 보리차물 다 끓였어. 아저씨가, 아저씨 돈으로 사다가. 〈힘주어 말하며〉 그렇게 잘했어. 아저씨하고 나하고. 근데 아줌마는 못마땅하지. 둘이서 하니까. 아저씨는 주전자에 몇 번을 날라야 하는데, 아저씨는 [보리차] 끓이고 나는 나르고.

ㅇㅇㅇ 언제 돌아가셨어요?

●●● 돌아가신 지 10년이 넘었지. 오래되었지. 그 집 애들 다 잘 되었잖아. 아저씨가 잘하니까 애들 잘되었잖아. 엄마가 베풀잖아. 여러 사람들한테. 옛날에 자기가 없어가지고 그랬던 거지. [보통 사람들은] 자기

가 없을 때 돈 좀 모았으면 좀 달라지는데. 그런데 자기가 없을 때 그 고생했던 거를 우리한테 베풀고 있어. 아줌마가. 뭐라도 하면 간식도 나눠주고. (…)

〔지금 그 집에〕 아가씨는 둘밖에 없어. 나이 먹은 애. 둘밖에 없어도 무슨 일 있다고 하면, 아줌마가 좀 배운 사람이야. 머리에 든 사람이야. 그러니까 아줌마가 다 해주고. 옛날에는 욕도 많이 먹었어. 아가씨들한테. 주인도 하루 벌어 하루 먹으니까 식구들은 많고. 그럴 때는 계산도 못 해주고, 아가씨들은 돈 달라고 막 쫓아다녔어. 욕도 하고. 그런 거 다 챙기고 넘어갔어요. 그래서 아이들이 다 잘 되었어. 자식들이 잘해. 그래가지고 자기 엄마하고 잘 지내는 것도 좋아해. 잘해. 지금도 부자 누나 해. 어렸을 때는 부자 누나 그랬으니까. 누나누나 하면서 지금도 잘해. (…) 〈잠시 쉼. 화장실〉

생일날 절에 가. 아프지 않게 해달라고, 관재수 없게 해달라고

○○○ 나는 궁금한 게? 젊은 사람들은 영화를 보고 콘서트도 가고 이런 거 하잖아 언니들은 뭐하는 거 좋아할까? 그 언니 연배들은. 영화 보신 지 얼마나 되셨어요?

●●● 영화 안 본 지 몇 십 년 되었지. 한 삼십 년 된 것 같다. 텔레비전 나오고 영화를 안 보니까. 옛날에는 많이 보러 다녔지만. 그리고 극장 가고 싶은 마음도 없고. 지금 먹기 바쁘잖아. 살기가 힘들잖아. 그런 거 할 시간 있으면. 내가 지금 그럴 돈이 어디 있냐. 지금 약이라도 사먹으려면…. (…)

○○○ 언니한테 특별한 날, 언니 생일날 언니를 위해 무엇을 해보신 적

이 있어요?

●●● 내 생일날 내 스스로 절에 가. 누가 챙겨주는 사람도 없고 다들 힘들어서. 한 집에 이렇게 살아도 생일도 모르고 지나가 누구 생일, 누구 생일 모르고 지나가. 이번에도 미순이 생일도 몰랐는데, 딴 사람이 얘기해줘서 알았지. 왜? 왔다 들어가면 자고, 또 저녁에 씻고 나와야 되고. 자기 생일은 자기가 알겠지. 근데 내 생일날은 다른 사람이 얘기를 해줘. 우리 주인 아줌마가 착해. 그런 거 다 챙겨줘. 이번에도 안경, 주인 아줌마가 맞춰준 거고.

먼젓번에 내가 환갑이었거든. 내가 절에 갔어. 운문사. 내가 포천 출신이거든. 옛날에는 그래도 옥정이가 챙겨주고 그랬는데, 이제 옥정이도 여러 사람을 거느리는데 어떻게 챙겨주냐. 그것을 내가 알지. 그리고 한 집에 있는 사람도 그렇지. 자기 생일도 못 찾아먹는데, 내 생일 해먹자고 할 수도 없잖아. 밥도 잘 안 해먹는데. 그래서 내 생일날에는 절에 가.

○○○ 가서 뭘 비세요?

●●● 뭘 빌어. 아프지 않게 해달라고 없게 해달라고, 인간 구실 〔하게〕 해달라고 그런 거지 뭐.

○○○ 언니가 생각하는 인간 구실은 뭔데?

●●● 내가 단순하잖아. 그러면 만약에 조금 말수라도 안 듣게 하고, 관재수〔단속〕 없게 해달라는 거지. 내가 어떤 놈이 어떤 놈인줄 알아. 순경인지 아닌지. 내가 몇 번 잡혀가서, 열흘 살고 나오고 또 열흘 살고 나오고 그랬잖아. 그러니까 그러는 거지. 건강하게, 남한테 피해 안 주고, 건강하게 그런 것뿐이지. 다른 건 없어. (…)

○○○ 만약에 언니 생일 선물로 누가 어디 놀러 갔다 오세요. 이렇게 해

보면 어때 이렇게 얘기를 하시면 하실 수 있으세요?
●●● 아니. 누구 도움 받고 싶지 않아. 왜냐하면 그런 도움을 받으면 내가 없는데, 그 사람한테 어떻게 해줄 수가 없잖아. 그러니까 도움 안 받아.
○○○ 언니가 좋아하는 거, 운동처럼 하는 건 없어요?
●●● 좋아하는 것도 없어. 그냥 사니까 사는 거지. 산에 가는 거 좋지. 국립묘지 그런데. 작년에는 계속 다녔는데. 요즘은 못 갔지. 올봄부터 다녀야지. 나 혼자도 잘 가. 나 혼자 가는 게 좋아. 혼자 가서 마음 달래고 오고. (미순 언니도 산에 가는 거 좋아하잖아). 걔는 간다고 하고 안가. 가면 또 한잔하고. (…)

죽기 전에 내가 좋은 일 한번 하겠다는 거지

○○○ 같이 사는 여자들이 모였을 때 제일 좋은 게 뭐예요?
●●● 아플 때 아프다고 하면 아플 때 나이 먹은 애들 사는데 서로 위로해주는 게 좋은 거지. 그렇지. "언니 많이 아퍼?" "어디 아프니?" 그 말이 좋은 거지. 다른 말 뭐 있어. 힘들게 서로 사는데.
○○○ 가끔 나 자신한테 또는 지금 사는 식구들한테 꼭 한번 해주고 싶은 거 있어요?
●●● 다른 사람은 모르고, 죽을 때 곱게 죽는 거.
○○○ 아~ 참, 죽기 전에 말고, 살아서 꼭 해주고 싶은 거?
●●● 내가 좋은 일 한번 하겠다는 거지
○○○ 언니가 만약에 지금이라도 그런 데서 봉사를 하시면서 사시겠냐 하면은 언니는 가실 수 있으시겠어요?

●●● 있지. 〈강한 어조로〉 가서 살 수 있지. 하지만 상명이 엄마를 배신할 수는 없지. 상명이 엄마가 나를 떠났을 때, 그때는 내가 가지. (출퇴근하면서, 그런 봉사 일을 하는 것도 있잖아?) 그건 좋지만. 내가 생계를 이어야 하잖아.

○○○ 돈을 받을 수도 있지 않을까? 많이는 못 받지만.

●●● 돈 받고 하는 거? 생활유지만 하면 다닐 수 있지. 나는. 그런 데가 더 좋지. 이런 데보단 백 번이고 좋지. 내 것처럼 하지, 나는. 그런 게 내 꿈이었어. 내가 왜냐하면은 부모 정을 모르고 살았어. 식구가 많으니까 부모 정을 몰라, 형제 정도 모르고. 여기 와서 나한테 좀 잘해주면, 그 사람한테 빠져버리고. 그 사람한테 당해버리고. 그렇게 된 거야.

　내가 부평에 있을 때 철이 엄마라고 있었어. 그 집에서 나를 데리고 있었는데, 그 집 여자가 내가 돈을 잘 버니까 날 망쳐논 거지. 애초에 그런 거 몰랐는데. 그러다 보니까, 거기서 정이 다 빠져버리고, 돈도 다 떼고. 그 사람 믿고 딴 사람 돈 주고 그랬거든. 그러다 돈을 다 떤 거야. 그 사람이 또 교도소 갔다 와서 죽고 나서. 내가 또 맘이 또 떴었지. 또 옆에 사람이 또 잘해줬지. 인제 생각하면 날 이용한 거야. 내가 여러 사람한테 당했다. 하튼. 그때부터 인간들을 안 믿는 거야. 술을 먹어도 못되게 배운 거야. 인간들을 안 믿는 거야. 인간이 싫은 거야. 누가 가다가 쳐다만 봐도 그 사람 때리고 가야 돼. 힘이 없으면 돌멩이로라도 때려야 돼. 애초에 그렇게 술을 나쁘게 배웠어. 하도 인간들한테 디어 가지고. 누가 나한테 진실로 대해준 사람은 딱 여기 용산에 와가지고 아저씨, 주인 아저씨였지. 나한테 아버지였어. 아버지 정을 모르고 살았으니까. 또 내가 수양엄마라고 몇 번 삼았는데, 다 당했거든. 그 다음부턴 엄마라는 소리를 안 해. 아줌마라고 하지. 그전에는 나이 먹은 사람들을 어머니,

어머니 하고 잘 따랐는데, 그때부턴 엄마 소리 안 해. 아줌마라고 했지. 내 꿈이 좌절된 거야.

○○○ 꿈하고 비슷한 일을 한다면, 구해볼 수도 있지 않을까?

●●● 좋아. 나 그런 거. 출퇴근 한다면 더 좋지. 병원 간병인 그런 것도 있었는데. 그것도 가입해야 한데. 교육도 받아야 하고. 그러다 보면 내 생계가 힘들잖아. 그게 내 생계부터 이으고. 생계가 되면 이런 데 안 있지. 이제 나이가 먹으면서 챙피해. 그전에는 몰랐는데, 이젠 챙피해. 나이 어린 애[젊은 남자]들한테 쉬었다 가라고 하면서 교육상에도 안 좋은 거고. 챙피하더라구. 내가 해놓고도 할 수 없이 하는 거지.

○○○ 봉사를 할 수 있는 건강이 괜찮아요? 쉽지는 않잖아요?

●●● 건강하지. 식당에서도 일했는데 그걸 왜 못해. 그 힘든 일도 했는데. 거기다가 일을 빠뜨리면 완전히 내가 빠져버리지. 그럼. 요즘은 손님도 없고. 모시기도 싫고. 가만히 앉아 있다가 손님이 지나가도 안 모시지. 저 사람 가자고 하다가 안 가면 그렇고. 가면 또 고맙고. 또 그렇게 되는 거야. 왜, 아가씨들이 나이가 먹었으니까 거짓말을 해야 되니까, 그게 좀 저거하고. 난 손님 데리고 가가지고도 말을 해. 맘에 없으면 가라고 해. 강제로 놀라고 잡고 그러잖아. 그러니까 주인들이 "쟤는 손님만 데려오면 내보낸다" 해. 왜? 싫으면 가라. 나이가 많고, 니 맘에 들면 놀다가고, 아니면 가라고 하지. (…)

○○○ 예전에 꿈에 대해 이야기해보니 어때요?

●●● 난 좋아. 난 봉사하는 건 좋아. (봉사하는 게 꿈인 사람이 많지는 않잖아?) 왜~ 그래도 많지. 내가 없어서 실천을 못 해서 그렇지. 그런 건 좋아. 나는 내가 없으니까 내 몸으로 가서 하는 거, 돈으로 턱 주고 그런 거는 싫어. 내 몸으로 가서 씻겨주고 닦아주고, 애기 벗 돼주고 그런 거

좋아. 웃어주고. 옛날 얘기도 해줄 수 있고. 그런 게 참 좋아. 그러고 저 거하면 얘기도 들어주고. (…)

○○○ 언니가 꿈을 안 버리셨으면 좋겠다.

●●● 안 버리지, 나는. 내가 앞으로 살아야 10년, 15년 잖아. 내가 내 몸을 잘 관리한다고 해도. 사람이라는 건 몰라. 그러니까. 내가 어디 많이 아프고 그런 건 없어. 내가 내 몸을 이겨내고 하니까는. 일하고 그러면 담배도 안 피는 사람이야. 식당에서 10시까지 일해도 담배를 안 피워. 절대 안 피워. 일하고 나와서 피지. 근데 요즘은 내가 할 일이 없으니까 하루에 담배를 2갑 3갑 피우지. 왜, 손님 없지. 이게 〈담배를 가르키며〉 친구지. 이게 친구가 되는 거야. 그러다가 밖에서 얘기하고 그러면 담배를 조금 덜 펴. 그러다가 혼자 있을 때는 담배를 자주 피우지. 말할 사람 없으니까. 담배랑 친구가 되는 거야. (…)

○○○ 나 언니 집에 놀러가도 돼요?

●●● 우리집에 와봐야 뭐. 방도 콧구멍만 하고.(…) 우리집에 와보았자 방 하나인데 뭐. (재미있는 일이 많을 것 같은데요?) 그런 것도 없어. 왜냐하면 그것도 있어가지고 같이 모여서 고스톱도 치고 같이 밥도 해먹고 그러면 좋은데. 서로 하루 벌어 하루 먹고 사는 사람들뿐이니까는 그게 없는 거야. 안타깝지 나두~ 나라도 있어가지고 '오늘 뭐라도 해먹자' 하고 같이 해먹으면 좋은데, 그럴 힘들이 안 되니까는. (…) 그게 마음과 뜻대로 안 돼. 걔네들도 나와서 일해 먹고 살지. 혼자 몸뚱아리니까 아프지. 그러지 뭐. 상명이 엄마는 상명이 엄마대로 자기 가족들 신경 쓰지. 상명이 엄마 딱해. 그러고 보면. 혼자 이리 뛰고 저리 뛰고 다니는 거 보면 안됐어. 마음이 짠해. 〈끝〉

<< 에필로그

성산업 공간에서 지낸 40년의 삶을 불과 몇 번의 만남으로 설명할 수 없기에 지금의 기록은 여러 가지 면에서 한계가 있다는 것을 인정해야 했고, 2005년 12월 마지막 주 나는 심부자씨를 다시 만났다. 김치, 양갱, 케이크, 양념장…. 어울리지 않는 음식들을 무리하다시피 담아들고 심부자씨의 집으로 향했다. 좀처럼 사람을 자신의 집으로 들이지 않는다는 그녀였기에 처음부터 그의 방으로 초대될 것이라는 기대는 없었다. 어쩌면 건널목에서 물건만 건네고 돌아올 것이라고 생각하던 중 그녀는 나를 맞이하러 큰길까지 나왔고, 나를 보자마자 한참을 눈을 떼지 않았고, 그녀의 집으로 가는 내내 손을 놓지도 않았다.

"이렇게 산다"며 나를 맞이한 그녀의 방은 조심스러울 정도로 정갈했다. 여느 살림집처럼 장롱 위에 얹혀 있는 철 지난 옷 상자, 방문과 창을 보호하는 유행 지난 커튼, 깡마른 여자 한 명이 겨우 앉을 수 있어 보이는 작은 오렌지색 소파 하나, 검은색과 붉은색의 숫자로만 인쇄된 2006년 달력, 그 못에 걸린 염주, 흐린 연두빛의 화장대. 그의 방이 아니었다면 각각의 물건들은 내가 들고 온 음식들처럼 어울리지 않아 보이는 것들이다. 하지만 놀랍게도 그 물건들은 그 방에서 완벽한 조화를 이루고 있었고, 군더더기 하나 없이 그녀의 일상에 맞게 꼭 놓아져야 할 자리에 있었다.

일찌감치 출근 준비를 하던 옆방의 강미순씨가 수건을 두른 채 그의 방으로 왔고, 교통사고의 후유증——한 달 전 강미순씨는 교통사고로 입원을 했었다—— 등을 물어보는 사이, 어느새 내 앞에는 심부자씨의 옛날 모습이 담긴 앨범이 놓여 있었다. 언뜻 친구가 집에 놀러올 때마다 앨범을 꺼내어 이런저런 대화거리를 만들던 나의 모습이 겹쳤고, 나는 그녀의 삶의 기록 한 자락을 눈으로 경험하게 되었다. 붉은 벨벳의 앨범, 대부분 이런 앨범은 먼지가 많이 타는지라 꺼내면서도 민망하기 나름인데, 그의 앨범은 새것처럼 먼지 하나 없었다.

이게 나야, 이때가 용산 와서 얼마 아니니까 칠십 몇 년쯤이지

앨범 안에는 인터뷰에서 나에게 말해주었던 시간과 공간, 사람들이 그대로 남아 있었다. 얼마나 자주 꺼내어 보았는지 사진에 대한 설명은 거침없었다. 그녀가 사진을 설명하는 것을 자세히 듣다가 나는 언뜻 인터뷰의 한 부분을 다시 듣고 있다는 착각을 했다. 앨범에 있는 사진들은 이미 나와의 인터뷰에서 이야기 되었던 바로 그 모습들이었고, 나는 인터뷰 내내 연대를 정확하게 기억하는 심부자씨를 그때서야 이해할 수 있었다. 그 사진 중에 눈을 뗄 수 없었던 사진 하나가 있었는데, 그녀가 용산에 와서 얼마 되지 않아 동료들과 함께 놀러 가서 찍었다던 흑백사진이었다. 그 안의 여성들은 앞자락에 브로치를 단 한복을 입고 있었고, 모두 일어서 춤을 추는 듯한 모습이었다. 이 사진을 보며 나는 다시 한 번 확인할 수밖에 없었다. 심부자씨가 살아온 세대를 이해하기에 내 나이가 너무 부족함을…. 또한 내 어머니의 연배인 그녀에게 감히 '언니'라는 호칭을 쓰면서, 그녀 역사의 한 귀퉁이를 질문하는 것은, 어떤 이유에서든 무례할 수밖에 없었음을 시인해야 했다.

함께 일하던 김양이 시집가던 날, 일본으로 시집가서 잘 사는 최양과 함께 찍은 사진. 그가 키우다시피 했던 용산 아가씨들의 아이들. 그리고 새로운 페이지를 넘길 때마다 여지없이 등장하는 안금순씨와 강미순씨. 왜 그가 두 사람을 자신의 과거, 현재, 미래의 전부로 설명하는지 누가 봐도 알 수 있었다. 그녀의 삶이 깊어질수록 사진이 발휘하는 색도 깊어지기 마련이고 나는 그 깊이에 열중하지 않을 수 없었다. 그 사이 강미순씨는 가지런히 깔아놓은 이불 속으로 몸을 누이며, 아무렇지 않은 듯 말한다. "내가 좀 괜찮았지. 근데 그 사진은 내도 없는 것 같네."

출근할 땐 옷을 여러 겹 입어. 그래도 노상 감기를 달고 살아

이런저런 얘기를 나누며 두어 시간이 지났고, 정확히 9시 30분이 되자 심부자씨는 출근을 준비했다. 우연히 그녀들의 출근길에 합류하면서 나는 말로는 체감하지 못했던 그녀의 일상의 한 부분을 경험할 수 있었다. 밤 10시부터 새벽 5시, 길가에서 생활을 하기에 단단히 무장을 하고 나서지만 환갑을 넘긴 나이에 밤공기는 벅찰 수밖에 없어 보였다. 그녀의 집에서부터 용산역까지는 빠르게 걸어서 20여 분쯤 되는 거리이다. 가는 길은 대부분 좁고 어두운 골목길이며, 전자상가의 창고나 공사장 등이라 밤에는 인적이 매우 드문 곳이다.

강미순(이하 △△△) 새벽에 올 때는 무섭지. 혼자 가면. 특히 여기 굴다리 갈 때는 무서우니까, 저 앞에서 남자들이 걸어오면 괜히 전화하는 척

해. '아야, 엄마 지금 바로 집 앞이다'. 막 큰소리로. (왜 엄마라고 해요?) 그냥. 우리 같은 나이 여자들이 그렇잖아.

심부자(이하 ●●●) 난 하나도 안 무서워. 그런 건 안 무섭더라. 다 내 맘에서 오는 거지.

△△△ 그래도 거의 매일 부자랑 가고오고 하니까….

이에 비해 용산역 주변은 민자역사가 생기고 상가들이 늘어나면서, 좁고 어두운 골목길과는 너무도 달랐다. 고속열차가 운행되면서 용산역 주변은 현대적인 느낌의 조명들로 밝다 못해 눈이 부실 지경이다. 이렇게 변한 밤 길목을 두 사람은 어떻게 느낄지 궁금했다. '참 많이 변했죠?' 라는 말에 이번에도 두 사람은 상반된 대답을 한다.

△△△ 난 어두울 때가 더 나아. 쪽 팔리잖냐. 이쁜 쪽 팔리니까.

●●● 난 밝은 게 좋더라. 눈이 안 좋아서 잘 안 보이니까. 어두우면 손님 잡을 때도 더 힘들고 단속도 그렇고. 이 나이에 무신 쪽.

담엔 혼자 찾아올 수 있겠냐. 전화하고 와라

그들은 일터로, 나는 집으로 가는 버스정류장으로 걸음을 옮겼다. 나를 꼭 데려다 주어야 한다며 육교까지 따라오던 그녀가 선뜻 말한다. "전화하고 와라". 내심 좋아서 다음엔 우리집 김치를 배달하겠다는 약속을 하였고, 내가 육교계단의 중간까지 올라가서야 그녀는 자리를 떠났. 겨울은 추워야 맛이라는 그녀의 말처럼 연일 영하 10여 도를 기록하더니, 그날은 다행히 조금 날씨가 풀렸다. 그리고 그날 나의 체감온도는 실제보다 높았다.

그녀의 앨범은 오랫동안 머릿속에 남았고, 들려준 이야기들은 따뜻했다. 나의 글에 대한 그녀의 의견을 듣기 위해 다시 그녀를 찾아 간 날, 나는 그녀의 앨범이 너무나 인상 깊어 오랫동안 잊을 수 없을 것 같다고, 나의 글이 사진을 설명하기에도 너무 부족하다고 고백했다. 단락마다 빠짐없이 설명하는 나를 보며 그녀는 돋보기를 가져와 함께 읽어주었다. "잘 썼어. 그래 이거 뺀 건 잘했다. 내 얘기가 아니니까. 잘했어." 자신의 의견을 조심스럽게 기다리고 있다는 것을 미리 알아챈 그녀는 고개를 끄덕이며 나를 바라보았다. 그리고 조용히 일어나 그 앨범을 꺼내왔고, 아름다운 관계 그리고 꿈에 대한 못다한 이야기를 풀어내어 주었다.

이윤경씨와의 인터뷰 3

일터로서의 용산, 파산을 앞둔 '직장'

이윤경, 홍춘희

\<\< 프롤로그

<u>'인터뷰에 가장 잘 응해줄 것 같은 사람 1호' 와 만나다</u>

이윤경씨와의 첫 만남은 그녀가 집결지 자활지원사업에 관심을 가지고 센터를 방문하면서 이루어졌다. 내가 그녀의 상담을 맡았는데, 윤경씨는 큰 눈망울에 순박해 보이는 첫인상을 가지고 있었다. 상담을 할 때는 첫인상만큼이나 부드럽게 진행되고 있다고 느껴졌는데, 처음 만나는 사람인 나에게 차분하게 자신의 이야기를 해주어서 무척이나 고맙게 생각하고 있었다.

    그래서 처음에 인터뷰 참여자를 선정해야 했을 때 내 머릿속에는 윤경씨가 떠올랐다. 윤경씨는 나에게 '인터뷰에 가장 잘 응해줄 것 같은 사람 1호' 였는데 상담과정에서 형성된 신뢰관계가 있기 때문에 그 '빽' 으로 부탁을 해볼 수도 있겠다는 생각이 들었던 것이다. 그리고 또 다른 이유는 윤경씨의 전업을 위한 여러 차례의 시도에 관한 궁금함과 함께 상담 중에 보게 된 윤경씨의 '눈물' 이 잊혀지지 않았다는 것, 그리고 그 속에 담긴 더 많은 이야기들을 듣고 싶었고 또 들어야만 할 것 같은 느낌 때문이었다.

윤경씨에게 처음 인터뷰를 제안했을 때 '용산에 대한 기억과 생활'에 대해서 묻게 될 것이고 윤경씨가 기억하고 있는 '용산의 이야기와 하루 일과에 대해서 궁금하다'고 했다. 자신은 하루 일과가 '잠'이라고 말하며 '별로 할 이야기가 없지만, 좋다'고 응해주었고 인터뷰 날짜와 시간을 정한 후 헤어졌다. 인터뷰 하는 날에는 따로 연락을 하지 않았는데도 정확한 시간에 와주었고 두 번의 인터뷰가 이루어졌다.

이야기를 열다 : 인천공항이 문 열었을 때

인터뷰를 시작하면서 윤경씨가 무슨 마음으로 인터뷰에 응했고 현재 심정이 어떤지 궁금했다. 첫 인터뷰가 순조롭게 이루어졌으면 하는 내 나름의 기대 때문에 윤경씨의 현재 마음 상태가 좋았으면 하고 생각했고, 그래서 그것이 제일 처음 알고 싶었다. 윤경씨는 '뭘 저한테 물어 보실지도 모르겠고 물어보는 거에 대해 그냥 충실하게 하자'라고 답했는데 그 말은 스스로에게 말하는 무슨 다짐 같다는 생각이 들었다.

내가 왜 그렇게 느꼈는지는 잘 모르겠지만 나는 그녀의 첫 대답을 듣고 분위기를 좀 더 편하게 해야겠다는 생각이 들었다. 그래서 주저리주저리 말을 늘어놓다가 용산에 처음 왔을 때가 언제인지를 물었다. 윤경씨는 그 기억을 '인천공항이 막 문을 열었을 때'로 기억하고 있었고 오히려 그게 언제였는지 나에게 물었다. 나도 정확하게 모르고 있었는데 윤경씨가 곧이어 2001년도라고 대답했다.

윤경씨는 인천공항을 통해 5년간의 외국 생활을 정리하고 한국으로 돌아와 바로 용산으로 일하러 왔다. 나는 윤경씨가 외국 생활을 했었다는 것을 처음 들었기 때문에 그녀가 말하는 외국 지명이나 외국에서의 '아가씨 생활', '마담 생활', '카지노', '도박' 등의 이야기가 다른 사람의 이야기처럼 느껴졌다. 다음에 이어진 이야기는 선불금 오천만 원을 끼고 용산에서 생활하게 된 이야기였는데 오히려 '이런' 이야기가 더 익숙하게 들렸다. 그래서 그때 생활이 어땠는지, 빚은 갚았는지, 얼마 만에 갚았는지를 서둘러 물었다. 나에게는 한국에서의 성매매와 빚, 선불금, 업주들의 감시, 성매매로 돈을 얼마나 벌며 빚을 갚기가 얼마나 어려운지 등등에 대한 이야기가 익숙했던 것이다. 그런데 윤경씨는 또 오천만 원이나 되는 빚을 6~7개월 만에 갚았고 성매매여성들은 사치가 심할 거라는 일반적인 편견을 깨듯 츄리닝 두 벌로 버티는 검소하다 못해 악착 같은 면을 가지고 있는 사람이었다. 그리고 그녀는 외국 생활을 할 수밖에 없었던 것도 "일이 잘못되어서"라고 말하다가 "일이 잘못된 게 아니고 제가 실수를 한 거죠"라며 '남의 탓'으로 신세 한탄을 하지 않았다.

    인터뷰가 시작되고 10여 분간 나는 혼란 속을 헤매고 있었다. 나는 나름대로 내가 다른 이들의 이야기를 잘 경청하고 공감하며 편견 없이 받아들이려고 노력하는 사람 중에 하나라고 생각했다. 하지만 이 10여 분 동안 나는 내가 가지고 있었던 '성매매여성'에 대한 통념과 편견들을 다시 한 번 확인했고 나 자신도 모르게 그 속에서 자만하고 있었다는 것을 느끼게 되었다. 그러나 윤경씨의 "그래서 뭔 얘기하다 빠졌죠?"라는 한 마디, 우리의 대화를 환기해주는 그 말과 웃음이 없었다면 그런 생각조차 힘들었을지도 모른다. 그래서 이 글은 어떻게 보면 윤경씨의 이야기가 담겨 있지만 이것을 통해 나를 들여다보는 작업을 한 것인지도 모른다.

'가장 잘 할 수 있는 일'

인터뷰 초반의 혼란을 접고 원래의 인터뷰 질문이었던 '용산에 대한 기억과 생활'도 잠시 뒤로 미룬 채 마음을 가다듬어 처음으로 '이런 일'을 하게 된 이야기부터 다시 시작하였다. 인터뷰는 윤경씨가 들려주는, 고등학교 때 가출했을 당시부터 처음 '이 업계'로 발을 들여놓게 된 계기와 그 생활들, 그리고 외국 생활과 용산을 떠나 장사를 했을 때, 그리고 지금까지의 이야기로 전개되었다.

　윤경씨는 가족에 대한 이야기는 별로 하고 싶어 하지 않았는데, 가정환경이 '나쁘다기보다는 복잡했기 때문'이라고 했다. 그러나 인터뷰 중에 간간히 느낄 수 있었던 엄마에 대한 그리움이라든가 언니들에 대한 미운 정 고운 정, 이복동생들을 챙겼던 마음 그리고 기억하고 싶지 않은 아버지 이야기 등은 윤경씨가 '이 업계'에 대한 이야기보다 어쩌면 더 하고 싶은 이야기가 아니었을까 하는 생각이 든다.

　윤경씨가 말하고 싶어 하지 않는 '가족사'를 굳지 묻지 않았던 나의 '친절한 배려'가 오히려 그녀의 이야기를 가출 전후로 나누어 놓은 것처럼 느껴졌다. 나는 내가 듣고 싶었던 이야기만을 듣기 위해 '이 업계'로 발을 들여놓은 때로부터 이야기를 끌어갔고 그녀도 따라와 주었지만 이야기 속에 간간히, 그렇지만 계속해서 등장하는 가족들에 대한 이야기는 그 이야기를 더 하고 싶다는 간접적인 표현일 수도 있다는 생각이 들었다.

　2001년에 윤경씨가 처음 용산에 왔을 때는 '빚을 갚아야 한다'는 생각밖에 없었다. 그리고 성매매집결지에서의 생활이 처음이 아니었기에 젊고 어렸던 시절처럼 옷을 사는 데 사치를 부리거나 '애인'(기둥)을 두고 싶은 마음도 없었던 것 같다. 자신이 '가장 잘 할 수 있는 일'을 찾아왔기에 열심히 일해 빚을 갚았다.

일터로서의 용산, 파산을 앞둔 '직장'

성매매집결지로서의 용산, 그 속에서 생활하고 있는 여성들에게 일상의 공간으로서 용산은 어떻게 기억되는지 알고 싶었다. 용산집결지의 역사는 한국전쟁 즈음부터 시작되기 때문에 30년 넘게 이곳에서 생활한(혹은 하고 있는) 사람들도 어렵지 않게 만날 수 있다. 그런데 4, 5년 남짓 이곳에서 생활한 윤경씨에게 용산에 대한 추억이라든가 그때와 지금의 다른 점들을 묻는 것이 과연 의미가 있을까 하는 생각이 들기도 했다. 하지만 윤경씨는 그때와 지금의 확연한 차이를 몸소 느끼고 있는 듯했다. 용산에서 처음 일을 시작했을 때를 아가씨들이 많아(특히 빚 있는 아가씨들) "그때만 해도 되게 활기찼다"고 회상했다. 노는 아가씨들도 있었지만 "빚이 이천, 삼천은 기본"으로 있었으며, "다들 열심히 일을 했던 시절"로서 당시를 기억했다. 그러나 지금은 아가씨들도 줄어들었고, 손님들도 줄었고, 업소들도 불이 꺼진 집들이 많아 그 시절과 지금을 비교하면 확연한 차이가 난다고 했다. 대부분의 집결지가 성매매방지법 시행을 전후로 단속이 강화되는 등 분위기가 예전과 많이 달라진 것은 사실이었지만 법 시행 당시에 집결지를 떠나 장사를 하고 있었던 윤경씨로서는 예전과는 달라도 너무 달라진 곳에서 그 분위기의 차이를 더욱 크게 느끼고 있었다.

윤경씨는 예전의 활기찼던 생활을 이야기하다가 갑자기 생각났다는 듯 "나는 용산이 제 직장으로 생각돼요, 직장"이라며 묻지도 않은 말을 했다. 나는 그 순간 직장으로 생각되는 이유에 대해 그 곳이 편하기 때문이냐고 물었다. 나중에 녹취록을 확인하며 내가 던진 이 질문을 발견하고는 적잖이 당황했다. 업소에서 일하는 여성에게 그 곳이 편했냐고 묻는 것이나, 일반적으로 직장이 편안하냐고 묻는 것 자체가 참 생뚱맞은 일이 아닌가.(직장을 편하게 생각하는 사람이 몇이나 될까?)

다행히 윤경씨는 나의 뜬금없는 질문에 신경 쓰지 않는 듯 직접적인 답을 하지 않고 왜 그 곳을 직장처럼 여겼는지 자신의 생각을 늘어놓았다. 자신은 '악덕포주'를 만나지도 않았고, 손님들도 많았기 때문에 활기차게 일했고 일요일은 꼬박꼬박 쉬었기 때문이라고 했다. 인터뷰 초반에 그녀는 "할 줄 아는 게 이런 일밖에 없고, 잘 되는 것도 이런 일밖에 없기 때문에" 사는 게 힘들고 어려울 때면 "그래, 다 때려치우고 내가 잘하는 일이나 하자"라며 성매매 일을 택하게 되었다고 했다. 그래서 이곳은 '내가 잘 할 수 있는 일'이 있는 '직장'이고, 예전에 이런 일을 할 때 'A급'으로 인정을 받았었기 때문에 이 직장에 있는 한은 자신감을 나타낼 수 있지 않았을까 하는 생각이 든다. 또한 어쨌거나 그만큼 열심히 자신의 일상을 살아낸 사람만이 드러낼 수 있는 표현인 것 같기도 했다.

그러나 인터뷰 후반에 그녀는 이 집결지라는 직장도 재개발로 인해 폐쇄를 앞두고 있으니 용산은 자기에게 '파산한 직장'으로 기억될 것이라고 한다. 그리고 그 '일'이라는 것도 젊고 어릴 때와 달라서 삼십대 중반의 나이로 감당하기가 힘들고, 이런 일을 하기 위해 옮겨갈 곳도 마땅치가 않다고 했다. 처음에 용산이 직장이라고 표현하던 것에서 느낄 수 있었던 자신감과 달리 '파산'을 앞두고 있는 직장에 대해 이야기할 때와 이 직장이 없어지면 갈곳이 없고, 혹 있더라도 가서는 안 된다고 이야기할 때의 느낌은 확연히 달랐다. 윤경씨는 자신이 가장 잘 할 수 있는 일이지만 더 이상은 할 수 없는 일, 해서는 안 되는 일 사이에서 나름대로의 혼란을 겪고 있는 것 같았다.

손을 내밀다

윤경씨는 그 곳에서 생활하며 '손님들이 무시할 때'가 가장 힘든 때라고 했다. 그녀는 "돈을 주고 너를 샀는데, 이 시간을 샀는데"라며 무례하게 구는 사람들을 '비굴한 사람'이라고 표현하기도 했다. 그리고 윤경씨가 손님들과 마찰이 있을 때나 동네 삼촌들이 함부로 대할 때의 힘듦과 슬픔을 이겨내는 방법은 '되도록 손님들에게는 좋게 하려고' 하고 삼촌들과 '장난 안 치고 말 안 하고' 지내는 것이라고 한다. 그녀의 힘겨움에 관한 이야기는 성매매방지법 제정 이후 자신이 느끼는 용산에서의 변화로 이어졌다. 법이 시행되고 나서 용산은 손님이 많이 줄었고, 그나마 오는 손님들은 예전에 비해서 질이 많이 떨어지는 것이 현실적으로 가장 크게 다가오는 부분이라고 한다.

    이런 변화를 겪는 윤경씨의 일상은 '되도록이면' 시끄러운 소리가 나지 않도록 더 세심하게 신경을 써야 하는 조심스러운 것이 되어버렸다. 이러한 이야기를 듣고 있던 나는 성매매방지법 제정 이후에 술에 취해 들어오는 손님을 받아 어르고 달래고 돌아갈 때까지 큰소리 나지 않게 하려고 애쓰는 윤경씨의 모습이 상상되어, '아, 윤경씨가 이왕이면 착한 손님들만 만나면 좋겠다'는 생각이 들었다. 하지만 곧이어 '내가 이런 생각을 해도 되는 건가?' 라는 마음이 들었고, 어떤 이의 이야기를 인터뷰어로서 듣고자 하는 내가 탈성매매를 위해 지원사업을 하는 상담원으로서의 나를 벗어나지 못하는 모습을 보며 씁쓸함을 느꼈다.

윤경씨는 용산에서 앞으로 1년 정도 더 일을 하면서 돈을 모아 언니와 함께 장사를 할 계획을 가지고 있다. 그 동안 윤경씨가 했던 몇 번의 전업 시도는 결국 실패로 끝났지만 그 과정에서 윤경씨는 아마도 많은 것을 배웠을 거라는 생각을 했다.

흔히 아웃리치를 '성매매 현장의 여성들에게 손을 내미는 일'이라고 하는데 윤경씨는 오히려 자신의 이야기를 통해서 나(우리)에게 손을 내민 것 같다. 솔직히 나는 '자기 발로 찾아가 업소 생활을 시작했고, 예뻐지는 게 좋았으며, 현재 빚이 있거나 심한 폭력적 경험이 있는 것도 아니고, 나름대로의 직업적 의식'으로 자신의 삶을 그려보는 그녀와의 인터뷰가 낯설게 느껴지기도 했다. 이 작업을 하는 내내 나의 추측을 비껴가 있는 그 이야기들을 어떻게 해석해야 할지 고민이 되었다. 그리고 이러한 나의 고민이 어설픈 말 한 마디로, 가식적인 행동으로 드러나게 되어 그녀에게 실망을 주거나, 그래서 그녀가 등을 돌리면 어쩌나 하고 걱정되었다.

'인터뷰에 가장 잘 응해줄 것 같은 사람 1호'였던 윤경씨가 이 글을 쓰는 동안 '나를 가장 힘들게 한 사람 1호'가 되었지만 이제는 비로소 그녀와 함께 진행한 이 인터뷰의 녹취록을 이전보다 편안하고 꼼꼼하게 읽을 수 있게 되었다. 나는 이제 그녀를 염려하지 않듯이 나 자신을 염려하지 않기로 했다. 그리고 내가 윤경씨를 위해 할 수 있는 일은 그녀가 변함없이 용감하게 자신의 삶을 살아내도록 그저 이 자리에서 지켜보는 일이리라.

≪ 이윤경씨와의 첫번째 대화*

"다 때려 치자, 내가 잘 하는 일이나 하자"

홍춘희(이하 ○○○) 오면서 무슨 생각이 드셨어요?
이윤경(이하 ●●●) 뭘 저한테 물어보실지도 모르겠고 물어보는 거에 대해 그냥 충실하게 하자.
○○○ 〈웃음〉 무슨 취조도 아니고…. 저도 어제 이런저런 게 궁금하다고 하면서도 막연한 얘기잖아요. 어떻게 보면은 '용산에 대해서 어떻게 생각하냐' 그런 게 막연한데 그냥 그런 거를 한 번쯤 생각해볼 수 있는 기회가 없었으니까, 그런 기회로 생각했으면 좋겠다는 생각이 들었어요. 그래서 용산에 처음에 왔을 때 그때가 어땠는지, 언제쯤이었죠?
●●● 2001년인가? 인천공항이 언제 생겼죠? (글쎄~.) 2001년에 생겼

---

* 1차 인터뷰 후에 윤경씨는 인터뷰 내용 중 어느 부분에 대해서는 공개하기를 꺼려했다. 자신의 이야기 중 일부가 이곳에서 일하는 다른 여성들에게 어떤 누를 끼치게 될까봐 우려된다는 것이었다. 이 글을 읽는 사람들이 자신의 이야기로 인해 이곳의 여성들을 다 자신처럼 생각하게 될까봐 걱정이 된다고 했다. 윤경씨가 공개하기를 꺼려하는 부분은 인터뷰 발췌부분에서 제외하였다.

죠? 2001년 인천공항이 생겼을 때, 그때 제가 외국에 있다가 인천으로 들어왔어요.

○○○ 아~ 그 공항으로? 몇 월쯤에 오신 거 같아요?

●●● 그때가 한~ 추석 전이에요.

○○○ 처음 듣는데, 해외생활까지? 〈웃음〉 어, 그럼 용산은 어떻게 처음 알고 오셨어요?

●●● 거기에 있다가, 한 5년 있었어요. 아가씨 생활하다가 나중에 어떻게 연줄이 돼서 했는데 일이 잘못돼서, 일이 잘못된 게 아니고 제가 실수를 한 거죠, 인생에. 그때 좀 돈도 꽤 모았고 했는데 카지노 때문에 있는 거 다 까먹고…. (카지노를? 자기가 해서?) 그렇죠. 〈모두 웃음〉 그래서 거기 오는 아가씨가 일이 안 되니까, 그 아가씨가 선불을 많이 땡겨 가지고 왔어요. 거기는 제도가 마담이 있으면 또 에이전시들이 있어서 그 에이전시들이 한국에서 아가씨들을 데리고 오면서 선불을 많이 땡겨주고, 그런 관계가 있어요. 아무튼 그 아가씨가 일이 안 되니까, 빚이 삼천 있었는데, 일이 안 되고 마음이 급할 거 아니에요. 그리고 친하게 지냈어요. 아무래도 같은 업소니까. 빚이 우리 한국은 이자가 한 달에 얼마지만 거기는 하루에 얼마씩 이자가 올라가고, 아무래도 도박빚이니까, 빚이 한 이천 됐는데, 한국에서 올 때 한 4~5년 정도 아가씨 생활했으니까, 일했으니까, 일억 정도 엄마한테 보냈거든요, 적금식으로. 그걸 오바이트 한 거예요. 다 까먹고, 식구들한테도 큰 피해는 아니지만 이백, 삼백, 쪼금식…. (받았어요? 보내달라고 해서?) 네. '비행기표 값만 있으면 나가야겠다', 근데 사람 마음이 돈 받으면 '조금만 부풀려서 나가자' 또 가게 되고, 또 가게 되고 그러더라구요. 그래가지고 원 빚은 한 이천오백, 그게 이자가, 일단 거기는 도박한다고 소문이 나면 사람을 안

써요. 도박하다 보니까 업소를 등한시하고 그러다 보니까 빚이 늘었어요. 이자에 이자…. 도저히 안 되겠더라구요. 더 이상 이러면 폐인 되지 않을까…. 그 아가씨가 [선불을] 땡겨가지고 일이 안 되니까 간 게 용산…. ([그 아가씨가] 먼저 갔어요?) 네, 그 아가씨하고 '서울은 어떠냐 통화를 하잖아요. 도저히 안 되겠더라고요. 그래서 그 아가씨가 소개를 해준 거예요. 자기 주인. ([선불을] 땡겨서 갚고, 그럼 같은 업소였겠네요?) 네, 처음에는.

○○○ 그럼 공항에서 오자마자 바로 용산으로 온 거예요? 방 하나 부탁해서?

●●● 네, 아시는 분이 사업자등록증이 있었는데 오천에 왔어요. 그분이 없었으면 여기도 오천 정도면은 섣불리 땡겨주질 않죠. 고맙게도 사업을 하시는 분이고 사업자등록증이 있어서 사업자등록증을 떼서 보증을 서주셨어요. 한국에 계시는 분인데, 사업하시는 분인데 보증을 서주셔서, 인천 공항에서 용산으로 왔으니까, 한 2001년인지, 2000년 말인지 2001년 말인지 생각이 안 나요.

"어떤 업주든 돈을 많이 벌어주는 사람을 좋아하죠"

○○○ 용산에 왔을 때는 썩 좋은 기분은 아니었겠네요? 어땠어요? 용산에 오니까?

●●● 아주 어렸을 때 영등포에 있었던 경험은 있는데, 그렇지만 서른한 살이라는, 2001년 맞죠? 서른한 살이라는 것 때문에 빚은 오천이구, 진짜 막막하더라구요. 여기서, 과연 내가 해낼 수 있을까 이런 데를. 10년 전에 생활했었고 이런저런 생각할 여유가 없었어요. 빚을 까야 하니

까. 서른하나면 나이가 많잖아요. 그 집에서도 제가 나이가 젤 많았어요. 또 관계라는 게 일단 외국에서는 아가씨였고 마담이었으니까 창피하기도 하고 같이 일을 하니까…. 하여튼 열심히 했어요. 한 달에 '기본적으로 한 이백은 할 수 있다', 쉬지도 않고…. 그래서 기억하는데 와가지고 며칠 안 있다 추석이었어요. 집에다는 연락 하나도 안 하고 추석에 낮 영업, 낮에 일을 할 거리가 없었거든요. 나이가 많다는 부담감 때문에 자신감도 없고 일을 한 20시간씩 한 것 같아요. 새벽, 낮에 잠깐 자고, 눈뜨면 일하고 열심히 했는데 거기 아가씨들한테는 눈에 가시였나봐요. 뭐랄까, 그때만 해도 대우가 좋았던 것 같아요.

ㅇㅇㅇ 그래도 오천이면 업주 입장에서는 혹시 돈 떼어먹고 도망가지 않을까 하는 걱정을 하기도 하고 그랬을 텐데….

●●● 응, 그래서 사업자등록증 떼어왔으니까. (보증인이 확실하니까?) 그 사람하고 빚을 한 게 아니고 다른 돈 대주는 일수쟁이라고 하죠? 그런 사람하고 끼고 보증을 섰으니까 제가 안 갚으면 그 사람이 갚는다는 그런 게 있으니까. 하여튼 열심히 해서 뭐랄까…. 같이 동료애든 어쩌던 그런 것보다 빚을 갚아야겠다는 생각밖에 없더라구요. 나이가 많다는 것, 다른 애들은 스물네 살, 스물다섯 살, 젤 많은 애가 스물아홉 살, 그 아가씨는 출퇴근도 했었고, 그러니까 한 달 보름 했나, 아가씨 하나가 터무니없는 걸로, 시비 아닌 시비 있잖아요. 그동안 쌓인 게 있었나봐요.

　내가 지금 생각해도 그때 내가 뭘 잘못했는지…. (업주가 편의를 봐줬나?) 아니, 편의보다 단체생활에서 일하는 시간에 일하고 끝나는 시간에 끝나고 해야 하는데 그렇지 않았던 것 같아요. 삼촌이 다른 데를 해줄 테니까, 그때 당시 어린 아가씨가 두세 명 온다고 했어요. 방이 없으니까, 삼촌이 그때는 애들도 나가서 얘기를 했나 봐요. 얘기를 해도 그런 거에 신경 쓸 겨를이 없더라구요. '너는 얘기해라, 나는 일할란다' 내 일만 하고, 그래서 그때 참 서럽더라구요. '내가 나이 먹어서 그런가 보다.' 〔삼촌이〕 "니가 한 가지 흠이 있다면 부지런한 것밖에 더 있냐", 그러더라구요. 한 달 보름 일하고 8통에서 7통으로 지금 있는 언니집으로 왔어요.

ㅇㅇㅇ 처음 있던 곳하고 비슷했어요?

●●● 쪼금 자유로웠어요, 오히려. 일주일에 한 번씩 일요일 날 꼭 쉬고, 그리고 주인 분들이 나이들이 많으셔서 손주들 있는 나이, 일에 신경을 안 쓴다고 할까? 그래도 어떤 업주든 돈을 많이 벌어주는 사람을 좋아하죠.

ㅇㅇㅇ 그럼 빚은 얼마 만에 깐 거예요?

●●● 음~ 그때 손님이 진짜 많았어요. 그때만 해도 손님이 있다 없다 해도…. 6개월? 7개월? 하여튼 7개월 만에 내 돈이라는 걸 만져본 거 같아요.

ㅇㅇㅇ 아, 그러면 7개월 동안은 계속 빚만 갚고, 7개월부터는 이제 내가 모으기 시작한 거예요?

●●● 내가 보기에도 그때는 진짜 다급했었나 봐요. 그때 일요일 날 쉬는 날 일하는 것도 기존의 아가씨들이 다 쉬는데 나는 일하면. 〈잠시 침묵〉 그때 대인관계에 신경을 썼죠. 나만 겉돌면 안 되니까. '한두 번 해보고 들어와야겠다', 은근히 눈치 보면서 얘기했고, 츄리닝 두 개로, 나가는 츄리닝 하나 (7개월 동안?) 방에서 왔다 갔다 하는 치마, 원피스 같은 거, 그거 두 개로 하여튼 두 개로…. 그때까지만 해도 집에 연락도 안 했고….

○○○ 그럼 [외국에서] 들어오신 것도 집에선 모르신 거예요?
●●● 쪼금 집에, 마음이 안 좋았어요. 엄마하고도 엄마는 '언제까지 그러고 살래?', 엄마, 나 죽는다고 이것만 갚아달라고, 자꾸 이자가 느니까, 엄마가 지금 말씀하시기는 그때 생각에는 돈을 해주면 도박을 또 하고 밑 빠진 독에 물 붓기니까 일단 외국이니까 잘못되면 한국에 온다 이러면, 왔을 때 도와주면 된다 이런 생각이셨대요. (그래서 냉정하게 말씀하셨구나.) 응, '없는 자식 칠 테니까 죽어라', 근데 그때는 정말 속상하더라구요.

난 솔직히 처음에는 돈 쪼금 해가지고 나갈려고…. 그런데 마지막에는 빚이 이자가 줄어도 줄어도 감당이 안 되고 '이것만 갚아주면 열심히 일해서 엄마한테 갚아주겠다', 그런데 열심히 일하는 게 회사를 다녀서 갚아주겠다는 게 아니고 열심히 이런 일해가지고, 잘 되는 게 이런 일밖에 없으니, 할 줄 아는 거는, 이게 나도 보면 인생을 잘못 산 거 같기도 해요. 지금 생각하면 다른 것은 엄두를 못 내는 거야. 이런 거는 하면은 지금 나이가 있어서 그렇지만 A급에 돈 잘 번다고 '오냐오냐' 그런 것도 있었고 그래서 오로지 할 것은 이거, 그런 생각밖에 못한 거 같아요. 조금만 어려우면 '다 때려 치자, 내가 잘하는 일이나 하자'… 그래서 뭔 얘기하다 빠졌죠? 〈모두 웃음〉

"그러면 스물두 살이라고 해라"

○○○ 그러면 이야기하다가 갑자기 궁금한 게, 영등포에 있었다고 했는데, 처음에 고등학교도 마치지 않고서 했는데, 언제 이런 업계로 발을 디디셨는지 처음에 못 여쭈어본 거 같은데, 어때요?

••• 고등학교 졸업을 못 했어요. 집을 나온 거죠. (특별한 이유 없이?) 특별한 이유는, 그때는 이유가 있었지만 지금 생각해보면 단 한 가지 공부하기 싫었고 또 집안 환경이 누가 보면 '나쁘다' 그런 것보다 복잡했어요. 새 아빠도 있고 〈잠시 침묵〉 이런 얘기까지는, 가정사까지는 안 할래요. 지금 우리 엄마도 이제 할머니 소리 듣고 잘 사시는데, 하여튼 복잡하고…. (음~ 사춘기에 그냥….) 반항심인 거죠. (공부도 하기 싫은 마당에….) 제가 중학교 때 너무 놀았어요. 공부가 싫더라구요. 노는 게 좋구. 친구들이랑 어울리다 보니까 고등학교를 못 가게 되어 있는 거야. 그때만 해도 우리 때는 시험을 봤어요. 시험을 봐가지고 전기, 그리고 여상, 인문계랑 실업계, 인문계도 후기가 있고, 전기가 있고. 도저히 전기를 못 가고, 후기를… 엄마가 그렇게 말씀하시니까 '고등학교만 어떻게 가면 니 맘대로 해도 된다' 그러고 꼬신 거죠. 〈모두 웃음〉

중학교 3학년 처음엔 안 그러고 고등학교 시험을 보기 몇 달 전부터 열심히 했어요. "그게 소원이라는데, 고등학교만 가면 내 맘대로 놀꺼다." 엄만 고등학교만 가래. 그러면 니 맘대로 하래. 그래서 했는데 고등학교, 어떻게 완전 후기가 아니고 제 다음 해부터는 전기로 올라간 학교였어요. 그니까 엄마가 얼마나 좋아해요. '고등학교만 가자' 열심히 했어요, 그때도 어떻게 학교를 갔어요. 갔는데 또 말이 틀려지네. 또 공부하라고. 〈웃음〉 난 솔직히 여상도 가고 싶었는데 엄마는 무조건 인문계 가서 대학 가고 이제 엄마가 재혼하시면서 언니들을 아빠한테 맡기셨는데 나는 데리고 오셨고, 그런 죄책감. 나는 올바르게 키우자고 결혼하셔서 바르게 키우자, 다른 사람 눈도 있고 하니까 다른 사람 눈도 있으니까, 엄마 욕심이 많으셨던 것 같아요. 나는 공부에 취미가 없는데, 근데 차분하게 공부했으면 할 만도 한데 그때는 이상하게 하기가 싫더라구요. 그런다고 가출을 하고 애들이랑 싸운 것도 아니에요. 집에서는 진짜 착한 딸이야 남들은 진짜 착한 딸이야. 근데 엄마만 알지, 성적표가 오고, 시험 보는 날도 거짓말하고 시험 안 본다고 말하고 놀다 들어가고, 내가 가출을 했을 때는 주위의 모든 사람들이 놀란 거야. 착한 딸인 줄 알았는데….

○○○ 몇 학년 때였어요?

●●● 일학년 때요. (그럼 혼자 가출한 거예요? 친구랑 같이?) 혼자. (어디 갔어요?) 그래서 인천에 갔어요. 그냥 먼 거 같아서, 청주에서 젤 먼 거 같아서, 아무도 모르니까 거기 가면 친척도 없고…. 그래서 아무도 모르는 인천에 갔는데, 식당에서 일을 했어요. 분식집, 먹고 자고 재워주고.

○○○ 거기서도 고등학생이라는 거 알고 그냥.

●●● 아니죠, 거짓말 했죠. '집안 형편이 어려워서 돈을 벌러 나왔다', 근데 제 생각에도 이분도 아셨을 것 같아요. 어렸으니까.

○○○ 어떻게 넉살도 좋게 분식집 가서 '일 좀 할게요.' 이런 거예요?

●●● 고속버스에서 내려서 갈 데도 없고 새벽이니까, 고민하다가 11시인가 그때는 시간도 오래 걸렸어요. 고속버스 타고, 추운데 어슬렁어슬렁 다니다가 식당분식집이 아직 문도 안 열고 준비하는, 연탄을 갈러 아주머니가 나오셨는데 거기 종업원 구한다고 붙어 있더라구요.

○○○ 먹고 자고 하면서 지내신 거네요.

●●● 근데~ 생각보다 일이 힘들더라구요. (음~ 식당 일이.) 나이도 거짓말하고 그래도 어리버리하죠. 일단은 사회생활이, 처음 하는 거니까, 그래도 잘해주셨어요. 근데 잘해주셨는데 그 집에 재수생 아들이 있는데 난 별로 그렇게 신경 안 썼는데, 그 아들이 공부 안 하고 자꾸 도서관

도 안 가고 집에만 있는 거예요. 영화 한 편 본 게 화근이 되어서 사귀게 된 거예요. 자꾸 잘해주더라구요, 나도 '오빠, 오빠' 했고, 근데 재수생이라 공부해야 하는데 눈엣가시였나 봐요. 화요일 날 쉬었는데 영화 한편 보니까 얼마나 좋아요. 극장도 몇 번 안 가봤는데 영화 보다가, 안 되겠다고 "너도 집 나왔지?", 이러면서 집에 가라면서 잘해주시고 차비도 주셨던 것 같아요. 집에 가라고… 집에 꼭 가라고….

돈 받아갔고 나와서 한두 달…. 돈은 있어도 어디서 자는 건 못 하겠더라구요. 직업소개소로 갔어요, 거기서 소개시켜 준 데가 다방, 거기서는 나이를… 그냥 속이려고 한 건 아닌데 "스물한두 살이구만." 그러면서, 주인이 와서 "그러면 스물두 살이라고 해라"…. 거기 있다가 커피배달을 많이 나가잖아요. 미드 나이트, 나이트 클럽 기본 육천구백 원 그때만 해도 그랬어요. 맥주 세 병에 마른안주 하나, 테이블에 앉으면 오천 원인가 그런데 있다가, 근데 '이건 아니다' 그렇더라구요. 언니를 찾아왔어요, 서울에. 언니랑 있다가 어리니까 다들 티격태격하죠. 인천에서 그러면서 1년 넘게 세월이 지났나 봐요. 서울에 올라와서 살다가 싸웠어요. 나와 가지고 간 데가…. 아니다, 언니는 그 다음이고…. 인천에서 올라온 게 쇼하는 사람들, 한 마디로 디걸 (무대쇼 하는 사람?) 나이트클럽에서 춤추는, 그 아가씨들이 우리 업소에 왔는데 친하게 지내게 되었어요. 친하게 지내게 돼서, 서울 아가씨들이었어요. 한 달 정도, 디걸들은 한 달에 한 번씩 바꿔주니까, 친하게 지내서 그 아가씨들 따라서 서울로 올라왔어요. 그래서 그 아가씨들 아지트가 이태원이더만. 나는 그때 뚱뚱했어요. 춤도 못 췄고. 디걸은 생각도 못했고, 쇼하는 사람 중에 오빠가 있는데, 남자쇼 하는 거 있잖아요. 그 오빠가, 내가 그 오빠를 좋아했어요. 그 오빠는 한 달을 안 있고 조금만 있다가 올라간 거예요. '서울로 가면 그 오빠를 만날 수 있다' 친하게 돼서 그 아가씨를 따라 서울로 올라와버린 거예요.

그래서 이태원에서 여인숙 같은 데 방을 세 명이서 보증금 없이, 선불로 얻어가지고 있다가 취직을 한 게 쪼그만 클럽, 미군클럽인데 테이블 몇 개…. 근데 영어도 못 하지 그러니까 재미가 없더라구요. (말이 안 통해가지고?) 아니 말이 안 통하는 거보다 수입도 안 되고…. 그냥, 놀고 있자니 돈도 없고 해서 갔는데, 좀 그러더라구요. 그러다가 아가씨가 사이가 안 좋아지고…. 그래서 또 신문을 봤어요. 신문을 봤는데 '가정부 구함', 예전 식당일 한 게 있으니까…. 집들이 무슨, 아직도 어느 동네인지 모르겠어요. 골목에 골목에 어쨌든 청주에서 저희 집도 잘 살았거든요. 가정부도 두고…. 잘 살았다고 해서 잘 차려입고 한 거보다 손님들도 많이 끓고 어쩔 때는 손님들이 너무 많아서 가정부, 아줌마 하나 두고 어쩔 때는 시골에서 올라온 언니, 복순이 언니라고 나보다 세 살 많았는데…. 그런 식모도 두고 이럴 정도로, 근데 가정부 구한다는 집이 어, 산동네도 아니고, 비가 새게 생겼어요. 집이. 근데 그 아줌마가 꼬시더라구요. 가정부는 돈 많이 못 버니까, 술 먹는 데가 있고, 술 안 먹는 데가 있대요. 니가 어딜 가고 싶냐고, 술 잘 먹으면 술 먹는 데로 가고, 술 못 먹으면 술 안 먹는 데로 가래요. 그때만 해도 술 먹고 이런 게 별로였거든요. 술을 원래 못 먹었고 (무슨 일 하는 거라고 얘기 하면서?) 아니, 그냥 술 먹는데, 술 안 먹는데, 돈은 많이 번대. 세상에 〔언니랑〕 자존심 상하게 싸우고 나와서 다시 들어갈 수도 없고…. 이왕이면 술 안 먹는데 해달라고 그랬더니 주인 언니가 데리러 왔더라구요. (업주가?) 네, 영등포 업주가, 그래서 갔는데 '이런 데가 있구나…' (그런 데는 처음 봤어요?) 네, 처음 봤어요. 청주에도 빨간집이 있었는데 거기는 우리는 뭐 방범대가 지키고 있었고 절대 못 들어가는, 우리 학생들, 어린 사람, 학생들 19세 미만은 출입금지 이런 거 있잖아요. 그때는 청주에 그런 게 철저했어요. 수학여행 갔다 오면서 역에서 내려서 구경 한번 할 꺼라고, 팔딱팔딱 뛰다가 혼나고, 그래서 이야기만 들었지 그런 거 한 번도 본 적이 없어요. 다들 이쁘고, 그 집에 가서 일하는데 한, 한 달 정도…. 그런 거 보면 내가 생각이 없었던 건지, 아니면 무서움이 없었던 건지, 뭐랄까….

"언니, 나 빚 없어. 걱정하지 마"

○○○ 그냥 한 거예요? 남들 다 하는 거 하니까?
●●● 응, 응.
○○○ 거기서 방 줘서 먹고 자고, 지금 용산처럼?
●●● 응, 스물한 살이라고 하고… 그랬는데, 뭐랄까, 일단 그런 무서움이 없었어요. (그럼 스물한 살이 아니었겠네. 계산해보면) 그렇죠, 18살 정도, 한 달 있다가 거기서 쌍꺼풀도 시켜주고, 코도 세워주고 〈웃음〉 (코도 한 거예요? 감쪽같네.) 15년, 17년 됐으니 코가 표가 안 나서 그렇지, 이뻐지고 화장할 줄도 몰랐는데 화장하는 법도 배우고 하여튼 재미있었어요. 재미는 있었는데 한편으로는 엄마도 보고 싶고, 어리니까. 그래가지고 수첩에다가 혼자 일기식으로 쓰고, 괜히 집 주소하고 전화번호 잊어버릴까봐, 집 전화번호도 잊어버릴까봐, 〈웃음〉 몰래 한번, 인천에 있을 때도 공중전화로 한 번씩 전화 걸어보고…. 근데 수첩에 적어 놨는데 긴밤 손님이 있었어요. 아직도 그 사람이 누군지 몰라. 그 사람이 누군지 모르는데 우리 엄마한테 전화를 했대요. (아, 그것 보고요?)

네, 맨날 숨겨놓고 있었는데 타임 손님들은 그런 거 못 보잖아요. 긴밤 손님이 수첩을 봤는지, 괜히, 날마다 쓴 거는 아닌데, 어쩌다 한번씩 '엄마 보고 싶어', 머, 어쩌구, 근데 집에 돌아가고 싶지는 않았어요. 솔직히. (엄마가 보고 싶어도?) 응, 보고 싶어도… 솔직히 들어가서 그 뒷감당~. 엄마가 굉장히 무서웠어요.

○○○ 그래서, 그 사람이 딱 보고는 도와줘야겠다, 이렇게 생각을 했나 혹시?

●●● 모르겠어요. (엄마한테 전화해서?) 응, 우리 엄마한테 전화해서 '딸이 여기 있다', 그래서 우리 엄마가 차마 올라오지도 못하고 우리 외삼촌한테 전화해서 가봐라, 위치까지 정확히, 위치까지, 마침 다른 데는 잡고 그랬거든요. 근데 그 집만 유일하게 한 명 서 있고 다른 아가씨들은 앉아 있다가, 로테이션으로 서 있다가…. 휘파리〔히빠리, 호객행위〕를 안 했어요. 앉아 있었어요. 유일하게…. 그 집에 있는데, 웬 아저씨가 오는데 약간 낯이 익다기보다, 느낌이 낯이 익었다는 그런 거… 느낌이 왠지 모르게 '이건 안 된다', 삼촌이라는 생각을 못 했어요. 너무 어렸을 때만 보고 서울에 계시니까, 우리 엄마의 사촌이었고, 우리 엄마는 형제가 없었거든요. 우리 엄마는 이모 한 분만 계셨는데 돌아가시고, 그래서 혹시~ 시골분이니까…. 나를 이렇게 보더니 그때 내가 점이 있었어요. 근데 삼촌이, 점은 맞는데 화장도 진하게 하고, 눈하고, 코하고 했는데 너무 어릴 때 보고, 확실하게 모르겠는 거예요. "여기 청주 아가씨가 없나요?", 어, 내가 순발력 있게, 있었는데 그만두었다고 그랬어요. 점 때문에 긴가 민가 했나봐요. 어쩌다 보니 "영애 딸이지?" 이러는 거야 "아저씨 무슨 소리하시는 거예요?"

○○○ 그때까지 모르신 거예요? 삼촌인지?

••• 아니, 느낌이 왔죠. '영애 딸이지?' 그러면 알죠, 몇째 삼촌인지는 모르겠고 〈웃음〉 (그래서 어떻게, 모른 척?) "아저씨, 무슨 소리 하시는 거예요. 청주 아가씨는 그만뒀다구요. 노실 꺼예요, 마실 꺼예요?" 그래서 나 혼자 계단을 내려와버렸어요. 2층이었거든요. 그분도 긴가민가 한 거야, 너무 확신이 없으니까 다시 엄마한테 전화를 했나 봐요. 거기 언니한테 연락을 했어요. 우리 언니는 나를 알아보겠지 '가서 확인만 해봐라, 나인지 아닌지', 둘째 언니도 그때는 술집생활 하고 있었어요. 그래서 둘째 언니가 통장, 그때만 해도 현금카드가 없었잖아요. 밤이라 돈도 찾을 수 없고 어디서 통장, 자기가 쪼끔식 모아놓은 통장을 들고 왔더라구요. 들은 얘기가 있어서, '성매매는 빚도 많고, 아가씨도 빚이 많으면 안 보내준다', 그때만 해도 내가 우리 주인한테 얘기를 했어요. '아무래도 우리 친척인 거 같다.' 주인이 놀라서 차에 타라고 옷 갈아입고, 그때만 해도 미성년자보호자사건 터질까봐 나를 다른 데로 일단 갔어요.

다른 데로 가서 앉아 있는데, 다시 오면 '니가 니발로 왔고, 니가 있고 싶어서 있었고, 난 여기 있을 꺼라고' (응, 그렇게 얘기해라고?) 응, "대차게 얘기하면 삼촌도 뭐라고 못 할 거다", 알았다고 대답은 했는데, 삼촌이 우리 언니하고 왔어요. 아까 그 아가씨 보자고 경찰에 신고할 문제가 아니라 애만 보자고, 없다고 그러더래요. 삼촌이 남대문 시장에서 공장도 하시고 그래서 머랄까 '경찰과 다시 오겠다', 그러니까, 그러니 알았다고 하더라구요. 카페에 앉아 있는데 나를 오라고 하더라구요. 차로 데리러 왔어요. 갔더니 우리 언니만 봐도 알죠, 저는…. 어렸을 때 헤어져도, 학교 다닐 때 몰래몰래 나가서 우리 언니 청주 내려오면 나가서 얼굴 보고 그랬는데, 그렇게 서럽게 우는 거예요. 울면서 하는 소리가 주인 아저씨가 있었는데, 아저씨, 얘 빚이 얼마냐고, 내가 돈을 못 구해서 통장을 가지고 왔다고, 통장이라도 맡기고 데리고 가겠다고⋯. 빚이 많은 줄 알고, 근데 저 그때 빚이 없었거든요. 오히려 내가 돈을 받을 게 있었어요. 일한 게 있으니까⋯. 그러고 보니까 난 말을 못 하겠는 거야, 난 올 때까지만 해도 난 여기 있겠다고 그냥 난 여기서 돈도 잘 벌고 있으니까 내비두라고 큰소리 칠려고 왔는데 울 언니가 울면서 그러니까 차마 못 하겠더라구요. 나도 울면서 "알았어, 언니 나 빚 없어, 걱정하지 마 나 돈 받을 거 있어 언니." 〈떨리는 목소리로 눈물을 글썽이며〉

그래서 주인도 사고 터질 줄 알고 미성년자 인신매매 끝 무렵이었으니까, 그때 사고 터지면 큰 타격 입는다고 그랬는데, 그래서 언니네 집으로 간 거예요. (그만두고?) 응. 몇 달 있다가, 언니하고 싸워서, 아니 싸우고 그런 것보다 할 일도 그렇고 언니 혼자 벌어서 다 같이 살았거든요. 쪽방에서 엄마도 그때 올라오셨어요. '언니하고 같이 있고 싶고 집에는 가기 싫다.' 〔엄마가〕 언니하고 같이 있으래요. 엄마가 방을 좀 큰 거로 얻을 수 있게 돈을 보태줬어요. 보태줬는데 저희 아버지가 (친아버지?) 네, 평생을 그냥, 물 한 방울 안 묻히고 사셔서 도박에⋯. 그래서 보증금도 엄마가 돈을 보태줘서 방 세 칸짜리 전세를 가게 되었어요. 산동네지만, 가게 됐는데, 아빠가 그때 백만 원인가 가져가고 이사 전에 준다고 했는데 안 나타난 거예요. 그래서 이사 짐도 못 넣고 그냥 주인 아저씨한테 통사정을 했죠. 월세 내겠다고 그래서 백만 원에 대한 이자, 월세 이만 원, 월세 내겠다고 그래서 간신히 이사를 했어요.

그렇게 하다가 언니가 스탠드바, 스탠드바에서 코너에 앉아 있으면 보증금 넣고 팔면은 떨어지는 게 있잖아요. 언니가 스탠드바, 보증금을 넣어줬어요. 오십에 얼마였던 거 같은데, 오십에 얼마. 근데 젤 나는 나이가 어리지, 손님들은 나이도 많지 빈둥빈둥 집에서 놀면서 답답해하니까 뭘 할까 뭘 할까 그러니까 "넌 분명 공장은 때려치고 못 다닐 것이고 스탠드바 가서 코너 아가씨 해라" 손님 오면 맥주 팔고…. 언니가 해줬는데 취향이 안 맞더라구요. 내 또래는 하나도 없고 다 엄마뻘에다가 손님도 엄마, 아빠뻘. 그래서 거길 그만둔다고 말을 해야 하는데, 언니는 보증금이 들어간 게 있으니까 사람도 구해야 하는데…. 나는 이거 해야겠다 싶으면 당장 그러는데…. 나는 약간의 책임감이 부족한 거죠.

○○○ 하기 싫으면 딱 그만둬야 하는 그런 거?

●●● 어, 그래서 싸운 거보다 하루인가 이틀인가 안 나갔는데, 하루 안 나가면 내는 돈 빠지지, 벌금 빠지지 언니가 뭐라고 하더라구요. 하기 싫어 죽겠는데 또 나가야 하나? 그래서 그냥 나와버렸어요. 싸우고. 아픈데 머리가 진짜, 언니가 거기 앉아 있어보라고 그래서 나와서 다시 영등포 갔어요.

○○○ 원래 있던 가게로?

●●● 아니요. 다른 데요. 아~ 거기가 아니라 동두천 먼저 갔구나, 동두천 미군클럽, 사람 구한다고 해서 거길 갔는데, 미군들 상대더라구요. 난 그냥 서울에서는 출근해서 그냥 주스만 마시고 그랬는데 아니에요. 2차도 잠깐잠깐 갔다 오고 그런 데더라구요. 한국 사람도 아니고 외국 사람이라 무섭더라구요. '아, 이건 아니다' 그래가지고 동두천에도 이런 데가 있잖아요. 용산 같은 데가…. 하여튼 있었어요, 거기로 갔어요. 나 여기 미군클럽 못 있겠다고… 영등포에 있어본 적 있다고 하니까 거기로 소개시켜 주더라구요. 나쁜 사람들 만나고 이자 받고 이런 거는…. (없었어요?) 응.

"동네에서 한꺼번에 한 80명 잡혀갔어요"

●●● 동두천에 일하다가 웬 잘 생긴 남자들이 와가지고 맨날 와서 내가 볼 때는, 알았어요. 느낌이 왔어요. '영등포 기둥이다' 한 사람은 영등포에 몇 달 있었는데 지나다니면서 본 것 같아요.
○○○ 근데 왜 왔다 갔다 한 거예요? 그 사람들은?
●●● 그 사람들 왔다 갔다 한 거는….(데리고 가려고? 일하는 사람들.) 응. 일명 빠리꾼.
○○○ 빠리꾼? 그럼 아가씨들 골라서 딱 다른 데로 데리고 가는?
●●● 응. 꼬셔가지고, 여기는 시골이라 손님도 없고 그거야 자기 노하우니까 여러 가지죠.
○○○ 그럼 중간에 소개비 받고 그리고 보내는 그런 거예요?
●●● 그런 경우도 있고 완전히 안착하는 거죠. 영화 '창'은 보셨어요? 영화 '창'에 처음 기둥 있죠? 빌붙어 사는, 그런 식이에요. (아, 데리고 가면 여자한테 빌붙어 사는 그러면서?) 응, 그런 식이예요. 애인 사이가 아닌 애인이 되서…. 그때 그 남자가 좋았어요. 좋아가지고 영등포에 왔었어요. 영등포 룰이 그렇더만, 한 집에 있으면 그 집에만 있어야 하는 룰이 있었나 봐요. 〔새로 간 집〕 주인, 그때는 오빠라 했어요, '솔직히 전에 있던 집이 있었다'〔고 말했어요〕. 근데 〔예전에 있던〕 그 집은 기둥이 있는 아가씨는 안 썼어요, 처음 있던 집은. 그 집에 일단 가서, 영등포에서 제일 파워 있는 집의 동생집이었어요. 수퍼집이라고, 수퍼 동생집. 얘기를 했나 봐요. 나보고 가서 이야기를 하래요. '안녕하세요' 인사를 하고 신랑 있다고, "신랑이 있으면 안 쓰는데"〔전에 있던 수퍼 동생집 주인이〕 말을 하더라구요. '이런 게 나쁘다, 저런 게 나쁘다' 얘기

를 하더라구요. '핏물단물 다 빼먹고'… 그게 지금도 맘이 아파요. 어린 마음에. 〔그 주인이〕 걔〔데리고 온 기둥〕가 싫으면 말을 하래요. "떼고 다시 우리 집에 와라", "아니라고 그냥 그 사람이 좋다고". "니가 알아서 하라고", 좋게 해결돼서 그 집으로 다시 〔갈 수 있었어요〕 옛날 집으로. (〔처음 있었던 집이 아닌〕 다른 집에서?) 다른 집에서 순탄하게 잘 지내고 손님도 많았고 근데 그 뭐야 단속….

○○○ 단속에 걸렸으면 어떻게….

●●● 단속에 걸려서 한 번 잡혀갔어요. 동네에서 한꺼번에 한 80명 잡혀갔어요.

○○○ 음. 어떻게, 그때 미성년자 아니었어요?

●●● 미성년자였어요. (그럼 어떻게 했어요?) 그래서 경찰서에서 저희 언니 주민등록번호 댔어요. 그래서 그땐 그게 있었잖아요, 부녀보호소, 하얀집. 거기 갔는데 그전에는 미성년자는 무조건 1년 살아야 된다고 했는데 저 때만 해도 한 달, 초짜는 한 달, 두번째 오는 사람만 1년, 옛날에는 안 쓰는 건물이었는데 사람들 막 두들겨 맞고 심했데요. 근데 우리 때만 해도 그때가 심한 거 같은데 아무것도 아니라고 그러더라구요.

○○○ 80명 잡혀서 다 거기로 들어갔어요?

●●● 네, 그러니까 몇 명 방에 안 들어가고 바글바글 하니까 아는 애들도 있고 모르는 애들도 있고, 거기 보니까 다찌 아줌마들.(다찌 아줌마는 뭐예요?) 이태원에서 일본사람들 상대하는…. 그런 사람들은, 언니들은 나이가 좀 많더라구요. 거기는 언니 동생이 아니고 아줌마로 부르니까 서로.

○○○ 한 달 있었겠네요? 처음 갔으니까.

●●● 네, 보호자 면회 없으면 퇴소를 못한데요. 또 1년이 넘어간대요,

"핏물 단물 다 빼먹고... 그게 지금도 마음이 아파요"

여성들은 저마다 다른 사연을 안고 낯선 성매매 공간에서의 삶을 시작한다. 그 유입배경이 다양하듯 성매매 공간에서 살아내는 삶의 궤적 역시 다양하다. 하지만 사회적으로 '행위자', '피해자'를 가르는 선명한 구분선은 이들의 삶을 다양하게 이해하지 못하며 더욱 깊은 경계를 낳게 한다. 한 가지 분명한 것은 '범법자'라는 지위를 부여받으며 부당한 처우를 감당해야 하는 이 여성들의 삶은 함부로 단언할 수 없으리만큼 고단하며 위태롭다. 사진은 한 여성의 방에서 찍은 것으로 영업을 위해 준비해 놓은 수건과 촛불이다.

어떡해요. 둘째 언니가, 아니 나하고 살던 애가, 쉽게 말해서 기둥이 저희 언니한테 연락을 했어요. 같이 살면서, 방 얻어서 살면서 언니한테 몇 번 같이 갔었거든요. 근데 언니한테는 영등포에서 일한다는 말은 안 했죠. 몇 번 놀러가고 그때 우리 언니가 결혼하고 그럴 때, 결혼식에도 가고 그랬으니까, 서울에서 잘 살고 있는 줄 알았는데, 가서 놀러갔다고 그랬대요. 나도 몰랐는데 영등포에 놀러갔다가 잡혀갔다고 그러니까 우리 언니는 알잖아요. 애[기둥]는 또 모르는 줄 알고, "어머, 애는 영등포에 왜 놀러갔어" 말도 못하고 그러냐고 이런 일이 있을 수가 있냐고.〈모두 웃음〉가니까 이틀 만에 우리 언니가 면회를 왔더라구요.

○○○ 아, 간 지 이틀만에?

●●● 응, 보호소 들어간 지 이틀만에 언니가 왔더라구요. (뭐래요, 언니가?) 거기 상담선생님이 있는 데서, "거길, 뭐 놀러간 거야? 일한 거야? 일한 거야? 일한 거 아니지?", "아냐, 놀러간 거야", "길에서 놀다가 잡혀온 사람 많대 여기", "이태원 같은 데 단속 나오면 길에 걸어다니다가 잡혀온대." 그래서 상담선생님이 일단은 보호자와 상담을 해요. 여기에 일 년 두면 기술도 가르쳐주고 직업도 알선해준다고, 아니라고 그냥 데리고 가겠다고 그래서 한 달 후에 퇴소돼 가지고, 나왔는데 그 사이에 이 기둥 놈이 주인이랑 싸웠나 봐요. 아니 주인이랑 싸운 게 아니라 섭섭하게 했나봐 주인이. 그땐 내가 들어갔으니까 나중에 보니 내 조서 꾸민 것을 볼 수 있었는데 나는 미성년자 아니잖아요. 그런 것은 고맙게 생각하는데, 일단은 아가씨가 없으니까 내가 없으니까 섭섭하게 했나봐 다른 데로 가자는 거야. 자기한테 잘해주는 주인이 있었나 보죠.

다른 데를 가자고 해서 다른 데를 갔어요. 영등포 그 같은 골목인데 (또 다른 집?) 응. 다른 집, 거기서 있다가…. 근데 좀 지치더라구요. 좋은 것도 좋은 거지만 맨날, 뭘 해보겠다고, 그때 운전도 못 했었어요. 운전을 배워서 서울서 나라시 같은 거 하면 하루에 한 이십만 원씩 번대요. 그걸 한번 해보겠대. 운전 배워, 차 뽑아, 다 내가 벌어서 하는 거잖아요. 근데 차 뽑으니까 무슨 나라시는 나라시야, 끙끙대며 하는 일마다 안 되고, 처음에 좋아했던 감정이 없어지는 거예요. '이 사람 대체 하는 일이 뭐야?', 그러면서 지치더라구요. 그래서 이런 생활 돈도 안 모아지고, 열심히 버는데 둘이 쓰고 이러니까, 거기를~ 그만뒀어요. 그 남자랑 헤어지고… .

○○○ 어떻게 잘 헤어졌어요? 헤어질 때는?

●●● 헤어질 때도 좀 고달팠어요. 술 먹고 찾아오고, 그래서 그만두고 아는 애 통해 간 데가 안마시술소. 같은 서울 안마시술소 거기서 돈을 열심히 벌었어요. (안마가 좀 힘들다고 하던데….) 지금 안마하고 옛날 안마하고 틀려요. 손님들 안내하고 사우나에 다녀오시면 안내하고 맹인들, 안마가 있었어요. (따로 있었어요?) 네, 맹인들 안마가 있었어요. 손님 안내 잘하고 손님 데이트하신다고 하면, 안마 끝나면 데이트하고, 그렇게 손님 많은 집은 물론 힘이 들죠. 돈을 많이 버니까. 손님 없는 집은 힘이 덜 들고, 거기서 돈 좀 벌고, 그때 제가 외로웠는지 그때는 집이랑 다 연락하고 그랬어요. (…)

"되게 활기찼어요… 빚 있는 아가씨들도 많았고"

○○○ 그러면 기억을 되살려서 용산에 처음 왔을 때, 그 분위기라고 할까? 건물이라든지, 사람들이라든지, 지금이랑 비교했을 때 어떤지~. 그때 그러면은 4년 전?

●●● 그때만 해도 되게 활기찼어요. (어떤 점이?) 아가씨들도 많고, 빚 있는 아가씨들도 많았고, 그때만 해도 빚이, 삼천은 기본으로 있었고, 물론 없는 아가씨들도 있지만 그 시대가 일도 열심히들 했고 노는 아가씨들은 놀고… 나는 용산이 제 직장으로 생각이 돼요, 직장.

○○○ 편하게 생각이 돼요?

●●● 그리고 또 모르겠어요, 저는 아는 아가씨들 말 들어보면 악덕포주같이 하루 재끼면 하이방[도망]비도 때린다고 하는데 난 그런 거 한 번도…. 난 그런 거 안 해봐서인지 그런 주인들이 없었어요. 우리는 손님도 많았고 활기찼고 그리고 그때는 분위기도 괜찮았어요. 분위기가 빚 다 까고도 저는 일요일날 한 번씩 꼬박꼬박 쉬었죠.

○○○ 열심히 일한다는 게 뭔지, 하루를 딱 놓고 보면 열심히 손님을 끌어와 가지고 쉬지 않고 계속 일을 하는 건데…, 몇 명이서 일을 했어요?

●●● 세 명이요. (세 명이?) 저쪽 집 말고 이쪽만 세 명. 왔을 때. (그럼 계속 돌아가면서 손님을 받는 거예요?) 네. (그럼 다른 사람들도 열심히 할 텐데….) 그래요, 맞아요. 그래서 지금 같이 있는 아가씨가 있는데 걔가 저보다 먼저 있었어요. 그 집에. 근데 걔가 언니 때문에 나도 열심히 했다고 둘이 좀 머랄까 라이벌이라고 할까? 아니 라이벌은 좀 그렇고…. (쿵짝이 맞았나?) 쿵짝도 그렇고, 서로 좀 하나라도 더 하려는 그런 것 때문에~ 그때는 참 열심히 했어요.

○○○ 그러면은 열심히 안 하는 사람들은 그냥 호객도 적극적으로 안 하고 그냥 혼자 놀고 그런 사람들? 그런 사람들을 말하는 거예요?

●●● 그러니까 뭐랄까, 내가 보기에는 정신이 딴 데 가 있거나 다른 생각을 하는 거예요. 빚은 있는데, 빚은 있는데, 돈은 쓰고 싶지, 놀고는 싶지. 그런 애들이 있긴 있더라구요, 진짜.

○○○ 그럼 일을 할 때도 생각이 딴 데 가 있으니까?

●●● 어영부영 있다가 일행이 오면 하고…. 영업이 떨어져요. 같이 나와서 같이 비슷하게 벌고 들어가야 하는데 자기만 처지고, 또 그런 사람들이 알고 보면 거의 딴 게 있어요. (고민거리가?) 신랑이 있다든지, 보니까 소개쟁이~. (중간에 누가 껴가지고?) 응. 소개쟁이들이 소개비 받아먹으려고 그러는 것 같아요. 3개월이면 어느 정도 자리가 잡는다고 봐요. 그러면 다른 데가 손님이 많다더라 꼬셔가지고 (자기는 소개비 받고?) 응, 그럴려고 한 달에, 아니 주인이 이백씩인가 소개비를 준대요. 아가씨 하나 꼬시면. (한 달에?) 아니, 한 번에, 아니 3개월에 (3개월에 돈을 그렇게 준다구요?) 네, 이백씩 (처음에만 주는 게 아니고?) 처음에 주고 영업 잘하는 아가씨는 주는 경우도 있고, 주인집이 안 주는 경우도 있잖아요. 그냥 이백만 원 소개비 주고 얘는 못 데리고 있겠다고 이러면 다른 데 데리고 가면 소개를 받을 수가 있잖아요. 소개비도 한 두 번이나 받아먹지 계속 못 받아먹거든요. 그러니까 꼬셔가지고 데리고 가는 거예요. 딴 데로 그럼 옮길 때마다 소개비가 나오지 않지만…. 또 옮길 때 바로 옮기느냐? 좀 놀아야지. 돈 좀 쓰고 그래서 빚이 그냥 느는 애들이 많더라구요. 그런 경우가 많더라구요.

○○○ 그럼 용산에 있을 때 제일 재밌었던 일이라고 할까? 신나는 일? 그런 기억이 있다면 어떤 거예요?

●●● 일하고, 곗돈 탔을 때. (누구랑 곗돈을?) 주인하고 열 명 (아가씨하고 같이?) 네, 주인하고 아가씨도 끼고 (그럼 얼마를 탄 거예요?) 한 달에 열두 명인가? 하여튼 전 육천 탔어요. (육천? 그럼 얼마를 넣어야 해?) 오백씩 넣었어요. (한 달에?) 네. 저는 끝번에 탔으니까 육천칠백… 얼마 이자까지 (와, 난 계산이 잘 안 되네) 〈웃음〉(…)

○○○ 아까 곗돈 얘기했는데 몇 번 했어요? 곗돈 타는 거를?

●●● 한 번. (한 번?) 네. 그거 타고, 그거 타고 그만뒀으니까. (한 번씩만 다 돌아가고 그냥 그만 했나보네. 그게 예전에 했다는 거죠?) 네.

○○○ 그러면은 여기에 다시 온 게 두 달? 세 달?

●●● 아니요. (나갔다 다시?) 9월 20일인가? 그때였으니까 그렇죠. 한 세 달. (그러면은 한 일 년 정도 나가 있었던 거예요?) 아니요. 거의 한… 시간으로, 세월로 1년 8개월, 어떻게 보면 3년이죠, 세월로.

○○○ 그러면은 돈을 모아서 나가서 뭐 해보려고 하시다가 다시 온 거니까…. 그러면은 작년에 법 시행이 됐잖아요.

●●● 그때 의정부에 있었어요. (아. 의정부 클럽에 있었어요?) 네. (그런 얘기 듣고~. 어떻게 들었어요, 그런 얘기?) 뉴스에서도 보고 전에 있던 예나라고, 지금 같이 있는 예나라고 걔도 뉴스를 보고 막 전화오고…. (음, 그 분도 있었고 용산에?) 아니요, 걔도 그만두고 용산에서 내려갔고 뉴스 본 것이 전부에요. 연락하고 그런 것도 없이 뉴스 본 거.

○○○ 그래서 거기서 일하시다가 '다시 손님 온다더라', 이런 얘기 듣고 그만두고 오신 거예요? 용산에 다시 오신 게?

●●● 그만두고 바텐 봤을 때는 그 후고, 그 전에 클럽 하다가 망하고… (아, 운영하려고 인수해가지고 있었을 때?) 그때는 여기에 관심이 없었죠. 재작년, 그거 나가고 바텐 보고 있다가 한 달에 백만 원, 백이십 정도…. 그러고 있는데 나이가 먹고 그러니까 사람이 급해지는 거에요. 근데 예나가 먼저 왔다 그러더라구요. 단속도 없고 그렇다더라, 걔는 나한테 거짓말할 사람도 아니니까, 근데 여기도 한 1~2년 있다가 없어진다고 그때까지는 괜찮을 것 같으니까, 그때까지는 해보자 마지막으로 또 한참 고민을 했어요. 진짜 한번 해 볼까, 뒷골목에서는 만만치가 않아

요. 버티기가 힘들어요. 마지막 기회인 거 같아요. 진짜로 더 이상 여기서 해가지고 나가서는 들어올 데가 없잖아요. 지금 너무 생각이 복잡한 게 지금 진짜 마지막 기회인데, 그런데 손님은 진짜 예전의 삼분에 일밖에 안 돼요. 삼분에 일도 안 돼요. 그래도 식당에서 접시 닦는 거보다 많이 받죠. 좀 야무지게 해서 옛날에는 '일억 벌어서 나오자' 이랬는데 요즘에는 그런 거 생각도 못하고 솔직히 나도 내년 서른여섯 막바지까지는 못 갈 거예요. 그쵸? 뒷골목까지는…. 그러고 싶지는 않고 1년만, 욕심 같으면…. 요즘도 하긴 어린 애들도 아가씨가 별로 없으니까, 문 닫은 집 많잖아요, 욕심 같으면 1년만 해서 갔으면 좋겠는데 근데 그 다음부터 고민인 거야, 그 다음부터…. (또 뭘 해야 할지….) 뭘 또 해야 할지, 그때 마음이 갈 데가 없는데 지금은 그래요. 그 다음 걱정은 다음에 하자고, 일단은 손에 돈부터 쥐고 고민해야지 쥐지도 않은 돈 가지고 어떻게 살까 무얼 할까 고민할 필요가 없잖아요.

"뭐랄까… 부도가 나서 파산된 직장?"

○○○ '용산이 문을 닫는다', '재개발이 된다', 그러는데 나중에 용산이 재개발돼서 다른 모습으로 되고 나서, 윤경씨가 어디에 있을지 모르겠지만 '용산이 그때 이랬지' 하고 기억한다면 어떤 모습으로 용산이 기억될 것 같아요? 윤경씨한테 용산은 어떤 곳이에요?
●●● 직장. (직장?) 그, 뭐랄까~ 부도가 나서 파산된 직장?
○○○ 아, 부도가 나서 문을 닫았으니까, 내 직장이….
●●● 그런, 기억으로 남을 것 같아요.
○○○ 그럼 다른 사람한테 '용산은 이런 곳이야' 하고 이야기해준다면?

●●● 그럴 수 없지. (아, 소개를 못할 것 같아요?) 네, 누구한테 얘기를…. 같이 일했던 동료들하고 이제 통화를 할 때 '그때가 재미있었지' 하겠죠.

○○○ 그럼 윤경씨가 용산에 있었다는 걸 모르는 사람한테는 용산 이야기를 아예 안 할 것 같아요?

●●● 네. (절대로 안 할 것 같아요?) 네, 이야기해서 좋을 일이 없잖아요. 일단 나도 아무래도 미쓰고 하니까, 그리고 또 내가 여기 용산을 떠나면…. 〔집결지가 아닌〕 다른 용산은 '전에 나 용산에서 일했어' 그럴 수는 있지만 내가 생활하는 곳은 전혀 다른데…. 생활 아파트 단지고 그러면 〔몰라도〕…. '전에 용산에서 일했어' 그러지는 못하죠. 근데 〔용산이 아닌〕 다른 데 가면 또 이야기를 하겠죠. 지금은 용산에 있으면서 '영등포에 있어봤어' 이렇게 이야기하듯이…. 다른 데는 못 가죠. 갈 데가 없어. 가고 싶지도 않고 이제 생각이 없어요. 진짜로 마지막으로 어떤 상황이 돼도 더 이상은 올 수 없을 꺼야, 오면 안 돼…. 〈침묵〉

○○○ 그럼 용산에 있을 동안 가장 힘들었을 때라거나, 슬펐었던 기억이라고 해야 하나, 그런 게 혹시, 제일 먼저 생각나는 게 있다면?

●●● 음, 손님들이 무시할 때. (어떻게 무시를 했어요?) 그니까~. (손님으로 일단 왔는데, 와서 방에 들어갔는데?) 좀 비인간적인 (때리고?) 때리고 이런 것보다…. 비굴한 사람이 많아요, '돈을 주고 너를 샀는데, 이 시간을 샀는데' 이런. 다른 집 같은 경우 삼촌들이 있는데, 저희 집은 삼촌이 없어요. 그니까 모든 것을 좋게, 좋게 해결하려고 해요. 〔나는〕 '이렇게 해선 안 된다', 〔손님으로 들어온〕 그 사람은 '내가 돈 줬는데, 이렇게 해야겠다' 하잖아요. 전 돈 바로 내드려요. 돈 내주고 가시라고 그런데도~. (안 가고?) 응, 욕하고 배가 불렀네 어쨌네, 그런~ 못할 말을

하고 가요, 뭐 '평생 몸이나 팔아라'. 근데 나는 좋게 하려고 노력을 했는데…. 손뼉이 마주쳐야 소리가 난다고 짜증스러울 때도 있고 물론 그러겠죠, 좀 웬만하면 안 싸우려고 하는데 약간 심한 사람도 있어요. 물론 정상인도 있죠. 말이라도 '건강해라' 단골손님들도 더러 있어요. 한 곳에 오래 있다 보니까 같이 늙는 사람도 있어요. 〈모두 웃음〉 완전 몇 십 년은 아니지만 그 사이에 장가를 가고, 애를 낳고, 그런 사람도 있고….

○○○ 그런 사람은 말 한 마디라도 잘해주는 편이에요?

●●● 네, 동네에서 어린 삼촌이나 나이 먹은 삼촌이나 '야', '자', 나보다 한 10년은 더 어릴 것 같은데, 그런데 굳이 될 수 있으면 말 안 해요. 장난도 안 치고 왜 그러냐면, 좀 그렇잖아요. 어디 밖에서 어떻게 만날지 또 내 친구의 조카일 수도 있어요. 될 수 있으면 그런 사람들하고 장난 안 치고 말 안 하고, 물론 업주든 뭐든 물론 잘 하는데 그러니까 술 먹고 그런 경우도 있잖아요. 자기 친구를 데리고 와서 하라든지, 물론 돈은 주겠지만…. 그 자존심이 있지 안 한다고 거부할 때~ 지 감정대로 욕하고~ 좀 자제하는 게 없잖아요. 저 사람이 하는 짓이 좀 밉다고 팍 쏠 수는 없잖아요. 그냥 그런가보다 그래야 하는데, 여기 좀 동네에서는 자제하는 게 없어요. 사과도 물론 쉽게 하지만…. 그 외에는 슬픈 것 없어요.

○○○ 크게 싸우고 이런 일은 없겠네요, 그런 일을 별로 안 만드니까?

●●● 성격이 좀 온순한 편이라, 누구하고도 어울리고 티격태격 싸우는 경우는 한 번도 없었어요.(…)

<< 이윤경씨와의 두번째 대화

"그니까 이 동네 약점을 아는 거야, 동네 약점을"

○○○ 그럼 용산 같은 데는?
●●● 용산에서는 단속을 [내가] 맞아본 적은 한 번도 없구요. 좀 뭐랄까 (소스가 있으니까?) 아니 소스가 있어서가 아니고 그때 무슨 용산에 살인사건인가 폭력사건이 있어가지고. (…) 매일 하루 한 명씩 잡아갔어요. (아가씨들도 다요?) 응. (업주도?) 그렇죠. 업주는 벌써 그런 일 있으니까 잘 안 붙어 있고 도망다니고, 뭐 우리 옆집에 한번 잡혀갔는데 무슨, 코란도 같은 차가 딱 서더니 그냥 들어가고 아니 들어가는데 다들 불을 끄더라구요. '아 이건 아니다' 그래서 얼른 불 끄고 들어갔죠. 그 외에는 단속…. (그 집은 어떻게 됐어요?) 잡혀가서. (조서 쓰고?) 네, 다음날 아가씨들 나온 것 같던데….
○○○ 그 사람들 관련이 없다고 생각했나 보지?
●●● 응, 그리고 나서 단속이 소스가 있기보다는 용산은 조용했어요. 단속 있다 싶으면 그냥 불 끄고 영업 안 하고…. (그리고 다시 불 켜라고 하면 다시 켜고 그러는 거예요?) 네.

○○○ 도대체 소스는 어떻게 나오는 거야?

●●● 그야 우린 모르죠. 한 사람이 어디서… 뜬소문도 많아요. (아, 뜬소문인데도 불 다 끄고 있고?) 응, 그렇죠. 뭐 차가, 직원들 차가, 아는 사람 아니면 '직원이 나왔다' 그러면 한 사람이 지나가면서 다 얘기해주니까, 그럼 뭐 불 끄고 있고, 저번에 한 번 민방위훈련이 아니고…. 많이 했었어요. 불 끄고 들어갔다 나왔다, 들어갔다 나왔다….

○○○ 아, 민방위훈련처럼 다 같이?

●●● 연습이 아니고 나오긴 나오는데, 워낙 집들이 여러 집이니까, 그 뒤로는 단속 뭐, 그렇게….

○○○ 그럼 용산은 그게 단속이나 마찬가지네요. 집에 업소에 들어와 가지고 막 잡아가는 게 아니라 어디서 뭐 온다더라, 그러면 불 끄고 조용히 있고….

●●● 응. (그러다 다시 켜고?) 그런데 요즘은 굉장히 뭐랄까 조용히~. 조용조용 동네 분위기 흐름이 큰 호객행위 일도, (없고?) 없고, 앞에 지나가면 '여보세요'〈작은 목소리로〉라고 살짝 한번 하는 정도로 다들 그런 분위기고 손님들하고 진상 안 내는 거, 트러블 없이. 워낙 손님이 없으니까, 트러블 없이 그냥 조용조용하게 넘어가게끔 하자는 분위기에요. 동네 자체가….

○○○ 그럼 손님하고 트러블이 생기고 그러면 경찰서까지 가고 그런 경우가 있어요?

●●● 근데 옛날에는 파출소, (옆에?) 파출소, 그러니까 이 법이 생기기 전이에요. (네.) 이 법이 생기기 전에 말다툼하고 그런 경우가 더러 있어요. 뭐 '돈 내놔라', '못 주네' 그러다가 어떤 사람들은 파출소 가서 신고해가지고 순경들 데리고 오는 경우도 있고 그러면 돈 내주고 말지 경

찰서까지 가고 그런다는 게, 다 손해니까….

○○○ 아, 그럼 경찰들이 같이 와요?

●●● 네, 순경~. 그 왜 신고비가~ 일단 신고만 들어가면 무조건 이십만 원. (누가 내요?) 응? (신고비를 누가 내요? 뭐가 이십만 원이에요?) 그니까. (아가씨가?) 아니지, 아가씨가 내는 집도 있고, 업주가 내는 집도 있고, 그렇게 신고하기 전에, 그럴 것 같으면 돈 육만 원 내주고 말지 그렇게 티격태격 싸우고, 왜 그러느냐 근데 모르겠어요. 난 그렇게 싸우고 막…. (그런 적이 없어요?) 응, 안 될 것 같으면 '아저씨 서로 그런 거니까' 서로 반반씩 나누자고 반 주고 보내는 경우도 있었고, 크게 싸운 적은 없어요. 경찰서하고 근데 한 번씩 사람들이 백차 타고 찾으러 다녀요. 그 집 어느 집인가. 〈웃음〉 '아이고, 누가 또 신고 했네' 이러면 그때는 봐도 이런 게 있으니까 돈 먹고 이런 게 일단 신고만 들어가면, 이십만 원. (경찰에 주고 무마하는 무마비?) 응, 그러니까 경찰들도 웃기잖아요. 서로. (서로 건수해서 한다는 게?) 응. 경찰서까지 간다는 게 건수도 안 되고, 아이 그냥 좋게, 좋게 하라고 그러면 그렇게까지 가는 경우는 아가씨가 토해내는 거밖에 없지, 그런 경우도 드물고, 그런 상습범들도 있어요. (그래요? 그렇게 돈 다시 받고 막?) 그런 사람들은 꼭 그래요. 그니까 이 동네 약점을 아는 거야, 동네 약점을. (이렇게 하면 돈을 다시 준다, 이런 식으로?) 응, 어떤 사람들은 일부러 삼촌들 약 올리고, 우리는 삼촌이 없거든요. 나이 드신 분 다 뭐 주인 언니도 나이가 육십이 다 돼 가지고, 삼촌 다찌 보고 뭐 그런 삼촌이 없어요. 요즘 새로 시작하는 집들은. 옛날에 삼촌들이 많았잖아요. 심부름도, 카드 심부름하는 삼촌들도 있고…. 일부러 약올려가지고 맞고 돈 뜯어내는 사람들도 얼마나 많았는데요. (합의 봐가지고?) 응. 일부러 약올려가지고…. 근데 별의 별

사람들이 다 있는 거야. 여기도 보면 손님들만 오는 건 아니에요. 사기꾼들도 얼마나 많은데요.

○○○ 어떤 사기를 쳐요?

●●● 그니까 뭐 일행이 이제 서로 모르는 사람들끼리 들어오는 거야. 일단, 아가씨한테 계산할 때 돈을 꺼내놓고 보여주면서 계산하는 거예요. 돈을 보여주면서, 그럼 아가씨가 돈을 받잖아. 그러면 일행이 다 함께 들어와서 화장실에서 접선한다든지 그 돈을 일행한테 주고 그 일행은 연애를 하고 가버리는 거야. 다른 아가씨하고, 한 집에 여러 명 있으니까, 그리고 나서 돈이 없어졌다고. (응.) 아가씨도 분명 계산할 때 돈 이렇게 보여줬으니까. 그런 경우는 뻔히 사기꾼이라는 걸 알면서도 당하는 거야. 그거 다 물어내고…. 나도 한 번 옛날에 영등포 있을 때 손님이 긴밤을 잤는데, 돈을 잘 못 봤어요. 긴밤을 잤는데 갑자기 자고 있는데, 나도 잠깐 잠들었거든. 갑자기 "도둑이야!" 이러면서 손님이 뛰어나가는 거야. "왜요? 왜요?" 그러니까 방문을 누가 열었다 닫았다 하면서 주머니에 손을 댔대, 그러면서 근데 그때 분명히 아줌마가 홀 청소를 하고 있었거든 남자 나갔냐고 하니까 아무도 안 나갔대. 그니까 자기는 신고를 해야겠대, 돈 없어졌으니까 '지금 있는 사람들 모두하고 신고해서 조사하면 나오지 않겠냐' 그러더라구요. (그래서 어떻게 했어요?) 물어줬죠. 그때 한 칠십만 원인가~ 물어줬을 거야 그때 화대가 삼만 원이었는데~. ([그 손님] 미쳤어, 미쳤어~.) 그때 숏타임 삼만 원이었거든. 그니까 한 칠십만 원….

○○○ 경찰서 가는 거 두려워한다는 거 아니까 이제….

●●● 응, 가면 무조건….

"용산은 솔직히 뭐랄까 전성기가 끝났다고 해야 하나?"

○○○ 그런 사람도 있어요? 하기는 가게에서 사기를 치는 사람도 있으니까….

●●● 그런다 하대. 어디 여기 물건 좀 비싸고 그런 거는 골목이 골목이니까 그런 거지만. 영등포인가? 그 슈퍼마켓 같은 데도 달 외상을 한다고 그러더라구요. 나도 그때는 달 외상이야, 한 달 계산하면 다 무조건 외상값 갚는 거, 근데 보면은, 적고 이런 데서 조끔 (잘못 적고 일부러 더 적고 이렇게 장부를?) 옷값. 영등포에서 어릴 때 보면 옷값이 들더라고요. 그 동대문 천 조각들 짧은 거, 천 조각들 보통~ 그 사치를~ 돈에 대해서 모르다가 돈을 버니까 돈을 쓸 줄 모르는 거야. 낙이 뭔 낙이 있겠어. 스트레스 푼다고 그 홀복가게 가서 그 입지도 못하는 거 한 달에 이삼백씩 갚는 애들 허다했어요. (윤경씨는 안 그랬어?) 나는, 전 머랄까, 옷값은 별로 안 들었던 것 같아요. 왜냐면 날마다 똑같은 옷을 못 입는 애가 있는 반면에 나는 다른 걸 못 입어. 〈웃음〉 그니까 오로지 한 가지 입잖아요. 그니까 홀복이 '너무 지겨워, 검정색~' 애들이 다 그래 이제까지 홀복 외에는 입은 걸 못 봤으니까 '아니야, 똑 같은 거 두세 개 돼. 빨아서 입지.' 그래서 어렸을 때부터도~. 근데 어렸을 때 나도 그랬죠. 왜 안 그랬겠어요. 애들 가면 어울려서 (사고?) 응, 외상이니까 나중에 계산해서 돈 갚을 때 '어머나, 내가 미쳤다' 막, 가슴을 치면서 '미쳤다' 이러는데도 그 전에는 모르는 거야. 그 분위기, 또 워낙 옷값들이 뻥튀기가 많았어요. (그렇겠죠.) 부츠 같은 거 이런 거는 동대문에서는 오만 원이면 살 것을 이십 몇 만 원씩, 워낙 뻥튀기가 많았어요. 그리고 일단은 외출하고 그런 게 자유롭지가 않았으니까. (응.) 또 밤에 일하고 어

디 시장 같은 데 가고 그러는 거에…. 그리고 서울에 있으면 얼마나 있어, 지리도 잘 모르고 그리고 영등포 같은 경우는 그 옷가게 애들이 파워가 셌어요. 슈퍼도 다 그 집 형제구, 아버지가 슈퍼하고, 아가씨집도 하고 파워가 젤 센 집. 집도 크고, 그러니까 옷가게 같은 것도 주인들이 못 가게 하는 거야 남대문 같은데, 밖에 나가 거기서 사 입으라고…. 강매는 아니지만 분위기 자체가 다른 집 옷가게 가면 눈치도 보이고 그럴 정도로. (응.) 근데 요즘은 뭐~ 요즘도 그런 데가 있기는 있대요. 평택인가? 거기는 어린애들이 그렇게 많다면서요? (어) 어린애들이니까 홀복도 이쁜 것도 많고…. 용산은 솔직히 뭐랄까 전성기가 끝났다고 해야 하나? 진짜 요즘은 밤에 보면은…. (손님 없어요?) 손님도 없는 반면에, 써늘해요, 불 끈 집도 많고 그러니까, 한번 갔다가 오는 손님들도 그렇고 워낙 많잖아요. 워낙 다른 업종이 많으니까. 그래서 진짜 요즘 느낀다니까. 12월이면 제일 바쁠 때인데 이거 한 옛날 일주일 벌 것을, 아니 하루 벌 것을 일주일에 벌고 있어요.

○○○ 응, 비교하자면?

●●● 수입이 적으니까 쓰는 것도 많이들…. (아끼고.) 아끼고, 그리고 나이 어린 아가씨들이 없으니까, 근데 평택에는 그렇게 다들 나이가 어리다며, 다들 이쁜 아가씨들~ 어리고…. 용주골인가, 평택 이런 데는 다들 스물, 스물두세 살 이러니까 거기는 한창 성업 중인가 봐요. 서울에서도 간대요.

○○○ 그렇다고 하더라구요.

●●● 응. 그래서 거기 홀복 장사하는 사람도 많고 뭐 화장품 장사하는 사람도 많고 아가씨들이 일단 많고 하니까 많이 들락거리면서 많이 쓰게 되지. 근데 용산은 거의, 없다고 그래야죠. 화장품 아줌마들이야 뭐,

그 아줌마들이야 다 다니는 아줌마들이니까 화장품 아줌마들이 쪼끔~. 그 외에는 없어요.

○○○ 그러면은 법 전에 초반에 용산에 왔을 때하고 요즘하고 손님들 질은 어때요?

●●● 질은~. (비슷비슷해요?) 더 떨어졌죠. (왜 그럴까?) 뭐랄까, 그때는 뭐랄까 불도 다 많이 켜고 그만큼 예쁜 아가씨들이 많고 했으니까 뭐 차로 오는 사람들…. 구경 오고 연애하러 오고, 사람이 많았고 또 그 수준도, 술 먹고 땡깡 부리는 사람들이 없었어요. 근데 요즘은, 팔자걸음은 다 기본이고….

○○○ 응, 술 먹고 오는 사람이 좀 많고, 질이 좀 안 좋아진 것 같아요?

●●● 네, 훨씬 옛날하고는 천지 차이죠. 그니까 옛날에는 10년 전이 아니고 한 2, 3년 전하고도 천지 차이…. (그럼 그게 장사 안 하는 집도 많고 써늘하고 길거리가 썰렁하고 그래서….) 술 먹고, 써늘하고, 보니까 마니아들은 꼭 자기만의 스타일이 있는가 봐 그니까 꼭 여기서 돌아다니면서 하는 사람들이 근데 요즘 단속이 심하니까. 그래도 가격은 여기가 제일 어떻게 보면 저렴하잖아요. 어쨌든….

○○○ 용산이 저렴한 편이에요?

●●● 아니, 다른 업소보다는 저렴한 편이죠. (아, 그렇겠죠.) 이 근방에 사는 사람이 뭐 가자고 하는데 저기 평택을 차비 들여서 갈 수는 없는 거고 그러니까…. 아니 손님이 진짜 없어요. (…)

○○○ 아. 일이 안 되신다고 하니까 되게 내 맘이 안 좋네….

●●● 아이, 진짜….

○○○ 일이 잘 되기를 바래야 하는 것도 아니고 이거를 어떻게 해야 되는지….

용산은 솔직히 뭐랄까 전성기가 끝났다고 해야 하나?
성매매방지법 이후 집결지는 전과 다른 면모를 보인다. 손님이 줄고, 영업을 하지 않는 업소들도 늘었다. 성의 매매를 금하고, 그 행위자를 처벌토록 하는 법은 참으로 모순 되게도 손님들로 하여금 여성들에게 값싼 화대를 강요하고, 부당한 행위를 해도 되는 정당성이 되기도 한다. 나이가 많은 여성들의 경우는 이같은 손님들의 횡포뿐만 아니라 집결지 내 젊은 여성들과의 관계에서도 더욱 열악한 환경에 놓이는 경우가 많다. 더욱 뒷골목으로 밀리거나 상대적으로 영업이 활발하지 않은 낮시간대에 배치되어 상대적으로 열악한 환경에서 일하게 된다. 사진은 낮 동안의 썰렁한 유리관골목 모습이다.

● ● ● 근데 큰 욕심은 없어요. 진짜 옛날처럼 그렇게 일을 열심히 할 자신도 없고 열심히 하면 내 몸이, 체력이 받쳐주지 못할 것 같고 그니까 어느 정도 선만 〈침묵〉 한 달에 한 사오백씩만 해도, 쪼금 생활비 쓰고 쪼금식 저축하고 그러면 더 이상 난 일 년, 더 이상은 안 되니까, 요즘 부쩍 그런 소리 들어요. '되게 나이 많아 보인다' 라든지….

○ ○ ○ 손님들이?

● ● ● 더 이상 버틸~ 수가 없을 것 같아요. 〈작은 목소리로〉

○ ○ ○ 아이고, 다른 데를 알아보셔야겠네.

● ● ● 그러니까요. (…) 〈끝〉

<< 에필로그

윤경씨와 1차 인터뷰를 마친 날 저녁은 아웃리치가 있던 날이었다. 윤경씨의 긴 이야기를 듣고 난 뒤라 나는 복잡한 마음을 내내 떨칠 수가 없었다. '과연 내가 인터뷰를 잘 한 것인가?', '말실수를 한 것은 아닌가?' 하는 내 걱정이 우선 앞섰고, 자신의 이야기를 들려준 윤경씨는 '지금 무슨 생각이 들까?', '혹시 후회하고 있지는 않나?', '자신의 과거를 알고 있는 사람이기 때문에 혹시 나를 피하지 않을까' 등 여러 가지 생각들이 오고 갔다.

아웃리치를 마치고 골목을 걸어 나오고 있는데 뒤에서 누가 "팀장님!" 하고 나를 불러세웠다. 돌아보니 유리관 안에서 밖으로 고개를 내밀고 서 있는 홀복 차림의 윤경씨가 보였다. 너무 반가워하며 환하게 웃고 있었다. 그녀와 이런저런 인사말을 하고 돌아오면서 마음이 한결 가벼워졌다. 인터뷰 후에 들었던 나의 걱정과 달리 윤경씨는 밝아보여서 좋았다. 헌데 어찌된 일인지 리뷰를 써야 할 날짜는 다가오는데 글을 쓸 수가 없었다.

인터뷰 후에도 나는 한참이나 녹취록을 그냥 들고만 다녔는데, 내가 했던 말이나 윤경씨의 이야기를 다시 들여다본다는 것이 어지간히도 힘들었다. '아, 여기서 왜 이런 말을 했을까?', '왜 엉뚱한 걸 물어서 이 야기를 끊었을까?' 하는 자책이 이어졌다. 이러한 자책도 잠시, 바쁜 일 상을 핑계로 나는 거의 줄거리 요약하기 수준으로 첫번째 리뷰를 썼다. 리뷰 코멘트를 맡아 준 동료는 나의 글을 읽고는 안타깝다는 표정을 지 어보였다. 그리고 인터뷰를 읽으면서 나의 감정 변화가 느껴져서 가슴 이 아팠는데 리뷰에서는 그것을 볼 수가 없었다면서 다시 한 번 써보기 를 권했다.

두번째 리뷰를 쓰는 작업은 그래서 더욱 힘들었다. '나는 그때 어 떤 감정이었나?', '왜 나는 그때 그런 생각을 했을까?', '이런 생각을 하고 있는 나는 누구인가?' …. 자신을 들여다본다는 것은 그것에 익숙 하지 않거나 자기도 모르는 두려움을 가지고 있는 사람에게는 쉽지 않 은 일이었던 것이다. 나는 그런 일이 익숙하지도 않았을 뿐더러 뜻 모를 두려움까지 가지고 있었다는 생각이 들었다. 윤경씨에게 자신의 이야기 를 풀어내도록 하고서는 정작 나 자신을 풀어놓는 것을 어려워한 것 같 다. 그러나 이번 작업을 하면서 그 실마리를 풀어가고 있었고, 이 리뷰 는 그런 과정을 거쳐 다시 쓰여졌다.

고작 두 번의 인터뷰로 상대방을 알기란 참 힘든 일이다. 그래도 윤 경씨는 참 성실하게 인터뷰에 임해주었다. 이 글을 쓰기 위해 내가 머리 를 쥐어짜는 동안 윤경씨는 종종 "다 쓰셨어요?"라며 이 작업에 대해 궁금해하곤 했다. 나는 바빠서 아직 못쓰고 있다는 핑계로 넘어가곤 했 는데 그래도 나와 막달레나의집을 믿고 이 글이 나올 때까지 기다려준 윤경씨가 참 고맙다.

아가씨들과의 기억, 그 연대기

정순희씨와의 인터뷰 4

정순희, 김애령

<< 프롤로그

막달레나의집 15주년에 맞추어 그간의 활동을 정리하기 위해, 지난 2000년 출간된 『막달레나, 막 달래나?』에는 막달레나의집과 관계해 온 용산역 앞 성매매집결지 여성들의 다양한 이야기가 녹아들어 있다. 그 이야기들 중에는 한 업주의 부탁으로, 수용소로 넘겨진 한 여성을 다시 빼내온 사건이 포함되어 있다.* 당시 그 여성은 업소에서 일하면서 착실히 저축을 해서 집을 하나 장만할 계획을 가지고 있었는데, 단속으로 수용소에 넘겨질 즈음 중도금을 모두 치르고 마지막 잔금을 치르려 준비하는 중이었다. 이전의 단속 전력으로 인해 1년간의 수용 기간이 확정되었기 때문에, 그간 열심히 준비해온 집 장만의 가능성이 순식간에 사라져버릴 위기였다. 그 여성이 일하던 업소의 주인은 막달레나의집이 그 얼마 전에 수용소로 넘겨질 뻔한 한 여성을 경찰서에서 풀려나도록 힘썼다는 이야기를 듣고 — 아마도 그 이야기는 용산역 앞의 업주들과 '아가씨'들 사이에서 유명했던 이야기였을 것이다. — 막달레나의집이

---

* 이옥정 구술, 엄상미 정리, 「수용소에 간 저금통장」, 『막달레나, 막 달래나?』, 개마서원 2000.

딱한 사정에 있는 이 여성을 도와줄 수 있을 것이라 생각했던 것이다. 막달레나의집이 힘쓴 결과 우여곡절 끝에 그 여성은 수용소에서 두 달 만에 풀려나와 마지막 잔금을 치르고 집을 마련할 수 있었고, 용산을 떠날 수 있었다.

정순희씨는 7년 전인 2000년까지 용산에서 약 20여 년 동안 업주로 살았다. '그만둘 수 있었던 것이 다행'이라고 말하는 그녀는 '아가씨 장사'라는 '그 일'을 '어쩔 수 없어서 한 일'이라고 이야기했지만, 그래도 그것이 불가피한 일이었다고 강변하지는 않았다. 그래도 그 일로 '남들처럼 떼돈은 아니지만, 돈도 벌었고' "아이들을 가르칠 수 있었다"고 위안했다.

자신이 데리고 있던 여성의 문제를 해결해주기를 막달레나의집에 요청했다던, 『막달레나, 막 달래나?』에 담겨 있는 업주 이야기의 주인공이 정순희 씨이다. 정순희 씨와의 인터뷰 약속은 막달레나의집 이옥정 대표가 잡아주었다. 자신의 업소에서 일하던 한 여성의 미래를 위해 함께 공조했던 경험 이후, 정순희씨는 1999년 막달레나의집이 '인간관계개선훈련' 프로그램을 할 수 있는 장소를 제공하기도 했고, 막달레나의집에서 기획했던 용산 여성들의 일상을 담은 영화 「꿈에 관한 보고서」의 촬영**을 도와주기도 했다. 아가씨들의 입장에 서는 막달레나의집과 업주라는 자신의 처지로 인해 늘 가까울 수는 없었더라도 막달레나의집과 잘 알고 지내온 정순희씨는 이옥정 대표가 제안한 인터뷰 요청을 수락해주었다.

작은 부엌과 욕실 겸 화장실이 딸려 있는 밝고 깔끔한 원룸형의 정

** 이 영화 제작 과정의 에피소드도 『막달레나, 막 달래나?』에 실려 있다.

순희씨 집은 용산역 인근에서 벗어난 곳에 위치해 있다. 함께 정순희씨의 집을 찾아가는 길에 이옥정 대표는 남편과의 사별 이후 용산에서의 일을 접고, 이미 출가한 2남1녀의 자녀들과 떨어져서 혼자 생활하고 있는 정순희씨의 상황을 간단하게 이야기해주었다. 이야기를 꺼내기가 쉽지 않을 거라는 우려, 그러나 현재의 '우울'을 극복하기 위해서라도 다른 사람과 이야기를 좀 나누는 기회가 필요할 것이라는 의견도 덧붙였다. 처음 만나는 사람에게 집을 공개하고, 자신이 했던 사회적으로 인정받을 수 없는 일을 이야기하기는 어찌 보더라도 쉽지 않은 일이다. 더욱이 이옥정 대표의 평가대로 '조용하고 내성적인 성격'의 정순희씨라면 그것은 더욱 꺼려지는 일이었을 것이다. 이런 어색함과 불편함을 덜어주기 위해서, 이옥정 대표는 끝까지 대화의 자리에 조용히 함께하여 주었다.

'용산에서의 경험'을 이야기하면 된다는 이옥정 대표의 사전 요청을 듣고, 정순희씨는 이야기할 내용을 어느 만큼은 마음속으로 미리 준비했던 것 같다. 우려와는 달리, 무엇이 알고 싶으냐는 질문, 이 인터뷰가 어떻게 쓰일 것이냐는 의문도 없이, 녹음기를 채 켜기도 전에 시작된 정순희씨의 이야기는 생애 전반이 아닌, 철저히 '용산역 앞, 성매매지역'에서의 기억으로 한정되어 풀어졌다. 낯선 방문자에 대한 거리감이 채 가시기도 전에, 그리고 인터뷰에 대한 설명이나 질문이 던져지기도 전에, 정순희씨는 이미 초등학생이 된 자녀들을 데리고 '용산 역전에 발을 디디게 된 사정'으로부터 이야기를 시작했다. 낯선 대화 상대자의 서먹함까지도 상쇄할 만큼 구체적이고 세세하게 이어지는 각 상황에 대한 묘사는, 동석한 이옥정 대표가 그녀의 삶의 많은 부분을 이미 알고 있다는 사실에 지지를 받아 가능했던 것으로 보인다. 정순희씨는 대화의 어떤 부분에서는 오랫동안 알고 지낸 친근한 이웃에게 하는 것처럼 이옥정 대표의 동의를 구하는 듯한 제스처를 보였고, 나를 위해 보충적인 상황 설명을 덧붙이는 이옥정 대표의 이야기에 동의하거나 혹은 그것을 정정하면서도, 자신이 하고자 하는 이야기의 끈을 놓치지는 않았다. 이야기를 나눌 때는 그저 자연스럽게 이 얘기, 저 얘기 떠오르는 대로 이야기가 흘러간다고 생각했으나, 후에 대화의 녹음을 되풀이 확인하는 과정에서 정순희씨의 이야기는 나름의 논리와 키워드로 구성된 것이라는 인상을 지울 수 없었다.

정순희씨의 이야기에서는 길게 이어지는 두 개의 주제가 주를 이룬다. 그 하나는 이야기의 전반부를 차지하는 주제로, 용산 역전으로 들어와 '아가씨 장사'를 시작하게 된 계기에 대한 이야기이고, 다른 하나는 20년을 지속해온 '그 일'에서 만났던 '데리고 있던 아가씨들'과의 다양한 사건들에 대한 이야기이다. 이 두 주제의 이야기 사이사이에서 드러나는 용산역 앞 성매매집결지에서의 경험에 대한 평가에는, 자녀들을 '그런 곳'에서 길러야 했던 데에서 오는 어려움과 안타까움, 그리고 "하루도 맘 편한 날이 없는" 집결지에서의 일상이 강조되어 있다. 그리고 집결지에 대한 이러한 평가에는 이제는 그 일을 그만두었다는 안도감이 배어 있다.

아가씨들과의 기억, 그 연대기

정순희씨의 이야기에서 가장 구체적이고 생생한 것은 '데리고 있던 아가씨들'과의 기억이다. 반면 정순희씨는 외부 세계의 변화에는 무감해 보였으며, 이야기 속 사건들이 있었던 연대(年代)에 대한 기억은 흐릿

했다.* 용산역 앞 성매매지역의 '역사적 변화'를 재구성해보고자 하는 질문자의 무의식적 욕심은 '사적 기억'에 근거한 경험사 앞에서 무력하게 차단되었다.

용산역 앞은 전후(戰後) 그 지역이 성매매집결지로 형성된 이래, 몇 차례 외부에서 촉발된 대대적인 변화의 물결에 직면했다. 청과물시장은 전자상가가 되었고, 군용열차가 서던 역은 이제 고속열차 정차역으로, 식수 시설조차 없이 많은 부랑자들이 노숙을 하던 역전은 다양한 부대시설이 들어선 민자역사로 탈바꿈했다. 이러한 성매매집결지를 둘러싼 외부적 변화는 실제로 여인숙촌을 '유리관' 업소들로 탈바꿈시켰고, 2004년 시행되기 시작한 성매매방지법은 구 성매매 지역인 '히빠리 골목'을 압박하고 있다. 그러나 이러한 외부적 변화의 연대(年代)는 정순희씨의 이야기에서 중요한 의미를 지니지 않는다.

20년 동안의 '아가씨 장사' 경험의 내부에는 이러한 변화들이 스며 있지만, 정순희씨의 기억에는 외부의 자극으로 인한 '극적인 변화'와 '단절'보다는 매일 매일의 일상을 지배하던 단속의 위협, 싸움과 욕지거리로 이어지는 그 지역의 밤 풍경, 그리고 함께 그 일상을 겪어온 '아가씨들'이 더 크게 자리하고 있다. 역사의 공적 연대기가 빠져 있는 이 이야기를 이끌어가는 경험의 사적 연대기는, '데리고 있던 아가씨들'과의 순차적인 에피소드로 채워진다.

작은아들이 초등학교 1학년 때 시골에서의 생활을 접고 서울의 몇 곳을 전전하다가 새로운 주거지로 선택한 곳이 용산이었고, 생계를 위

---

* 인터뷰 도중 간혹 막연히 '그때'로 지칭되는 시기의 연대를 확인하기 위해, "그게 언제였어요?"라는 질문을 보태기도 했다. 이 질문에 대한 정순희씨의 대답은 막연하거나, 사적인 기억(예를 들면, "우리 작은 아이 ○학년 때")과 연관지어졌다.

해 시작한 빨래 일, 그리고 이불 장사가 "역전에 발을 디디게 했다." 그렇게 오가던 역전 성매매지역에서, 마침 나온 빈 집을 빌려 처음에는 겸업으로 다른 집에 있는 아가씨들에게 방을 빌려주기 시작했고, 2차 석유파동(1978년)으로 남편이 하던 사업을 더 이상 유지할 수 없게 되면서 본격적인 '아가씨 장사'를 시작했다. 그리고 약 5년 전 남편과의 사별 이후, ─정순희씨는 남편이 죽고난 후 데리고 있던 아가씨들이 남편이 함께 있던 이전과는 달리 혼자 된 자기를 '무시'했다는 생각을 가지고 있다.─그 일을 그만두었다. 이러한 사적 경험의 연대로 추정되는 20년의 경험은, 좁은 한강로 2가 8통 골목 주변에 머물러 있다. 지역의 변화를 전체적으로 조망할 수 없으리만큼, 그리고 자신의 경험사를 공적 연대기에 기입할 수 없을 만큼, 관계나 일의 방식, 외부와의 접촉은 단조로웠을 것이다. 또한 자신의 생애를 이야기하면서 외적 연대와 연결지어 재구성해볼 기회를 가진 바 없었을 것이다. 인터뷰의 목적이 '용산에서의 경험'으로 소개되었기 때문이기도 하겠지만, 정순희씨의 이야기에서 '용산으로 들어오기 이전'의 역사에 대한 철저한 차단은 이야기된 생애사의 '빈 곳'으로 남아 있다.

"법으로 금지된 일"을 하면서 지키고자 했던 개인적인 원칙

남편의 사업과 그것이 어려워진 시기에 대한 구체적 묘사는, '그 일'을 시작할 수밖에 없었던 상황에 대한, 그 선택의 자연스러움에 대한 자기 설득으로 보인다. 한편 '데리고 있던 아가씨'들과의 경험에 대한 구체적 묘사들은, "그런 데서 일한다고 하더라도" 현명하게 자기 삶을 관리했고 그래서 성공적으로 그곳을 벗어난 여성들에 대한 자랑, 반대로 끝까지 좋은 관계로 남을 수 없었던 여성들에 대한 아쉬움, 양쪽 모두에 '업주로서의 자신'의 처지에 대한 인식이 매개되어 있는 듯하다.

정순희씨는 자신이 포기하지 않았던 업주로서의 원칙은 '보호자로서의 위치'였다고 말한다. "지네들에게 도움이 되게 해줄라고" 하는 충고는 '잔소리'가 되고, "이건 마이너스가 되고 악질이 되"었다고 강변했는데, 그것은 자신의 좋은 뜻이 이해받지 못하는 안타까움의 표시일지도 모른다. 그리고 이미 '그 일을 그만둔 현재', 그 당시 자신의 처지에서 '그럴 수밖에 없었음'을 설명하고 싶은 마음의 단면이기도 할 것이다. 그러나 그보다 앞서 업주는 업주일 뿐이라는, 아가씨와 다른 이해를 가지고 있고 그 이해가 서로 부딪친다는, 그리고 그 이해의 차이는 화해될 수 없는 것이라는 사실이 내게는 먼저 떠올랐다. 정순희씨는 "5일에 한 번씩 꼬박 계산을 해주었던 것", "비록 법에 어긋나는 장사지만" 미성년자를 데리고 있어보질 않았다는 것,―이 부분에서 자신이 딸을 키우는 입장에서 "딸과 동갑짜리도 두어보질 않았다"고 강조했다―그리고 업소 운영을 쉽게 하기 위해 업주들이 흔히 하는 것처럼 "기둥을 둬보질 않았다는 것"―이에 대해 기둥들이 아가씨들을 구타, 착취하고 팔려다니게 하며 돈 모으는 것을 어렵게 하는 것을 흔히 보아왔기 때문에 자신은 "그게 싫었다"고 설명했다―으로 20년 용산 업주생활의 '최소한의 원칙'으로 삼아왔다고 위안했다.

가장 가슴 아팠던 기억

정순희씨가 가장 가슴 아프게 기억하는 부분은 그 지역에서 자녀들을 키워야 했던 상황이다. 영업을 하는 공간에서, "애들을 한 집에서 키운다는 게" 가장 가슴 아팠다고 말하는 그 안타까움은 자녀들이 성장하여 독립한 현재까지 여전히 생생하다. 정순희씨는 주택구매 사기를 당한 이후, 업소가 있는 건물의 일부를 살림집으로 사용했다. 자녀들이 학교에서 돌아와 저녁을 먹고 나면 살림집에 들여보내고, 밖에서 문을 걸어 잠궈 영업 중인 밤 시간에는 나올 수 없도록 했다. 그러나 밖에서 들려오는 부모를 향한 술 취한 손님의 욕지거리, 연일 끊이지 않는 싸움 소리로부터 차단할 수는 없었을 것이다.

 이러한 환경에 노출된 자녀들에 대해 가지는 미안함은 "일반 가정에서 자라던 아이들"을 자신이 이러한 공간으로 데리고 들어왔다는 회한의 형식을 띠고 있다. 자녀들이 부모가 하는 일에 대해 원망하거나 불만을 토로한 적은 없다고, 오히려 어머니가 고생하여 자신들을 가르쳤다고 어머니의 노고를 인정하기도 한다는 현재에도, 자신의 자녀들은 처음부터 "거기서 나서 키운" 아이들과는 달리 "그런 곳을 모르는 아이들을 [자신이] 끌고 들어"온 것이라고 구별해 생각한다. 그것은 정순희씨 자신이 가지고 있는 떳떳치 못한 일에 대한 자의식의 한 단면을 보여준다. 그리고 이렇게 내면화되어 있는 '사회적 시선'은 자녀들이 결혼 상대자를 만날 때 가졌던 심리적 위축과 조심스러움에서 재확인된다.

연일 지속되던 긴장, "좋았던 기억은 없다."

용산역 앞에서의 생활에 대한 정순희씨의 이야기는 '이미 그 일을 그만 둔' 여유와 거리 위에 놓여 있다. 그곳을 벗어날 수 있었기에 '다행'이라는 정순희씨는 그 당시 자신의 생활이 늘 긴장된 생활이었다고 평가한다. 단속과 싸움, 다양한 사건, 사고들이 연일 계속되는 현장에서 "주인이라고 애로가 없는 것은 아니"라는 것이다. 데리고 있는 아가씨들을 봐주고, 돈을 벌고, 이런저런 인간관계가 얽혀 있던 삶의 현장에 대한 정순희씨의 전체적인 평가는 그래서 "너무 힘들었다"는 쪽으로 내려진다. 무사히 빠져나온 그 공간이 없어지리라는 전망에 대해, "돈 안 버는 애들을 보면 저것 빨리 없어져선 안 되겠다 그런 생각이 들고, 돈 좀 벌고 떵떵거리면서 사는 사람들은 저것도 자식들을 위해서 고만해야 되는데"라고 생각한다.

그 일을 그만두고서, 잠도 못 자고 연일 가슴 졸이는 긴장에서 풀려난 지금에도, 그러나 정순희씨가 놀기 좋은 곳은 '그곳'이다. 이젠 친하던 언니도 이사 나가고, 마땅히 갈 곳이 없어져 발길이 뜸해지지만, 그래도 "놀던 데니까", "가면 아는 사람들이 있으니까" 그곳을 간혹 찾게 된다. 그것은 그곳에 대한 심정적 평가가 어떠하든지, 20년의 세월을 그 일부로 살아온, 가장 친숙하고 가장 잘 알고 있는 것이 바로 그 한강로 2가 '8통'의 작은 세계이기 때문이다. 그래서 몇 년 전 그 일을 그만두었다고는 하지만, 정순희씨는 여전히 그곳에서 현재 일하고 있는 아가씨들의 사정, 오랫동안 알고 지내던 용산 이웃들의 안부를 자세히 알고 있는 듯하다.

한 시대를 지나온 공간, 기꺼이 추억할 좋았던 기억도 없다고 말하는 시절, 그 시절을 건너, 그 공간을 벗어났다는 안도감은 정순희씨가 강조하고 싶어하는 부분이다.

<< 정순희씨와의 대화

용산으로의 이주

김애령(이하 ○○○) (…) 그러니까 그게 몇 년도였어요?

정순희(이하 ●●●) 그러니까… 이 그때 우리 기철이[작은아들]가 1학년이었으니까, (…) [그때] 큰아들이 3학년이었는데, 지금 서른일곱이고, [작은아들은] 서른다섯이거든요, 애들이.

○○○ 한 20 몇 년 됐겠나요?

●●● 그때 해가지고 그 집엘 이사와서 살았어요. 살다가 이제 할 게 없으니까, 내가 그 동네 빨래를 하러 다녔어.

 애들이 가정에서만 자라는 애들인데 거기 오니까 아줌마들이 너무 말마다 욕이니까, 막 쌍소리 아니면 말이 안 되니까. 애들을 어떻게 할 수가 없더라구요. 애들은 학교에 갔다 오면 방에다 가뒀어요. "나오지 마라. 나오지 마라" 그랬거든. 학교에 가는 길도, 여기로 가면 아가씨들 있는 길이고, 이 한길로 쭉 가면, 그리고 그러니까, 학교를 갈 때 절~대 이 길로 가라고, 한길로 가라고 그랬어요. "한길로, 큰 길로 빤드시 가라." 근데 기숙이[딸]는 착해서 말을 잘 듣는데, 기철이는 말을 안 들어, 기철이는. 근데 작은애는 막 호기심에, 글로 막 갈라고 그러고, 여자들 담배피고 욕하고 막 그러니까 그런 걸 자꾸만 어린애가 배울려고 막 하고. 그러니까 한번은 때렸어요. 학교 갔다 왔길래.

근게 내가 낮에 가서 일을 하고 그러니까 나 일하는, 무슨 일 하는가, 그걸 볼라고 더 애를 쓰는 거야. 그래서 "빨래하고 청소해서 오면 안 돼", 그래가지고 애를 달랬어요, 보여주고. 한길로만 쭉 다니게 하고 그 길은 절대 못 다니게.

사업 실패, 용산 역전 생활의 시작

••• 그러다 연탄가스 두 번을 마시니까 그리로도 못 있길래. 이사를 했어요. 세무서 골목, 세무서 골목 뒤로 이사를 하면서, 남동생이 유리공장을 했어요, 일본 수출을. 애들을 데리고 일을 했는데 애들을 싹 데리고 올 테니까 집만 얻어라, 매형보고 하라고 하고 저도 월급제가 있으면. 어떻게 해가지고, 그걸 홍씨한테 얘기해가지고, 홍씨하고 동업을 하게 됐잖아. (…)

그 집을 지하를, 반지하를 얻었는데, 지하가 아냐. 길이 이렇게 보이는 데가, 거기서 일을 하는데, 집에 애들이, 동생이 하는 애들만 데리고 일을 못하니까 신문에 광고를 낸 거야, 일 하는 애들 불르려고. 그때 일하는 애들이 많았어요. 그래가지고 밥을 해주려니까, 삼시 세 끼 밥을 해주려니까, 나도 그때는 몸이 약했고, 애들은 어리고 너무 힘이 드는데. (…)

그러니까 보니깐 공장이 잘 돌아가는데, 그때는 일하는 애들이 열여덟 명이니까. 밥 해주는 것이 아침에 밥 해줘, 점심에 밥 해줘, 저녁에 밥 해주면, 애들은 막 크는데 빨래는 뭉치로 내놓지, 감당을 못하는 거야. 밥 다 해주고. 저녁에 빨래를 하고 들어가면 이르면 두 시. 애들 빨래, 다 빨아서 널어놓고 들어가면, 이르면 두 시, 빨래가 많다보면 세 시. 그 생활이 막 계속 되니까 막 말러요. 내가 말러. 김장철이 됐는데 김장을 이백 포기를 했어, 이백 포기. 어떻게 했나 몰라. 어떻게 지금 내가 생각해도 그때가 어떻게 이걸 해냈나, 어떻게 일을 해냈나, 〔지금은〕 일이 무서우니까.

그러다가 송두리에서 우리가 세살 때 그 아줌마가 보험을 다니면서 무슨 이불 장사를 했어. 이불 장사를 하면서 이불을 팔아보래. 다섯 개를 팔면 하나가 나한테 떨어져~. 그래서 역전에를 또 발을 디디게 됐어요. 그걸 팔러 가면은. 그때 그 이불 값을 지금도 띠어서 못 받은 집이 있어. 사람이 뻔히 있는데도 달라 소리도 못하고 그냥 띠고 말았어요.

그렇게 하다가 보니까 상철이네 엄마가 집이 났으니까 이걸 해봐라. 그래서 그걸, 그 집을 얻으려니 그때 돈이 없어. 그때는 유리공장 많이 들어갔어요. 석유파동 나서, 석유파동 막 난리 났었잖아요.

이옥정(이하 △△△) 칠십 몇 년도였지.

●●● 응. 그때 망했어요. 그때. 사람이 일을 했는데 월급 줘야지, 먹여 줘야지, 일은 안 들어오지, 감당할 수가 없으니까. 걔네들 석 달 데리고 있으니까 완전히 벌어놓은 게 다 까먹게 돼버려서, 애들을 팍팍 줄여버렸어요. 줄이고, 나갈 애들은 나가라고 하고, 진짜 불쌍한 애들, 진짜 애네들은 어디 가서 있지도 못할 애들, 걔들만, 꼽추도 있었고, 좀 모자라는 애들도 있었고, 걔들만, 좀 모자르… 남 앞에 떳떳이 말 못하는 애들, 다섯 명만 추려내고 다른 사람, 멀쩡한 사람 다 내보냈어요.

그렇게 하고 있다가 시골 친구에게 전화를 해서 "야, 돈 좀 빌려주라" 그러니까 "왜?" 그래서, '내가 돈이 꼭 필요하다' 했더니, "얼마나?" 그때 삼백을 빌렸을 거야. "삼백을 빌려다 달라" 그러니까 두말 않고 삼백을 우체국으로 붙여왔어요. 그래서 그 집을 인제 계약을 했어. 그 집을 계약을 했는데, 그때 권리금이 붙었어, 그 집이가. (…)

제일 그걸 처음에, 거긴 무당이 있었어. 점쟁이가 점방 차려놓고 이렇게 있는데. 그 집을 얻으니까 다른 사람들이 다 그러더라구. 저 집은 신당을 차려놓고 있기 때문에 아무나 살지 못한다고. 그 당시에는 아무것도 믿질 않았어요. 아무것도 믿질 않으니까, 그래 난 신방 차려놓은 데다 안방 차려놓고 거기서 했지.

그 집을 얻어놓고는, 손을 좀 봐야 되겠더라고. 기숙이 아버지[남편]한테 얘길 하니까 펄쩍 뛰는 거야. 누구 집안 망신을 시킬라고 그러냐고 해서. 세 번 내가 뚜드려 맞았어~, 기숙이 아버지한테. 세 번을 뚜드려 맞고는 그때는 할 수 없이 도로 계약금을 뗄 수가 없으니까, 아까워서, 그러니까 그 집을 얻어가지고 하는데, 〈이옥정을 바라보며〉 난 희선이가, 왜 내가 고마운 줄 아냐? 희선이네는 애들이 많잖아. 희선이네 애들이 방을 다 채워주는 거야~, 채워주는….

그러면 통행금지가 있어. 그러면 거기서 골목 골목, 세무서 골목까지 가려면, 담에 담에 담을 타서 거기를 가요, 집에를. 한 시도 좋고 두 시도 좋고. 그런 게, 문 두들기면 난리가 나니까 우리 남동생이 문을 밖에서 끌어당기면 열리게꼬롬, 그걸 만들어놨어. 그 놈을 잡아당기면 문이 열려요, 셔터 문이. 들어가서 인제 자고, 아침에 인제 밥 해놓고, 밥 해서 애들 주고 애들 학교 보내고 저녁을 일찍 해다 놓고는…. 애들이 착했어요. 그래서 나는, 결혼하고 기숙이 아빠, 우리 남편 만나고 나서는 우리 식구끼리 살아본 일이 없어요. 시골서부터 이렇게 공장을 해서.

남자들만 주로 부려먹었지. 근데 남자 부려먹는 직업을 갖다 보니까는 나중에 이런, 여자를 부려먹잖아요. 그래서 여자가 진~짜 힘이 든다는 걸 알겠고, 남자는 쉽더라고. (…)

○○○ 그러면은 공장을 하면서 그 일을…?

●●● 예. 남편하고는 말도 안 하고, 말도 안 하고 살다시피 했어요. 그걸 시작을 했다고. 그런데 밥을 해놓으면 [공장에서 일하는] 머심애들이 찾아 먹고, 머심애들이 교대로 설거지를 하는 거야. 오늘은 내가 하고 내일은 니가…. 그렇게 머심애들이 착했어. 그렇게 하고 아침에 들어와서 이렇게 해놓고 진짜 살 힘이 없죠.

　근데 그래도 돈을 지독~하게 한 푼 모으고 한 푼 들어오면 한 푼 모아 두 푼 모아 그러니깐. 거기선 매일 돈 만지잖아, 일, 이만 원이래도. 최고 많이 만질 때는 사만 원까지도 만져봤어, 그때. 방만 넣어도. 희선이가 힘을 써줘서. (…)

△△△ 희선이가 의리가 있잖아.

●●● 응. 희선이, 난 그래서 희선이한테 고마워해, 지금도. "저 언니네 방 넣어줘라. 저 언니네 방 넣줘라." 꼭 그렇게 해가지고 방을 넣어줘가지고 그렇게 하는데. 어쨌든 이불자리나 다 새로 산 거잖아. 미자네 애들이 방을 넣어주면 꼭 해꼬지를 해놓고 가. 오줌 싸놓고 그냥. 진짜 청소를 할려고 보면 눈물이 나올 정도로~. 집에서 죽겠다 일하다 와서 방 청소만 하면 되겠다 싶으면 여기저기다 이불이 홍건하고, 그러면 막 눈물이 나와. 많~이 울었어요, 울기도. 그 장사 하면서. 저녁에 밤 열두 시 되가면은 통금 피해, 호루래기 피해 가면서도 울기도 하고~. (…)

　그러면서 인자 돈을 쪼끔 벌었는데… 그때 공장을 때려치워야만 될 단계가 왔어. 때리치라, 때려치라고. 근데 어떻게 내가 돈을 모은 게,

4장_아가씨들과의 기억, 그 연대기　**209**

백만 원을 모았더라고. 백만 원 모아서, 백만 원 모아가지고, 그러면 갖다주면서, 집세 밀린 것 주고, 집세 밀린 것 주고, 그 집도 보증금도 까먹으면서 없어, 이제. 그니까 때려치고, 애들도 보내고 저기 하라고. (…)

"첫 번에 들어온" 아가씨

●●● 그렇게 해놓고는 다 인제 동생은 가고 큰 집에서 살 수가 없어서 전세를 하나 알아보라고 했어.

복이 있을라고 그랬는가, 독방만 딱 넣다가, 어느날 저녁에 나가니까 어떤 여자애가, 학생이야, 머리 단발머리하고 서 있어. "학생 여기 서 있으면 안 돼", 내가 하는 소리가 그랬더니, "저 학생 아니에요" 그러더라고. 그래서 "그럼 누구네 집에 있어?", "여기 있을라고 왔어요", 그러더라고 걔가. "이런 데 있어봤어?" 있었대. 집으로 데리고 들어왔어. 집으로 데리고 들어왔더니 담배 펴도 되냐고, 담배도 잘 피우고, [그런데] 어디를 가나 얘는 이런 데가 있을 애가 아니에요, 내가 보는 면에서. 진~짜, 아까워. "정말 있어봤냐, 이런 데가?", 있었대. 어디가 있었냐니까, 청량리도 있었고, [수용소에 잡혀] 가면 안 된대, 가면 1년을 산대. 단속이 심했었잖아, [그때]. 단속이 심했었어요, 진짜. 경찰들이 지붕타고 잡으러 다니고. 나는 애가 없으니까 편했는데, 애가 없어서 편했는데, 걔를 하나. "나하고 같이 있을 거냐" 하니까 있는대. 걔가 있으니까 출퇴근을 못하잖아. 출퇴근을 못하니깐. (…)

그러다가 [남편한테] "집을 얻어라" 애가 있으니까, 애랑 있으니까. "전세를 얻으쇼." 두고두고 시장아파트 거기를 나를 세 번을 끌고 가는 거야. 난 "전세를 얻어라, 한 오백짜리든지" 전세를 얻으면 우리 식구는 살잖아. 그런데 그 아파트를, 그거를 사겠다는 거야.

△△△ 기숙이 아버지가?

●●● 응. 그래서 그게 나는 마음에 안 들어. 13평인데, 답답하고 시장이 꺼서 또 애들도 안 좋고. 전세를 얻으라니까 세상에, 세번째 가는데, 내가 나중에 질려서, 그거 얻어가지고 한 달 사니까 내용증명서가 날라오는 거야. 그 집을, 개인 게 아냐. 그게 임대야. 자기도 속은 거야. 그래가지고 바로 재판에 들어간 거야. 재판에 들어가니까 돈이 보통이 아녀. 난 일수아줌마한테 그때 일수를 냈지. 그때 오백을 일수를 내고 나머지를, 돈을 그렇게 그렇게 해서 주고…. 그니까 뭔 일이든지 남자가 하는 일이 그렇게 해놓으니까 내가 살 수가 없더라고. (…)

그때는 못살 것 같더라고요. 이것도 저것도 싫고. 나는 그때 당시에는 벌어먹고 살려고 진짜, 밤을 낮을 삼고, 그냥 꼬박 이슬 맞어가면서 애들하고 같이, 단속이 심했으니까, 애들하고 같이 이렇게 하다 보면 날은 새고 아침밥 해주면 그냥 그냥….

복덩이를 맞은 거야. 내가 아침에 일어나서 이불 탈탈 개면, 걔도 벌써 착착 이불 개. 그러면은, 아침에 중앙시장〔용산 청과물시장〕 있었잖아. 아침에 시간을 세네 개를 봐주는 거야. 그러니까 그땐 〔낮 시간에는〕 단속도 없어. 그니까는 보통 시간을 세네 개를 봐주는 거야. 나 밥하는 시간에. 근데 얘가 반찬도 안 좋아. 신김치에다가 돼지고기 넣고 볶아주는 거 있잖아, 김하고 그 두 가지만 있으면 땡이지 따른 김치도 안 먹어~. 따른 반찬은 지지부리 안 먹어. 그래 지 좋아하는 것만 그렇게 해서 주고. 낮에 낮 영업하고. 밤에 단속 있을 때는 나는 걔를 못 내보내. 못 내보내요~. 잡혀갈까봐서. "나가지 말고 들어가 앉아 있어, 언니가 나갈게." 내가 나가, 인제. 그때 당시에는 그 문이~. (…) 저쪽에는 함석문이 이만했어. 다리로 한 번만 뻥 차면 나가는 다 낡아빠진 문이었어. 문이 있으면 이쪽에 붙이면서, 방 하나 들이면서 [나중에] 이쪽으로 한 거지, 낸 거지. (…)

숙희 언니는 단속이 심하면, 그 사람이 먼저 겁을 먹더라고. 나는, 경험이 없으니까. 응. 밖으로 자물통을 채우고 주인이 먼저 도망을 가삐려, 숙희 언니가 먼저~. 근데 나는 모르니까~, 모르니까 도망을 안 가고. 함석문, 그냥 발로 퐁짝 나가는 건데, 애를 이렇게 뒤에다 감춰놓고는 그 문만 걸어 잠가놓고 덜덜덜 둘이 떨고 있는 거야. 근데 그때 상철이네가 뒤에 살았잖아, 이층에서. 근데 막 그때는 단속을 하면 방범, 경찰, 구청인가 어딘가 막 합동으로 해요, 기동대들, 막. 합동으로 하니까 집게를 갖고 다니면서 문 잠가 놓은 거 다 따고 막 그렇게 했어요. 근데 상철이네 이층으로 올라가는 소리가 나는 거야. 거기서 인제 막 나오는 거야. 우리 함석문이 벽돌색하고 똑같애, 벽돌 색깔하고~. 근데도 세상에 이제 나는 뭐이 돌봤는가, 그렇게 다 끌고 나가도 우리집은 문도 안 열어봐. 함석문 차보지도 않아. 아침이 되면, 후~, 날이 새면 후~, 그래서 걔를 그렇게 애꼈어, 진짜~. "너 어제 어디 있었냐?", "언니, 나는 세상에, 도망가면 알켜주고나 가지, 그러면 우리는 안집으로나 가지", "너 도망 안 갔냐?" 세상에….

걔가 수미, 수미였어. 너무너무 첫 번에 들어온 애기 때문에 정도 들었고, 정말 동생 같고, 너무너무 잘했어요. 근데, 녹음기 사달라고 해서 녹음기 사주고, 근데 인제 돈을 달라고 하면 돈을 줘. 주면 동대문시장에서 옷을 사와. 그 옷을 사오면 애는 단추를 다시 다~달아. 단추를 다시 다~ 달아. 떨어지면 병신 된다고. 그렇게 애가 착했어.

7통 여인숙골목

7통의 여인숙골목은 대부분 비교적 젊은 여성들이 있고, 외부에서 유입된 새로운 업주들이 운영하는 유리관업소들로 바뀌었다. 그러나 여전히 허름한 건물들도 존재한다. 바로 이런 건물들이 있는 공간에서 '아가씨'들과 업주들, 펨푸들이 단속을 피하고, 빚을 내거나 떼이기도 하고, '못된 손님'들의 행패에 시달리기도 하면서 삶을 이어왔고, 지금도 이어가고 있다.

근데 이제 그때 구정이 됐어. 구정이 됐는데, 애가 몇 개월 있었지. 거반, 거반 1년은 있었어. 겨울에 와서 겨울에 구정 쉰다고 했으니까. 구정에 집에를 갔다 온대, "그래~ 갔다 와라" [그랬지]. 그런데 애가 순진한 데가 있어요. 순진한 데가 있었어. 집이 경선이여. 강원도 경선.

△△△ 정선!

●●● 응, 정선! 해서 걔가 벌어놓은 돈은 따로 통장을 만들어놨어. 찾아왔어. 보자기에다 쌌어. 가장자리를 실로 떴어. 떠 가지고, 충남양행에 가서 옷을 하나 예쁘게 사 입혔어.

△△△ 충남양행이 그때 제일 좋은 양품점이었어요. 〈김애령을 바라보며, 설명〉

●●● 그 중에서 그 집이 옷이 제일 좋았어. 이런 데 있는 거 티 안 나게 학생같이 예쁘게 딱 해서, 머리도 우찌마끼로 이렇게 딱 해서 미장원 머리 했는데 이뻐. 내가 입혀봐도. 빽도 사 주고. "이거는 먹고 싶은 거 사 먹고", 몇 만 원만 넣어줬어요. 한 삼만 원인가 넣어줬을 거야. 그리고 이 놈은 보자기에다 싸가지고, 돈이 꽤 많았어, 걔가. 허리다 딱 떠주면서, 걔가 벌어놓은 돈은 다 줬어. 그거는 인제 빚이 있는 것도 아냐. 허리에 묶어주면서, "절대 이거는 화장실에 가서도 끌르지 말고." 애가 어리숙하니까, 너무나 순진하니까, 이렇게 하고. "이거는 절대 사람들 있는 데서 보이지 마라." 반코트를 입으니까 뭐, 표도 안 나지. 그래서 우리 기숙이 아버지보고 표 사오라고 해서 차를 태워주고 오라고 했어.

　　[옆]좌석에 앉은 사람이 남자인데 좀 험상궂더래. 의심쩍다 그랬어. "언제 올래?" "일주일 있다가 올 거야." "일주일 있다 안 오면 어떡해?" 그랬더니 "벌금!" 그래. "그렇게 해라." 내가 돈 오만 원을 따로 봉투에 넣어가지고 "이건 여기다가 넣어가지고 가면서 엄마 고기라도 사

다드려~. 고기 사가지고 들어가~" 그랬어요. 그래서 보냈는데 일주일이 돼도 안 오고, 열흘이 돼도 안 오고, 보니까 동대문에 사놓은 옷은 다 있는데, 지가 입고 온 옷은 없어. 그 한 벌만 없어. 지가 올 때 입고 온 옷, 그 옷 밤색인데, 바지도 이렇게 있는데, 그것만 없어. 야~ 이상하네. 얘가 늦게 와서 미안해서 못 들어오나~ 어쩌나 싶어서, 저녁마다 용산역을 한 바퀴씩 돌아요, 제가~. 그리고 걔 방만 가면 울어. 〈웃음〉 걔 방에만 가면 불쌍해서 울어. 너무 정이 들어가지고. 그랬는데 막 울고 그러는데도, 못살 것 같애, 진짜로. 막 신랑 없는 것보다도, 더 못살 것 같애. 허전해서.

아가씨들 : 약, 단속, 수용소

●●● 그런데 내가 노상 그러니까 숙희 언니가 애를 하나 준대. 그때 정양을 줬어, 정양. 히빠리도 못 하고 수용소에서 나왔는데, 숙희 언니 집에 있다가 수용소 갔는데, 걔가 나오니까 나를 준 거 아녀. "걔가 히빠리도 못 하고 아무것도 못 하니까 네가 손님 대줘라." 그래서 걔를 데리고 왔는데, 얘가 약을 먹잖아~. 약을 먹잖아. 약을 먹는 데다 대고, 얼~마나 추접한지, 게으른지. 팬티도 빨지를 않고 어따 찡겨놓는지, 손을 씻고 밥을 안 먹고, 양치질해서 밥을 안 먹고. 하여간 밥을 먹을래니까, 그러니까 나중에는 "최소한도로 양치는 같이 하고 밥 먹자~, 손을 씻고 밥 먹자~."〔걔가〕나이가 많으니까는 이제, 나이가 많으니까, "언니, 언니" 하지만 그래도 다루기가 그렇더라고. 나중에는 막 사람이 악인이 되더라고요. 선량한 사람도 이제 악인이 돼요. 술 먹고 온 사람 애한테 힘들게 하면 밖에서 문 뚜드리고 나오라고 사람도 끌어낼 수 있고 그럴

수 있어야 하는데. (…)

그러자 청량리서 애들이 둘이 왔는데, 나를 보고 우리집에 있겠대요. 그래서 우리집이 둘이 와 있었어. 얘네들은 정양에 대면 대학생이야. 옷 스타일도, 옷 딱 입고 나가면, 따른 애들 옷도 야하게 안 입고 진짜 대학생 스타일이야. 근데 또 얘네들이 약을 먹네~. 얘내들이 약을 먹네. 그때는 옵타리돈. 저녁마다 약을 먹는데 미치겠어. 그냥, 하나도 아니고 셋이 약을 먹으니까 막 약 먹는 애들이 막, 단속이 심하면 어떨까 싶고, 단속 있다 하면 잡아다 끌어가 안에다 갖다놓고 나오지 마라 그러고. (…) 그니까 청량리서 온 아이들이 돈을 하~나도 벌어놓은 것 없이 임신을 한 거야. 떼주야죠. 애를 떼줬어. 그러다 보니까 여기 돈은 못 벌지, 잡비 달라 뭐 달라, 빚이 있는 거야, 애 뗀 애가. 그때 돈으로 칠십만 원이면 큰~돈이야. 칠십만 원이라는 빚을 졌는데, 나도 빚을 내준 거지. 도망을 가버렸어, 도망을 가버리고 나니까 내가 번 걸로 일수 찍어야지. 내가 일수 찍는 거야, 그 빚을 다. 일수쟁이들은 주인 보고 돈을 주기 때문에, 애들이 도망을 가버리면 아주 허탕이에요.

걔는 도망가고 얘는 또 있는데, 내가 무척 몸이 아팠어. "지영아, 그동안 못 나갔으니까." 숙희 언니랑 나갔다가 단속에 걸려서 애가 또 수용소에 가게 됐어요. 쫓아가보니까 넘어가버리고 없어. 그때 창수네 펨푸하고 애하고 둘이 잡혔어. 그때 손을 쓰면 종한이가 손을 쓰라고 하더라고. 삼십만 원에. 종한이한테, 송이 지한테 손을 쓰라 이거야. 그래서 그 사람한테 돈을 건네줘야 일단 되잖아. 돈 삼십만 원을 넣고 다니는데 돈을 안 받아가더라고. 구류를 살고 수용소로 넘어갔어. 구류를 5일인가 살고 넘어가. 구류를 사니까, 구류 떨어졌다고 좋아하는데 그게 아냐. 넘어가는 거야. 그래서 창수네 펨푸 딱 나오고 애만 넘어가는 거야.

그래 내가 사당동 아줌마하고 송을 원망을 했어. 그치만 말은 안 했어, 당신네들이 이렇구나 말을 안 했어.

　수용소 면회를 가서, 면회를 갈 때마다 제가 한복을 입고 갔어요. 왜? 이종사촌 동생이라고 했어요. 이종사촌 동생 여가 있다고, 만나지는 못한다고 [하길래], 나는 걔한테 뭘 먹고 싶은가, 옷이 필요한 게 있나 물어봐달라고. 돈을 이만 원 영치금을 넣어주고 왔어. 안 받아주잖아, 근데 받아주더라고. 꼭 시골사람 행세가 나니까. 그래 면회를 갔지. 언제는 체육대회를 하니까 떡을 해다 달라고 하더라고. 떡을. 그래서 방앗간에 가서 백설기를 건포도를 넣고 백설기를 김이 뭉게뭉게 난 걸 택시를 타고 고척동까지 갔어. 그랬더니….

△△△ 대방동?

●●● 대방동? 대방동 아냐. 성남이야. 성남, 성남. 성남으로 갔었지. 떡을 해가지고 뭉게뭉게 가가지고 갔어. 갔는데 김이 먹고 싶대. 김을, 그땐 또 기름 발라서 구워가지고, 차곡차곡 해서 이만한 통에 넣어서. 통닭이 먹고 싶다고 해서 떡하고 해서~, 김씨, 김씨가 우리집에 와서, 경찰들이 화투도 치고 그랬어. 인제 김씨가 먹기 좋아하잖아. 경찰들도 줘야 되니까 화투 치고 있고 나는 고척동으로 가서, [아니] 성남으로 가서 떡을 가져다주고 왔어요. 나중에는 김치가 먹고 싶다고 한대요. 그래서 김치를 이만한 거 두 통에다 해가지고 택시를 타고 김치도 들여주고 왔어요. 그러니까 성남에서 "어디 이런 주인이 있냐", 애들끼리, "니네 주인 같은 주인이 어딨냐", 이런 식으로 소문이 난 거야. 그러니까 면회 나오는 애들한테 부탁을 하면 해가지고 가고, 해가지고 가고, 얼굴은 못 봐도, 얼굴은 못 봐도, 계속 그렇게 해주고. 나중에 또 한 번 가서는 영치금 이만 원 또 넣어주고. 그러니까 선생들도 이모 딸인 줄 알지, 전~

혀 주인이나 포주라고 생각을 전혀 안 하더라고요.

그렇게 해가지고 1년인가 되가지고 얘가 나왔어. 나왔길래, 걔네 엄마가 와가지고 짐을 싹 실어갔었어. 걔네가 천안이야. 엄마가 싹 실어갔는데, 짐이 없어 인제. "그래서, 지영아, 너 이제 담배도 끊었고", 걔네 엄마가 걔 시집 보낼라고 다 해놨다고 하더라고, "얼른 가라. 집에 가서 시집가라. 수용소도 살고 했으니 담배도 끊었고, 그니까 이 생활 고만해라." 내가 고만하라고 했어요, 걔한테. 고만하고 가라. 그 말뿐이 안 했어요. 그랬더니 담배를 탁 피는 거예요. 내가 담배를 딱 뺏었어요. "거기서 너 담배 일 년 동안 안 폈는데 왜 담배를 피냐." 그러더니 왜 그러냐고, 막. 얘가 그런 애가 아니거든. 굉장히 얌전하고 순진하거든. 왜 그러냐고 막 그러는 거야. 살도 통통히 찌고 이쁘고, 담배를 피더라고. 그래서 기숙이 아버지도 인자 그때는 "지영아, 시집가. 엄마 말씀 들으니까는 너 결혼시키려고 다 준비해놨드라." 걔가 이 생활하면서 집에 논도 몇 마지기 사줬더라고, 청량리에서. 지네집이 너무 없이 살았는데 얘가 일해서 이제는 먹고 살 만하다고, 얘 시집만 보내면 된다고 하더라고. "근데 너 왜 그러냐." 필요 없대. 부모도 필요 없고. 그래서 "너 영업은 못해. 너 영업 안 시킬꺼야. 너 여기서 며칠 놀아." 그랬더니 그날 저녁 옵타리돈을 먹고 곤조를 부리는데, 옵타리돈을 막 털어넣고 막 곤조를 부리는데 정말 무서울 정도로, 진짜 얘가 무서울 정도로, 얘한테 이런 면이 있나 싶을 만큼 내가 무섭더라고. 말을 못하고 도망을 갔어요. 내가 저 약이 깨야만 된다, 저 약이 깨야 재가 말을 상대하지, 지금 말을 하면은 큰일 나겠더라고. 도망을 가버렸어. 근데 밤새 뭘 뚜드려 부시고 난리가 났어.

그 이튿날 그게 쉽게 깨지 않더라고. 오후에, 내가 오후에 와가지고 북어국을 끓이고 인자 "밥 먹자" 하니까, 미안하니까 밥 먹으러 안 오는 거야. 방으로 안 내려와. 밥을, 걔는 2층에 있었거든, 오봉에다가 국에 밥 한 숟깔 떠가지고, 걔는 말도 못 해, 미안해서. "너 생각해서 그래. 나도 니가 돈벌어주면 좋아. 하지만 널 위해서 하는 소리지", 지 데리고 있기 싫어서 그런다 이거야. 영업을 못하니까. "니가 영업을 못 해서 데리고 있기 싫은 게 아니다. 그러니까 오해는 하지 말고 있어라. 그래 있자. 그 대신 약은 그렇게 먹지 마라." 그래서 걔가 있게 됐었어요.

그래, 있다가, 한번은 영등포로 간다고 갔어요. 그래서 딴 데로 갔어요. 또 다시 온대요. "오고 싶으면 오고 마음대로 해라." 근데 거기 가서 빚을 졌더라고요. 우리집에서는 빚이 없었는데. "아줌마가 오라고 하니까," 걔는 언니라고 안 하고, 아줌마라고 해. "아줌마가 오라고 하니까, 내가 아줌마한테 잘못을 허고, 나 빚이 있어." "니 돈 가지고 살았는데 왜 빚을 졌냐?" 얘가 타락을 했어요. 지네 언니가 남편하고 살면서 남편하고 사이가 안 좋으니깐 이혼을 한 거예요. 이혼을 하니까 모든 것이 지 생각대로 안 되고, 부모 역시 지가 도와줄 때는 그랬지만, 막상 이렇게 보니까 동생들도 크고 보니까 그렇고, 부모도 그렇고, 언니도 그렇고, 다 지가 이런 생활 하는 거 아니까 저를 멸시한다 이거야. 자기가 몸을 팔아서 돈을 대줬지만은, 자기를 우습게 본다. 나는 그게 싫다…. △△△ 수용소에 가보면, 그런 생각을 갖게 되는 거야. 가족한테 알리게 되잖아.

●●● 응. 응. 그래도 "아줌마는 나를 김치라도 담아다가 주고 이모 딸이라고 하고, 다, 나는 아줌마한테 얼마 있지도 않고 돈도 잘 벌어주지도 못했는데, 아줌마 나한테 일 년 동안 잘했는데", 지네 엄마는 그게 아니었다 이거야. "엄마는 면회 오면 얼굴도 볼 수 있고 그런데도 면회 한

번 안 왔다" 이거야, 응? 짐만 싸갔지. 거기서 애가 그냥 타락을 해요. 그래서 영등포에 있다 딴 데로 갔다는 소리를 듣고 어쩌고 했는데, 약을 너무 먹고 어떻게 했다는 소리를 들었는데 그 뒤로 얼굴을 못 봤어요.

'영업자', "그래도 돈도 벌었고…", "빚도 떼이고…"

●●● 그래도 우연치 않게 그게 될라고 그랬나 어쨌나, 애들이 또 끊기지 않아어. 애들이 끊기지 않고 애들이 꾸준히 있었어요. 애들이 세넷은 있었어요, 쪼그만 집이래도. 그니까 꾸준히 있으니까, 나도 열심히 애들 뒤 봐주고.

근데 목포 사는 애 하나 있는데, 영등포에서 왔는데, 애가 진짜야 또. 〈이옥정을 바라보며〉 넌 몰를 거야, 지은이라고. 눈이 약간 사팔인데, 애는 일수를 내요. 오십만 원 일수를 내면 지네 집에 딱 부쳐. 부치고 일수를 찍어. 두 달에 한 번씩. 꼭 두 달 것을 찍고. 사당동 아줌마 돈 잘 벌었지. 우리 잡아가지고. 긍게 애는 영업을 월등하게 잘한 게 아냐. 31일 영업을 꾸준히 해요, 31일이 영업을 꾸준~히, 낮에부터. 밤에는 단속 있으면 들어가. 일수 끊어 놓고, 어떻게 산다고. 나도 버는 거지. 저 일수 찍은 거 나도 일수 찍고. 그니깐 돈이 벌어지더라고요.

그렇게 했는데 걔로 인해서 또 애가 하나 왔는데, 이거는 진짜 영업자야 또. 걔로 인해서 애가 하나 왔는데 진짜 영업자야. 뭐 얼렁뚱땅 살살살 나가면 사람 하나 끌고 와서 그냥 금방 화대가 올르고. 그 전에는 오만 원을 벌면 나이트를 보내줘요. 오만 원 올리기가 힘드니까. 하루 종일 오만 원 벌기가 힘들잖아요. 만 삼천 원, 이만 원 그렇게 벌지, 오만 원 벌기 힘들어요.

그런데도 어떻게 해가지고, 희선이네 집에서 쫓겨난 애들이 또 우리집으로 온다고 그러면, 언니네 줘라. 약을 먹든 어떻게 하든, 근데 거개다 애들이 약을 먹었어요. 약 안 먹은 애는 처음에 걔. 약을 먹어도, 이 적당하게 먹은 애들이 있고요. 막 일을 못하는 애들이 약을 지나치게 먹고, 일을 하는 애들은 약을 적당하게 먹어요. 그렇게 하니깐, 애들이 있으니깐 일이 되더라고요. 그래서 돈도 참 벌기도 벌었고, 딴 사람들같이 떼돈을 번 것은 아니지만, 내가 살아오면서 내가 돈을 만지고, 그 우리 남편이 공장할 때는 맨 빚에 허덕였는데, 그래도 빚은 없고, 그러니까 애들이 한 번씩 빚을 떼놓고 가면, 내가 왕창 죽어요. (…)

성수네 집에 있는 애들이 둘 있었어. 걔네들이 영업자야. 근데 애 하나가 영업잔데 성수를 좋아해서 성수하고 살다시피 했어. 애는 돈을 벌어 성수를 다 주는 거야. 근데 성수네가 그 장사를 안 하게 돼서, 성수 각시가 안집에 들어앉게 됐고. 근데 걔가 우리집에 온대. 둘이. 인천에 있는데. 근데 인천에서 빚을 땡겼는데 한 사람 앞에 구십만 원씩이래. 영업자니까 구십만 원 아무것도 아니다 이거지. 근데 구십만 원씩인데 백팔십을 가져가야 되잖아. 백칠십, 백팔십을 가져가야 되잖아, 둘을. 그래 전화가 연달아 오는 거야. 그니까 많이 망설였어. 많이 망설였는데. 그때 잊어먹지도 않아. 내가 사당동 아줌마가 절에 다니자고 해서 처음으로 절에 가고 그랬어. 입춘날 절에도 갔다 왔는데, 애네들한테 전화가 왔는데, 걱정하지 말고 그 성수 좋아하는 애가, 그 명애라는 애, 지가 책임을 질 테니까 백팔십만 해달래. 해가지고 인천으로 오래. 걱정도 하지 말고. 그래 인제 참 믿었어. 내가 보는 면에서도 걔네가 영업자들이고. 내가 백팔십 일수를 내서 갔잖아. 갔더니, 아니 백팔십 하지 말고 넉넉잡고 이백을 해오래. 그래서, 일수 내기도 좋고 해서 이백을 해가지고 갔다. 일수 아줌마한테 이백을 해가지고 택시를 타고 갔어.

　　인천에 가서 빚을 땡겨주고 왔는데, 얘네들이 와서는 영업을, 하나는, 명애라는 애는 하루도 안 했고, 이양은 영업을 한 일주일도 못했어. 근데 성수가 만날 불러내가는 거야. 그렇게 해놓고는 장부가 있잖아요. 5일 해도, 장부, 장부 딱 가지고 있어도, 그 빚을 옴싹 떼먹고 가버렸잖아. 성수가 포주로 잡아넣는다고 해가지고, 그 빚을 떼고, 내가 기절을 해버렸어. (…) 내가 기절해버렸잖아. 이백만 원이라는 빚을 갚으려면 이백팔십을 갚아야 돼요. 그 빚 갚느라고, 나는 성수하고 지금도 말을 안 하는 사람이야~.

○○○ 아니, 한동네에서 어떻게 그렇게 할까.

●●● 성수가 데리고 있던 기지배도, 성수가 자꾸만 그렇게 하니까 어디로 가뻐리고. 내가 제~일 큰돈을 뗀 것이 그때 당시에는 걔네들한테 뗀 것이 제~일 큰돈이었어. 그래서 내가 맥을 못추니까는, 희선이도 그러고, "사람도 죽고 사니깐, 사람 하나 죽었다 셈 잡고, 벌어서 빚을 갚으면 되니까, 정신 채리라"고. "이러다가, 언니 이러다가 큰일 난다"고. 기숙이 아버지도 전부 그렇게 하고. 저녁에 나가면 진짜 뭐 맥을 못 추겠어요. 진짜 돈 버는 재미도 없고, 나는 이를 악물고 빚만 갚는 거야. 애들이 떼놓고 가는 것이, 딴 사람들은 다 잡아다가 받기도 잘 하더만, 나는 못 하겠더라고, 그때 당시에도.

밉지 않은 '도망병'

●●● 그러다가 미희가 왔잖아, 미희가. 미희가 숙희 언니네 간다고 하다가, 숙희 언니가 안 된다고, 미희가 나한테 왔잖아. 미희가 도망병 아

냐. 〈웃음〉 애는 영업을 하면, 거기 영업자잖아. 미희는 도망을 가면 영등포잖아. 잡아오면, 잡아오고, 데리고 오고. 걔는 또 기둥들한테 팔려 다녀서 못 살겠어. 애가 귀가 얇으니까 영업자고 허니까 기둥들이 파는 거야, 데려다가.

내가 참~ 대담했어. 경험이 없어서 대담한 거야. 경험이 있으면 무서워서 못 해. 미아리 사형제가 포주를 하는 집에 팔아먹었드라고, 기둥이. 거기를 내가 쫓아갔지. 쫓아갔어. 쫓아갔더니, 빚을 갚아주고 데리고 가든지 하라 이거야. 그래서 내~말이, "내 빚이 먼저니까, 나도 애 인제 싫으니까, 내 빚이 먼저지 않느냐. 당신네들은 애를 보고 준 게 아니라 기둥을 보고 돈 준 거 아니냐. 나는 애가 기둥 데려와서 돈 준 거 아니다. 애 혼자 스스로 와서 돈을 줬기 때문에 나는 애를 돈을 줬고, 당신네들은 기둥을 돈을 줬으니까 기둥한테 받아라." 내가 틀린 말 아니잖아.

막 이런 놈들이, 떡대가 이런 놈들이 들어온 거야. 나 혼자 있는데. 그래서 내가 그때 당시 그랬어, "나도 업주고, 아저씨들도 업주다. 애네들은 철새다. 애네들은 날아가면 철샌데, 언제 어디서 만날는지 모르지만, 우리는 언제 어디서 만나게 될 수도 있지 않느냐, 그러니까 우리 얼굴 붉히지 말고, 얼굴 붉히지 말고 서로 좋은 방향으로 하자." 그니까 내 빚이 걔가 칠십만 원인가 됐을 거야. "나도 애 빚을 다 받지 않겠다." 내가 거기서 살아 나올라니까. "다 받지 않을 테니까, 나도 내 돈 있어서 장사 한 거 아니고, 나도, 누구나 마찬가지지 않느냐. 이 장사하면, 일수쟁이 돈 띤 건 마찬가지 아니냐. 그니까 반~만 받을 테니까, 삼십오만 원만 주고 애를 여기다 두쇼. 그리고 짐을 실어 가쇼." 그렇게 했어. 그러면 알았대. 내일 그렇게 하겠다고. 그렇게 해놓고는 나는 왔어. 얼~

마나 나는 떨었는지 몰라요.

　그때 당시에는 사람 하나 죽여다가 내버려도 모른다고 했어요. 집에 와서는, 막 떨리더라고. 그래 인제 안정제를 먹고. 인제 이 지지배가 조금 있으니까 도망을 왔어요. 택시를 타고…. 도망을 와버렸어요. 도망을 와도 그냥 온 게 아냐, 옷도 속에다 껴입을 건 다 껴입고, 도망을 왔어. "언니 미안해, 인제 안 그럴게." "너 멕일라고 주인이 삼십오만 원 갚기로 했는데, 왜 와~." 그러니까 안 간대, 인제 거기 안 간대. "거기서 빚을 얼마 땡겼냐?" 그랬더니, 거기서 오십만 원 땡겼대. "그럼 니가 얼마 썼냐?" 하니까, 저는 뭐 하나 얻어 입었대. 그럼 나머지는 그 머심애가 다 가지갔대. 그러니 기둥은 잡아내야겠어. 기둥은 잡아내야 되기 때문에, 파출소에 갔어. 파출소로 가가지고 순경한테 얘기를 했어. "미아리에서 우리 애를 팔아먹었는데, 가가지고 합의를 삼십오만 원에 받기로 하고 왔는데, 오늘 기둥이랑 만나기로 했다. 이 기둥을 잡아주라. 이 기둥을 잡아넣어야만이 얘가 사니까." 그랬더니 냄새를 맡았는가 어쨌는가 한 놈도 미아리에서 안 나타나는 거야. 형사들이 깔렸는데 안 나타나는 거야.

　얘는 여기서 영업을 잘 했잖아. 잘~ 했는데, 그러다가 또 도망갔잖아, 응? 또 도망갔어요. 또 도망가더니, 얘는 도망가면 오래 못 있어요. 어디 가서 전화를 해요. "언니, 나 지금 수원에 있으니까" 언니 오래. 또 수원이 어딘 줄 알고 거기를 찾아갔어, 내가. 수원에 찾아가가지고 여관에다 방을 잡아놓고는 골목을 싹 뒤졌어. 뒤지니까 유리관에서 "언니!" 하고 부르는 거야. 우리 친언니라고. 나는 거짓말을 못 해요. 거짓말을 못 해서, 얘가 친언니라고 해버리니까 나는 뭔 말을 해야 될지를 모르겠어, 그 주인한테. 아니, 지가 선수를 쳐. "구정인데 집에 안 와서 나 찾으러 왔어?" 그래서, "그래, 엄마가 편찮으셔서 너 여기 있다는 소리를 듣고 왔다. 그러니까 집으로 갔다 오든지 어떻게 하든지", 그러니까 주인이 왔더라고요. 커피를 타가지고, 난 커피를 안 먹어요. 커피를 타가지고 [와서] 하는 소리가, 집에 갔다 오래. 차비를 얼마를 주냐하면, 돈 삼만 원을 주는 거야. 그래가지고 택시를 탔다. 역전까지 간다고 택시를 탔는데, 나는 택시를 타고 늘 뒤를 돌아보는 거야. 누가 뒤쫓아 오지 않나. "언니, 뒤돌아보지 마. 언니, 뒤돌아보지 마." 막 날 꼬집고, 긍게 고속도로를 들어서는데, 맘을 놓은 거야. 고속도로를 들어서는데.

거기서 두 달 영업을 했는데, 두 달 영업을 잘했어요. 잘했더라고. 장부를 가지고 왔는데, 진짜 영업을 너무너무 잘했어요. 거기는 유리관이고 하니까. 근데 가게에서, [얘가] 먹기를 좋아하니까, 가게에서 무조건 외상 갖다먹고. 그 주인이 어떤 주인이냐, 수원 주인이 어떤 주인인가 하면, 지가 제일 처음 영등포에서 화류계로 빠질 때 그 [집] 아들 집으로 간 거야. 그 집에서 4년 있었는데 계산 하나도 못 해가지고 왔다는데. "너는 미쳤다. 계산도 못 뽑아가지고, 그 아들 집으로 갔냐?" 그래[서] 나는 언니라고 했으니까 못 가고 우리집 종업원하고 우리 아저씨하고 차를 가지고 수원을 갔대, 계산을 보러. 계산을 보러 갔더니, 우리가 계산을 해보면 몇 백만 원 찾아올 돈이 있는데, 돈을 주고 와야 되겠더래요. 돈을 주고 와야겠더래요. 응? 돈을 한 푼도 못 찾고 그냥 왔다.

그래서 걔가 그렇게 오래 있었고, 들락날락 하면서도. 팔려다니기 무지막지 팔려다니고, 뺏아오고 저기도 했는데, 걔는 그렇게 팔려다니는…, 나중에는 내가 걔네 엄마를 불렀어요. 불러가지고, 집에서 다 아니까, 어차피 기둥한테 팔려다니니까, 지네 집도 굉장히 곤란하게 살거든요. "팔려다니면서 빚지는 거, 내가 엄마를 도와줄 테니까 엄마가 협조를 해주쇼. 집에 가 있을 애도 못되고 하니까 엄마가 협조를 해달라. 내가 도와주겠소." 그래서 내가 엄마한테 돈을 줬어요. "애, 집이라도 살려라. 넌 집이라도 살려라. 기둥 좋은 일 시키지 말고 집이라도 살려라." 엄마가 돈을 가지러 오고, 언니가 가지러 오고, 궁색하면 또 돈을 가지러 와요. 그것도 귀찮더라고요. 그래서 끝에 가서는 개한테 이백만 원이 빚이었는데, 집으로 간 돈이었어요. 다 집으로 간 돈인데, 이백만 원을 떼먹고 도망을 가버렸어요. 그래서 인제 포기 상태였어요. 잊을 만하면 또 와요. 오면 인제 내가 싫어요. 왜? 빚을 달라고 그러니까. 걔가 오면 걔네 집에서 돈을 달라고 그러니까.

언제 없어져서 오래됐는데, 언젠가 전화가 와서 보니까 결혼을 해서 애를 낳았더라고요. 애를 낳았더라고요. 잘했다 그랬는데, 또 애를 낳아놓고 도망을 왔는데, 지네 엄마한테 전화를 해서, 지네 엄마가 왔는데, 그 애가 그 남자 애가 아니고, 여기 와서 또 딴 남자하고 잔 애기예요. 그것 때문에 신랑하고 사이가 안 좋은가 보더라고. 그래서 애 낳아 놓고, 작년? 작년까지도 왔어요. 작년까지도 왔는데, 이제 "내가 이런 장사도 안 하고, 안 한다." 그렇게 해가지고는 가고, 지금은 전화가 안 오죠. 이런 장사 안 하는 줄 아니까. 그렇게 애로가 많고요. 남편 죽고 나서도, 돈을 떼고. 진짜 그래서, 거기에서 벌어서 이쪽 집으로…. (…)

용산의 변화

●●● 장사는 했어요. 큰 사고 없이 했는데, 인자 애들은 우리가 그 아파트 쫓겨나고 갈 데가 없어서, 애들을 삼층에다 올리고는, 우리 학생들을 3층에다 올리면서, 그 중간에 문을 해서 잠궜어요. 밤에는 못 내려오게,

밤에는 못 내려오고, 저녁만 먹고 올라가면 자물통을 밖에서 잠궈요. 잠 그고. 애들 일하게고롬 하고, 그니까 참 생활이 굉장히, 애들한테도 미안한 점도 많고, 하다가 보니까, 이런 장사를 하다 보니까 여러 가지로 고마운 사람도 있고…. (…)

어떤 사람은, 기둥이 애를 하나 데리고 왔는데, 섬에서 왔다는데, 절대 얘는 이런 애가 아니야, 〔이런 데〕 있는 애가 아니에요. 그때는 오래 되니까 사람도 볼 줄 아니까. 그렇게 기둥 없이 그 기집애를 불러다가 물어봤어요. "너 어디가 있었냐?" 추궁을 시킨 거예요. "너 바른대로 얘길 해라. 여기 뭐하는 데인 줄 아냐?" 그러니까 안대요. "뭐하는 덴데?", 남자하고 잠자는 데라고 그래요. "그 사람 어디서 만났냐?", 영등포 역전에서 만나서 여인숙에서 자고, 인제 우리집을 데리고 온 거예요. 그래 내가 그 기둥한테, "살라면 애를 나를 주고 가고, 죽을라면 애를 데리고 가라." 그 기둥한테 그랬어요. "살라면 애를 나를 주고 가고, 나는 애 절대 일 안 시킨다. 그러니까 죽을라면", 기둥한테 그랬어요. 그래가지고는 기둥한테서 걔를 뺏었어요. 하루 저녁을 우리 딸 방에 재워가지고, 우리 딸이 그 다음날 고속버스 터미널에 가서 차를 태워주고, 우리 집 전화번호를 적어주면서 그랬어요, "월경이 안 나오면 아줌마한테 전화를 해라." 그런 일도 있었어요. 그렇게 애를 뺏어서.

내가 그 장사를 하면서 우리 딸 동갑짜리도 둬보질 않았어요. 내가 자식을 키우니까, 딸 동갑짜리도 못 두었더라고요. 나이가 많은 애들, 항~상 나이가 많은 애들을 뒀지. 나이 어린 애들 두면 돈 잘 벌죠. 나이 많은 애들을 두니까 아무래도 저기하죠. 그렇게 생활을 하다 보니까, 사람이 악인을 만드니까, 악인을 만드니까. (…) 진짜 그래도, 경험도 많고, 사람을 보면, 거기서 배운 것도 많고….

○○○ 어떤 걸 배운 것 같으세요?

●●● 진짜 사람을 인간답게 해주는 사람은, 그걸 찬성을 못해요. 어떻게 해서라도 그냥 기분을 긁어줘 가면서 이렇게 그냥 비유 맞춰줘 가면서 하는 건 최고고, 지네들 조금이라도 도움이 되게 해줄라고 그러면, 이건 마이너스가 돼가지고 악질이 되고, 그게 그런 게 있고요. 너무 막 좋은 사람은 좋게 취급을 안 해요.

○○○ 용산도 많이 달라졌죠?

●●● 용산이요? 지금은 많~이 달라졌지요. 그전에는 정말로 정말로 영업을 못하면, 막 그땐 애들이 거의 약을 다 먹었어요. 약 먹고 들어가자면, 진짜 연탄재가 방으로 날아가고, 어떤 집이는 연탄재가 방으로 날아가고, 욕 아니면 못하니까, "이 씨팔년들아, 안 나오냐"고, 영업하다가도 손님 몇 개 안 가면 들어오라고, "들어와!" 딱 들어오면 군대식으로 막.

△△△ 옛날에?

●●● 그럼! 군대식으로 무릎 딱 꿇고 앉아서 왜 영업을 이 따위로 하냐고, 나 영업할 때도 그랬어.

△△△ 요즘에가 아니고?

●●● 요즘에는 아니지. 그때 그랬지. 요즘은 진짜 뭐, 애들한테는 막 이렇게 잘하지~.

△△△ 법이 이렇게 되고 난 뒤에 잘하지.

○○○ 그땐 그랬어요?

●●● 그럼. 그럼요. 때리고, 연탄재가 날라가고, 막 말도 못하고 그랬어요. 지금은 공주처럼 대하죠. 그때는 계산을 안 해주기도 했어. 안 해주는 집도 있고, 애들 때리는 집도 있고, 그런 집이는 꼼짝도 못하고.

용산민자역사
성매매방지법 이후 추진되고 있는 용산집결지 폐쇄는 여성들에게 '용산' 이후의 삶을 준비할 것을 강제하고 있다. 용산 지역의 역사를 함께 했던 몇몇 여성들은 전업훈련을 받기도 하고, 새로운 주거지로 이사를 가기도 하고, 난생 처음 직장을 다니기도 하면서 미래를 준비한다. 하지만 더 많은 여성들에게 성매매공간에서의 삶을 떠나는 것은 아직도 막막하고 당혹스러운 일이다. 오랜 세월 익숙했던 것들과의 갑작스러운 결별, 그것은 마치 인생의 굳건했던 무언가를 송두리째 바꾸어야 하는 '변혁'과도 같은 인생의 중요한 계기인 것이다. 사진은 지난 2004년에 완공된 용산민자역사 전경이다.

○○○ 그때는 가게가 많았어요?

●●● 그렇죠.

○○○ 지금보다 많았었나요?

●●● 지금보다 그렇게 많지는 않았지? 지금이 더 많지? 없는 데가 더 생겼으니까. (…) 옛날에는 여인숙 쪽에는 손님이 없었고, 나가서 손님을 잡아야 손님이 있었는데, 어느 땐가부터 여인숙 쪽에 손님이 몰리고, 이쪽에 서 있는 데는…. (…)

'수용소로 간 저금통장'

●●● 그러니까 저런 데 있어도요, 그러니까 야무지게 하는 애들은요. 돈을 벌어가지고 나가는 애도 있어요. 제천 산다는 애는 딱 해가지고 중도금을 걸 땐가, 걸어야 될 땐가, 중도금을 냈는데….

△△△ 얘가 인제 잔금을 해서 내야 되는데 잡혀간 거야, 수용소를.

●●● 수용소를 잡혀, 그래가지고는, 그래서 이 친구〔이옥정〕를, 그때 안 거예요. 이 친구로 인해서 걔를 수용소에서 〔빼냈어요.〕 진짜 대통령 빽도 못 나와요, 수용소 들어가면. 그래서 걔가 그걸로 인해서 수용소 나왔어요. 나와가지고 잔금을 치르고.

△△△ 국회 보사위까지 올라갔어요. 박영숙씨한테 우리가 얘기를 한 거야. 박영숙씨를 어떻게 아냐면 제주도에서 회의가 있어서 안 거야. 어떻게 연결이 돼서 알았는데, 처음에 우리 막달레나의집이 생기고 나서, 했는데 나를 좀 만나자고 해서 간 거야. 근데 뭐 어떻게 한다고, 그 전에 우리집〔막달레나의집 쉼터〕 애를 하나 꺼냈어. 내가. 우리집에 온 애를. 〔걔가〕 선경이였었지. 선경이하고 〔한 업소〕 아가씨하고 싸웠는데, 〔선경

이가 잡혀간 거야.) 나는 경찰서 가서 얘기해서 끄집어 내왔어. (그 포주가) 얼마나 악질이였냐. 그런 게 있어서 사람들이 좀 안 거야. 동네사람들이 걔가 나오면 업주들이 방방 뜰 거라고 했잖아. 이 업주가 제일 지랄했거든. 나와라 이랬었어. 지가 무슨 빽이 있다고 이랬거든. 결국은 내가 끄집어 내왔잖아. 그러니까 이때사 아뭇소리를 못 한 거지. 이때는 이겨야 되겠더라고, 어떤 수단과 방법을 가리지 않고. 애를 못 꺼내면 진다. 애 하나의 문제가 아니였어. 크게, 아가씨 대 포주. 그러니까 금순이가 막 바람 잡고, 이 집(정순희네)에서도, 그 집에 아가씨가 잡혀갔는데, 손썼는데 안 됐잖아.

●●● 넘어가기 전에 경찰서에 돈을 쓰면 됐어요. 그때 당시 한 오십만 원만 쓰면 됐어요. 오십만 원씩 쓰고 수용소 안 넘어가게 해주고 했는데….

△△△ 애는 안 됐거든. 썼는데 안 됐다니까.

●●● 돈을 썼는데도 안 됐어, 걔는. 돈을 썼는데도 안 되고 해서 할 수 없이 이 친구 찾아가서 사정을 했지요. (…)

"좋았던 기억은 없어요"

●●● 그러니까 여기는 어디든지 애를 완벽하게 둘리면 기둥서방을 둬야만 해요. 애한테 딸린 애인을 둬야 되는데, 저는 그 장사 오래 해먹었지만, 그런 사람을 한 번도 둬보질 않았어요. 그런 사람을 둬보질 않았기 때문에, 걔가(미희가) 하면서도 그렇게 팔려다녔지. 그것도 내가 봐준다고 했으면, 데리고 있어라, 방 하나 얻어가지고 데리고 있어라, 그러면 팔려다니진 않았을 거예요. 그런데 못 본다….

○○○ 왜 그러셨어요?

●●● 왜 그랬냐면요. 자동으로 그런 남자가 따르면, 돈이 헤프고, 애는 고생은 고생대로 하고, 또 어느 손님 오래 있으면 오래 있는다고 뚜드려 패고, 다 그런 게 있더라고요, 딴 집을 보니까. (아가씨들이 고생하니까?) 예, 그러니까 난 그게 싫은 거야. 그게 싫으니까, 싫으니까. 거기 있는, 내가 데리고 있는 애들은, 부모도 다 연결이 됐었어요. 부모들이 왔다 갔다 할 수 있고, 전화도 할 수가 있고, 그런 애들을 주로 많이 뒀었어요. (…)

○○○ 거기 있을 때, 가장 좋았던 기억은 뭐예요?

●●● 좋았던 기억은 없어요. 좋았던 기억은…. 너무나 삶이 힘들었고, 밤이 되면 정말 꿈이다 싶었어요, 밤이 되면. 어쩔 수 없으니까 그렇게 했지.

△△△ 너는 재밌게 살았잖아, 외국 여행도 가고. 포주들 모여갖고, 하와이도 가고 그랬다며….

●●● 하와이는 혜성여관 아줌마하고 친목계, 그쪽 친목회에서 하와이를 갔었고.

△△△ 포주들 모여서 뭐도 했잖아.

●●● 선도위원회라고 해가지고, 거기 들어가라고 해가지고, 거기 들어가지고 거기 여인숙회들하고 다 모여가지고, 거기서 나는 안 들어갈 건디, 이쪽 골목에서는 나 하나 들어갔었잖아. 이쪽에, 8통에서는 나 하나만 들어갔잖아. (…) 무허가에서는 나 하나 들어갔어. 다 여인숙이었고, 다 여인숙이었고 무허가에서는 나 하나만 들어갔어.

그래서 나사로네 집 있잖아. 후암동 올라가다 보면 남산 올라가다 보면 고아원 하나 있어. 그 고아원하고 자매결연을 맺었어요. 근데 거기 겨울에 연탄 사줘야지, 김장할 때 고춧가루 사줘야지, 배추 사줘야지, 그걸 해줄래니까 감당을 할 수가 없는 거예요. 인원수는 얼마 안 되는데. 그래서 한 달에 한 번씩 관광을 했어요. 한 달에 한 번씩 관광을 하면, 우리 회원들도 다 회비 냈고, 그러니까… 그것도 어쩌다 한 번씩 가야 사람들 따라가는 거지, 한 달에 한 번씩 가니까, 사람 구하기가, 모집하기가 너무 힘이 들었어요. 너무너무 힘이 들어가지고는. 거기 가서 사진 찍은 것도 있어요. 거기 들어가면 사진 찍은 것도 있어. 지네 집 부자 됐나? 나사로네 집이라고 [지금은] 크게 간판도 걸어놨대. 옛날에는 골목 입구에다 문 앞에다 이렇게 해놨는데, 지금은 길가 한길에 걸어놨어. 그래가지고 연탄 사주지, 고추 사주지, 배추 사주지, 일일 찻집도 했지, 일일 찻집도 했지, 거기 도와주느라고.

△△△ 신나게 놀았네 뭐. 재미있었겠네, 보람 있고, 아무리 포주회라도. 〈웃음〉 (…)

가슴 아픈 기억 : "애들을 한 집에서 키운다는 것"

●●● 밤이 되면 마음이 아팠던 것은, 애들이 학교에서 돌아올 때, 돌아와서 밥 먹여서 올려보낼 때, 문 잠글 때는 진짜 가슴 아팠어요. 가슴 아프고. 그래도 애들이 삐뚤어지지 않고…. 애들을 한 집에서 키운다는 게 제일 많이 가슴이 아팠어요. 그 속에서 키우는 게…. 그니까 애들 처음 어렸을 때부터, 물론 애들은 다 키운 집도 많았어요. 근데 어렸을 때부터 막 거기서 나서 거기서 키웠으면 그게 괜찮은데, 너무나 그런 곳을 모르는 애를 끌고 들어오니까 너무 마음이 아팠구요. [그래도] 우리 애들이라고, 밥 따로 주고 그런 게 없었어요. 다 한 상에서 친누나처럼 친

언니처럼, 해주고. 근데, 그때가 제일 마음이 아팠어요. 애들 고생시킨, 애들도 고생을 많이 했죠~.

애들… 싸우고 그럴 때는, 자식 땜에 얼마나 가슴이 아팠겠어요. 〔애들이〕 무슨 소리 한 일은 없었고. 작은 머심애가 그런 소리를 했어요. 딸이~ 많이 아파서, 지네 아버지한테 손님들이 욕을 하고, 지네 아빠가 곁에 가니까 "그 장사 안 하면 안 돼?" 딸이 쬐그만 했을 땐데, 우리 큰 애는 말이 없고, 작은 머심애는 "아빠가 쓰레기 청소를 해도 그 장사 안 했으면 좋겠다"고. "엄마 아빠가 포장마차를 하면 거기 가서 거들어주고 내 친구들도 데리고 올 수가 있는데", 우리 작은 머심앤 친구들이 많은데, 친구들한테 집에 한 번 못 데리고 오니까. 그게~ 제일 가슴이~. 대학교도 시골로 간다고, 지방으로 간다고, 걔가 지방으로 갈 걸 간 게 아냐. 친구들은 너무 많고, 지네 친구들은 다 서울로 갔잖아, 그런데 우리 아들만 혼자 지방으로 갔어요. (…) 그러면서 "나는 그냥, 나는 가고 싶다"고. "내가 어디로 친구들을 부르냐." 그리고 떨어져서 살 때는, 새벽에 가서 제가 그땐 도시락을 다섯 개씩 쌌거든요, 도시락을. 두 개씩 싸가지고 가고, 새벽에 도시락을 싸놓고는. 엄마 얼굴을 제대로 못 보고 사는 거, 그것이 마음이 아팠다고 그러더라고요. 그런 소리 하고 그래요. "아버지만 같으면 우리 못 가르키는데, 엄마가 우릴…." (…)

없어진다면요? 정말 어떤 때는 제가 인제 지나올 때가 있어요. 〔거기 있을 때〕 포주로 있고 하니까…. 딸도 지방대학교를 가서 일주일에 한 번씩 오고 할 때, 저를 미워하는 사람들이 미성년자가 있다고, 기둥을 뒀다고 진정서를 냈어요. 그때가 여름인데, 오후에 빨래를 해서 줄에서 빨래를 걷는데, 형사 둘이 집으로 들어와요. (…) 들어가자고 하더라고, "나 이 장사 할 때부터 미성년자는 둬보지도 않고, 기둥이라는 사람은 뒤보질 않았다. 내가 우리 딸하고 동갑짜리를 안 둬봤다. 자식을 키우기 때문에, 나이 먹은 애들만 두었다. 우리 딸이 대학을 다니는데, 걔를 보고 미성년자라고 했는지, 우리 아들들이 3층에서 사니까 그걸 보고 기둥이라고 했는지", "물어보시라"고. "옆에 가서, 기둥 있냐고 미성년자 있냐고, 우리 일하는 애들 이 애들뿐이라고, 이 이상의 애들은 없다"고 얘기를 했어요. 서에 가서 조사받고 나왔어요. 그러더니 아들, 우리 가족 등본을 떼오라고 하더라고. 떠갔어요. 우리 딸, 우리 등본 띠니까 다 있잖아요. 그러니까 그렇게 해서 무마가 됐어요.

그렇게도 해보고 어떤 때는 제가 왔다가 그 골목을 지나오니까, 나를 저런 소굴에서 정말 아무 일 없이, 큰일 없이 날 구해내 주셔서. 물론 이렇지만, 내 스스로 이러고 하고요.

어쩔 때는 거기를 놀러를 가요. 놀러를 가고, 놀던 데니까 거기가 좋긴 좋죠. 인제 가면 아는 사람들 있으니까. 언니라고 하는 사람이 살았는데, 숙희 언니 없으니까 거길 더 가기 싫은 거야. 지금은 다 애들만, 애들끼리만 살고, 물론 애들도 이 영업 안 하는 애들도 있지만, 어디 갈 집이 마땅치 않은 거야. 그니까 안 가지지. 안 가져. 그렇다고 [거기서] 내 집이라고 어디 들어갈 구석도 없고.

"주인들도 애로가 없는 것은 아니다"

○○○ 용산 역전 없어진다고 하는데, 어떠세요?
●●● 그래서 보면 돈 안 버는 애들을 보면 저것이 빨리 없어져선 안 되겠다 그런 생각이 들고, 돈 좀 벌고 떵떵거리면서 사는 사람들은 저것도 자식들을 위해서 고만해야 되는데….

저는 사실 며느리 얻을 때도 숨겼어요. 내가 담배 피우는 건, 얘기했어요. "나 담배 핀다." 딸은 거짓말을 못해요. 우리 딸은 신앙이 특별해요. 연애를 하는데…. 그런데 다 얘기하고, 싫다고 하면 안 한다고. 결혼해서 들통 나면 그런데, 그래도 좋다고…. (…)

○○○ 지금 용산역 민자역사가 들어온 게….

●●● 그게 이천 몇 년도에 들어왔잖아? 4년 만에 공사가 끝난다고 했는데….

○○○ 그 새로 생기고 지역을 좀 바꿨나요?

●●● 사는 건 없죠. 바꿔놓은 건, 좀 깨끗해졌다고 할까? 복덕방이 많이 생겼고, 부동산이 많이 생겼더라고요. 동네 자체는…. (…)

저는 정말 거기에서 빽 없이, 빽 없이, 저는 거기서 그걸 할 때는, 그런 신조로 했어요. 물론 법에 어긋나는 장사지만, 미성년자 안 두고~. 미성년자 안 두고~. 계산 안 해주고 막 그러는 게 아니고, 계산 정확하게 딱딱 해주고~. 그걸로 믿고 해먹었지. 무슨 빽이 있어서, 무슨 사고 나면 어디 전화해서 "나 좀 살려주세요" 그런 줄이 있는 것도 아니었어요. 그렇게 해먹었지, 다른 것은 없었어요. 단속이 나와도 미성년자 둔 집은 더 겁을 내고, 미성년자 없으면 그래도 당당하고, 주민등록 다 있고….

○○○ 법이 있기 전에 그만두신 거네요.

●●● 그만둔 지 5년 됐어요.

○○○ 그때 미성년자 있는 집들이 있었어요?

●●● 그럼요. 미성년자들이 없으면, 장사를 못 한다고 하더라고. 유리관 쪽에는 집을 몇 채 가지고 하는 사람이 있는데, 나이가 어린 애들은 길가에다 한길에다 내놓고, 나이가 조금 먹은 애는 또 이 뒤로 가고, 조

금 더 넘은 사람은 이리로 물러나고, 이렇게 차곡차곡 물러난다고 하더라고. 미성년자들은, 안 뒤봐서 모르겠어요.

○○○ 아가씨들도 변하죠?

●●● 변하죠~. 변하죠.

○○○ 옛날 아가씨들하고 요새 아가씨들하고 다르죠?

●●● 그런 것이 있더라고요. 제가 인제 이거를 남편 죽고도 했을랑가 몰라요, 했을랑가 모르는데…. 남자가 있을 때하고요, 남자가 죽고 딱 없으니까요, 벌써 애 자체가 틀려버리더라고요. 이거는 아니구나….
(…)

○○○ 요새는 아가씨들이 약을 많이 안 하나 봐요.

●●● 약을 못 먹죠, 약을 일절 못 먹죠, 그거 하나는 좋아졌죠, 약들을 안 먹으니까, 약국에 가면, (전엔 [약국에서] 그냥 살 수 있었…) 아니요. 남대문에서는요, 그 약을, 업주들이요, 약장사를 했어요. 약장사를 해가지고, 용산에 있는 애들이 남대문에 가서 약을 사와요. 약을 사가지고 와서 그래서 먹고 그랬는데, 사실 저도 약심부름을 했어요. 약심부름을 했어요. 잠 못 자고 시간 뺏기고 그러니까. 지금 삼양동에 산다는 애도 약을 먹었어요. 약을 먹었는디, 얘는 약을 먹어도 지혜롭게 먹어요. 약을 딱 먹어요. 몇 개를 먹으면 내가 오늘 저녁에 일을 한다, 그러면 딱 그거 먹고 나가면, 손님이 없으니 돈을 못 벌었다, 약 값도 못했다고 방방 뛰는 거야. 약 값도 못했다, 약 값도 못했다고, 귀가 따갑게. 걔는, 영혜가 나한테 8년 있었어. (오래 있었네요.) 저한테 있는 애들은 그냥 그렇게 오래 있었어요. 8년을 있었는데, 8년 동안 있었는데, 나한테 "야, 이 가시내야" 소리를 한 번 안 들어봤어요. 왜? 지 처신을 잘하니까. 저녁에 돈을 못 벌으면 아침에 딱 일어나요. 일어나서 딱 세수하고 정좌하

고 밥 먹어요. 밥 먹고 화장하고 딱 나가요. 낮에 돈 번다고, 낮에 돈 번다고 나가서 돈을 벌죠. 낮에 나가서 손님 없으면, "언니, 우리 고스톱이나 한번 치자", 비위 맞춰 주느라고. 그래서 "언니, 마장동에 약 사와." 돈 주면 마장동에서 약도 사다 줘요. 그니까 애는 약을 사다 놔도 얼마 얼마 먹겠다는 거 딱 재고 먹어요. 근데 또 딴 아이는 이거를 수시로 털어넣어요. 수시로, 응? 손님 하나 받으면 또 하나 털어넣고, 손님이 없으면 없다고 와서 털어넣고, 그러니까 약을 사도, 똑같이 사도 애는 먼저 떨어지는 거야. 얘꺼 빌려먹는 거예요. 빌려먹어요. 그 약이 한통에 십오만 원, 이십만 원 가는데, 나중에 칠십만 원까지 갔어요.

△△△ 그게 1000정….

●●● 근데 그 나중에 그 약이 백이십만 원까지도 갔어요. 그 약장사하는 주인은 집을 샀더라고요. 약장사만 해가지고요. 집을 사요. 근데 남대문에서 포주들이 거의 다 약장사를 했어요. 약장사를 했는데, 남대문에 가면 막 주인도 그 약을 먹고 흔들고 있고, 앵벌이들 있잖아, 앵벌이들, 그 사람들도 그걸 먹고 해요. 그니까 그걸 사러 그리 다 모이는 거예요. 근데 남대문에 집중적으로 단속을 했어요. 한 약국은 몇 번 정지 먹고 문을 닫았죠. 또 나오면 또 열어서 또 팔아요. 지금은 남대문이 약을 못 팔아요. 마약으로 들어가가지고 못 판다고 그러더라고. [내가] 이 장사 그만두고서도 얼마까진 [아가씨들이] 약을 먹었는데, 얼마 전부턴 약을 안 팔아서 약들을 못 먹었어요. 그러니까 애들이 좋지요.

그거는 약 먹을 때는, 아침에 돈을 계산해서 돈 통을 열어요. 이거는 누구꺼 이거는 누구꺼 있잖아요. 아침에 다 세서, 애 장부 적고 애 장부 적고 하면, 5일 있다 계산을 하면 계산이 틀려요. "네 장부 가져와라, 네 장부를 가져오면 될 것 아니냐. 나는 저녁에 돈 통을 열 일이 전혀 없다, 아침에만 열지." 그러면 약에 쩔어가지고 적은 걸 또 적는 거예요. 그러니까 미치겠어요. 그러니까 그것도 어쩔 때는 제가 물어줄 때도 있어요. 내가 채워줄 때가 있어요. 그런데 한두 번이 아니잖아요. 그게 자주 오니까는 이제 돈 통을 갖다놓고 "니네도 적어라." 거기다 적어놔요. 아가씨가 분명 돈을 넣고 적었는데 이번에 돈도 안 넣고 적거든요. 그러면 불러요. "너 아까 들어갈 때 돈 넣고 적었는데 왜 또 적냐. 이러니까 계산이 틀린 거 아니야. 이거 지워라, 니 손으로." 그래 지 손으로. "그랬어?"⟨혀 풀린 목소리를 흉내내며⟩⟨웃음⟩ "그랬어?" 지워요. 그런 일도 많아요.

그러니 어쩔 때는 손님하고 싸웠으니 손님의 돈을 내줄 때가 있어요. 손님 돈을 내줘야 가고. 파출소 가면 몇 만 원 들을 꺼~, 이 사람 그거 내주면, 돈이 조금 들잖아요. 그래서 그 손님을 나가라고 해서, 애들은 "돈 내주면 안 돼!!" 얘는 돈 내주면, 사생결단을 해보자는 거예요. 그냥 손님한테 슬쩍 내주고는 그냥 개한테는 달아줘요. 달아줘요. 안 내줬다고 하고.

험한 꼴도 본 일 있어요. 한 번은 그런 일이 있어요. 군인 장교였어요. 너무 취해가지고 뒷집에 갔다가 오바이트를 해놓고, 우리 부엌에 오바이트를 해놓고 나왔는데, 비가 왔어요. 그 골목에 쓰러져 자는 거예요. 자길래 우리는 방이 비어 있으니까 "저 사람 데려다 재우자." 그래서 그 사람 데려다 재웠죠. 장교예요. 계급도 대위예요. 딱 재웠어요. 옷을 베낄 것도 없이, 그냥 그 사람 데려다 그냥, 비가 오니깐, 가을비니까 춥잖아요. 그래서 들여다 재웠는데, 아침에 일어나더라고요. "아저씨, 세상에 어제는 술을 얼마나 드셨길래, 우리 부엌에 오바이트 해서 골목에 쓰러져 주무시는 거 우리가 모셔다 재웠어요." 그랬는데 이 사람이 어딜 갔냐면 파출소를 갔어요. 파출소를 가지고 돈이 오만 원이 없대는 거야. 우리집에서 잤는데 호주머니에서 떨어갔다는 거야. 정말 이거는 막 환장하겠잖아요. 팔짝팔짝 뛰다 죽겠잖아요. 좋은 일은 좋은 일대로 했는데, 할 수 없이 돈 오만 원을 준 거예요. 그때는 정말 너무너무 억울하고 막 눈물이 나. 그 뒤로부터는요, 정말 불쌍한 사람이 있고, 동정해주고 싶은 사람이 있어도 안 재워요. 안 재워요. 저 사람 재워주고 내가 또 무슨 벼락을 맞으리, 안 재워요. (…)

애로가 많아요. 주인들이라고 애로가 없는 게 아니라. 근데 거기서 있을 때 그냥 항상 두근두근, 밤에는 단속 있어서 두근두근, 싸워도 두근두근. 나는 우리 식구가 아니면 나는 천하 없이 싸워도 싸움 구경을 안 가요. 우리 식구가 싸우면 나가도, 옆집에서 대가리가 터지게 싸워도 난 구경을 안 가는 사람이에요. 겁이 나서. (…)

상철이네 할머니한테 술 먹은 사람이 노인네한테 욕을 하고 막 했어, "세상에 당신은 부모도 없냐"고, "어디 나이 잡순 양반한테 욕하고 그러느냐"고, 술 먹은 사람이 나를 확 이렇게 하는데 꽉 넘어지는데, 벽돌 위에 넘어져서 갈비뼈가 나갔잖아, 금이 갔잖아. 일어나지를 못하는 거야, 일어나지를 못해가지고는 와가지고 그 사람 잡아가고, 나를 일으키려니 일어날 수가 있나, 여기가 나갔는데. 경찰들만 다니는 병원이 있어요. 원효로 어디 병원에 복도도 좁은데. 막 올라가는데, 자지러지게 아픈 거야. 큰 병원에 가라고, 중대부속병원이니까, 가니까 갈비뼈가 두 개가 금이 갔대잖아. 진짜 누워서 그냥 그대로 움직이질 못하는데, 그 이튿날 누나하고 그 사람하고 합의를 보러 왔더라고. 근데 너무 형편이 어려운 사람이야, 그래서 백만 원에 합의를 봐줬잖아. 병원비는, 싸운 거라서 보험도 안 되잖아. 삼백만 원이 넘게 나왔어요. 〈웃음〉 (…) 그래서 금 가고 나서 고생 많이 했어요, 늑막염으로 갈 수도 있다고 그래서 그랬는데, 진짜 그때 누워서 생각할 때, 나는 싸우는 데는 일절 말 한 마디도 하지 말아야겠다. (…)

그 전에 어떤 집이는 아가씨들이 많았어요, 돈도 잘 벌고. 밥 먹을 때만 딱 모여요. 밥 먹을 때만 모여요. 흩어지면 딱 자기 방으로 가. 말도 못하게 해. 목욕도 같이 못 가게 해, 목욕도 주인이 델고 갈 때나 갈까. [요즘은] 돈 좀 있는 애들은 출퇴근 그랜저 끌고 다니는 애들도 있더만. 보광동 쪽으로 용산 아가씨들.

그 전에는 밤 영업을 했잖아요. 나도 보기 싫고, "우리 들어가 자자" "딴 주인들은 들어가 자자는 말 안 하는데, 언니는 우리보다 먼저 들어가 자자고 그러냐"고, 그걸 가지고 약을 먹고 깐죽거리는 거야. "왜 돈 버는데 들어가 자자고 그러냐"고.

그때는 여름에는 평상, 그걸 갖다 놓고 잠을 자고, 근데 미희가 도망을 갈라고 그러며는 초저녁부터 잠이 와. 도망을 갈라고 그러면 잠이 와. 잠이 묘해. "오늘 저녁 왜 이렇게 잠이 오냐. 미희가 도망갈라나 보다. 미희가 어디 도망갈라나 보다." "왜~", "언니가 잠이 오네." 그럼 걔가 구룬산을 잘 사줘. 도망을 다녀도 밉지를 않았어요. 떼먹고 도망가도 미운 놈 있고 이쁜 놈 있다고 그러잖아요. 저녁마다 우루사 하나하고 구룬산 하나를 사다줘요, 졸지 말고 저 봐달라는 거야. 저녁에 인제 나가, 나가면 우루사하고 구룬산을 사다 줘, 그냥 그거 먹어. 야단을 맞아도, 그걸 사다줘요. 야단을 맞아도, 야단을 맞아도…. 〈끝〉

<< 에필로그

정순희씨와의 인터뷰는 자녀들의 방문으로 중단되었다. 인터뷰가 확실히 마무리된 것은 아니지만, 그렇다고 '중단'이라고 하기도 적합하지는 않다. 이미 대화는 같은 자리를 맴돌고 있을 만큼, 마무리되어 가던 참이기도 했다. 이른 오후부터 시작된 인터뷰는 짧은 겨울 해가 뉘엿뉘엿 져가는 저녁 무렵까지 진행되었고, 정순희씨는 자신이 할 수 있는 이야기는 이미 다 했다고 여기는 듯했다. 집을 나서면서, 다음에 다시 한 번 이야기 나눌 기회를 허락해줄 수 있느냐는 부탁에, 정순희씨는 선뜻 그러마고 약속해주었다. 이미 나눈 이야기 중에서 몇 부분은 더 깊이 물어보아야겠다고, 그래서 한 번쯤 더 보충 인터뷰 기회를 만들어 '빈 곳'을 채워보아야겠다고 생각했던 당시의 막연한 계획은 인터뷰 내용을 확인하면서 훨씬 엷어졌다. 비슷한 자리를 맴도는, 연상에서 연상으로 이어진 분방한 대화였다는 처음의 인상과는 달리, 그때의 대화가 의식, 무의식적으로 설정한 '이야기할 수 있는 범위'의 선명한 경계 안에 완결된 이야기였을 수도 있다는 생각을 인터뷰를 서너 번 되풀이해 들으면서 갖게 되었다.

그래서 두번째 방문은 보충적인 인터뷰를 위한 것이 아니라, 이미

했던 인터뷰 공개에 대한 동의를 얻기 위한 것이었다. 잠시 찾아뵙겠다는 전화에, 오전 시간을 비워준 정순희씨는 매일 다니는 운동도 쉬고 나를 맞아주었다. 지난번에 이루어진 인터뷰를 부분적으로나마 그대로 사용하려고 한다는 말에, 정순희씨는 당장 난색을 표했다. 정순희씨는 막연하게 자신의 인터뷰가 내 '논문'에 간접적으로 쓰일 것이라고 생각하셨던 듯하다. 원하지 않는다면 공개하지 않을 것이라는 약속에 일차 안심하고 난 후, 지난 대화 내용 중 공개를 원하지 않는 부분을 제외하고 가명 등을 사용하여 인터뷰를 한 사람이 누구인지를 밝히지 않게 한다는 제안에, 정순희씨는 여전히 조심스럽지만 부정적이지만은 않은 반응을 보였다. 정순희씨는 아직도 용산 역전 집결지에 남아 있는, 이 이야기의 주인공이 누구인지 알 수 있을 법한 사람들을 의식한 것이다. 원고가 완성되면 문제가 될 만한 부분이 있는지 확인한 후 결정하겠다고 유보했다.

녹음기를 켜지 않고, 인터뷰하려는 의도 없이, 지난번에 했던 이야기를 내가 어떻게 이해했는지 확인하는 중에, 정순희씨는 의외로 선명하고 또렷하게 자신이 했던 그 일, '아가씨 장사'는 '나쁜 일'이었다고 평가했다. "그렇게 써도 될까요?"라는 질문에, "그렇다"고 선선히 대답했다. "그래도 업주 없이 아가씨가 있겠느냐고 말하는 사람도 있다"는 나의 눈치는 질문에 대해서도, "힘겨운 일, 자신의 소중한 부분을 파는 아가씨가 번 것을 나눠먹는 포주는 나쁘다"는 여지없는 평가가 이어졌다. 나쁜 일인 줄 알지만 어쩔 수 없어서 했고, 그래서 자신은 "더 이상 나쁜 짓을 할 수는 없"어서, 아가씨들을 착취하는 기둥이나 소개업자와는 선을 대어본 적이 없었다고 했다. 그럼에도 현재 자녀들이 겪는 어려움이 자신이 '나쁜 일'을 했기 때문에 받은 업은 아닐까라는 회한의 속

내를, 붉혀지는 눈시울과 함께 내비쳤다.
 당시 정순희씨는 우울증 약을 복용하고 있다고 했다. 그녀의 우울은 자녀들의 경제적 어려움, 그리고 그것을 도울 경제적 능력이 자신에게 없음에 대한 답답함이 그 원인인 듯하다. 그러나 자녀들에 대한 이 안타까운 사랑은 '언제나 이 일을 그만 둘 거냐'는 자녀들과 했던 약속을 지켜낸 것으로 위안된다.

고양자씨와의 인터뷰 5

그 절실한 꿈, 용산 밖의 삶

고양자, 엄상미

<< 프롤로그

용산 밖의 그녀를 찾아

"저 보신 적 있지요? 기억나세요?"
방문하기 전까지는 내가 모르는 사람이라고 생각했었는데 막상 얼굴을 보니 언제인지 정확히 알 수는 없으나 '그 골목'을 드나들 때 몇 번쯤 본 적이 있는 듯 낯이 익었다. 고양자씨는 그저 "이, 알어"라며 건성으로 답을 했는데, 내가 막달레나의집에서 왔다는 그 이유 하나만으로도 누구인지 자세히 알 필요는 없다는 듯 대했다. 마지막 작업을 마치고 헤어질 때에도 내 이름을 기억하는지 물어보니 "이. 아니 됐어, 막달레나의집이잖아"라며 내 이름쯤은 그리 중요한 게 아니라는 듯 말했다.
 고양자씨와 인터뷰 약속을 잡기 전에 먼저 전화통화를 했는데, '이리 꼬불, 저리 꼬불' 이어지는 자기 집을 찾아오는 것이 어려울 거라며 '이씨 아저씨'에게 전화를 해놓을 테니 그를 만나 집으로 오라고 했다. 이씨 아저씨는 오랫동안 용산에 살며 아주 잠시 아가씨들을 데리고 일했던 사람인데, 그 골목 사람들과는 잘 알고 지낸다. 고양자씨가 전화로 이씨 아저씨에게 부탁하는 게 좋겠다고 말하는 것이 꼭 잘 아는 친척네를 두고 하는 말처럼 가까운 사이로 여겨졌다. 이씨 아저씨는 현재 별달리 하는 일은 없고 간혹 고양자씨가 무언가를 부탁하면 기꺼이 도와주곤 하는 옛이웃이다. 이씨 아저씨를 만나기로 한 그 골목으로 가니 그는 이미 먼저 도착해 초롱 언니네로 들어가 언 몸을 녹이고 있었다. 초롱 언니네 집을 모르고 있던 나는 그 골목에서 "초롱 언니!"라고 소리쳐 집을 찾아 들어갔고, 그 집에서 초롱이(강아지)를 주제로 한동안 수다를 떨다 이씨 아저씨를 따라 고양자씨가 살고 있는 집으로 갔다.

이씨 아저씨는 모처럼 자신에게 소일거리가 생긴 것을 매우 기뻐하는 것 같았다. 전철을 타고 이동하면서도 연신 그 특유의 '흐흡~쩝' 입맛 다시는 듯한 제스처를 해보이며 고양자씨 집으로 가는 길을 소상히 알려주었다. 고양자씨가 다른 동네로 이사를 할 때도 직접 도와줬다고 말하는 그는 "[같이 사는] 아저씨가 있긴 있어도 만날 늦게 들어와서 무척 심심할규, 쩝"이라는 등 묻지도 않은 그녀의 근황에 대해서도 이런저런 얘기를 들려주었다. 고양자씨는 우리가 올 것을 알고 미리 문을 열어놓았는데, 들어서니 온 집안은 반들반들 윤기가 날 정도로 깨끗이 정돈되어 있었고 식탁 위에는 우리에게 대접하기 위한 소박한 음식들이 깔끔하게 챙겨져 있었다.

고양자씨는 미리 대사를 준비라도 한 듯 엉기적거리는 몸놀림으로 '잽싸게' 이씨 아저씨에게 밥을 챙겨주며 어눌한 말투로 "미안하지만 아저씨는 먼저 드시구 가슈, 이?"라고 말했다. 이씨 아저씨는 아무런 토도 안 달고 마치 자기 집에 온 듯, 밥그릇과 주걱을 들고 작은 방으로 가 손수 밥을 퍼다 착한 학생처럼 숟가락으로 꾹꾹 눌러 퍼가며 다 먹고는 일어서 다시 용산을 향해 갔다. 이씨 아저씨가 가자 고양자씨는 "아니, 문 얘기를 하래? 나 옛날 얘기하라메? 근데, 저 아저씨 앞서 어떻게 내 이야기를 해. 아무리 아는 사이래두, 저 아저씬 몰르…. 그르니까 미안하지만 먼저 가라고 한 겨"라며 좀 전에 이씨 아저씨를 급히 보낸 이유에 대해 설명했다.

녹음기를 켜며

나는 성매매현장을 경험한 여성들이 자신의 현재적 삶을 어떻게 인식하고 있는지, 그들이 생각하는 삶의 가치는 무엇인지 알고 싶었다. 현장에서의 고단한 삶 속에서도 질긴 생명력으로 자신의 삶을 책임지고 있는 밝고, 쾌활하고, 개성 있는 누군가를 만나고 싶었다. 그러던 중에 고양자씨의 이야기를 듣게 되었다. 그녀에 대한 얼마간의 사전정보로 용산에서 오래 살았고, 그녀의 집에는 항상 많은 여성들이 드나들었으며, 건강이 안 좋고, 용산 시절에 만난 한 남자와 살고 있고, 욕을 잘 하고, 재밌는 사람이라는 정도를 들었다. 내가 고양자씨에게서 기대했던 내용은 그 질긴 생명력이 담긴 '여성들의 스토리'들이었으며, 부가적으로 용산을 떠난 그녀가 여전히 용산에서의 삶에 익숙해 있고, 그곳 사람들을 그리워하는 생활을 통해 집결지 내에서 형성된 그녀의 삶의 자원에 대해 알고 싶었다.

 이러한 배경으로 나는 첫 인터뷰를 앞두고 그에 걸맞는 여러 질문들을 준비해갔다. 처음 인사를 나눌 때와 달리 점점 이야기가 풀어질수록 내가 그녀에게서 받은 인상은 한 마디로 '사는 것의 귀찮음'이었다. 점점 불구가 되어가는 몸을 이끌며 가까스로 삶을 연명하는 듯 느껴지는 그녀에게 내가 준비한 물음들은 그야말로 사치처럼 여겨졌고, 어쩌면 내가 준비한 질문 목록들이 쓸데없는 것이 될 수도 있겠다는 생각이 들었다. 게다가 그녀는 내가 꺼내놓은 디지털 녹음기에 강한 거부감을 보였다. 인터뷰를 응낙하기는 했지만 인터뷰가 무엇에 쓰는 물건인지 도통 알지 못했고, 한 가지 분명히 아는 것은 살아온 이야기를 솔직히 해야 한다는 사실뿐이었다.

"아유, 내 이름, 내 목소리 나가면 안 돼야."

왜 녹음을 해야 하는지 설명하고 동의를 구하자 그녀는 자신의 존재가 드러나는 것에 극도로 민감했다.

그녀는 자기가 살아온 얘기를 새삼스레 꺼내 놓아야 한다는, 인터뷰에 대해 잔뜩 곤혹스러움을 품고 있었다. '어쩌다 보니' 그 곳에서 살게 된 한 주민으로서 자신이 인식되기를 바라는 듯 느껴졌다. 그토록 오랜 세월 성매매와 관련된 삶을 지속해왔음에도 그녀는 행여나 자신이 그와 같이 연관되어 보이는 것에 여전히 예민하게 반응하며, 또한 두려워하는 듯 보인다.

그나마 이 만남을 받아들였던 이유는 이옥정 대표의 권유와 그 권유 안에 품어져 있을, 병원조차 쉽게 갈 수 없는 처지의 자신을 도와줄지도 모른다는 기대와 매일 똑같이 되풀이되는 자신의 지루한 일상 속으로 누군가 들어와 준다는 이 세 가지 까닭이라고 여겨졌다.

선명한 기억 : 첫사랑에서 "근육말라병"까지

육십육 세의 고양자씨는 42년 동안 이어졌던 용산에서의 생활을 정리하고 남편과 함께 '조카딸'이 얻어준 전셋집으로 이사를 해서 살고 있다. 현재의 남편과는 정식으로 혼인을 한 것은 아니지만 용산 시절에 만나 십여 년째 함께 살고 있다. 고양자씨는 자신의 실제 나이를 빼고는 살아온 연대를 어떤 것도 명확하게 구술하지 못한다. 스물네 살에 사랑하던 남자의 죽음을 계기로 자포자기 하는 심정으로 용산에 발을 들여놓게 되었다. 노년의 나이로 접어들면서는 손님을 소개해주기도 하며 생계를 이어갔고, 어느 때부터인가 자신의 방을 화투방으로 내주어 근근이 생활하던 중 '근육말라병'(근이영양증) 진단을 받고 점점 근육을 사용할 수 없게 되는 불치의 삶을 살고 있다. 함께 살고 있는 동거남은 경제적으로 아무런 도움을 주지는 못하지만 현재 그녀가 의지하고, 도움을 받을 수 있는 '유일한' 사람이다.

그녀는 용산생활에서 얻은 것이라고는 병든 몸뿐이라고 생각한다. 해서 용산을 떠나온 것을 비록 너무 늦기는 했지만 '바람직한 일'로 여기고 있으며, 용산이 얼마나 힘든 곳인지 강조하며 이야기한다. 하지만 그녀는 다른 지역으로 이사를 했음에도 용산에서 살아냈던 방법과 관계, 자원에 여전히 익숙해 있는 것 같고, 때로는 그곳에서의 생활을 그리워하는 듯 보인다. 지금 살고 있는 동네는 지나다니기도 힘든 "고바우길(오르막길)"인가 하면 목욕탕에는 "가이당(계단)이 세 개"나 있고, "택시도 잘 안 잡히"고, "멸치에서도 뜬내가" 난다. 하지만 용산의 목욕탕은 "가이당이 없"고, 택시도 잘 잡히며, 멸치도 우거지국 끓여 먹기에 훨씬 낫고, 유선방송도 더 잘 나온다.

그럼에도 현재 살고 있는 집은 용산에서는 꿈도 꾸지 못했던 도시가스에 수세식 변기가 있는 욕실이 달려 있어 좋다고 한다. 헌데, 어쩐 일인지 그 곳에서는 '돌아이'가 될 것 같다고 말한다. 반면 용산의 그 골목에서 "아우 니네 제발 좀 집에 좀 가라"고 아무리 구박해도 자신의 방을 사랑방 삼아 드나드는 용산 여성들에 대해 이야기할 때는 목소리에 힘이 느껴지곤 했다.

고양자씨와의 인터뷰에는 성매매에 얽힌 특별한 사건이나 강력한 의견이 없다. 하지만 그녀는 자신이 용산집결지로 흘러들어간 배경이 된 첫사랑의 경험과 용산집결지에서 벗어날 즈음 '근육말라병'에 대한 진단을 받게 된 그 두 가지 장면에 대해 놀랍도록 정교하게 기억해내며 감탄이 날 정도로 섬세하게 재현해낸다. 길었던 성매매집결지에서의 삶을 살아내며 성매매에 얽힌 그 숱한 일화들이 더 이상 유별스런 일이 아닌 것이 되어 버린 고양자씨에게 이 두 가지 기억은 그만큼 생생하며 특별한 경험이다.

인터뷰 대상이 되어 성매매와 관련된 자신의 삶을 풀어내는 그녀는 아마도 인식하지 못했을지도 모르겠지만, 그토록 선명한 두 가지 기억이 참으로 공교롭게도 성매매로 얼룩진 삶의 처음과 끝으로 연결된다. 스물넷의 나이에 첫사랑의 아픔을 가슴에 묻은 채 흘러들어온 그녀는 혼자 힘으로 걷지도 못하는 몸이 되어 누군가의 부축에 의지한 채 "결국 이렇게 돼서 나가는구나"라며 하염없이 눈물을 흘렸다. 고양자씨는 그렇게 길었던 용산에서의 삶을 끝냈다.

죽음과 소망이 뒤섞이는 꿈

자기 삶의 이력을 더듬는 것이 낯선 일이기도 하지만 당장 '오늘 하루'를 가까스로 살아내는 그에게 살아온 과정의 연혁을 따져보는 일은 어쩌면 덧없고 의미 없는 일일 수도 있겠다. 고양자씨는 간간이 던져지는 "그게 언제예요?"라는 나의 질문에 "그 전에", "옛날에"라고 답을 하기 일쑤이다. 자신의 감정에 대해 묻는 질문에도 "그냥, 그랬어"라고 답을 하거나 아예 묵묵부답 혹은 에둘러 다른 말을 찾는 것으로 자신의 감정을 중요하게 다루지 않는다.

또한 간혹 등장하는 동료들에 대해 그녀는 나름대로의 기준을 적용하며 이야기했다. '좋은 이야기'는 얼굴에 웃음꽃을 피우며 그 사람의 이름이며, 그와 얽힌 일화까지 세밀하게 얘기하는 반면, '나쁜 이야기 혹은 불행한 이야기'에 관해서는 극도로 말을 아끼며 조심스러워했다. 특히 '아가씨'였다가 '포주'의 삶을 살았고, 그 지역에서 벗어난 여성들의 이야기에는 그들의 프라이버시를 지켜주려는 듯 아예 말머리를 돌리거나 못 들은 척 일관했다. 하지만 자신이 지금 어디가 아픈지, 그 아픈 상태는 어떠한지에 대해서는 묻지 않아도 세세하고 강력하게 의사표현을 하곤 했다. 한참 열띠게 이야기를 나누다가도 어느 순간 우리의 인터뷰 주제는 건강, 병, 사회복지 등으로 옮겨가 있곤 했다.

인터뷰를 하기로 하고 그녀의 '말'이 디지털 녹음기에 슬금슬금 남겨지는 그 처음 얼마 동안 나는 '그를 위해' 작성한 질문목록을 과감히, 말끔히 지워야만 했다. "내가 저기 스물네 살에 왔어"로 시작되는 고양자씨의 이야기는 어떤 결단의 과정을 거친 듯 담담히 이어졌다. 흡사 고해성사와도 같이 자신의 삶을 힘겹게 토해내는 그에게 삶의 가치를 운운하는 나의 질문들이 얼마나 덧없는 것인가, 아니 그런 질문을 던지는 나는 얼마나 잔인한가 싶은 생각이 들어 그저 조용히 그녀의 이야기를 들을 뿐이었다. 종종 디지털 녹음기가 제대로 작동되고 있는지 넌지시 확인하는 것조차 미안스럽게 느껴질 정도였다. 바람 한 점 없는 호숫가의 물결처럼 잔잔하게 웅얼거리던 그녀가 약간 흥분하거나 모처럼 기뻐하며 이야기하는 대목에서는 나도 덩달아 신이 나 맞장구를 치곤했다.

첫번째 인터뷰에서는 매우 어색하게 마치 어쩔 수 없이 고백하듯 이야기했다면, 두번째 인터뷰에서는 자신의 과거 이야기를 또 해야 한다는 생각에 여전히 부담을 갖기는 했지만 그래도 모처럼 말 통하는 사람 만난 듯 반가워하며 나를 맞았고, 더러 욕을 섞어가며 재밌는 이야기를 해주기도 했다. 이미 밥 때가 지났음에도 자기는 먹을 수도 없는 고기반찬을 해놓았는가 하면 예쁜 컵에 물만 부으면 곧바로 마실 수 있도록 커피를 타놓고 나를 기다렸다. 고양자씨는 사양도 못한 채 두번째 점심을 먹고 있는 나를 살짝 흘겨보며 "지난번에 얘기하고 난 다음에 을메나 아팠나 몰러. 아마도 너무 오랜만에 얘기를 많이 해서 그랬나?"라고 말했다.

　　병을 앓고 있는 고양자씨는 말하는 것을 매우 힘들어하긴 했지만 첫사랑, 건강, 음식 만드는 법, 자기 방에 모여드는 여성들이 자기를 따랐던 이야기 등 자기가 하고 싶은 이야기는 매우 즐거워했다. 자신의 현재와 앞으로의 인생에 즐거울 게 뭐가 있겠느냐고 반문하며 "자는 듯이 죽었으면, 자는 듯이 죽었으면" 하고 버릇처럼 되뇌면서도 아마도 이뤄지지 않을, "책상 한 두세 개짜리, 떡볶이 같은 거, 오뎅, 국수 같은 거"를 팔 수 있는 식당을 "쪼그맣게" 내는 꿈을 얘기한다.

묻힌 목소리

인터뷰를 다 마치고 한참이 지나 녹음내용을 확인하고서 나는 얼마나 당황했는지 모른다. 어쩐 일인지 녹음기에 남겨진 그녀의 말들은 낱말이 낱말을, 단어가 단어를, 감정이 감정을 먹어버린 듯 직접 이야기를 들은 나조차도 도저히 알아들을 수 없는 상태였다. 내 뇌리에 분명하게 남아 있는 인터뷰 내용 중 상당 부분이 어딘가로 증발되어 단지 '아', '어', '으' 정도로만 남겨져 있었다.

녹음상태를 듣고 또 들어도 도무지 무슨 소리인지 판독이 되지 않았다. 알고 보니 내가 사용한 디지털녹음기에는 '노이즈 제거 기능'이 있어 평소에도 주의를 기울여야만 알아들을 수 있는 그 불분명하고 작게 이어지는 그녀의 말들을 소음으로 인식해 그렇게 친절히 제거를 해주었던 것이다. 그러나 고양자씨보다 녹음기로부터 더 먼 위치에 있던 나의 목소리는 상대적으로 지나치리만큼 명료한 상태로 남아 있었다. 녹취록을 확인하며 마치 선무당이 춤추듯 종이 위에 함부로 휘갈겨진 채로 남겨져 있는 나의 목소리, 그 낱낱의 문장을 마주 대할수록 내가 그에게 행했을지 모를 무언의 횡포가 느껴져 곤혹스러웠다.

오랜 세월 동안 묻어둔 이야기를 열어놓으며 남몰래 가슴앓이를 했건만 결코 녹록치 않았던 한 여자의 역사는 그렇게 지워져 있었다. 힘겹게 토해낸 그 이야기를 지키지 못한 나에 대한 질책과 함께 인공위성이 길을 안내해주고 전화 한 통화로 많은 것이 해결되는 이 시대에 한평생 고단한 삶을 살아야 했던 이 노년의 삶이 한낱 소음이거나 시답잖은 소리가 되어 정교하게 제거되는 이 모순적인 상황에 나는 한동안 말을 잃었다.

말을 할 때나 아주 작은 움직임에도 바스락거리는 소리가 날 것 같은 그녀, 다 말라버린 에너지로 오늘 하루도 사력을 다해 자기에게 주어진 낯선 동네, 그 사각의 낯선 공간에서의 삶에 최선을 다하고 있다. 나는 이 작업을 진행하는 동안 병든 몸에 대한 최소한의 존중과 배려, 그리고 오늘 하루의 외로움과 무료함을 함께 나눌 '관계'에 대해 생각했다. '첨단'의 도구에 묻혀 함부로 토막난 채 남겨져 버린, 42년 동안 성매매집결지 안에 머물러 있던 한 노년 여성의 목소리가 여전히 내 뇌리에 웅얼거리는 듯하다.

<< 고양자씨와의 첫번째 대화*

"내가 저기 스물네 살에 왔어"

엄상미(이하 ㅇㅇㅇ) 요새는 저런 걸 써요〈녹음기를 가리키며〉. 언니 인터뷰라니깐 너무 겁나세요?

고양자(이하 ●●●) 내가 저기 스물네 살에 왔어. 스물네 살에 와가지고 일을 했어. (…) 그게 하기 싫어서 또 펨푸를 했어, 손님 모셔가지고. 또 그러다 보니깐 오래 있으니깐 주인 노릇도 했어. 주인 노릇도 했는데, 애들이 빚도 떼먹고 도망가고 사고 펑펑 터지고 (돈도 못 버셨겠네…) 돈도 못 벌고, 그래가지고 종국에는 보증금 다믄 얼마라도 건질라고 그 집을 내놨었어. 내놔가지고 거기서, 삼백을 건졌어. 그래가지고 건져가지고 나왔어, 나와 가지고서는 저 우체국 뒤에서 방을 얻었어. 얻어가지고서는 또 있자니 또 그것을 까먹지. 까먹고 그러고 나니깐 이제 또 달방 세를 얻었어, 방 두 개를. 그때만 해도 하루에 삼천 원씩이야, 방 하

---

*녹취록의 상당 부분이 손실되어 그 중 녹취상태가 양호한 부분을 위주로 발췌하였으며, 고양자씨의 요청으로 생애 일부분을 본 녹취록에서 제외하였다.

나에. 방 두 개를 얻어가지고 하나는 내가 쓰고 하나는 애기 있는 사람, 네 살 먹은 머슴아, 두 살 먹은 딸, 그걸 데리고 왔어. 그래서 걔들 내가 하나 업고 하나 걸리고 개 엄마 데리고, 내가 업고, 막 돌아가면서. 근데 개가 바람둥이야. 〔애들을〕놔두고서는 나가가지고 열흘도 좋고 십오 일도 좋고 그래.

애들은 내가 우유 사 멕이고, 밥 멕이고, 빨래 내가 다 빨아 입히고 그러다 보니깐 개도 갔어. 그 전에 장사하던 빚이 홀딱 남아가지고 인제, 애들 인제 출퇴근하면서, 일수쟁이한테 얻어서 방 얻어서 출퇴근하지. 그래서 사고 나지 뭐하지 나한테만 빚이 홀딱 나자빠지고, 애들 하나도 없어서 장사를 못 하잖아. 그러다 인제 〈가래 고르는 소리〉 방을 인제 하나만 썼어. 하나만 쓰고서는 무녀리〔말과 행동이 조금 모자란 듯한 사람을 비유하는 말〕같은 애, 같이 장사도 못하는 애, 나도 그때 배를 무척 곯았지만 개도 배를 무척 곯았어. 그니깐 진짜 할머니가, 진짜 사람이 얼~마나 좋은지 몰라. 삼천 원씩 내 놓은 방을 사십만 원 빚내고 개가 원체 못 버티깐. 나도 그 당시에는 챙피해서 나가서 손님 모시기가 싫어. 밥 안 해먹으니깐 그 당시에는 할머니가 "밥 먹어라, 밥 먹어라. 젊은 애가 밥 안 먹으니깐…." 난 배가 고파 죽~겠는 거야. 그럼 우리 인제 개는 좀 모질라, 똑 떨어지지가 못했어. 그래서 식당에서 밥 사멕이고 할머니가 밥 말아 먹게 국이랑 다 하고.

참 이 사창가라는 동네가 내가 있어야지 내가 없으면 진짜 아무것도 아니구나, 형제도 그렇고, 사창가도 그렇고. 물론 가서 배고프면 나 밥 좀 주라 하면 주겠지. 근데 내 자존심이 허락이 안 돼. 그래서 그러고 살았는데, 워낙 갑자기 이 아저씨가〔고양자씨네 집을 안내해 준 이씨 아저씨〕자기네 집을 얻으래. 내가 안 얻는다고, "내가 지금 남의 빚 다~

나자빠져가지고 있는데 아저씨네 집을 내가 어떻게 얻냐, 못 얻는다." 얻으라고 계속 그래서 아래층만 얻으래. 아래층 얻으려면 또 빚을 내야지, 또 이부자리 장만해야지, 살림 장만해야지 애들은 하나도~ 없지, 그럼 이자 줘야지, 집세 줘야지, 경비 수도세 줘야지, 어떡해? 그래가지고 그 집에 간질하는 애를 하나 줬어, (아, 자영 언니요?) 이. 그 애 데리고 하라고. 거기다 개가 또 술이 보주[술고래]야, 보주, 그래가지고 "아저씨 나 쟤 안 데리고 있어, 쟤 무서워 죽겠어." [나는] 간이 적어서… 밥 먹다가 쓰러지고 밥 먹다가 쓰러지고 그러고서는 살았어. 지겨워서 가라 그랬어, 나 이 장사 안 한다 가라.

인제 그 10년 전만 해도 인제, 남자들이 어떻게 우리 집을, 난 알지도 못했는데 아가씨들하고 저녁에 자면 초저녁에 와서 빼고 그래가지고, 나 아가씨 안 본다고, 내가 빚 땡겨 줘서 줘가지고 빚 떼먹고 도망가면 내가 어디 가서 하소연 해. 그래가지고 아가씨를 없이 살았어, 내가. 없~이 살다 자취하는 애 삼십만 원씩 받고 자취방 그거 하나씩 줬어. 그거 받고 생활보호하고 장애하고 나오는 거 그걸로 생활하며 살았어. 생활 빠듯하지, 그걸로 생활하다 보니깐. 이제 거기가 살기가 싫은 거여, 그 동네가. 왜냐면은 내가 이렇게 나이도 먹고, 돈~이라도 벌었으면 모르겠는데 돈도 벌지도 못하고, 나이 젊어서는 나가라고 치고, 나이 먹어서는 내가 이러고 있는 게 〈작은 목소리로〉 내 자신이 챙피하고 또 그 뒤에 사람들, 그 골목은 괜찮어. 방 없는 사람들 (8통 그 골목?) 응, 그 앞에, 앞에 삐까뻔쩍 하는 사람들은, 거기는 잘 벌어서 잘 사니깐, 사람들 보기에도 챙~피하고 그 앞은 나가기가 싫드라고, 몇 년 전부터. 그래가지고 내가 이사를 갈려고, 이사를 가야지, 또 우리 조카딸도 1년에 두어 번이나 와. 여서 나오라고, 왜 이런 곳에서 사냐고, 하루를 살아도 정신을 깨끗하게 하고 살라고. 그래 걔가 돈을 모았어. (…) 그래서 이리 오게 된 거야.

"용산을 떠나서 포장마차를 할까"

●●● 나중에 빚 떼먹고 간 애가, 2년~만에 찾아왔어. 그래가지고 그날 여수 가 있었다고 방 좀 해달래. 내가 신용에 돈 거래에 있어서는 철저했어, 내가 글은 몰라도. 돈 거래 할려는 사람은 그때 빚이 나자빠져 있어도 주는 거야. 그래서 그걸 가지고 갔어. 가가지고 시장 안에 여수 시장 안에 사창가가 있더라고. 거기서 빚 다 갚고 걔를 데리고 왔어. 걔가 벌어다 줘서 그 전에 진 빚을 다~ 갚았어.
○○○ 돈은 잘 벌었나 봐요?
●●● 어, 영업은 잘했어. 밥을 이 맨큼씩 〈손모양을 해 보이며〉 밖에 안 먹어, 이 맨큼씩. 벌써 눈 떨어지면 소주잔이나, 내가 언제고 "야, 니 빈속에 술 먹으면 안 된다", "괜찮아 괜찮아", 다른 애들이 그래, 언니는 마음이 너무 좋아서 돈을 못 번다, 돈을 못 번다…. 아침도 우리가 제일 루~ 일찍 먹어. 딴 집들은 아침 열두 시, 열한 시야. 우리는 아침 여덟 시, 아홉 시만 되면 딱 애들 밥 먹고. 나 남의 집도 살았잖아. 여기 나오기 전에 남의 집도 살고 신문팔이도 하고, 풍풍물 틀어다가 겨울에 빨래하고, 마 손 시려서 후 이렇게 불고…. 나는 그래 쩝, 형제 덕도 없고 부모 덕도 없고, 엄마야 내가 얼굴도 모르고 사진 몇 번 보고 〈잠시 침묵〉 그러다가 보니깐은 살 길이 없어. 그래서 내가 옛날에 각시 할매라고 있어. (용산에요?) 어 그 양반 돌아가셨어. 그 양반이 성당에 다녀. 이만저만해서 나 아는 딸 같은 애가 있는데 걔 참 사는 게 비참하다고, 어떻게

영세민 좀 해보자고, 거 성당에 댕기는 회장한테 들은 말이야. 그래가지고는 그 양반하고 각시 할매하고 해가지고 생활보호대상자가 됐어. 나는 또 돈이 쪼금 나와. (얼마 나오세요?) 어 장애 뭐시기 올라가지고 구만 원 나오고 생활보호해서 이십 얼만가 나와. 그것도 두 번씩 올라갔어. 근데 이게 또 전세라 하니깐 삼만 원이 깎어졌어. (…)

○○○ 그러면 그 조카 따님이 집 전세금을 여기다 넣은 거예요?

●●● 어. 그래서 와서 보니깐은 진짜 짜장나, 짜장나고, 여 올라오는데 고바우[오르막길]가 있잖어, 가게 올라오는 데 거기, 거기다 갖다 놨어. 저 밑에다가 얻었어도 괜찮은데 내가 데니기가 불편하잖아. 내가 지팽이 지고도 혼자서는 잘 못 나가. 그래가지고 원~망도 많이 하고 전화해서 내가 여기 있다가는 또~라이 될 거 같다고. 그럼 용산에 다시 돌아가냐고, 용산에 집이 어딨네. 용산에도 시장 안에는 집이 다~ 거지 같아. 일루 나 있는데 말도 못해. 그래가지고 〈잠시 침묵〉 장사해도 돈도 하나도 벌지도 못하고, 애들도 지대로 된 게 하나도 없었고. 그래서 용산을 떠나서 포장마차를 할까, 나 방세 밀린 걸 그냥 놔두라 할까 말까.

○○○ 형제분이 어떻게 되시는데요?

●●● 〈잠시 머뭇거리며〉 미국에 가 있는 언니 하나 있고, 그리고 남동생, 여동생, 새엄마, 새엄마는 지금 팔십 넘고, 지금 밑으로 있는 동생들은 다 새엄마가 낳고, (그 쪽도 그럼 형제가 많아요?) 돌아가신 엄마한테는 오빠 둘에다가 언니, 나, 내가 제일 막낸데 제~일 큰 오빠는 어디가 죽었나 살았나도 몰라. 왜냐면은 어려서 나가 몰라, 막 훈련 받으러 다니고 그런 생각은 나. 그런 생각은 나는데 죽었나 살았나? 죽었겠지 뭐. 그 다음에 미국 사는 언니, 그 언니는 칠십이 넘었는데 (미국 계셔서 연락 잘 못하겠네요?) 아니야, 언니한테 전화는 와. 이렇게 아파서 어떻게

하냐고. 여태까지도 고생만 했는데 아파서 어떡하냐고….

○○○ 그 조카 따님은… 큰언니네?

●●● 이, 오빠…. (그럼 전세 계약서가 언니 이름으로 되어 있어요?) 아니. (조카의 이름으로? 그런데도 그 사회복지 조사를 할 때 거기 조건에 안 드는 거예요? 본인 명의가 아닌데도?) (…) 딴 사람한테 물어보니깐 생활보호대상자면서 돈이 삼십오만 원인가 나오더라고. 딴 사람한테 물어보니깐〔나는〕쪼금 나와. 왜 쪼금 나오냐면 그 전에 내가 우리집 있던 애가 주민등록이 없었어. 즈이 집도 몰라. 그래가지고서는 걔 돈 버는 거 내 주민등록으로 저금을 해주고 적금을 들어줬어. 맨날 돈을 갖다 쓰니깐, 돈을 그렇게 아끼라고. 그래가지고 걔가 간다고 할 때 다 찾아줬거든. 근데〔동사무소에서는〕그게〔적금통장이〕있다고 나보고 돈을 찾아다 뭐 했냐고. (돈이 있는 사람이다?) 어. 하지만 난 돈이 없다, 사실은 없다고, 애네들이 이래서 이랬다고, 그래도 아줌마 주민등록으로 했기 때문에 안 된대. 이런 것도 알아둬야겠구나.

○○○ 그럼 언니 한 삼십만 원 정도 받으세요, 한 달에?

●●● 삼십만 원이었나, 요번에 얼마가 나왔느냐면 삼십이만 원 나오니깐 삼십삼만 원 안 돼. 그걸로 진짜 생활하기 힘들어. 왜냐면은 내가 이상한 몸인데 이상한 몸 된 지 15년 됐어, 15년 됐는데 그 전에 병원 안에가 약국 했을 때는 돈을 안 받았었어. 돈을 안 받았는데 이제 거 뭐시기〔의약분업〕하면서부터 위장약하고 잔탁, 이거 잘 때 먹고 식전에 일어나서 밥 먹기 전에 먹고, 이건 잠잘 때 먹고 그럼 이게 의료보험이 안 되고 또 요거하고 요거하고 〈약을 꺼내 보여주며〉 의료보험이 안 돼. 그래서 한 달에 팔만 원인가 나와.

"근육이 말라가는 병이래"

●●● 근데 어느날 갑자기 빨래를 빨아서 널려고, 그 바깥에다 널잖아 줄에. 빨래를 빨아서 널려니깐 아 털지를 못하겠어. 털려니깐 쓰러질려고 그래. 그래가지고 빨랫줄을 탁 잡았지. 탁 잡고서는 인제 빨래를 한쪽 손으로 널었어. 인제, 널고서야 그때 검사 다 하고 약 타갖고 왔거든, 택시 타고. 허리가 안 좋다 하더라고. 씨티[CT] 촬영을 했는데, 그럼 소견서 하나 써주고 씨티 촬영한 거 하나 달라고, 그래가지고 중대로 갔잖아. 예약 날짜를 잡고 맨 첨에 척추 검사를 하더라고. 척추 검사 하는데 얼~마나 애 먹었나 몰라. 척추 검사 하고 나서 링거 같은 거 또 이만~한 거 꽂아주고, 그거 맞다가는 씨티 촬영한 거 보여달라 하더라고. 소변이 마려워 죽~겠었어, 그때만 해도 저~쪽에 화장실이 있었어. 지금은 고쳤드라고. 워디 갔다 왔녜, 난 화장실 갔다 왔다, 아니 환자분이 혼자 다니시면 어뜩하냐고 보호자도 없냐고, 없다고. 에메라이[MRI] 찍어보자고 그래서 찍었어. 찍고서 그 이튿날 오라 그런 게 들려. 갔어. "아주머니 다리가 말랐습니다" 그래. 아니, 많이 아프니깐, "아니 지가 왜 다리가 말라요?" 필동[중대병원], 거기도 한 집이잖아. 거기다 예약을 했다 그래. 근육검사 한 번 받으시라고. 그래서 택시를 타고 거기를 가는데 이렇게 올라가는 고바우가 있어, 여기 같이. 올라갔어. [내가] 뭐 글이나 알어? 병원을 하도 댕겨봐서 물어봐가지고 찾아갔지. 여자하고 남자하고 가운 입고서, 나보고 여기가 어디녜, 뒤쪽 중앙병원이다, 그럼 오늘 며칠이네, 며칠이라고, 며칟날이라고.

○○○ [그 날이] 며칠인지 기억나세요?

●●● 어. 그때 15일날 했거든. 15일이라고, 그럼 할아버지나 할머니나

아버지나 어머니나 이런〔이런 병 앓았던〕 분이 계시녜. 그런 건 하나도 없다고. 근육 검사를 하는데 뭘로 그렇게 찔러 쌓는지 나중에 아픈질도 몰라. (막 찔러요?) 어. 아프지 저거들끼리 영어로다 쌀라쌀라 하드라고. 다 했다고. 내일 한 번 더 오시래, 아니 내일 뭐 하러 또 오라 그러냐고, 내일 척추검사를 해야 된다고 그래. 아니 척추 검사는 용산에서 했는데 무슨 척추 검사냐고, 내일 또 나오시란다, 9신가 몇 시까지 오시라고. 그래가지고 갔어. 갔더니 퉁퉁하니 나이 지~긋하게 먹은 양반하고, 이제 서이 하더라고, 서이하고. 내려오시라고, 침대에서. 침대에서 내려오다 떨어졌어. 좀… 그래서 의사가 겁나가지고는 고개를 갸우뚱 갸우뚱 하면서, "아주머니 이렇게 부은 몸 가지고 여기를 어떻게 올라오셨냐.", 혼자, 혼자 올라 왔다고. 혼자 올라왔어. "그러면은 수술할 병이에요, 약 먹을 병이에요?" 그랬어. 저기, 말을 안 해. 원래 용산 가면 결과나 다 알려주는데 용산에서 근력검사를 하셨으니깐 알려달라고. "저는 자식도 없고 아직도 호적상에 처녀요, 처녀, 그러니깐 저한테 말씀을 해달라"고. 어떻게 연구를 해봐야 알겠다고, 연구를 해봐야 알겠다는 게 이상하잖아. 근육이 말라가는 병이래.

○○○ 근육이 말라가는 병이래요?

●●● 어. 근육이 말라들어가는 병이래. 이건 약도 없고 수술도 안 된대. 거기서 엄~청 울었나 몰라. 거기서 저쪽에 가면 힐차〔휠체어〕있으니깐 힐차 타고 조심해서 내려가고, 택시 타고 조심해서 가라고. 결과는 용산 그 병원에, 용산 거〔필동에 있는 병원이랑〕같잖아. 똑같다 그러더라고. 마지막 조직 검사를 해보자 그러더라고. 조직 검사를 했잖아. 똑같아. 그러면서 원장이 "운동을 많이 안 해서 그래요. 맨날 운동하고, 가능하면, 가능하면 할튼 조심해서 댕기라." 그러더라고, 조심해서. 맨날 뒤로

넘어지는 거야. 방에서도 걷지도 않고 서 있으면 넘어지는 겨. 서 있어도 이렇게 짚고 있어야 되는겨.

○○○ 이제 그럼 병원 가기 전에 그런 걸 느끼셨어요?

●●● 응. 그래서 기냥 빨래 널러 가서, 빨래 널 때 이상하게 주저앉았어. (아, 그 전에도 기운이 없으셨지만 빨래 널 때 '아 이거 문제 있구나' 하고 처음 느낀 거예요?) 어. 그 전에 그 나이 덜 먹었을 때 넘어졌었어, 자주. 자주 가다가 넘어지고, 근데 이렇게까지 걷지 못할지 몰랐지.

○○○ 몇 년도에 그 병이 있는 걸 아셨어요?

●●● 이 병 있는 지가 뭐 4, 5년 됐을 거야. 4, 5년 됐는데 거기서 있어도 빨래 다 딴 사람이 널어줬어. 빨래는 세탁기서 꺼내서 탈탈탈 다 털어줘. 그럼 거기 있는 사람, 보는 사람마다 이거 좀 널으라고, 널어줘. 다 걷어다 주고 그래. 발가락도, 발가락도 이건 다 죽었어. 〈양말을 벗어 발을 보여주며〉 요것만 쪼금 꿈쩍하고, 요건 올라가지도 않아. 이건 꿈쩍도 안 하지? (예.) 여기도 지금 요건 안 움직이~여. 요것도 안 움직이고. 요것도 요것만 움직이는 거야, 조금씩. 그러니깐 요건 요거라도 쪼금 있으니깐 이렇게 쪼금씩 다니지. 안 움직여. 그리고 이 다리도 이렇게 뻗으면은 이렇게 안 올라가. 어떤 땐 죽었으면 좋겠다, 목숨이 죽었으면 좋겠다…. 〈긴 침묵〉

"그 골목 사람들은 다 불쌍해"

○○○ 요새는 어떠세요?

●●● 나? 요즘 들어 맨날 자는 듯이 죽었으면, 자는 듯이 죽었으면 좋겠다, 그래. 내가 다리가 성하면은 거기(용산)도 놀러 가고 바람도 쐬고

오고… 그지? 거 가면 택시를 타고 가야 하잖아. 돈이 어딨어서 왔다 갔
다 택시를 타고 가.

○○○ 용산에 놀러가고 싶으세요?

●●● 어? (용산에 놀러가고 싶으세요?) 그 골목 사람들 다 불쌍해… 〈바
닥을 바라보며 작은 목소리로〉 그 골목 사람들 빚도 있고 다 불쌍해, 다
불쌍해. 저쪽에 그 앞으로 미화나 연주나 뭐 그런 애들 다 불쌍해. 거기
큰 길가, 그 앞에는 그 앞에 골목 젊은 애들 있는디는 다 뻔뻔으로도[떵
떵거리며] 사는데 어느 부잣집 장관같이 해 놓고 살어. 근데 거기서 살
때는 거기 있는 사람들 다 심부름 해주고. (동네 언니들이?) 어. 동사무
소 가서 쓰레기봉투 찾아오라 하면 잘 찾아오고, 콩나물 파는 사람이 드
나들면 콩나물 사고, "언니 뭐 샴푸 없어?" 하고 다 사다주. 인제 이사
간다고 얘길 했어. 연주는 막 이사를 못 가게 하는 거여. "언니, 언니 젊
어서 나와가지고서는 여기가 고향이나 마찬가진데 거기 가서 혼자 어떻
게 살 거냐"고 막 지랄대면서…. 어떤 때는 막 떠들면 거기가 너무 떠들
고 떠드니깐 싫은 것도 있어. 밤에 잠자는데 다 딴 지랄들 하고 그렇게
싫은 것도 있고 좋은 점도 있고.

○○○ 어떤 게 좋으세요?

●●● 어? 근데 애들이 와서 같이 놀고 그런 것도 좋은 점이니깐…. 어
떤 때 혼자 있으면 뭐 하루 종일 혼자 있는 편이니깐 조용해서 또 좋기
도 하고, 화장실도 거기는 재래식이잖아. 재래식이라 비와도 바깥으로
나가야지. 겨울에 추운데 벗어야지, 화장실에서 나올려면 따로 따로 닫
고, 따로 따로 닫고서 인나야지. 거동이 불편하고 그러더라고. 내가 아
프니깐. 장애 이것도 왜 거시기냐 하면 내가 1년에 한 번씩 검사를 받
어. 검사 안 받으면 약 안 줘, 위장약. 이제 뭐 피 검사니 가슴팍이니,

뭐, 피 검사니 해서 다 꽁짜니깐. 자궁암 검사도 그래서 그러니깐 다 꽁짜. 그러니깐 여기 있는 사람들 보고 약 타오라고 아저씨가 타다 주고, 딴 사람이 타다 주고.

그런데 있지 원래 부모 복이 없으면 형제 복도 없어. 나 원래 일로 이사 오기 전에 우리 오빠네 집에 전화해서 "언니, 딴 디로 이사 가", 그랬어. 우리 올케가 오빠한테 전화를 했나봐, 고모네 집 이사한다고. 근데, 전화 한 통화도 없어. (…) 그 나 그전에 벌었을 때는 형제들 다 맨날 우리 집 와서 살다시피 했어. 저 올케 년도 그때 지네 먹을 거 없어서 모자르면 그 전에 내, 내 몸 팔 때 시골에서 쌀 갖고 왔다 해서 언니 빨리 나오라고. 쌀가게 가서 쌀 팔아오고 그랬어. 그랬는데, 쌀가마니 끌고 내려가고 그랬어. 그랬는데….

그 당시에는 "내가 죽어서 땅 속에나 묻히야 고모 안 잊을까, 고모 평생 잊지 않는다"고 그랬는데 지금은 자기네들 괜찮게 살고 그래. 아들도 다 장가보내고 손자 손녀하고 큰 조카는 장가가고. 내가 어쩌다 전화 한 번 하면 "어, 언니여?" 그러지 안 와. 내가 또 그전에 또 생각했을 때는 내가 그전에 벌었을 때는 지네들이 와서 처먹고 차비도 주고 그럴 땐 굽신굽신 하더니 내가 다 망하고 나니깐 코빼기들도 안 보여. 내가 어떻게 해서든 낫는다, 내가 언젠가 집이 망하면 빚이라도 얻어서 장사를 하면 느네들하고 내 밥 한 그릇 안 먹는다, 내가 결심을 했어. 내 그런 거 괘씸하니깐 얼마나 배가 고프고 내가 진짜 고생 많이 했어. 장사도 안 되지. 똑바로 하긴 했는데 그게 아니더라고. 또 그 마음이, 마음이 독혀야 하는데, 그게 아니더라고. 형제간에게 내 그때 얼마나 배가 고프고 그랬는지 아냐? 배에서 꼬르륵 꼬르륵 소리 나고, 난 벌써 위장병이 생겼다. 진짜 배가 많이 고프다고. 그나저나, 그걸 또 빚을 얻어서 하면은 내 형제간에 밥 한 그릇 안 준다고 결심을 했다. 하면은 "언니 ,우리는 몰랐어, 몰랐어…", 그래.

미국에 있는 언니가 갑자기 망했을 때 전화도 안 되지. 그 전엔 전화 놓기가 힘이 들었어. 백색전화, 그걸 샀잖아, 장사할려니깐. (이렇게 돌리는 거요?) 어. 월부로 월부, 청색전화는 3, 4년 있다가 나오잖아. (색깔에 따라서 그렇게 달랐나?) 아니여. 백색전화는 팔고 사는 거여. 그 때만 해도 그게 사백인가 오백인가 그랬어. 월부로. (그게 몇 년도에요?) 오래됐지, 나 젊었을 때니깐. 근데 그때 이 전화 신청하면은 4년은 돼야 나왔어. 그래가지고 그냥 다 날려먹고서는, 전자레인지 사가지고 한 번 써먹고 헐값으로 팔아먹었고, 비디오 사가지고 한 번인가 보고 그것도 똥값인가 (…) 그랬지. 또 그 백색전화 그걸 파는데 또 인감을 떼주야 돼. 그때만 해도 전화가 청색전화가 다시 나오니깐 그게 이백에 팔았어. (어~ 그게 한 70년대?) 그 전화 그때. (언니가 몇 살 때에요, 그때가?) 어? 모르겠어. (한 30대?) 뭐 한 그 정도 됐는지.

"군인을 하나 좋아했어"

○○○ 언니가 용산에 맨 처음 왔을 때, 스물네 살 때 기억나세요? 어땠어요, 그날?

●●● 나는 [용산이] 뭐하는 덴지 알지도 못했어. 고향의 친구가 삼각지에서 결혼을 했어. 결혼해서 사는데 신랑은 착해. 시어머니가 악바리야. 사는 것도 괜찮고. 근데 당시에 내가 왜 이런 델 알게 됐냐면은, 우리 언니네 집이 있었어. 돈암동에서 식모로 사는데, 시골 가니깐은 어디서 산다고 그러더래. 그때 언니는 수유리 살 때, 그래서 우리 언니가 나보고

이층에서 살 때, 내 이름을 불러. 그래서, 언니, 그러니깐 언니가 막 보따리 싸라고, 택시 타가지고 수유리까지, 그래서 언니네 집에 있다가. 벌써 내 팔자가 이러니깐.

군인을 하나 좋아 했어. 한강대교 지나 군부대가 있었는데 그 사람이 9남매야. 누나네 집도 가고. 그 사람이 우리 언니네 집에 왔어. 같이 밥도 잘 먹고 갔어. 그때 임신을 했었어. 임신을 했는데 안 와. 3일 만에 면회를 갔어. 삼각지, 면회를 하러 삼각지를 갔어. 그때는 걸어다녔어. 면회를 안 시켜주는 거야. 검문만 다 하고.

그래서 수서〔그 군인의〕누나네 집, 누나네 집 찾아갔어. 찾아갔더니 하도 오래돼서 기억이 안 나. 병원이 또 무허가야. 죽었다고 연락이 왔대, 부대에서. 자기네들은 내일로 간대. 나는 언니한테 연락도 안하고서는 서울에서 기차타고 갔어, 원주로 갔어. 원주로 가고 그 군인병원을 찾았지. 내가 약었었냐며, 글을 하나도 모르는데, 찾아갔어. 어떻게 알고 찾아왔네, 결혼은 하셨네, 아니라고 같이 동거했다고. 하나 잊어먹지도 않아. 오래됐어도. 내가 첨 겪었으니. 그 사람 큰누나가 와 계셨어. 그 누나네 집 주소를 수서 누나가 적어줬어.

그래서 봤더니, 그 기차가 다니는 굴인데, 거기를 가면서 내가, 나 여기 가다가 기차가 쳐 죽였으면 좋겠다고. 내 그러면서 건너가도 기차가 안 왔어. 그 논두렁 그 시퍼런 논두렁 지나며, 그 누나는 시골사람 농사지으니깐 남편 없이 애들하고 농사짓고, 그날 서울서 전화가 왔드라고. 그 이튿날, 죽은 사람 화장하고, 다 조사를 하더라고. 그 양반이 그 당시에 무슨 탈영을 해가지고 그랬드만. 군대를 며칠 안 들어갔었나벼. 그래가지고서는 그냥 뭐 그 무허가 집에서 거기서 죽었다니…. 그 날이 토요일인지 일요일인지 모르겠네. 쨕소리가 없더래. 방을 두드려봤지,

죽었드래. 그래서 병사 시체는 화장했어. 화장을 했어…. 자기는 인제 아버지는 있고 시골에서 큰형하고 같이 살아. 자기네 식구들한테 나의 얘기를 다 했어, 애까지 가졌다고. 그 아버지는 자기네 집에 와 있으래. 있으면서 애기를 낳으라고. 그래서 그날 [집에] 안 갔어. 거기 있다가 수서 누나네서 한 오 일 있었어. 있다가는 맨 첫 번에 그 사람하고 잔 여관에 가서 그때 약을 이빠이 사가지고 와서 그걸 입에 다 털어넣은 거야. 그 이튿날에 깼났나벼. 주인 할머니가 "아유 처녀가 왜 약을 먹었냐"고 그래.

거기 나와서는 머리감고 세수하고 그러고서는 언니네 집을 안 갔어. 근데 우리 언니는 알어. 거기 있는 사람이 중산데, 그 부대가 그래가지고 고향 친구네 집을 가서 하룻밤 잤어. 거기서 걸어서 여까지[용산] 왔는데 식당이 있어. 아줌마 여기 사람 하나 쓸 수 있어요, 안 쓴다 그래. 저쪽 옆이나 그러면 모를까, 말을 생전 안 해. 그래서 그 집을 갔어. 갔는데 [성매매] 그런 건 난 상상도 못 해보고. 일했어…. 그때가 거의가 손님 들었던 날이야. 맨~날 국수만 삶아주고 맨~날 보리밥만 주는 거야. 맨날 보리밥 국수. 거 동네가 원래 그랴. 그 집만 그런 게 아니라 완전 보리밥 국수 먹기 싫어서 죽을 뻔했어.

어. 그래가지고 돈을 지네가 받았는가는 몰라. 거기서 한 달인가 두 달인가 있었어. 있었는데 문 앞에 나가지도 않고 그랬어. 나중에 나갔는데, "그 집은 계산을 안 해주는 집이라며?" 그랴. 그러다 잡혀갔어, 단속 나와서. (언니가?) 어, 대방동. 그래가지고 또 딴 동네에 갔어. 그, 그 골목으로 연세 드신 할머니네 집에 갔어. 거 가 있으면서 7개월 된 애를 뗐어. (그 군인 아저씨 애기?) 어.

○○○ 그때 언니 마음이 어땠어요?

●●● (…) 인제 언니네 집에 갔어. 밥을 막 두 그릇씩 먹고 처먹고 하니깐 "나가서 굶었니, 이 년아, 죽으면 안 돼, 군인도 자살했다면서…." 죽네 사네…. 거기 언니네 집에 있지, 뭔 지랄할려고 또 왔냐고 그래가지고 내 청춘을 다 그 골목에서 보낸 거야.

"거기서 허송세월을 다 보내고, 몸뚱아리 병만 나고"

○○○ 왜 다시 용산으로 간 거 같으세요?
●●● 모르겠어. 돈이나 벌었으면…, 돈이나 벌었으면…. 왜 거기는 또 가가지고 좋은 시간을 다 보냈나. 방세 내고 집세 내고 세금 내고, 처음 와서는 놀러도 못 가, 지금 포주들은 악바리 아니지만 옛날 포주들은 악바리이고. 몰라도 지금 포주들도 그런 포주들은 있겠지, 없진 않을 거야. [옛날에는] 다 악바리. 계산 안 해주는 포주도 있을 거야. 지금, 있지 없겠어? 어후, 계산 안 봐주는 넘들이 태반이고 쩍 소리도 못하고.
○○○ 그때가 더 심했겠지요?
●●● 밥을 이리 감추고, 저리 감춰놓고. (밥도 감춰요?) 그래. 〈눈을 흘기며 큰소리로〉 연탄불 자다가 홀딱 빼다가 딴 디다 넣고, 그 지랄들을 하고.
○○○ 언니가 맨~ 처음 간 집은 언니도 모른 채 그냥 나쁜 집에 간 거네요. 그쵸?
●●● 응, 몰랐어. 난 지금은 생각도 안 나니깐. (그럼 언니 첫날 갔을 때 거기 어딘지 모르고 간 거네요?) 몰랐어. 그 사람들은 지금 다 없어. 어디 가서 다 죽고 의 상하고.
○○○ 첫날 어땠어요? 그럼 언니, 첫날부터 일한 거예요?

●●● 첫날은 안 했어. (…) 한 달 가까이 있으니까 나 보고 문 앞에 나가 서 있으래. 나는 얼굴에 환데이션 분 하나 안 발랐어. 젊었을 때부텀. (대부분 다 하잖아요.) 응, 나는 환데이션 안 발라. 그냥 입술만 발랐어. (주인이 싫어하잖아요.) 아녀, 그런 거 또 잘 봐줬어. 나는 손님이 잘 붙었어. 잘 붙고.

○○○ 그럼 첫날 거기서 국수 주고 먹고 자던 날 그 집이 뭐하는 집인지 알게 됐어요?

●●● 아니, 한참 있다가, 한참 있다가 무슨 창녀니 뭐 돈 받고 몸 파네 그런 걸 몰랐어. (아예 그런 데가 있는지도 몰랐어요?) 어 몰랐어. 나는 진짜 몰랐어. (첫날 딱 가보니깐 분위기가 있을 거 아니에요?) 그 집이 없어 애들이 하나도 없고 할머니하고 딸은 시집가서 아들은 다 컸고. 누가 바깥에 나가보라고 문 앞에 나가 서 있었더니 [나를] 이렇게 불러. 근데 거기 애들이 똑바로 [손님] 잡으라고, 텍스하고. (텍스?) 어, 애들 성관계할 때, 그때는 콘돔이라고 안 하고. (그때 그래도 그런 거 찾는 사람 많았어요?) 어. 나는 내 팔자고, 내 운명이고, 언니네 가서 안 나왔으면, 내가 더 좋은 사람한테 시집도 갈 수도 있고, 가정을 꾸리고 살 수도 있었는데 거기서 뭔 지랄이여, 나와 가지고, 거기서 허송세월을 다 보내고, 몸뚱아리 병만 나고, 나는 이런 얘기는 누구한테 할 수도 없어. 조카들한테 이런 얘기를 할 수가 있어, 친척들한테 이런 얘기를 할 수가 있어.

○○○ 옛날 얘기 하니깐 기분이 어떠세요?

●●● 기분이 어때, 내가 그렇지. 〈한동안 말을 잇지 못함〉 여 와가지고 장애진단을 해달라고 떼달라고 그랬어. 그것도 내가 몰랐어. 그랬더니 거기서 그 나이 먹도록까지 그런 것도 모르고. 사회복지를 찾아갔어. '장애 진단을 해야 하는데 뭐가 필요하냐' 그랬더니 서류는 가지고 왔

냐고, 안 갖고 왔다고, 장애 진단도 4급 5급이 필요하냐 그랴. 동사무소를 가서 그런 걸 보면은 내가 글을 하나도 몰라 약었으니까 그렇게 댕겼는데, 근데 내가 멍청해가지고, 1급을 떼달라고 하면 떼줬을 텐데 멍청해서 1급인지 3급인지 5급인지 난 장애 등급을 몰랐어. "장애등급이 2급이 좋아요, 3급이 좋아요?" 물었더니 "1급이 좋지요." 내 담당 의사도 2급을 떼주더라고. 사회복지사도 전화 한 번 왔었어. 장애인 뭐 협회에서 힐차(휠체어)를 해준데. 전화해서는 핸드폰이 필요하시냐, 힐차가 필요하시냐 물어보드라고 용산 살 때. (…) 여기는 이사 오는 날 발 아파서 늦게 했어. 택시 타고 갔다 왔어, 장애 신청하고. 쌀 찾아가라고 사회복지에서 전화가 왔어. (언니는 다니기 힘든데 어떻게 받으러 다녀?) 가지는 않았어. 딴 사람이 갔어. 여기는 동사무소도 멀고 택시도 밀리고, 고바우 올라가는 길도 있고.

○○○ 그런 거 보면 용산이 쪼금 더 나았네요?

●●● 응, 그럼 다 평지, 평지잖아. 목욕탕도 용산탕 가이당(계단)이 세 갠가 있어, 국제탕은 가이당이 없어. 택시 타고 집 앞에서 나와서 택시 타고 거기 갔어. 지팽이 짚고 올라가서 택시 타고 걸어 올라가잖아. 지팽이 안 짚으면 넘어져. 택시가 빨리 올 때 있고 늦게 올 때 있고 그럼 지팽이 짚고 있어도 지팽이가 한참 있으면 힘이 드니깐 안 넘어져. 여기는 교통이 안 좋아, 교통이. 저, 저기 영등포역 거기로, 거기는 비싸니깐 돈이 비싸지.

○○○ 용산 생각이 많이 나세요?

●●● 아니야, 생각은 안 나, 생각은 안 나고…. 나 살 때 주민등록 해오면 나이가 육십으로 되어 있어, 다섯 살 줄여서 되어 있어. 원래 내가 육십다섯이여. 육십다섯인데 낼 모레면 육십육 아니여?

○○○ 용산으로 다시 이사 오고 싶은 생각은 없으세요?

●●● 안 가. 이사온 지 얼마나 됐다고 또 이사를 가.

○○○ 용산 하면 뭐가 떠오르세요, 언니?

●●● 어? (용산, 그래도 언니 40년 넘게 사셨네요) 내가 24살에 (그러니깐. 34. 44. 54. 64. 40년. 만 40년 사셨네. 그렇게 용산에 오래 사셨는데….) 거기서 보낸 내 청춘…. 〈한동안 말이 없음〉 (그러면 언니 인생에서 용산은 뺄래야 뺄 수도 없겠다….) 어, 그 노래, 그 노래는 잘 불러. 청춘아 돌려다오…. 내 진짜 웃기는 소리도 잘 하고 그래. 욕도 잘 해. 장난하고, 욕도 잘 하고, 그럼 옥정이는 죽는다고. 거기는 사람들은 욕이 아니라 양념이라고 해. 욕이 아니라 양념으로 들어가는 거라고. 애들도 다 좋아하고.

　나는 한 사오 개월을 등허리 아파 죽는 줄 알았어. 난 사람 만나도, 남자가 와도 등허리를 문질러주고, 아저씨 나 등허리 아파 죽겠다고, 좀 주물러달라고. 그게, 그게, 말라서 그래, 근육이. (얼마나 아팠어요?) 말 못할 정도로 아프지. 근데 이 병이 내가 사우나탕에 가서, 나 보고 병원에 가보래. 그 사람들이 나보고 뇌졸중 앓았냐고, 아니라고, 그럼 어디가 편찮으시네, 근육병이라고. 자기 친구 하나가 말도 못하게 부자래. 얼마나 부잔지, 그 친구가 그 병에 걸려서 병원에 가서 있대. 아무것도 없대. 죽은 사람같이 말도 못하고, 그냥 병원에 약도 없는데, 간병인 쓰고 병원에 있대. 그런 얘길 하더라고. 그 소리 들으니깐 아 가슴이 덜컹, 이 생각이 드는 거여. 그 소리를 듣구서. 누가 씻겨 주는 사람도 없고…. 의료보험 맨 처음 나왔을 때는 근육병이라는 게 없었잖아, 근육병이라는 게. 그 의사가 장애진단할 때 근육이라고 안 썼어. 그냥 다리가 저…. (있는 그대로 쓰면 어떻게 되는 거죠?) 안 되지. (혜택을 못 받는 거죠?)

그래 가지고 그게 의료보험 혜택이 안 돼. (의사가 그래도 좀 신경을 써준 거네?) 어.

○○○ 정식 병 이름이 뭔지 아세요, 언니?

●●● 나? 뭐, 인제 저거지, 근육이 말르는…. (병명이 있잖아요, 병명.) 관절 뭐, 뭐라고 했어. (진짜 이름, 병의 진짜 이름?) 진짜, 병, 진짜는 근육말라병. (말라병이요?) 응, 근육~ 말라병.

"우거지국도 잔뜩 끓여놓으면 냄비 갖구 와서 한 솥 퍼가고"

○○○ 아침에 일어나면 어떻게 하루를 보내시는 거예요?

●●● 음~ 아침에 일어나면 그냥 양치질부터 하고 어떤 때는 아프면 양치질도 못 해. 소금물만 헹구고. 그럼 인자 커피 타서 한 잔 먹고 식전에 알약 하나 먹고, 밥 먹기 전에 위장약. 커피 한 잔 타서 먹고, 방 다 쓸고 걸레 빨아서 인제 닦고, 청소 다 하고. 그러고서 인제 한 아홉 시에 아침 먹을 때 있고 열 시에 먹을 때 있고 그랴. 담배 한 대 태우고 또 테레비 봐. 내가 인제 그러다 또 자. (여기 유선 나오죠?) 어. 근디 유선이 용산같이 안 나오는 데가 없어. 그래서 내가 아니 왜 여기는 왜 잘 안 나오냐고, 용산은 잘 나오는데.

○○○ 지역마다 틀리지. 낮잠 주무시고 그리 되면 오후 되겠네?

●●● 심심하면 인자 여기저기 전화 주고, 맨날 그래. (그러면 저녁 돼요?) 우리 친구 하나가 아퍼. 개도 넘어져 가지고 걔네 딸네 집에 있어. 딸이 학교 선생이거든, 사위는 출판사 다니고. (어떻게 아시는 친구분이신데요?) 거기[용산]서 살았었잖아. 걔가 와서 김치도 담아주고 그래. 너무너무 나처럼 아파서 맨날 침 맞으러 다니고 분리수거 다니고, 전화

올 때마다 죽어, 죽겠대. 거기서 자주 다니던 데 거기선 편안한데 (용산에?) 아니 춘천 (…) 그런데 딸이 인제 임신했으니깐 애기 날려니깐 갔어. 딸애한테 매달려 있잖아. 인제 애가 다섯 살인가 여섯 살인가 먹었어. 그니깐 하나 더 낳으라고 그랴. 엄마 거시기 했을 때 하나 더 낳는다고. 그래가 저년이 왜 나를 끌어들여가지고 몸살이 아파 죽겠다고 나보고 그것 같고 〈웃음〉 전화 와가지고. 어제 아침에도 아파서 밥을 안 했디야. 지가 밥을 안 해놓으면 신랑 각시 다 밥을 안 먹고 그냥 간대. 그 때도 안 해줬더니 그냥 가더래. 근데 어제는 밥을 해서 먹었대. 갔다 올게 하면서 갔는데 저녁 일곱 시가 됐는데 전화 한 통도 안 해주고 엄마 좀 어떠냐고 전화도 안 왔다 이거야. 넌 너네 시어머니하고 살아라, 싫다 그런대. (…)

〈고양자씨가 밥을 먹으면서 하자고 제안하여 식탁으로 옮겨 식사를 하면서 인터뷰를 계속 이어감〉

○○○ 그렇게 저녁 되면 저녁은 뭐 준비하세요?

●●● 안 해. 그냥 먹던 거 먹어. 따로 뭐 김치 같은 거 이런 거 콩나물 같은 거 하나도 못 먹어, 이빨 아파서. 이게 없었으면은 물 말아서 그냥 웅얼웅얼 샘켜. 아프니깐 (먹을 수 있는 반찬, 계란 뭐 이런 건 없어요?) 난 뭐 계란도…. 〈말이 없음〉 (근데도 늘 이렇게 준비는 해놓으시죠?) 해야지. 반찬이 하나도 없으면 안 되잖아. (그럼 저녁도 대충 물 말아서 드시고?) 어. (몇 시 쯤에?) 그냥 먹고 싶은 대로 먹어. 먹기 싫을 때는 안 먹지. 하지만 내가 커피를 좋아해, 커피는 좋아하고, 커피도 진하게 안 먹어.

○○○ 귀찮으면 잘 안 챙겨 드시는구나.

●●● 아니야, 그렇지 않아. 귀찮은 건 없어. 이빨이 이러니깐 〈힘겹게

침을 삼키며) 잘 먹기가 싫어. 이빨 때문에 얼마나 애를 먹었다고, 밥 물 말아서 먹는다고 생각해봐. 이러다 치과 한참 돌아다니면은 조금씩 찍어 먹어. (아~ 아니 저는 너무 맛있는데…) 많이 먹어 (저만 맛있게 먹는 거 같아서…) 많이 먹어. (저는 콩자반을 그렇게 좋아해요. 콩자반이 있으면 막 밥에도 뿌려서 먹기도 해요. 근데 이거 딱딱하지도 않고. 이거 언니가 하신 거예요?) 아, 내가 반찬을 하면, "아우 언니네 가면 내가 또 반찬을 해도 왜 더 맛있어, 내가 하면 왜 이렇게 맛이 없어", 그래. 우거지국도 잔뜩 끓여놓으면 냄비 갖구 와서 한 솥 퍼가고. 그건 그런 걸 그렇게 좋아해.

○○○ 언니도 사람들 주는 거 좋아하시나 봐요.

●●● 어. 거기서 김치를 담그면 푼수대가리 없이 김치를 을~메나 많이 담그는지 알아? 나는 일도 할지도 몰라도, 우리는 사먹는 반찬이 싫어. 사먹는 거 싫어, 안 사 먹어. (언니 옛날에 아가씨 둘 때 말고 혼자 일 했을 때도 밥 해먹고 그러셨어요?) 주인이 해서 줄 때야…. (언니가 장사 할 때는 언니가 다 해서 주고?) 응. (언니 동태는 드실 수 있지 않나?) 어 그려 엊그저께 해먹었어.

　얼마 전에 내 생일이었어. 누가 손님이 와서 갑자기 시장볼 수가 없잖아. 그러면 그거 자반고등어 기름기 끼어서 튀겨먹기 그렇잖어. 그럼 그걸 씻어가지고 냄비, 쪼그만한 냄비에다가 넣고 물을 조금 부어. 그러고 청량고추 매운 것 그것 좀 썰어넣고, 파 좀 썰어넣고, 마늘 다진 것 좀 넣고, 물만 조금만 붓고, 싱겁다 싶으면 소금 좀 거기다가 조금 넣어, 맛소금을. 그래가지고서는 바짝 쫄여서 먹으면 비린내도 하나도 안나. 그러면 고춧가루 안 넣어도 돼. 청량고추 썰어 넣고. (그래서 나는 생선에다 맨날 간장을 넣고 하는 줄 알고 나는 맨날 그렇게 했단 말야. 근데, 그

색깔이 안 나와요.) 간장을 넣으면 새까맣거든. 물도 좀 넣어야 돼. 거기다가, 간장하고 같이. 생선도 자반고등어보다는 생고등어가 좋아. 나는 고기도 안 먹는데, 돼지고기, 닭고기, 문어 같은 거 그런 거 안 먹는데, 생선도 조기새끼, 노가리 말린 것, 갈치, 자반고등어 그런 것만…. 소고기도 한우불고기같이 기름 없는 거 돼지고기 그거 조금 먹지, 다른 거는 내가 원래가 고기 안 좋아해.

○○○ 생선은 그래도 드시기 편하잖아요. 생선이라도 많이 드셨으면 좋겠다. 영양보충이 너무 안 될 것 같아요.

●●● 어, 안 돼. (이럴수록에 건강하게 더 잘 챙겨 드셔야죠.) 분명 내가 그걸 알아. 내 말 언어가 조금 달라졌어. 말하는 게 좀 이상해. 그래서 내가 애들 보고 "야. 내 말 언어가 좀 달라진 거 아니냐?" 그랬더니 개네들은 맨날 들으니까 모르나 보지. 근데 나는 내가 알아. 언어가 좀 변한 것 같아, 말하는 게. (그게 왜 그런 것 같으세요?) 그래 나는 이 생각을 해. 내가 이런 병에 걸려서… 뭐냐. (…) 〈식사를 마침〉

"어느 순간 갑자기 심심해서 막 돌아버릴 것 같아"

○○○ 왜 건강이 이렇게 안 좋게 된 것 같으세요?

●●● 내가, 거시기 (…) 애가 그렇게 잘 들어섰어, 나는…. 옛날에 맨날 이런 생활을 하니까, 판피린을 많이 먹었어. 판피린을 하루에도 서너 병씩 먹었어. (언니들 많이 먹어요, 판피린.) 그걸 먹으면 술을 많이 못 먹어. 약도 많이 했고, 애들 먹는 약.

○○○ 그전에는 술을 좀 많이 드신 거예요?

●●● 그렇게 많이 먹지는 않았는데, 소주 같은 거는 안 먹고 맥주는 먹

었어. 그 전에 내가 죽을라고, 여기 〈손으로 목을 가리키며〉, 지금은 흉이 거의 다 없어졌는데, 여기를 그섰는데, 꼬맸어. 꼬맸는데, 절대 술 마시지 말라고 그러더라고.

ㅇㅇㅇ 언니 용산에서 사시면서 제일 힘들었던 때가 있어요?

●●● 물론 그러고 있으니까. (기억나는 때가 있으세요? 특별히?) 죽고 싶고. (어떤 일 있었어요?) 아니, 어떤 일이 없는데도. 짜장나고, 나 혼자서 괜히 짜장나고 살기 싫을 때가 있었어. (왜 살기 싫었을까?) 그냥 특별한 이유 없이 그냥…. 〈침묵〉

ㅇㅇㅇ 그럼, 용산에서 즐거웠던 기억은 별로 없으신 것 같으세요?

●●● 왜 재미있었을 때도 있었지. 같이 술 먹고, 노래 부르고, 놀고. 뭐 놀러도 가고, 세월이 이렇게 빠르지. 내가 뭐를 했나. 뭐 하나 떳떳하게 해놓은 게 있나.

ㅇㅇㅇ 그 동네 여자들 그렇게 싸우고 그러는 이유가 그냥 술 때문일까?

●●● 아니. 술 때문에도 그러고 무슨 딴 사람한테 지 얘기를 해서 그래 가지고 싸움질 하는 경우도, 안 싸우면서 싸움을 해. 그건 소화를 못 시키니까 그래. 조금만 혼자서 소화를 시키면서 이해를 해야 하는데, 얘가 이 말을 하면 걔가 듣고 가만히 있지 않어. 또 딴 사람한테 얘기를 해주네. 그럼 그것도 들으면 괜찮은데, 또 그 본인 귀에 들어가게 허네. 그럼 누가 그러더냐. 누가. 그래지고 싸움을 하게 돼. (근데, 그러고 또 화해하잖아요.) 응. (그럼 또 같이 놀고.) 응. 〈웃음〉

ㅇㅇㅇ 40년 동안 너무 힘든 게 많았지만, 그래도 언니 40년 동안 죽고 싶었지만 안 죽게 되고 살아, 살고 여기까지 이렇게 온 이유가 뭐인 것 같으세요?

●●● 모르겠어. 나는 내가 항상 이 생각을 해. 나는 이 나이 먹도록 남

한테 가슴 아프게 한 일도 없고, 내가 남의 것 탐내지도 않고…. 그런 것 같어.

○○○ 그럼 언니는 그렇게 막 죽으려고 자살 시도도 몇 번씩이나 하셨으면서 그래도 언니는 계속 살아오신 거잖아요.

●●● 내가 이렇게 다리 다쳤을 때는, 다리가 너무 아파서 아파가지고, 내일은 [공과금 내러] 가야 하는데 거기를 도저히 갈 수가 없어. 서 있는데 다리가 아퍼. 그런데 그 골목에 서 있으면 내가 지나가던 그 아줌마한테 부탁을 하지. 그 아줌마가 나를 보고 "야, 누구 [양자]야, 너 왜 거기 서 있냐?" "아, 아줌마 나 다리가 너무 아파죽겠어. 이것 좀 내고 와, 농협에다. 한 발짝도 뗄 수가 없어" 그러면 갖다가 그 아줌마가 내줘. 그렇게 다리가 아팠었어.

○○○ 용산으로 다시 가고 싶거나 그립거나 그런 적은 없어요?

●●● 그리운 생각은 없고, 꼭 다시 가고 싶다는 생각은 없어.

○○○ 그래도 [용산에서는] 부딪치는 사람 있어서 좋지 않아요? 근데, 여기서 왜 '또라이' 될 것 같으세요?

●●● 심심해. 너무 심심해, 심심해. 청소 같은 거도 하고, 거기서 살 때는 다 같이 먹고, 웃고, 좋지는 않지만, 그러다 보면 일이 다 끝나고 텔레비전을 보잖어, 텔레비전 보고 그자? 근데 여기서는 청소하고, 담배 피고, 한숨 자고 그러고 있다가 어느 순간 갑자기 심심해서 막 돌아버릴 것 같어. (갑자기?) 응. (갑자기 심심해서요?) 응. 갑자기 막 미치겠어. 몇 번 그랬어.

○○○ 그러면 여기가 거기보다 나은 편이었나?

●●● 거기는 기름보일러라 기름값도 많이 들어. 나는 진짜 추위 말도 못하게 타. 조그만 추우면 밖에 나가면 살이 오그라든다. 여기는 도시가

스, 욕실도 변기가 있고. 그러고 그 욕실에 탕만 있으면 좋은데, 그 탕이 없어서 그냥.

○○○ 아까도 말씀하셨잖아요. 그 골목에 있는 사람 다 불쌍하다고…. 왜 불쌍해요?

●●● 그게 왜냐며, 돈 벌어놓은 것도 없고, 집이 있는 것도 아니고, 자식이 있는 것도 아니고, 거기서 빨리 못 떠나. (…)

<< 고양자씨와의 두번째 대화

"[화투치면] 잡념이 안 나니깐, 아무래도 없어지잖아. 잡념이 없어지구"

○○○ 언니 궁금한 게 있어요. 언니가 만약에 건강하다면 뭘 하고 싶으세요?

●●● 내가? (네. 언니가 이빨도 튼튼하고, 그렇게 된다면 어떻게 되면 좋겠어요?) 내가 만약에 건강하다면? 뭘 어떻게 돼, 그냥, 장사나 할까? 쪼끄만한 식당. 책상 한 두세 개짜리, 떡볶이 같은 거, 오뎅, 국수 같은 거, 쪼그맣게 그거 하면 좋지. (언니는 잘 하시겠다, 정말.) 응? 난 음식 맛있게 한다는 소리 많이 들었어. 내가 몸이 건강하면 그래. 근데 장애협회에서 뭐가 날라왔어. 나보고 뭐 신문 뭐, 거기 하꼬방 같은 데 넣어놓고, 자판기 같은 거 뭐 그런 거 해보라고. 내가 그런 거 할 줄 알면 이렇게 안 되겠어? 그런데 이런 병이.

○○○ 언니 여기 이사 오기 전에 언니네 집에서 맨날 모여서 화투도 치고 수다도 떨고 그랬잖아요. 그때 얘기 좀 해주세요. 재밌었어요?

●●● 수다? 수다는 무슨 수다. 아우, 나는 애들한테 그래, 아우 니네 제

발 좀 집에 좀 가라고, 왜 사람 괴롭히냐고, 징그러워 죽겠다고, 그냥 그래. 그럼 깔깔깔 대고 웃어. 그럼 어디로 가냐, 언니네 집밖에 더 있냐. (왜 많잖아요, 그래도. 다른 사람 집도 있잖아요.) 그냥 우리 집으로 와, 청주 아줌마는 이층이지, 초롱이 엄마는 늦게까지 자지. 그러니까. 딴 데는 갈 데가 없어, 그 골목에는. (언니가 싫다싫다 하면 안 오잖아요.) 그래도 와. (싫다싫다 했어요?) 응.

○○○ 왜 계속 사람들이 언니네 집으로만 왔을까? 난 그것이 궁금하네.

●●● 왜냐하면 내가 이물이 없고 만만하디야. (인물이 없고 만만하다고?) 아니, 이물이 없고, 자기네 집 같다 이거지.

○○○ 언니들은 왜 언니를 더 그렇게 편하게 느꼈을까?

●●● 몰러. (언니가 생각할 때?) 몰러, 암만해도 그 골목에서 내가 나이 좀 먹었잖아. 그래, 오래 살고 있으니까 그랬겠지. 걔네들 있을 때는 내가 그걸〔영업을〕 안 했잖아. (…)

○○○ 언니네 집에 사람들이 많이 모여들었잖아요. 그런 걸 보면 그 동네 사람들이 무슨 낙으로 사는 것 같아요?

●●● 무슨 낙으로 사는 게 아니라 저녁이면 나가서 돈 벌어야지, 판피린 먹지, 먹으면 또 술들 먹고 어울리지. 지들이 와서 알아서들 차려 먹고, 물 끓여서들 커피 타 먹고, 지네들이 싹 다 쳐놓고 가. 바쁘면 "언니 나 급하니까 화투는 저 작은 방에 밀쳐둘 테니까 언니가 좀 쓸고 닦아, 응?" 그리고 가, 그 지랄들 하고 가지.

○○○ 언니는 말로는 오지 말라 오지 말라 하지만 실제로 다른 사람들이 안 오면 어땠을까?

●●● 아니, 이제 맨날 오면 화투질만 칠라고 그러니까 맨날맨날, 왜냐면, 정말 돈을 벌기가 힘들면 나가서 해야지…. 돈을 벌지도 못하고 밤

새도록 허니까 맨날, 개시도 못 하고. 근데 난 그런 거 못 해, 진짜. 어떨 때는 나도 쳐. 나도 아주 안 치지는 않아. 난 조금 잃으면 "아우 난 안 쳐", 하지. ([화투 치면] 어떤 게 재밌어요?) 잡념이 안 나니깐, 아무래도 없어지잖아. 잡념이 없어지구, 화투치면. 괜히 내가 화투 못 치게 하면 나도 고주같이 피면서 담배 찔은 내 나고 그러잖아. 내가 추위도 못 참고, 더위도 못 참어, 더우면 막 여기서 불나는 것 같애. "느네들 오면 초롱이네로 가, 나 더워서 죽을 것 같애, 초롱이네로 가."

ㅇㅇㅇ 근데 화투방에서 다투거나, 싸우거나 한 적은 없어요?

●●● 아니, 싸우지는 않아. 아니, 그러지는 않고 깔깔대고 웃으면서 치고, "느네들 술 먹지 마, 화투치면서 술 먹는 거, 난 술 먹는 거 싫으니까", 난 그 얘기는 해. 화투치면서 술 먹지 말라고. (술 먹으면서 이야기도 많이 하고 그래요?) 근데 지네들끼리, 술 먹는 사람들끼리 얘기하잖아. 나는 안 먹으니까. 나는 술 먹는 거 싫어.

ㅇㅇㅇ 왜 언니네 집으로만 모였을까?

●●● 왜냐면 우리 집은, 내가 맘이 독하고 모질었으면 우리 집에 오지도 않았을 거야. 내가 편안하게 대하고 뭐 있으면 주고, 그러니까 나를 따른 거 같아.

ㅇㅇㅇ 지금은 초롱이 언니네 집으로 모이면 초롱 언니가 오지 말라고 해도 또 어느 집인가는 모일 것 아니에요. 왜 그렇게 맨날 모이게 될까요? 모이면 화투치고, 떠들고.

●●● 그래, 자고 인나면 심심하니까. 각자 밥덜 해먹고, 어떤 사람은 밥도 안 먹고 인제 와서, 오면 인제 커피들 알아서 다 타 먹고, 그럼 내가 "이 씨발년들아…". 〈둘 다 깔깔깔 거리며 웃음〉 그리고 내가 욕을 해, "말로만 사다 준다고 해 놓고, 니 년들이 사주기를 하냐, 뭐하냐", 그러

면 "아냐, 언니, 내가 사다줄게, 꼭 사다줄게."〈웃음〉

○○○ 언니가 욕을 많이 해요?

●●● 그 전에 내가 욕을 잘 했어. 지금은 씹어갈 년아, 왜 그렇게 사람을 괴롭히냐고….

○○○ 근데 지금은 욕을 안 하게 됐어요?

●●● 이제 나이도 먹고, 벌써 내일모레면 육십여섯이잖아. 나는 그래, 나는 거기서 빨리 나와야 하는데 너무 오래 살았어, 거기서. 우리 나이 또래는 벌써 떠났잖아, 그 골목에서 빠져나왔잖아. 걷지도 못하니까, 내가 거기서 이사 간다고 했을 때도, 이사를 못 가게 하는 거여. "아, 초롱이 엄마가 우리 집으로 이사를 오는데 왜 나 이사를 못하게 지랄들 하는 거여", "아우, 언니 초롱이 엄마가 언니 같냐, 청주 아줌마도 그러고.", 다 그 지랄들 하고 있는 거야. (…)

"결국 이렇게 돼서 내가 용산을 나가는구나"

○○○ 언니 이사 나온다고 했을 때 사람들이 얼마나 섭섭했을까?

●●● 말이라구 해. 거기서 있던 거 다 버리고, 인제, 세탁기, 냉장고 이런 거 정희 지가 쓴다고 하더라고. 세탁기도 잘 되고, 냉장고도 잘 돼. 근데 닦아도 닦아도 누래. 지워지질 않아. 정희 지가 갖다 쓴다고, 갖다 쓰라고. 가스렌지하고 새 거야. 못난 거는 다 버리고, 뭐는 주고 오고 그랬어. 왜 거기가 거시기 하냐면, 방이 조그맣잖아. 거기 가봤어? (지금 초롱 언니 사는 방이잖아요. 알죠.) 방이 조그맣잖아. 지금은 다 뜯었어. 안방이 조그맣잖아, 거기다 냉장고 놓고, 테레비 놓고, 방이 이렇게 이런 게 두 개. 차가 한 대 왔는데, 조그만 용달찬데, 내가 거기를 못 올라

가잖아. 우리 아저씨가 안아다 주고. 근데 왜 이렇게 눈물이 나오고. 눈물이 나서 죽겠어. 울었다니까.

○○○ 이사 하는 날?

●●● 이, 왜 눈물이 나왔냐면, 아저씨가 돈은 안 벌어다 주지만 이런 사람이 있으니까 나를 안아서 이렇게 올려놨구나, 〈눈물을 흘리며〉 차 안에 올라가는 거, 나는 그마저 그것도 못하니…. 갈라구 앉았는데 그렇게 눈물이 나와. 내가 스물니살에 와서 이렇게 세월이 흘렀구나, 내가 육십여섯이니까 사십 년이 흘렀는데, 결국 이렇게 돼서 내가 용산을 나가는구나…. 〈눈물을 닦아내며〉 돈을 모아논 것도 없구, 뭐 하나 이룬 것도 없구…. 〈말을 잇지 못하며〉 병이나 들어가지구, 이렇게 스물니살에 와서 결국 이렇게 나가는구나. 나 혼자서 올라가지도 못 하구….

○○○ 이사 하는 날 차 안에서 그렇게 울었어요?

●●● 생각을 해봐. 잘돼서 나간 것도 아니고, 이렇게 병든 몸으로, 모아논 것도 없이. 스물니살에 와서 결국 이렇게 나가는구나, 이렇게 나가는구나.

○○○ 다른 언니들이 배웅해줬어요?

●●● 응, 이사 오기 전에 넘어져서 다리를 거시기 했잖아. 그래서 아파가지고 그 날 한참동안 거시기 했어. 와서 방바닥 닦고, 발 절뚝거리고 인자 여기다 놓고 올리지는 못하잖아, 질질질 끌어다가 놓고. 인자 끌어다가 옷장에다 넣고, 그러고 있으니까 첨에는 몰랐어. 근데, '돌아이' 될 거 같아. 어떤 날은 갑자기 돌아이가 될 것 같아. 난 저녁에 잘 때 이불도 혼자서 못 끌어다 덮어. 나 이불 좀 끌어다 덮어주라고. 물론 남들한테 잘 하지도 못 했어. 그 [현재 같이 살고 있는] 사람하고도 안 살라고 몇 번이나 결심을 했어. 돈도 갖다주지도 않지. 하늘이나 알고, 땅이나

용산을 떠난다는 것
고양자씨는 스물네 살에 들어와 40여 년 만에 병든 몸으로 용산집결지에서 벗어났다. 사람들의 손가락질, 떳떳하지 않은 삶에 대한 스스로의 자책으로 그토록 절실하게 용산에서의 삶을 버리고 싶었다. 하지만 용산은 그에게 과거를 채근 받지 않으며, 평생의 애환이 녹아들어 있는 소중했던 삶의 공간이며 또한 자신의 사정을 알고 배려해 주는 동네 사람들, 함께 화투치고, 웃고 떠들고, 음식을 나눠먹을 수 있는 친구들이 있는 곳이기도 하다. 사진은 나이든 여성들이 많은 유리관뒷골목 전경이다.

알지, 아무도 모른다고 내 마음은. 그 아저씨가, 나한테 진짜 불쌍한 사람이여. '나한테는 당신이 있어야 한다', 나 혼자서, 나 혼자 마음으로, 그 양반한테는 직접 대놓고 말하지도 않고. 노인네가 나 업고 걷지, 진짜 고마워, 그 양반한테, 그 양반 없으면 나 혼자서 어떻게 살아, 위험해갖고. 나보담 그랬어. "나보다 먼저 죽어야 하는데, 당신 나 없으면 어떻게 한대?" 그랬더니 당신 죽으면 나도 죽지 뭐, 그래. (같이요?) 응. 〈소리 내어 웃으며〉

○○○ 조카따님 얘기 좀 해주세요.

●●● 〈고개를 강하게 저으며〉 아우, 싫어.

○○○ 언니가 많이 의지하는 분인가 봐요?

●●● 의지는 뭐 의지야, 나야 영감이 젤로 낫지. 바라는 것도 없어, 개한테는. (…) 파마하러 용산에 가야 하는데, 잘 하지는 않는데, 오래 됐으니까. 나는 몸이 이래서 염색도 못 하고 파마도 그냥 못 해.

○○○ 언니가 용산으로 가시게요?

●●● 내가 전화를 했어, 초롱이한테. 멸치 좀 사놔라, 여기 멸치는 비니루에다가 요거 만치 해놨어 쪼만해, 뜬내가 나, 뜬내가 나. 사가지고 왔는데 딱 똥 떼내고 하니까 우거지 한 솥 끓여 먹고 없어.

○○○ 언니 이사 오셨으면서도 그런 걸 다 용산에서 하시려고 하네요? 머리도 용산에서 할려구 하고.

●●● 그 미장원 사장이 오래됐었어. 빚이 많았는데 도망 안 가고 끝까지 버티고, 그 빚을 다 갚았어. (○○미장원이 오래됐어요? 용산에서?) 응. (몇 년이나 됐어요?) 오래됐어. 올케 밑에서 하다가 올케가 이민 갔어, 그래가지고 자기가 그거 차려서 하는 거야. (십 년 넘었어요?) 응. (이십 년 넘었어요?) 응.

"나는 심장이 두근두근, 꼭 나 들으라고 하는 소리 같고"

○○○ 언니네 집에서 예전에 화투치다 보면 소식도 많이 듣겠어요, 동네 소식?

●●● 싸움한 얘기, 누구네가 사고난 얘기….

○○○ 용산에서 떠나올 때 그렇게 마음이 안 좋았는데, 언니 인생에서는 용산이 제일 큰 거잖아요. 용산하면 뭐가 떠오르세요?

●●● 나는 뭐가 떠오르는 것도 아니고, 아휴 내가 거기서 스물니살에 들어가가지고 육십여섯이 되도록까지…. 하늘이 아냐, 누가 아냐, 아무도 모른다. 나는 그게 그 얘기야.

○○○ 그 동네에서 좋은 일은 없었어요?

●●● 아니 좋은 일이 뭐가 있어? 〈눈을 크게 뜨며〉 거기 있으면서.

○○○ 기억에 남는 사람은 없어요? 지금의 아저씨 말고, 옛날에 만났던 사람 중에서 기억에 남는 사람.

●●● 그 동네에서 만난 사람? (네) 이 뭔 논문인가 쓰던 사람이 있었어. (공부하는 사람이에요?) 논문 써, 논문. (얼마나 살았는데요?) 한 오래 살았지? (근데 왜 그 사람이 기억나요?) 으, 그 사람이 잘했어, 나한테. 내가 무슨 일 하는지 알면서도. 배운 사람이야. (같이 살면서 도움도 줬어요?) 어. 그걸 써서 들어가면 돈이 나오더라구. (어떤 걸 쓰는 사람인데요?) 뭐, 그래, 뭐라고 하더라, 논문. (언니는 그때 일 안 했어요?) 일 하면서, 그 사람 시골 사람이야. 몇 년 있다가 나를 찾아 왔댜. 친구가. 3, 4년이 흘렀으니까 반갑지가 않더라구. (그 기억이 제일 많이 남으세요?) 으. (그럼 좋게 기억나는 사람이고. 나쁘게 기억나는 사람도 있으세요?) 그거야, 생각도 않고. 쩝.

○○○ 언니가 생각할 때 인생이 뭐예요, 도대체?

●●● 아우, 인생살이, 어우, 인생이 오늘이라도 자는 듯이 죽었으면, 그게 복이잖애? 자는 듯이 죽었으면. 어제도 그래, 우리 아저씨가 그래, 한참 일어날라고 이렇게 잡으면 아이구, 잘 인난다, 잘 인난다….

○○○ 최근에 언니가 기뻐했던 기억이 있으세요?

●●● 기뻐하긴, 놀러도 다니고, 극장도 가고, 안 돌아다니는 데 없이 돌아다니고 그랬지, 젊었을 때는. (최근에는?) 최근에는 재밌는 게 없고, 나이도 먹고, 나이도 죽을 나이가 다 돼가고, 몸이 다 아프고, 몸이 따라주질 않고 아무래도 못 고치니까….

○○○ 마지막으로 해주고 싶은 말씀 없으세요? 이렇게 옛날 얘기를 하는 게 어때요?

●●● 나 이런 얘기 안 해. 안 하는데, 나는 뭐가 왜 더 싫어졌냐면, 애들이 술 먹고 뻗으면 바깥에 둘이 싸우고 하고 그러는 소리가 들리는데, "이 골목에서 썹 안 팔고 포주된 년 있으면 나오라고 그래, 나오라 그래!" 〔그 동네에서〕 빨리 나가고 싶어. 그런 얘기 들을 때마다 나는 심장이 두근두근, 꼭 나 들으라고 하는 소리 같고. 심장이 벌렁거린다니까. 그럴 때마다 내가 빨리 나가야지, 빨리 나가야지….

○○○ 그런 얘기 사람들에게 알려질까 봐요?

●●● 싫지, 나는 나이 먹어가지고…. (아저씨도 모르시죠?) 일 안 할 때 왔으니까.

○○○ 언니네가 바로 소리가 잘 들리는 위치잖아요, 방이.

●●● 바로 골목 앞에 있으니까, 싸우면 거기서 싸워 (왜 그런 소리가 나와요?) 모르~겠어. (실제로 언니 그런 경우들이 많잖아요. 자기가 직접 장사하다가 아가씨들 데리고 있게 되고) 다~그러지, 다 그래, 포주, 안하

고 한 사람, 한 몇 없어, 다 그래. 다 하다가 쫜 해먹는 사람, 그니들은 젊고, 딴지랄들 하고 나이도 괜찮지만, 나는 인제 나이도 먹고 병신이잖아, 그니까 장사를 안 하니까, 거기서 살 적에 니 것 내 것 없이 갖다 주고, 갖고 오고. 떠나긴 진작에 떠나야 하는데 늦~었지. 많~이 늦었지. 크흐, 늦었지, 진짜로. 내가 그 당시에는 아후, 떠나가야지, 이런 생각도 안 한 것 같아. (…) 〈끝〉

<< 에필로그

계단이 있으면 안 돼요

고백하자면 나는 인터뷰를 마치고 나서 한참동안 그 녹음내용을 확인하지 않은 채 긴 시간을 흘려보냈다. 인터뷰 이후 줄곧 고양자씨에 관한 생각을 하며 시간을 보내면서도 어쩐 일인지 뒤이은 작업을 계속하기가 쉽지 않았는데, 아마도 그 까닭은 시간이 지날수록 내가(우리가) 그를 위해 뭔가를 해야만 할 것 같은 생각 때문이었던 것 같다. 그래서 나는 고양자씨와 진행한 것이 상담이 아니라 인터뷰였음에도 부랴부랴 내가 확인한 그녀의 현재 상태에 대해 기록하고, 이씨 아저씨가 알려주었던 그 포인트를 더듬어 고양자씨 집으로 가는 길을 꼼꼼히 적어 동료들과 함께 그녀의 사례를 의논하였다.

얼마 뒤 나는 고양자씨의 의료지원을 담당할 후배 상담원과 함께 그녀의 집을 다시 찾았다. 그 날 동행했던 후배는 나가는 길에 근처의 한 치과에 들러볼 생각이라고 했는데, 그곳이 고양자씨가 치료받기에 적당한 곳인지 확인하기 위한 사전답사를 하기 위해서였다. 막달레나의 집을 후원해주고 있는 의사 한 분이 고양자씨의 처지를 듣고 치과를 추천해주었던 터였다. 우리는 그곳에 계단이 얼마나 있는지, 자원봉사자가 그를 업고서 무리 없이 갈 수 있는 정도인지, 주차를 하기에는 적당한지, 주차를 해놓고 고양자씨가 그 불편한 몸으로 너무 많이 길가에 서 있어야 하는 건 아닌지 등 시시콜콜하다 싶을 정도로 이런저런 사항들을 점검하였다. 우리가 가본 치과는 엘리베이터가 없고 유난히 계단이 가팔랐다.

여그는 사회복지 공무원이 전화도 한번 안 히야

"용산은 안 그랬어, 동사무소 사람들이 을메나 다 친절했다고."
고양자씨는 얼마 전 이사 간 동네의 동사무소로부터 쓰레기봉투 받아가라는 전화를 받았다. 동사무소에서는 그녀가 장애인이라는 걸 모르고 있는 듯 종종 그런 전화를 걸곤 했다. 전에야 같은 골목에 사는 이웃들에게 부탁을 해서 받아오거나, 동사무소의 사회복지 담당 공무원이 직접 전달해주곤 해서 아무런 문제가 없었지만 이제는 그럴 만한 처지가 못 됐다. 고양자씨는 쓰레기봉투를 받기 위해 택시를 대절해 갈 수는 없는 노릇 아니냐며 툴툴거렸다. 그러면서 용산에 살 때 겪은 동사무소 사람들은 다 친절했다고, 때마다 뭘 주기도 잘 줬다고 말했다.

고양자씨 집을 함께 방문했던 상담원은 그를 도울 여러 방법을 찾기 위해 분주해졌다. 우선 그녀가 '근육말라병' 진단을 받은 병원에 가서 담당 의사를 만나 정확한 병명을 확인하고 소견을 구했다. 한 복지재단에 그녀가 도움 받을 수 있도록 서류를 작성해 제출했고, 장애인이 이용할 수 있는 전문병원에 예약을 했는가 하면, 그녀가 살고 있는 동사무소에 전화를 걸어 사회복지 전담 공무원이 좀 더 고양자씨를 세심하게 배려할 수 있도록 부탁했다. 그녀는 따뜻한 봄이 오면 우리의 도움을 받아 치료를 받고 싶다고 했다.

오랜만에 신나셨겠네요?

그로부터 얼마 뒤 우리는 휠체어와 사방지팡이를 사들고 고양자씨 댁을 다시 찾았다. 그녀는 휠체어에 시승을 하며 기뻐했는데, 어느 순간 약간 걱정스런 얼굴로 어렵사리 말문을 열어 우리에게 "이거 혹시 내가 돈 내야 하는 거야?"라고 물었다. 그녀는 역시나 밥을 먹고 가라며 잡아끌었지만 얼마 안 있어 함께 사는 아저씨가 들어왔다. 아저씨는 휠체어가 생겨 신나 하는 고양자씨를 향해 "우리 마누라 신났네!"라며 밝은 얼굴을 해보였다. 아저씨가 있어 우리를 좀 불편하게 여길까 싶어 저녁을 사양하자 대신 고구마와 떡을 먹고 가라고 했다. 이것저것을 챙기던 중 냉장고 문을 열고 한참 낑낑거리고 있어 다가가 보니 혼자 힘으로 물통을 꺼내지 못해 양 손을 대고 비비적거리고만 있었다.

고양자씨는 며칠 전 용산에 다녀왔다고 했다. 가봤자 기력이 없어 화투도 못 치고, 질펀히 수다를 떨 수도 없어 그냥 옆에 조용히 누워 있을 뿐이었다고 말하는 고양자씨의 얼굴에는 모처럼 활력이 느껴졌다.

"오랜만에 신나셨겠네요?"

"말이라구. 아, 여그서는 하루 종일 뭐 해, 돌아이가 될 것 같아, 돌아이."

하지만 그녀는 곧이어 가는 한숨을 내쉬며 내일도 내일 모레도 용산에 가서 익숙한 옛사람들과 함께 시간을 보내고 싶지만, 매일같이 길바닥에 뿌려댈 택시비도, 혼자서 나다닐 기력도 없다고 했다.

받어, 그러는 벱이 아니여…

우적우적 고구마를 먹으며 고양자씨의 이야기를 듣고 있던 중 식탁 위에 눈에 익은 과자들이 보였다. 얼마 전에 우리가 푸드뱅크를 통해 후원받은 과자들이었다. 음식을 후원받으면 우리는 우선적으로 용산 현장여성들의 상담이 활발하게 이루어지는 현장지원센터로 보내고, 현장지원센터에서는 다시 필요한 여성들에게 그것을 나눠주곤 한다. 고양자씨에게 그것들을 좀 가져다 줄까 했지만 단 걸 좋아하지 않는다고 말한 게 떠올라 그냥 갔던 터였다. 알고 보니 그 과자들은 용산에 놀러갔을 때 화투방의 이웃들이 챙겨주었던 것이다. 그들은 종종 고양자씨에게 전화를 걸어 자신들의 근황을 들려줄 때 '우리 사무실에서는' 이라며 막달레나의집 현장지원센터에서 있었던 일을 들려주곤 했다.

고양자씨는 이야기를 마치고 일어서는 우리에게 "받어, 그러는 벱이 아니여, 형제간에도 나 몰라라 하는디…"라며 꼬깃꼬깃 접은 만 원짜리 몇 개를 쥐어주려 했다. 첫 인터뷰 이후 줄곧 그랬다. 다른 날과 마찬가지로 인사조차 제대로 못한 채 우리는 서둘러 신발을 신고 도망치듯 그 집을 나와 '이리 꼬불 저리 꼬불' 이어지는 골목길을 빠져나갔다. 유달리 추운 날씨였던 그 날, 동행한 상담원과 나는 함께 사는 아저씨의 인상이 좋아 보여서 다행이라는 말을 나누며 늦은 퇴근길을 재촉했다.

동네 사람들이 들으면 어떡히야

리뷰의 작성을 마치고 어떤 내용이 쓰였는지, 어떻게 이 자료가 쓰일지 얘기해주고 동의를 구하기 위해 고양자씨를 만나러 갔다. 문을 열고 들어서니(그녀는 늘 문을 열어놓고 기다린다.) 기다렸단 듯 방문 앞에 쪼그리고 앉아 현관을 바라보고 있었다. 그 옆에는 탐스러운 배 하나와 예쁜 포크 두 개가 가지런히 놓인 빈 접시가 준비되어 있었다.

고양자씨는 글을 모른다. 그런 그에게 다른 인터뷰 참여자들처럼 원고를 건네주고 검토해 달랄 수가 없었다. 그래서 내가 직접 읽어주겠다고 하자 눈을 휘둥그레 뜨며 목소리를 낮춰 "동네 사람들이 들으면 어떡히야!"라고 말하면서도 자리를 고쳐 앉으며 읽기를 재촉했다. 언제나 그렇듯 이런 순간은 떨리기 마련이다. 내가 당신의 삶을 이렇게 바라보았다는 것을 어떻게 받아들일지, 행여나 마음이 상하지나 않을지. 나는 조금 떨리는 목소리로 천천히 원고를 읽어 내려갔다.

"언니, 이 말은 무슨 뜻이냐면요…."

나는 낯선 낱말이나 문장의 배경에 대해 간혹 설명을 덧붙이기도 했는데, 어떤 대목에 이르러서는 감히 그녀의 얼굴을 똑바로 쳐다볼 수가 없었다. 원고 너머로 고양자씨가 고개를 끄덕이거나 그 바싹 마른 손으로 슬금 눈물을 훔쳐내는 게 간간히 보였다.

원고를 읽는 동안 그녀는 "이, 맞어"라는 말 외에는 아무 말도 하지 않았는데, 읽기가 끝나고 나서도 그녀는 아무 말 없이 빨개진 눈을 껌뻑이며 그냥 앉아 있을 뿐이었다. 소리도 동작도 멈춰버린 그 짧은 순간, 나는 침을 꿀꺽 삼키고 고양자씨가 입을 열 때까지 기다렸다. 잠시 뒤 그녀는 "나는, 한평생 그 동네에서 나갈 날만 생각하구 살았어…"라는 말로 녹음되지 않을, 이제는 지워질 염려도 없는 긴 이야기를 다시 시작했다.

이 진 주 씨 와 의   인 터 뷰 6

진주네 방, 태양을 꿈꾸다

이진주, 김민지

<< 프롤로그

그녀를 만나러 가는 길

날이 꽤 추웠다. 오후 1시쯤, 아직 점심 식사를 하지 않았다고 해서 산 떡볶이와 순대를 한 손에 든 채, 나는 잠시 주위를 둘러보았다. 이진주씨가 예전에 살던 곳은 가봤지만 새 집의 위치를 알지는 못했다. "내가 얼마 전에 이사를 했으니까 옛날 집 근처로 와서 전화하면 돼요." 근처에서 다시 위치를 묻기 위해 전화를 할 필요는 없었다. 그녀가 영업할 때 앉아 있기 위한 1평 남짓의 작은 조립식 유리방 옆에 나 있는 골목길을 걸으니, 얼마 못 가 담벼락의 조그마한 문 앞에 '진주네 방'이라고 손수 쓴 팻말이 눈에 들어왔다.

집에 들어가니 화장을 곱게 한 채, 이진주씨는 드라이기로 머리를 말리면서 나에게 "좀 앉아 있으라"고 했다. 들고 간 음식들을 그녀는 잘 입에 대지 않았다. 원래 이 시간에 밥을 잘 먹지 않는다고 하면서 아무 것도 사오지 말라고 했었다. 일어나는 시간이 규칙적이지 않은 편이라 용무가 있으면 일찍 일어나기도 하지만, 누워 있기도 하고 TV를 보거나 청소를 하면서 낮 시간을 보내고, 어두워지면 일을 하러 나가고, 새벽

네 시쯤 돌아와서 소일하다가 아침 일고여덟 시쯤 잠이 드는 생활이라고 한다.

이진주씨의 집은 여느 살림집과 크게 다르지 않다. 바깥문을 열고 들어가면 복도가 있고, 위로 올라가보지는 않았지만 창고 등으로 쓰이는 다용도실로 올라가는 계단과 방문들, 화장실과 주방이 양 옆으로 늘어서 있다. 방에는 책이 한 가득 꽂혀 있는 책장, 서랍장과 화초들, 그리고 컴퓨터와 텔레비전, 공기청정기가 한 면을 채우고 있는데, 지하가 아닌데도 창문이 없다. 바닥에는 애완견용 철장과 2인용 옥매트가 있고 옆 벽면에는 큰 거울이 붙어 있는데, 벽 한 쪽에 일출 사진이 크게 확대되어 걸려 있다. 그리고 꼬리를 흔들며 나를 맞이했던 이진주씨의 애완견 '토토'와 '수야'가 있다. 현재 살고 있는 집에서는 그녀가 생활하는 방과 손님 방이 분리되어 있다. 방 구조의 차이에 대해 질문했을 때, 이사하기 전의 집은 방이 하나였는데 여기는 손님 방이 따로 있어서, 이진주씨는 혼자 쓰는 이 방이 '내 것' 같다고 했다.

이진주씨를 인터뷰하게 된 것은 그녀가 막달레나의집과 오래전부터 알아온 사이라는 점과 함께 '초짜'인 내가 이 지역에서 유일하게 가봤던 집이 그녀의 방이었다는 점을 고려해서였다. 장식품, 책, 화초, 강아지들, 사진들…. 그때는 방에 들어가도 될까 주저하면서, 약간 떨리는 마음으로 바라봤었다. 알고 싶은 것이 많았다. 집은 그녀가 먹고 자고 또 '일'하고, 그래서 많은 시간을 보내는 곳이다. 이 공간에서 그녀가 살아가고 있는 일상의 모습을 눈에 그려보듯이, 그것이 삶 속에 자리 잡고 있는 그대로 듣고 싶었다. "언니가 이 방에서 가장 소중히 여기는 것은 뭔가요?" "고스톱을 칠 때는 점당 얼마로 치시나요?" "좋아하는 노래가 뭔가요?" 이번 조사의 연구진들이 놀랄 정도로, 이진주씨의 일상에 대한 짧은 질문들을 가득 머릿속에 담아놓고 있었다. 각각의 질문들과 관련해서 그녀가 연이어서 꺼내놓을 수 있는 이야기 보따리가 있을 것이라고 가정한 셈이었다. 이렇게 굴비 엮듯 하나의 질문에 많은 이야기들을 기다리는 나의 바람과는 달리 우리의 인터뷰는 문답식으로 끊어지기 일쑤였다. 어떤 것을 물으면 될지를 고민하며 허둥지둥 갈피를 못 잡는 동안, 그녀는 마치 기회가 있으면 꼭 하고 싶은 말이었던 양, 자신의 상황에 대해 이야기하기 시작했다.

분노와 두려움, 그리고 혼자 일하는 삶

이진주씨는 현재 47세로, 용산에서 20년 동안 살았다. 3년 정도 여러 지역을 돌면서 일을 하다가 용산에서는 오랜 기간 동안 한 업주 밑에서 '아가씨 생활'을 했고, 5년 전부터는 독립해서 혼자 영업을 하기 시작했다고 한다. 혹자는 이것을 '독장사'로 부르기도 하는데, 그녀는 이것을 '자취'라고 표현했다. 이진주씨는 "정말 힘들게 자취를 나왔다"고 몇 번이나 되뇌었다. 오래도록 살아온 용산을 떠나는 게 괜찮겠냐고 물었더니 "이젠 지쳤다"며, "남자를 상대 안 하는 것만 생각해도 날아갈 것 같다"고 이 생활에 미련이 없다는 듯 말했다. 그녀는 막달레나의집과 초창기부터 알고 지낸 사이다. 한때 필드워커 양성을 위한 동료교육 프로그램(2002)에 참여해 필리핀으로 짧은 연수를 갔다 오기도 했다.[*] 현재 '일'을 계속 하고 있고, 최근에는 생계비 지원을 원하지만 지원 대상이 되기가 쉽지 않은 상황이라고 한다. 그리고 나는 막달레나의집에 들

---

[*] 『동료교육에서 희망을 본다』, 막달레나의집, 2005.

어온 지 1년이 채 되지 않은 직원이다. 인터뷰는 딱 그만큼, 그 거리와 한계를 안고 진행되었다.

경제적 문제는 생계 유지를 걱정하고 있는 이진주씨를 심각하게 위협하는 요소였다. 그녀는 이제까지 일을 하며 번 돈으로 '어머니의 집을 마련해주고 동생도 공부를 시킬 수 있었지만, 자신이 살 집은 없다고 했다. 어머니와의 관계는 돈독해보였다. 매일 전화할 정도이고, 자신이 어떤 일을 하는지 모르기 때문에 집으로는 초대하지 못하지만, 주말마다 어머니를 방문한다고 했다. 그러면서 '가족을 부양하느라, 또 가족의 빚을 갚느라 허덕였던' 지난 일을 떠올렸고, 특히 '성매매특별법 이후, 기름값도 없어서 불도 잘 때지 못하는 상황'을 이야기할 때마다 목소리가 높아졌다. 그 분노가 어디에서 기인한 것이든 적어도 나를 향한 것은 아닐 것임에도, 쏟아져 내리는 그 목소리의 톤과 어조에 나는 처음에 좀 긴장하기도 했다.

대화의 많은 부분에서 그녀는 특별법에 대한 아쉬움과 분노를 토로했고 그 이후 벌어진 상황에 대해 "무섭다", "하루하루 먹고 살기가 힘들다"는 말을 반복했다. 이진주씨에게 특별법은 현재 생활의 열악함을 가져다준 주요한 원인이었다. 특히 '대책 없음'에 대한 분노는 현 상황에서 그녀가 생계비 지원을 기대하고 있는 것과 맞물려 중요한 비판 지점이었고, 이후 세워진 지원 등의 후속 대책에 대해서 표현할 때는 조금 누그러진 모습을 보였다. 나는 특별법과 관련하여 막달레나의집과의 인연 때문에 이진주씨가 복잡한 감정을 가질 수도 있을 것 같다고 생각했다. 그녀는 그 불편함에 대해 구체적으로 표현하지는 않았지만, 한때 난처했던 경험을 들려주었다. 세간에서 성매매방지법은 '여성단체들이 하는 일'이었고 이 법에 반대하기 위해 모인 그녀의 동료들은 이 단체들을 비판하라고 종용했지만, 이 지역에서 오랜 인연을 맺은 막달레나의집이 끼어 있기 때문에 앞장서서 여성단체를 욕할 수 없었다고 했다. 이진주씨는 특별법에 따라 집결지 자활지원사업을 시행하고 있는 막달레나의집을 '여성단체'에 포함시키기도 했지만, 또 아웃리치(집결지 지역에 직접 현장 지원을 하는 것) 물품을 나누어줄 때 자신이 거들었던 것을 이야기하면서는 '우리'라고 표현하며 동일시하는 모습을 보이기도 했다.

이진주씨는 혼자 일하게 된 것에 대해 "계속 시도했었고, 싸움도 하면서 약속을 거듭하다가 [업주로부터] 나왔다"고 표현했다. '쉬고 싶을 때 쉴 수 있고', 적게나마 '자신이 번 것을 모두 가질 수 있다는' 점에서 업주 밑에서 일하는 것보다 '독장사', 혹은 '자취'를 하는 것을 더 마음에 들어 하는 것 같았다. 그것과 함께 '아가씨 생활'에 대해서는 업주와의 관계에서 존재하는 어려움들이 묻어나왔다. '서로 챙겨주지 않는 분위기'에서 이런 저런 생일이나 기념일들을 챙기며 마음을 썼던 것이 '원래 자신이 그런 것을 좋아하기 때문'에 그렇게 했다고 말하고 있음에도 불구하고, 지내오는 동안 사람에 대한 배신감과 관계에서 얻은 상처가 크다고 덧붙였다. 그녀의 말 속에서 용산에서의 경험은 일목요연한 방식이 아니라 흘러가는 대로, 조각조각 튀어나왔다. 그녀가 어떤 삶을 살아왔는지 구체적으로 연대를 구성할 수는 없었지만, 다시 되새겨서 상기시키고 싶지 않은 경험들이 존재하는, 빈 곳이 어렴풋하게 느껴졌다. '글을 써서 자신의 삶을 기록에 남기곤 했지만, 이제는 일기를 쓰지 않는다'는 그녀가 다시 글도 쓰고, 행복하게 추억하는 기억들이 많아졌으면 좋겠다고 생각했다.

소중한 것들

인터뷰 내내 이진주씨는 자신이 키우는 개들을 껴안거나 그 개들과 이야기하거나 같이 놀면서, 심지어 아이 엄마와 함께 있는 느낌을 주기도 했다. 그녀는 개를 키우는 이유를 '외로워서'라고, 개들이 좋은 이유는 '변함이 없어서'라고 했다. '독장사'를 나온 후 가족의 빚에 허덕이며 가장 힘들었을 때 '옆에서 의지가 되어' 주었고, 애지중지 하며 키운 존재였다. 그녀는 애완견에 대한 자신의 애착을 '사람에 대한 상처와 배신감'과 함께 설명했다. 오랜 기간 이곳에서 살아온 것에 비추어 생각해볼 때, 이진주씨는 자신이 여러 사람들과 많은 교류를 하지 않는다고 표현하고 그 이유를 '어울리기 싫어서'라고 했다. 유일하게 믿고 의지하는 한 사람을 제외하고는 관계의 폭도 그렇게 넓지 않고, '술 먹기만 하면 싸움이 나는' 분위기가 싫어서 여가시간도 대체로 혼자 즐기는 편이라고 했다. 책장 한 가득 가지런히 꽂힌 책들과 크게 확대해서 걸어놓은 사진들은 그녀의 자존감을 나타내는 상징처럼 보였다. 꽂혀 있는 책에 대해 물어봤더니 이진주씨는 그 내용을 일일이 대답해주며 각각에 대한 평가도 짤막하게 곁들였다.

　컴퓨터를 배우고 나서 중요한 일상을 차지하게 된 인터넷 서핑, 그리고 자신이 직접 찍은 사진들, 그리고 애완견들, 이런 이야기들을 말할 때 그녀는 활기를 띠었다. 자신의 글쓰기를 인정받았던 학창 시절의 기억을 행복하게 추억하면서, 자신이 가장 행복했던 것은 어렸을 때라고 했다. 그 순간 '글쓰기를 좋아하고' '여군과 간호사가 되고 싶었던', 감수성이 풍부한, 소녀 같은 한 여성이 내 앞에 있었다. 엄마와 살았던 때와 중학교 시기, '자기가 [돈을] 벌지 않아도 되었던 천진난만한' 시기를 되새기는 그녀의 표정에 풋풋한 웃음이 번졌다.

그녀는 윤복희의 「여러분」과 이미숙의 「나 하나의 사랑」, 이 노래들을 좋아한다면서, 그 이유를 "누군가 자신에게 그런 사람이 되어주었으면 하고 바라는 것 같다"고 설명했다. 의지가 되어주는 소중한 사람, '죽어도 못 잊는 사람', 이진주씨에게 그런 사람이 되어준 사람은 유일하게 '초롱이 언니'였다. '초롱이 언니'는 이진주씨의 앞집에 사는 사람으로, 자신의 개 '초롱이'가 낳은 새끼(수야)를 이진주씨에게 주었다. 이진주씨는 초롱이 언니를 '변함이 없는 사람'이라고 표현했는데, 인터뷰 중에 이 표현은 키우는 개들에 대한 묘사와 더불어 두 번 사용되었다. 자신은 초롱이 언니에게 "해준 게 없는데", 힘들 때 마음을 써 주고 금전적으로도 도움을 주었다면서 "나를 안 죽게 한 거지, [언니를] 실망시키기 싫어서"라고 했다. 그녀는 초롱이 언니가 자신에게 해준 만큼, 그 믿음을 저버리지 않으려고 노력한다고 했다.

꿈을 이야기하다

이진주씨는 앞으로 여생에는 '남을 돕는 삶'을 살고 싶다고 했다. 그리고 그 모델이 막달레나의집 이옥정 대표라고 했다. 일을 해오면서 오래전부터 그런 희망을 갖고 있었다고 했고, 구체적으로는 간병인 교육을 받는 것으로 실행하려는 계획을 갖고 있었다. 그리고 그 과정의 하나로 교리를 공부하고 영세를 받기 위해 준비하고 있고, 또 정부에서 지원하는 생계 지원비를 받을 수 있었으면 하는 희망을 피력했다. 이진주씨와의 대화에서는 유독 종교에 관한 이야기가 많이 나왔다. 그녀는 가톨릭 신자로서, 막달레나의집 창립자인 문애현 수녀와 이옥정 대표를 알게 된 것이 이 종교를 받아들이는 계기가 되었다고 했다. 그녀의 책장에는 예전에 막달레나의집에서 미사가 열렸을 때 찍은 사진들이 액자에 담겨 진열되어 있었다. 이진주씨에게 있어서 영세를 받고자 하는 것은 다른 삶을 꿈꾸는 것과 관련된 중요한 의미인 것처럼 보였다. 그녀는 영세를 받는 것과 일을 그만두고 간병인을 준비하는 것을 연결시켜서 말했고, 예전에 영세를 받지 못한 경험을 '죽으려고 했다'고 할 만큼 힘든 기억으로 이야기했다. 하지만 교리를 받는다고 해서 바로 영세로 이어지지 않는 것을 그녀는 한편으로는 이미 알고 있었고, 그 이유를 잘 이해하지 못하는 나에게 설명해주었다. 이 이야기를 하면서 그녀는 '경제적으로 도움을 주고 있는 아저씨'에 대해 언급했는데, 처음에 손님으로 만나서 그렇게 하기는 힘듦에도 불구하고 자신을 도와주었고, 의지가 되고 있다고 그에 대해 설명했다. 그녀의 '아저씨'는 일상에 깊이 들어와 있는 존재였다. 함께 여행을 가고 이메일을 주고받고 정기적으로 만나는, 오랫동안 지속되어 온 관계였다. 하지만 그녀는 그와는 감정적으로 매여 있지 않으며 언제든지 자신이 원하면 끊을 수 있는 사이라고 조심스럽게 말했다.

이진주씨는 용산에서 알게 된 사람들에 대한 이야기를 되도록 아꼈다. 이 인터뷰가 어디에 어떻게 들어가는지 물으면서, 혹여 좋지 않게 표현된 것이 있을까 걱정하는 모습을 보였다. 그녀는 사람과의 관계에 기대를 걸지 않는다고 이야기했지만 그렇다고 해서 용산에 살면서 만난 사람들이 특별히 나쁘다거나 괴로웠다고 생각하지는 않는다고 했다. 이제까지 자신의 삶에 대해 크게 후회하지 않는다며 열심히 살아왔다고 했는데, 그 말을 하는 강한 어조에는 일종의 자부심이 깃들어 있었다. 그러면서도 그녀는 이 지역의 다른 사람이 결혼하는 모습을 보면서 자신에게 생기는 복잡한 감정들을 숨기지 않았다. 아마 여러 이유가 있을 것이다. 나이 듦, 외로움, 경제적인 어려움과 그것 때문에 지속할 수밖에 없는 관계와 일. 이 모든 것들이 이진주씨가 앞으로 그리는 인생 계획에 어떤 식으로든 영향을 미칠 것 같다는 생각이 들었다.

그녀의 계획이 정확히 언제 어떤 방식으로 이루어질지 알 수는 없지만, 그 꿈은 이진주씨가 계속 무언가를 할 수 있도록 추동시키는 힘이 될 것이라는 점은 확실해 보였다. 필리핀에 가서 이른 새벽에 일어나 찍었다는 일출 사진을 보며 그녀는 말했다.

"내 인생도 저 태양처럼 타올랐으면 좋겠어. 난 저게 있지, 아침에 떠오르는 태양이 있는데, 그게 일출인데, 과연 나한테도 저렇게 다시 필~ 날이 있었으면 하고…. 너무 아름답지."

<< 이진주씨와의 첫번째 대화

'그 이후', 고달픈 일상

김민지(이하 ○○○) 〈가져간 음식을 가리키며〉 언니도 드세요. 뭐 좀 먹고 할까요?

이진주(이하 ●●●) 드세요. 배고프면.

○○○ 아니에요, 저는 먹고 왔는데, 언니가, 못 드셨을까봐.

●●● 아니요, 이 시간에는 잘 안 먹어요.

○○○ 아. 왜요? 그, 〈멈칫거리며〉 속 때문에?

●●● 응.

○○○ 그럼 제일 처음 언제 드세요?

●●● 3시 넘어서.

○○○ 그러면 몇 시에 보통 일어나시는데요?

●●● 일찍 일어날 때는 일찍 일어나고, 그렇지 않으면 별로 할 일 없을 때는 한 6시쯤 일어나요. 그냥, 텔레비전 보다가 누워서 뭉기적하다가…. 〈웃음〉

○○○ 그러면 누워계시면 그냥 아침 겸 점심 드시고 하는 거예요?

●●● 예.

○○○ 밥은 어떻게 드세요?

●●● 김치만 있으면 먹지 뭐, 요즘에 뭐.

○○○ 반찬은 어디서 사세요?

●●● 나는 해먹어요.

○○○ 해드세요? 김치도?

●●● 네. 사먹는 걸 별로 안 좋아해서.

○○○ 요리 같은 것도 잘 하세요?

●●● 〈웃음〉 그냥 그래요.

○○○ 혼자 살다 보면 별로 안 해먹게 되잖아요.

●●● 근데 저는 사먹는 음식을 조미료 같은 게 많이 들어가기 때문에 잘 안 먹어요. 거의 귀찮아서 그냥, 밥만 하면 되니까, 김치랑 먹고. 〈잠시 침묵〉

○○○ 그러면, 먹는 것 때문에, 건강관리 같은 건, 부실하게 먹게 되지 않나요.

●●● 그거야 있죠, 음….

○○○ 괜찮다? 저는 자취하다 보니까 잘 안 먹게 돼가지고, 그러다가 막 달레나의집에서 먹고 그렇게 됐었거든요.

●●● 거기야 뭐, 응, 거기 오면 다 살찌고, 다 건강해지죠.

○○○ 저는 살쪄서 안 건강하게 됐는데…. 〈웃음〉

●●● 예, 갑자기 찌니까 그래요. 저도 그래요. 갑자기 찌니까, 스트레스가 한동안 스트레스가 먹는 걸로 와갖고, 자다가 라면이라도 씹어야 잠을 잤어요. 라면 먹고, 물마시고 라면 씹어서 먹고, 자면서도, 스트레스가 먹는 걸로 와가지고…. 그래갖고 갑자기 살이 찐 거여, 요즘 또 그

래, (좀 빠지신 것 같기도 한데….) 힘드으니까.

○○○ 요즘 스트레스 받은 거 있으세요?

●●● 이 특별법 있은 뒤로…. 그 전에는 내 생활에~ 후회하면서 살아본 적은 거의 극히 없어요. 난 여기서 살면서~, 나 나름대로 헛되이 살지 않는다고, 자부를 갖고 살아왔거든요. 저희 가정에도 그만큼 내가 일 귀놓을 거 일궈놨었고, 동생도 대학원까지 마쳤고, 내 인생이 여기서 청춘이 다 갔다고 해도, 내 나이의 반이 갔는데 여기서, 그다지 크게 후회해본 적은 없어요. 맨 처음에 이제 업주에 팔려서 여기 들어왔을 때, 그 때 이외는 오로지 돈을 향해서 목표를 삼고 살았고. 근데, 지금은 이 특별법 있은 뒤로는…. 나 진짜 방에다 기름도 못 넣고 살아요. 한 며칠에 한 번씩 돈 몇 만 원 만져볼까, 그러고 사는데, 마치 내가 여기를 지금 딱 못 떠나는 게, 막상 나가서 살 방 한 칸, 살 집도 없을 뿐더러, 내가 지금, 내가 신용불량에 걸려 있거든요. 그것도 갚아야 되고…. 나가서 해먹을 게 없고 그런데…, 1월 달부터 간병인 학원에 등록해가지고 그 자격증 따고 어떻게 좀, 저기를 해서 어쨌든, 다만 한옥이래도, 월세방이라도 얻을 집이 있어야, 간병인 해서 먹고 산다고 할 거 아니에요. 근데 하루하루 먹고 사는 게 힘이 들잖아요. 하루하루 먹고 사는 게, 그니까 스트레스만 쌓이고…. 요즘은 이제 교리도 받고 있으니까, 하느님한테 기도만 하는 거야, 나한텐 오직 그거밖에 길이 없기 때문에…. 그냥 그렇게 살아요.

○○○ 손님이 많이 줄었어요?

●●● 많이 준 정도가 아니죠~. 손님 자체가 겁이 나서 안 와요. 겁이 나서. 그러니까, 있던 아가씨들은 더 빚만, 빚에 빚을, 빚만 더 지고, 그러니까 더 헤어날 길이 없는 거지. 하루 벌어서 하루 먹고 살기도 힘이

드니…. 하루 벌어서 하루 먹고 살기도 힘이 들어요.

○○○ 그, 법 통과 됐을 때 언니는 어떠셨어요? … 〈난감한 표정〉 그날 딱 뭐하고 계셨〔는지〕, 어떻게 소식을 접하게 되셨어요?

●●● 방송으로…, 그때 방송으로 미리 저기를 했기 때문에, 다 알고 있었죠. 진짜, 불 딱 꺼서 암흑인데, 와 무섭더라 무서워, 무섭더라고요. 컴~컴하니 무섭고, 무서, 너무 컴컴하고, 뭐 집에 있는 게 무서워 그때는, 그리고 막 술취한 놈들이 불쑥불쑥 들어오고, 야 한번 하자, 막 그러고, 술 취했는데도 불쑥불쑥 들어오고 그러니까, 문을 열어놓을 수 없어, 무서워서. 거 밖에 한 번씩 나오면 겁이 나, 여기 연주 언니네 집 바람 쐬러 가서, 방에만 갇혀 있다 보니까 겁이 나서 나오면, 경찰들이, 아니 무슨 죄인이냐고, 밖에 내 발 갖고 내 밖에도 못 나와 서 있게, 밖에 나와 서 있다고 욕지거리 하고…. 진짜, 무슨 포로수용소지, 감옥소도 아니고, 아마 감옥소도 그렇게는 안 할 거요. 강아지들 안고 이 앞에도 못 나갔었어요. 요 앞에도. 경찰들이 나오질 못 하게 해가지고. 그러니까 여기 컴컴하니 암흑세계지, 사람이 사람이 무섭더라니까. 술 취한 놈들은 불쑥불쑥 들어와서, 막 하자고 저기해갖고, 아우 난 암담하더라. 암담해.

○○○ 불이 꺼졌는데 막 들어와요?

●●● 예. 남자들이 술 먹고…. 우리 여기 골목에서, 성추행하다가 걸렸잖아요. 여기 동네 업주들 자체 방범대한테…. 작년 특별법, 10월 며친 날, 10월 며친날이여, 그때가. 여성, 응 저기 성폭행하다가 자치회에서 걸렸잖아요. 그래갖고 자치회에서 경찰에 넘겼지.

○○○ 응 겁도 없네….

●●● 그러니까 사람이 사람이 무섭더라니까요. 남자들이~ 갑자기 못

하니까~ 막 진짜 짐승, 짐승, 사람이 아니라 짐승이야, 막 무서워. 제대로 나오지도 못했는데, 어쩌다 한번 답답해서 나오면, 감옥소에 갇혀 있는 것 같으니까~. 밖에 실정이 도대체 뭐가 어떻게 돌아가는지도 모르고, 나 같은 경우는 또 원래 사람들하고 어울려서 말하는 성격도 아니고 그런데, 그때도 한 번씩 바람 쐬러 강아지들 안고 나오면 경찰들은 못 나오게 하지, 진짜 그런 감옥소가 없었네.

○○○ 불 다 끄고 한 게 얼마나 됐죠?

●●● 불 끄고 한 게 한 3개월은 꼈었죠. 한 3개월을 암흑세계에서 살았지….

○○○ 불을 끄라고 한 거예요?

●●● 예. 일절 불을 못 키게 했었죠.

○○○ 그럼 밤에 무서워서 어떻게 하셨어요?

●●● 그니까 문을 잠그고, 또 확인하고 확인하고 했다니까, 무서워서…. 그러다가 어느 날은 또 우리 집에 도둑이 든 거야. 아이고, 방 안에서 112에 신고를 하는데 벌벌벌벌 떨려, 112에다 신고하면 이런 데서 신고하면, 금방도 안 와요. 사람 다 죽은 다음에 와, 한 10분이야 돼야 와~. 어떨 땐 10분도 넘어~. 어떤 땐 30분도 걸릴 때가 있어, 여기서 싸움 나고 이래서 신고하지, 곧바로 출동 안 해요, 경찰들은…. 이 동네에서 무슨 일이 생기면….

○○○ 도둑놈은 어떻게 하셨어요?

●●● 그래가지고 잉, 경찰이 빨리 안 와가지고, 동네 사람들이 아는 전화번호 다 누른 거지. 사람들이 막 들어왔는데, 그놈이 또 안을 들어가서 문을 잠그고 저쪽 집에 살 때 지하실에, 지하실이 있는데 일하는 아저씨 연장 같은 것이 쌓였다고요. 연장 같은 게, 그래 연장 있는 방으로

들어가 버려서, 거기서 연장으로 망치 같은 걸로 나 한 대 치면 어떻게 해. 그래서 내려가지도 못하고, 그래가지고 이 연장 주인 아저씨한테 얘기해서, 그 아저씨가 택시 타고 오고, 오고, 그러는데 그때사 경찰이 오는 거야. 그때사. 경찰이 이제, 우회로 넘어가가지고⋯ 끌어냈지. 데리고 갔는데 노숙자였어, 노숙자야. 근데 거기 연장이 있는지 어떻게 알았는지, 잠자러~ 추우니까 잠자러 들어왔다가 그 연장이라도 갖다 팔아먹을까 해서 그 방으로 들어갔던 것 같애.

○○○ 언니 계신데 들어온 거예요?

●●● 나는 인제 1층에 살고, 저 집이 1, 2, 3층 있는데, 다 비었었어요. 1층은 나 혼자만 살고, 그래갖고 지하실에⋯. (⋯)

혼자 일한다는 것

○○○ 독장사 한 지는 얼마나 되셨어요?

●●● 만 5년이요.

○○○ 아가씨 하는 거와 독장사 하는 거는 어떻게 차이가 있어요?

●●● 차이가 많죠~. 포주 밑에 있을 땐~ 화대도 반, 팁도 반, 무조건 아침에 손님한테 나오는 돈은 단돈 십 원짜리 하나라도 무조건 포주한테 다 줘야 돼요. 그리고 반반이고, 그러고 방세 내고 전기세 내고⋯. 근데⋯.

○○○ 언니 혼자 하면, 방세가 그럼 차이가 많이 나요?

●●● 집세가⋯. 아가씨 있을 때는 집세가 차이가 있어도, 아무리 반반 나눠도 집세 주고 전기세 주고 하는데⋯. 그치만, 나 혼자 응, 만 원을 벌어도, 나 혼자 먹잖아~, 그리고 첫째, 내가 쉬고 싶을 때는 쉴 수 있

이진주씨의 유리상자
업소에 속하거나 업주를 두지 않고 혼자서 영업하는 여성들을 집결지에서는 '독장사'라 부른다. 업소에서와 달리 업주와 화대를 가르거나 업주의 이런저런 간섭을 받지 않는 이점이 있는 반면 독장사 여성들은 손님들의 횡포와 경찰의 단속에 무방비로 노출되어 있으며 성매매 관계에서 생기는 어려움들을 오롯이 혼자서 감당해야 한다. 사진은 이진주씨의 영업용 유리상자로 이곳에서 그녀는 십자수를 하거나 화장을 고치며 손님을 기다린다.

어서 좋고, 마음이 쉴 때에는 마음이 편하고, 업주 밑에 있으면 아파도 못 쉬어요, 눈치가 보이니까 자꾸…. 밥 먹는 것도 눈치 보이잖아, 난 또 성격이 그래가지고, 그날 돈을 못 벌면, 그 다음날 밥을 안 먹었어요…. 아무래도~ 업주, 끼고 있으면, 악착 같은 면은 있겠지, 그렇지만, 어떻게 보면 마음도 편하고, 삼만 원 벌면 삼만 원 다 내 꺼니까. 내가 절약하면~, 되니까…. 독장사들을 할라고 그러지…. 근데 여성부들이 아가씨들 편에 서서, 이렇게 이 포주들 저기 하는 건, 어떻게 보면, 그런 면을 보면은 또 잘된 거고, 억울한 애들 이런 애들~, 그런 거를 보면은 잘된 거고, 첫째는 인제, 일단은…. 자기가 자진해서 오는 사람들은, 돈을 꼭 벌어야 하는 사람들은~ 너무나 허무맹랑하고, 어떻게 보면은 억울하지….

평생 이렇게…. 왜냐 맨 처음에는 대책도 없었잖아, 맨 처음에…. 지금은 대책을 세워줘서, 저기 하는 사람들은 돈도 타고 하는데, 처음부터 그런 대책이~ 뭔가, 뭔가 대책이 있어가지고, 했더라면 참 좋았을 텐데…. 지금은 의료진이나 이런 거 다 보장해주고, 저기하는 건 대책을 세워준 건…. 어떻게 보면 잘 된 거라고 생각해요, 그러고 또 저도 이제 그렇게, 하려고 좀 노력 중에 있고, 근데 지금 현재 하루하루가 먹고 살기 힘드니까~, 일단은 내가 뭐 자격증이라도 따고, 이제 대책을 세워야 될 거 아니에요. 처음부터 그렇게 생활지원도 되고 응, 아픈 사람 위해서 의료진도 있고, 그런 대책을 해놓고, 여성부에서, 파업을 저기했더라면, 문을 닫게 했더라면, 참 좋았을 건데~ 하는 생각이 들어, 너무 갑작스레, 아무런 준비도 없이…. 갑작스레 그랬기 때문에…. 더 빚에 빚을 진 사람도 많고…. (…)

소중한 것들

○○○ 방에서 제일 언니가 소중하게 생각하는 게 뭐예요?

●●● 책이요.

○○○ 책! 아~ 저도 책을 눈여겨 봤었는데, 많이 읽으신다~.

●●● 예. 혼자 있는 시간이 많아요, 남하고 잘 안 어울리니까…. 그러니까 하루 종일 방에 있으면, 딱 일 나가는 시간 외에는 바깥사람들 못 봐요.

○○○ 아… 여기 동네 분들 보니까 다시 들어와서 모이시고 그러시잖아요, 잘 안 하세요?

●●● 잘 안 하는 게 아니라 거의 안 해요.

○○○ 불편하신 게 있어서 그런가?

●●● 여러 사람 모여서 좋을 것도 없고~, 사람 속에 사람이 사는 거래지만, 사람이… 그 말과 말 속에 섞여서 막~ 되고, 응 술 한잔씩들 먹으면 싸우고 어쩌고 하는 게, 그런 거 질려갖고….

○○○ 그러면 동네, 이렇게 돌아가는 소식이나, 그런 거 잘 못 듣잖아요.

●●● 거의 몰라요, 나는. 나는 거의 동네 소식 몰라요, 요즘에.

○○○ 고스톱도 잘 안 치시겠어요.

●●● 아주 안 쳐요.

○○○ 원래 치는 걸 별로 안 좋아하시는 거예요?

●●● 아주 안 좋아하는 건 아닌데, 사람하고 어울리기 싫어서, 어울리기 싫어서, 아 그리고 화투 치면서 가만히 보면 싸우고 욕지거리 하고, 그러고 그냥 그러고 또 다음날 또 치고….

○○○ 모이다가 싸운 적도 있으세요?

●●● 고스톱 치면서 보면 싸우고 그러대.

○○○ 언니는?

●●● 난 안 해. 그러니까 이제 사람들이 그렇게 하니까 아예 난 안 어울려버려. 그러니까 맨날~ 책이나 보고….

○○○ 요즘은 무슨 책 읽으세요?

●●● 요즘은 소화 성녀 테레사.

○○○ 소화 성녀 테레사.

●●● 그분 책.

○○○ 저기 있는 책은 다 사신 거예요?

●●● 예, 제가.

○○○ 어떤 책을 사야겠다, 어떻게 고르신 거예요?

●●● 그냥 서점에 가서 이제 보다가…. 〈쑥쓰러운 듯 웃음〉

○○○ 그 뭐 티비나 이런 데서 추천한 건 아니고, 서점 가서 훑어보다가? 갖고 있는 책 중에 제일 좋아하는 책이 뭐예요?

●●● 〈웃음〉 그냥 다 좋아해요, 다….

○○○ 다요?

●●● 예, 다 좋아해.

○○○ 그래도 특별하게 이거는 내가 너무 재밌게 읽었다, 너무 인상적이었다, 이런 책 있어요?

●●● 글쎄, 책은 다 좋아해가지고…. 〈웃음〉 책은 다 좋아해가지고 뭐, 요 근래서 읽은 건 있어요. 틱낫한 스님인가, 그분이 쓴 거죠, 화… 화를 많이 내지 말라는 내용인데, 좋은 말이 많이 쓰여 있더라고요. 화를 내기 전에 한 번 더 생각해보라는 그런 뜻인데, 일상생활 살아나가면서 사람들한테 우리가 화를 많이 내고 급하다 보니까 막, 어떻게 보면 내가

성격이 좀 다혈질이거든요. 그런 성격들 고칠 겸해서 그 책을 사봤는데, 전 좋더라고요.

○○○ 되게 읽으시는 책이 다양한 것 같아요.

●●● 예. 뭐 소설도 좋아하고 시집도 좋아하고, 소설도 좋아하고, 다양하게 그냥 읽어요.

○○○ 저는 서점 가면 뭐 골라야 될지 모르겠을 때가 많은데…. 요즘 읽고 계시다는 테레사 책은 어떻게 고르신 거예요?

●●● 제가 예전에 명동성당에서 교리 6개월을 받았어요. 마지막 영세식 날 수녀님이 아직까지 이 생활을 하고 있다는 것 때문에 영세를 못 줬어요. 그래서 이번에 재수를 해가지고 다시 교리를 받는데, 저희 교리 담당이신 젬마 수녀님께서 성인이신 분들 얘기를 참 많이 하시거든요. 그 책을 사보게 됐어요. 그분 성인 말씀을 많이 하셨는데 그분이 어려서부터 이렇게 돼가지고…. 샀어요. 그분이 어떤 분이셨는지…. (…)

○○○ 언니는 언제부터 하느님을 믿게 되셨어요.

●●● 학교를 미션스쿨을 다녔어요. 그래갖고 어렸을 때부터 개신교였어요. 그러다가 이제 천주교로 저기는 게 막달레 언니를 알고 문수녀님 알고 천주교에 조금씩 생각 갖고 있다가 한 십 년 됐나 봐요. 카톨릭을 믿게 된 거는, 근데 아직 못 해서 이번에 인제 크리스마스 때 영세식 있거든요. 그리고 나면 더더욱 더 내 생활에 대해서 하느님에게 큰 죄기 때문에, 그런데 뭔 지원을 받고 돼야 하루라도 더 빨리 할 텐데, 또 대상이 그렇다는데….

○○○ 이 생활을 하면 세례를 못 받아요?

●●● [이 생활을 하는 것이] 하느님한테 죄니까…. 세례를 받아도 영성체를 못하지, 영성체를 못하지.

○○○ 저는 그 얘기를 딱 들었을 때 조금 놀랐는데, 오히려 예수님이나 하느님은 어려운 상황에 있는 사람을 더 사랑한다는데….

●●● 세례를 못 받는 게 아니라 영성체를 못하는 거예요. 하느님을 못 모시, 영성체를 못 받아먹어요. 십계명에 어긋나는 죄기 때문에. 만약에 이제, 고백성사를 봐야 되고….

○○○ 세례를 받으시면 어떠실 것 같아요?

●●● 〈잠시 침묵〉 남을 사랑하는 마음이 더 많아져야 된다고 생각을 해요. 그런 마음이 더 많아져야 된다고 생각을 하고…. 지금은 모르겠어, 나도 힘드니까, 지금도, 간병인 저기도 하고 나가서 저기 한다면 많은 일을 하고 싶어요.

○○○ 그게 세례 받는 것과 연관이 있어요?

●●● 예. 간병인은, 나를 필요로 하는 사람에게 많은 일을 하고 싶어요. 나도 먹고 살아야 되니까, 돈 버는 간병인도 되면서 틈틈이, 나를 필요로 하는 사람에게 해주고 싶어요.

○○○ 쉽지 않을 것 같은데….

●●● 근데 이건 내가 꼭 해보고 싶었던 일이에요, 꼭 해보고 싶었던 일이에요. 어렸을 때부터 간호원이 되는 게. 내가 제 1회 때 내가 여군을 갈라고 했었어요, 여군을. 근데 집에서 옛날에는 여자들이 바깥으로 돌면 안 좋다고 해 가지고, 여군 된다는 말 했다가 엄마한테 뒤지게 맞았지. 그러고 나서, 간호원이 진짜 좋았어. 간병인을 꼭 하고 싶어요. 내 나이에 맞게~ 간병인을 꼭 하고 싶어요.

○○○ 언니 어렸을 때, 꿈이 뭐였어요?

●●● 어렸을 때는 제일 하고 싶었던 것은 글 쓰는 거였어요. 글 쓰는 거. 어렸을 때부터 좀 글을 썼어요, 학교 다닐 때도. 작문시간 뭐 이러

면. 옛날에는 또 우리는 학교 다닐 때는 또 위문편지를 참 많이 썼었거든요. 우리 반[에] 68명이 [있는데] 반은 내가 써줘. 〈웃음〉 반은 내가 써줘, 반은. 그러다 보면 어떤 때는 겹칠 때가 있어, 내용이.

○○○ 애들이 잘 쓴다고 언니한테 해달라고 그런 거예요?

●●● 예. 〈웃음〉 편지 쓰는 거 이런 걸 참 좋아했었어요. (…)

"한 곳에서 끝낼라고 했던 게…"

○○○ 언니는 용산 오신 지 얼마 되셨어요?

●●● 내가 딱 이십 년 됐지, 스물일곱에 왔어요.

○○○ 그 전에 딴 데서 일하셨던 거예요?

●●● 딴 데서 일은 몇 개월씩, 이 년인가, 삼 년 동안 여기 원주하고 영등포하고 조금씩…. 용산 딱 와서는 이제, 안 옮겼지.

○○○ 왜 안 옮기셨어요?

●●● 그냥 나이 먹어갖고 이삿짐 싸갖고 왔다 갔다 한다는 자체부터가 추해 보여서…. 그리고 한 곳에서 끝낼라고 했던 게, 집에 이것저것 하나 조금 벌어놓으면, 벌어서 집장만 해서 노인네 모시고, 어떻게 하다 보니까 막상 내 앞으로는 집이 없었지, 그래갖고 그만둬야 되겠다 하고, 이제 조금만 더 하고 그만둬야겠다 하는데 우리 아버지가 증권을 확 하는 바람에….

○○○ 용산에서 안 움직이신 게, 좀 더 살기 나았던 점이 있었나요? 아니면 있다 보니까….

●●● 그냥 여기서 생활을 했던 거고, 다른 데 가도 뭐 특별한 저기는 없으니까…. 내가 이 생활을 그만두고 사회에 나가는 게 아니고 다른

데로 옮기고 하는 건, 사람 추해 보여서 싫었고. (…)

○○○ 용산에 되게 오래 사신 거잖아요. 다른 데 옮기시는 것에 대해 생각을 해보세요?

●●● 지금은 이제 고만둘 생각을 하는 거지. 고만두고 이제 사회에 발을 딛어서 새로운 인생을 살고 싶은 거지, 들어가려고 하는 거지.

○○○ 그런 생각할 때는, 너무 오래 살던 데를 떠나기가 싫은 마음도….

●●● 그런 건 없어요, 그런 건 없어, 너무 이제 지쳐서 그런지, 그런 건 없고, 하루라도, 남자 상대 안 하는 것만으로도, 날아갈 것 같애. 그런 생각만 하면 날아갈 것 같애. 너무 이제, 이 생활에 너무 찌들고 너무 지쳐. 근데 대책이 없으니까 내가 지금 답답한 거야, 대책이 없으니까. 생활보호 대상이 안 된다고 하니까, 대책이 지금. 일단은 어떻게 되든 간에 영세식 끝나고 나면, 1월 2일 날 학원으로 가서, ((등록하고 간병사 자격증 따고 취업하고, 일단.))* 밥은 먹고 살아야지.

○○○ 그렇게 지쳤다고 느꼈던 때가 종종 있으셨어요?

●●● 많았죠~, 많았지. 포주 밑에 있었을 때도~ 죽을라고도 했었고, 너무 힘드니까, 지치니까, 그러다 보면 또 가족들이 또, 내 발목을 잡고, 고만둘라고~ 고만둘라고 애를 썼었는데, 이상하게, 가족들이, 가족들이라는 게….

○○○ 가족들 다 언니가 부양하신 거예요?

●●● 예. 지금까지 그랬어요.

---

* 두 번의 인터뷰를 거친 후 원고의 초안을 이진주씨에게 맡겨 검토를 부탁했는데, 그녀는 인터뷰 녹취록의 몇 부분에 이렇게 글을 더 써서 넣어주었다. 연구진은 이 내용이 인터뷰 당시에는 나오지 않은 말이라도, 이진주씨가 넣기를 희망하는 내용이고 또 그녀를 좀 더 잘 표현해준다고 생각하여, 인터뷰 내용에 포함시키기로 했다. 이후 '(( ))' 표시가 된 내용은 검토 과정에서 그녀가 첨언한 내용이다.

○○○ 가족들은 다 아세요?

●●● 아니요, 몰라요. 제가 원래 직장생활을 했었고, 친구가 남대문 시장에서 장사를 했던 친구가 있어요, 지금은 단란주점을 하는데, 그 친구네 가게서 내가 이렇게 장사를 하는지 알아요.

○○○ 그럼 왕래는 별로 없으셨겠네요.

●●● 집에요? 아니죠. 전 집을 매[주] 가다시피 했어요.

○○○ 이쪽으로는 아니고….

●●● 네 전혀, 내가 집을 들어가니까, 내가 집을 들어가니까…. 우리 노인네도 나를 믿으니까.

○○○ 집에는 얼마나 자주 가세요?

●●● 지금도 일주일에 한 번은 가요. 매일 전화도 하고, 노인네가 내가 전화 안 하면 걱정 돼서 안 돼…. ((내가 그렇게 하지 않았다면 부모님이 한번쯤 의심했겠지만 원체 완벽하게 생활했어요.))

관계

○○○ 강아지들은 언제부터 키우신 거예요?

●●● 쟤 수야 쟤가 엄마고, 얘가 아들인데, 우리 수야를 내가 자취 처음 나왔을 때, 내가 막 죽을라고 허덕일 때, 빚져가지고 힘들 때, 쟤가 나와 함께 했던 애예요, 쟤가…. 〈수야를 가리키며〉

○○○ 어떻게 얻으신 거예요?

●●● 나 아는 이 앞에 초롱이 언니가, 초롱이가 난 새끼거든요, 그래 그 언니가 의지하면서 키워봐라, 진짜 많이 의지하고 쟤 의지하면서 산 거예요.

○○○ 아가씨 할 때는 동물을 못 키워요?

●●● 키우는데 안 좋아하지. 키우는데, 안 좋아해, 아무래도~ 손님을 받아야 되니까 저녁에는 주인 방에 내려다 놓고 이래야 되니까, 불편하지….

○○○ 그 전엔 안 키우셨어요?

●●● 키웠어요, 그런데 그렇게 애지중지하며 키우진 않았어요. 발발이도 키워봤고 그런데, 그렇게 애지중지하게는 안 키워봤었어요, 솔직히.

○○○ 쟤는 되게 애지중지하게 키우셨나 봐요?

●●● 예. 내가 힘들었을 때, 쟤가 항상 내 품에 있었으니까….

○○○ 애들 보면 어떤 생각이 드세요?

●●● 변함이 없어, 변하는 게 없어, 내가 사랑 베푸는 만큼, 쟤도 나를 사랑하고…. 내가 어떨 때 신경질 나고 화를 내도, 쟤들은 앵기잖아, 내 품에 앵기잖아…. 그런데 사람은 안 그러잖아, 나한테 받을 때는 좋고, 나한테 안 받을 때는 막 말들을 하니까…. 〈핸드폰 통화로 말 끊김〉

○○○ 사람보다 애들이 좋으실 때도 있겠어요.

●●● 예.

○○○ 어떤 때?

●●● 사람한테 실망할 때지 뭐, 실망할 때…. 하느님을 믿으면서 남을 미워하는 마음이 제일 저기한데, 용서하고 사랑하라 했는데, 내 믿음이 적어서 그런지, 그 마음이 잘 안 가져요. (…) 그냥 사람이 그래요…. 누구하고 깊은 내막, 깊은 말 한다는 자체는, 사람한테는 허용이 안 된다는 것을 느꼈고, 비밀이라는 건 진짜 없다는 걸 느꼈고, 내가 베풀어야 좋다는 거고, 그런 걸 내가 그런 느낌을 받고, 내가 저기한 뒤로는, 싫어, 사람이. 입 맞추고 얘기하는 게….

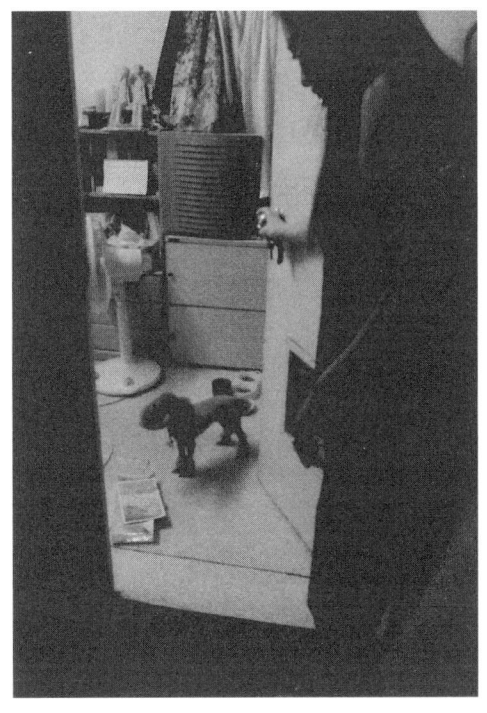

나와 함께 했던 애예요. 재가…
가족과 가깝게 지낼 수 없는 데다가 '손님'들을 상대해야 하는 집결지 여성들에게 애완견은 좋은 의지처이다. 그래서 용산에서는 기르는 애완동물의 이름을 따 'ㅇㅇ 엄마'라고 호칭하는 경우가 흔하다. 사진은 이진주씨와 애완견 수야의 모습이다.

○○○ 언니가 뭔가를 믿었는데….

●●● 물론 사람이 다 똑같지 않다는 걸 요즘은 느끼기도 해요. 또 어떤 사람이, 어떤 언니가 나를 많이 옆에서, 나 진짜 힘들고 무척 고통스러웠을 때, 빚에 허덕이고 막 그랬을 때~ 나를, 옆에서 말 한 마디(라도 건네주고), 진짜 밥 한 숟갈이라도 먹여가며, 나는 그 사람한테 해준 게 없는데, 그 사람은 나한테, 그렇게 도움을 줬지. 그렇게 저기 했고, 내가 그 사람한테만큼은 나중에 내가 받은 배신감은 주지 말아야지, 노력을 해요, 실망을 안 주려고. 사람은 다 똑같지 않다, 그런 사람도 있다 내가 느끼면서도….

○○○ 이 동네에서 친한 분이 몇 명 정도 되세요?

●●● 하나밖에 없어요, 초롱이 언니 하나.

○○○ 다른 분하고 잘 교류를 안 하시고?

●●● 예. 같이 함께 어울려서 술도 먹어봤고, 같이 교육도 받아봤고, 했었는데, 없어…. 아이 그냥, 어쨌든 그 정도예요, 다른 사람들은~.

○○○ 이 동네에서 생활하는 게 계속 사람을 만나야 되잖아요.

●●● 그러니까 사람들 보면, 안녕~, 밥 먹었어, 난 그것뿐이에요, "뭐 한 잔 먹자", "응 안 먹을래". 다들 한번 돌아가면서 한번 먹어봤거든요. 저 사람들하고….

○○○ 근데 별로 안 좋았어요?

●●● 다들 상태가…. 나는 그렇게 술을 안 좋아해서, 별로. 난 술 먹고 시끄러운 거 질색이거든요, 몸 자체가 흐트러지는 걸 별로 싫어하거든요. 그런데 사람들이 평상시 얘기했을 때하고 (달라), 술 먹으면서 얘기하면, 요만한 것도 안 들을라고 해, 진짜 별거 아닌데도 화를 내고, 막 싸울라고 들어, 이 동네 사람들은. 막 욕을 퍼대붓고, 소리질르고 싸울

라고 들어. 그래서 속상하고 저기해서, 술 한 잔 먹고 싶으면 그냥 혼자 먹어요, 혼자 먹어. 그러고 이제, 꼭 진짜 어쩔 수 없어서 여럿이, 여러 사람이 어울리게 되면, 술 석 잔 이상 안 먹을라고 노력해요. (…)

함께 하는 관계

○○○ 잘 안 어울린다고 뭐라고 하진 않아요?
●●● 이제는 안 어울리는 걸로 알아요.
○○○ 그러면 어떤 분들은 술 먹고 사람들이랑 노는 걸로 스트레스를 풀기도 하잖아요.
●●● 나는 노는 것도 혼자 가요. 노래방도…. 참 답답하면, 내가 어떨 때 초롱이 언니하고 몇 번 가고, 초롱이 언니도 술을 못 먹거든요. 그 언니는 가면 이제, 나 생맥주 세 캔 먹을 때, 저 언니는 하나 갖고 취해, 저 언니는 맥주 한 캔 먹어도 취해, 소주 한 잔만 먹어도 취하고, 또 집에 가서 자고. 그렇지 않으면, 혼자, 혼자 가서 이제, 마시면서 노래 한 시간 두 시간씩 혼자 떠들고 와요.
○○○ 뭐 부르세요?
●●● 그냥 지나가는 노래 〈웃음〉 부르고, 옛 노래도 부르고.
○○○ 제일 좋아하는 곡이 있어요? 18번이요.
●●● 「여러분」이요.
○○○ 「여러분」? 진짜?
●●● 예. 〈웃음〉 「여러분」. 「여러분」하고 「나 하나의 사랑」
○○○ 「나 하나의 사랑」, 아. 그건 누가 부른 거예요?
●●● 이미숙인가…. 그니까 거의 혼자 노는 편이에요. 강아지들하고.

○○○ 그 노래는 왜 좋아요? 언제 이게 좋다 하는 게 있었어요?

●●● 특별히 그런 거는 없었어요. 부르다 보니까 좋아했어.

○○○ 무슨 내용이에요?「나 하나의 사랑」을 못 들어봐서….

●●● 그건 부르다 보니까 부르는 거고….「여러분」은 윤복희씨를 내가 좋아했어요. 그 가창력을 내가 좋아했어요. 특별히 좋아하는 노래는 없고, 다 좋아해요. 혼자 가서 다~ 불러놓고, 주욱 눌러놓고 불러, 그러고 오고.

○○○「여러분」가사 기억나세요?

●●● 〈웃음〉 봐야지 알지.

○○○ 어떤 느낌이세요. "내가 만약… 외로울 때면, 누가 날…" 〈가사 일부〉

●●● 나는 그 노래를, 그런 사람을 찾는 의미에서 부르는 것 같애, 내가 그 노래를 부를 때, 나와 함께 있는 그런 사람이 필요해서 부르는 것 같애.

○○○ 언니한테 그런 느낌을 주는 사람이 있었어요?

●●● 그러니까 그런 사람한테 배신을 느끼고, 그런 사람을 찾은 게 초롱이 언니지, 내가. 진짜 내가 아마 평생 가도 못 잊을 거야, 초롱이 언니는. 내가 죽을까봐 굉장히 걱정을 많이 했고…. 그 빚을 갚느라고, 쌀이 없어서 밥을 못 먹었어요, 내가. 남의 빚을 갚느라고, 그때는 내가 추운 겨울에, 불러서 응, 밥 한 그릇, 뜨거운 밥 한 그릇이래도, 꼭 해서 멕이고. 자기도 아파서 누워 있는 사람이, 자기 몸이나 성해, 허리 수술하고 자기도 몸이 그런데, 따뜻한 물이라도 끓여서 멕일라고 그러고, 그러면 그 언니가… 나를 안 죽게 한 거지. 〔언니를〕 실망시키기 싫어서….

○○○ 너무 힘들 때 밥 한 그릇이라도 챙겨주면 눈물나잖아요.

●●● 예. 나는 빚 갚느라고, 빨래도 다 손으로 했어요, 전기요금이 저기해서. 그러다 보니까 그 추운 겨울에 찬물로 빨래를 하고 그러니까 보일러에서 따뜻한 물을 빼서 저기하면 기름이 많이 들어가니까, 손이 다 텄었어요, 내가. 세상에 영업하는 아가씨 손이 다 텄었어, 내가. 거의 초롱이 언니네 집에서 밥을 먹었으니까, 거의. 혼자 자취하면서 할 때…. 아가씨 할 때는 남의 집 식구하고 잘 어울리지도 못해요. 왜 그러냐면 포주가 싫어하니까. 무슨 일 있으면 또 그 사람한테 가서 포주가 나한테 뭐라고 하기 전에 그 사람한테 가서 뭐라고 해버리니까~. 친구가, 깊은 친구가 없어요. 아가씨들끼리는.

○○○ 같이 있는 아가씨들하고만 친하게 되는 거예요?

●●● 자기 집 식구들하고만. 자기 집 식구들하고도, 아가씨들하고 모여 있는 걸 싫어해요. 자기 흉이라도 보고, 자기 뭔 약점이라도 뭐 저기 할까봐, 아가씨들끼리 모여 있는 거 안 좋아하는 게 포주에요.

○○○ 그럼 되게 기분 나쁜 상황도….

●●● 많죠, 많지. 옛날에는 중국 무협 씨리즈가 유행이었어요. 그러면 일 끝나고 우리 집 아가씨하고 둘이서, 밤새, 일편 끝나면 이편이 궁금하니까. 밤새 둘이서 한방에서 텔레비전, 오징어 하나 뜯으면서 그놈으거 맨날 봐. 전기를 내렸어요, 근데. 잠 안 자고 텔레비전만 본다고. 영업 안 되고 이래가지고 아가씨들끼리 이제 모여서 고스톱 치잖아요. 전기를 내려요.

○○○ 아가씨들이 항의 안 해요?

●●● 그럼 우리는 촛불 켜놓고 해~ 그냥…. 〈웃음〉 끄든지 말든지. 촛불 켜놓고 고스톱 치지. ((주인한테 항의해 봐야 욕만 더 먹으니까! 우리는 우리끼리 하던 거 그냥 해. 주인이야 하든지 말든지….))

○○○ 흉은 안 봐요?

●●● 사람이니까 보죠. 그럼! 욕도 하고…. 근데, 할 때는 같이 해놓고, 나중에 저는 쏙 빠지고 포주한테 다 얘기해. 그런 애들이 있어. 포주한테 이쁨 받을라고. ((그럼 나만 병신 되는 거고 주인한테 미움 받는 거야….))

○○○ 그러다가 식구들한테 미운털 박히면….

●●● 그러면 또 인제 싸움 나는 거지. 포주는 불러서 그 아가씨 뭐라고 할 것이고, 그러면 또 싸움 나는 거지. 그러니까 아가씨들끼리 한 방에서 같이 어울리지를 못해. 그런 거 안 좋아해.

"저거보다 더 큰 복은 없을 것 같애"

○○○ 지금 사귀는 사람이 있으세요?

●●● 예. 사귄다기보다는 도움을 많이 받고 있어요….

○○○ 자주 만나세요?

●●● 일주일에 한 두 번씩. 가정이 있는 남자니까, 그다지 그 사람한테 무슨 이 다음에까지 살아야 한다. 그런 적은 없어요. 그냥, 지금 현재, 내가 살기 힘드니까, 그 끈을 못 놓고 있는 거지. 다만, 돈 만 원이래도, 쌀 한 말이래도 도움이 되니까…. 언제든지 내가 인제 안 본다고 그러면 이제 안 올 사람이고…. 이기적이지, 뭐, 저기 하려고 한 사람은 아니니까, 가족이 있는 사람이니까.

○○○ 손님으로 만나신 거예요?

●●● 〈고개 끄덕임〉 이렇게 손님으로 만나서 이렇게 도와주기 힘들거든요. 그 사람도 내가 이렇게 힘들게 산 거 보고, 그 사람이 내가 아가씨

때부터 다녔는데, 내가 자취하면서 이렇게 힘든 거 빚 갚는데 많이 도움을 줬었어요. 무슨 조건이 있어서 도와주는 게 아니라, 그동안 아가씨 때부터 나를 봐온 결과~, 헛되이 살지 않고, 열심히 사는 모습 때문에 나를 이제, 다른 아가씨들 찾으러 가는 것보다 편하고 그러니까 찾아왔었는데, 그런 내가 힘들으니까, 자기는 조금 있으니까…. 그렇지만 니가 언제든지 오지 말라고 하면 안 온다고, 내가 이제 영세식 하면 그때부터는 그냥…. 조금씩 조금씩 정리를 해야지, 남의 남자를 탐하면 십계명에 안 되는 거니까.

○○○ 많이 사랑했다고 느낀 사람이 있었어요?

●●● 그건 어렸을 때지, 어렸을 때….

○○○ 지금은 그런 감정은 없으세요?

●●● 그런 것 없어. 내가 이 사람 없으면 안 된다, 깊은 사랑을 막, 그런 거 없어. 도움이 되고, 의지하는 거지. 일단 편하니깐. 나한테 해 주는 사람 아니고, 도움을 주는 거니까, 언제든지 헤어질 수 있는 사람이니까, 내가 아니라 할 때는. 어렸을 때처럼 그런 사랑은 못 할 것 같아요. 그런 경험은 못 할 것 같애. 연주 언니가 저렇게 결혼하니까 기분이 좋고, 참 기분이 이상해. 나도 저, 응, 저렇게 막달레나 집에서 해서, 쫙, 하나부터 열까지 다 해주잖아, 얼마나 행운이야, 얼마나 복이야. 저런 복을 받기, 저런 행운을 얻을 수 있는, 나도 있는데, 나는 왜 못하지? 난 바본가, 응? 그런 생각도 하면서, 참 보기 좋아요. 보기 좋고, 행운이고, 저거보다 더 큰 복은 없을 것 같애. 언제 응, 그렇게 파티복까지 입으면서 야외촬영을 해보고, 스튜디오 사진까지 찍으면서 결혼식을 언제 해보냐고… 꿈도 크지. 에휴. 그런 것 봤을 때… 기분이 좀 이상은 해. 묘하기도 하고 질투나기도 하고… 아마 질투심이 더 많을 거야. 그 사람

보다 못하지는 않은데, 그런 자만감도 있고, 부럽기도 하면서도, 아무튼 청첩장을 딱 받았는데, 한다, 한다, 하면서 그 말을 들었을 때는 별로 못 느꼈는데, 청첩장을 딱 받으니까, 가슴이 막 이상해. 뭐라고 표현을 못하게, 가슴이 탁탁 메이는 것 같고, 아무튼 기분이 좀 묘해, 기분이. 내 주변에는 사람들이 하나하나씩 해, 그런데 나한테도 그런 복이 있을까, 하는 그런 생각도 들고. 내가 열심히 기도하면 또 하느님이 들어주실지도 모르지. 〈웃음〉

○○○ 언니가 간병사 생각을 하고, 이것저것을 하려고 한다고 하셨잖아요. 어떤 모습으로 늙고 싶으세요, 살고 싶으세요?

●●● 그런 얘기 예전부터, 그러니까 내가 하느님을 알게 되면서부터, 그런 생각한 거예요. 그냥 나를 필요로 하는 많은 사람들을 위해서 하느님의 사랑으로, 내가 할 수 있는 만큼은 하다가 가면 부족한 거는 없다고 생각해요. 그거는 변함이 없어요. 그게 지연이 되고, 오랜 시일이, 세월이 흘러서, 계획이 자꾸자꾸 흘렀는데, 그건 언제까지나 변하지는 않을 거예요. 내 우상의 대상은 큰언니였지. (막달레나의집 큰언니[이옥정 대표]요?) 예. 큰언니처럼 살고 싶어. 그런 일을 해보고 싶고. 그래서 간병인 자격증을 따서 나를 진짜 필요로 하는 사람, 큰언니 곁에서 많이 배우면서, 나를 필요로 하는 사람, 사람들에게 사랑을 베풀면서, 내 손길이 필요한 사람들을 위해서, 그 꿈은 변함이 없어요. 앞으로도. (…)

"제일 행복한 때"

○○○ 언니 인생에서 제일 빛나는 때가 언젠 거 같아요? 젤 행복한 때.

●●● 제일 행복했을 때는 아무래도 어렸을 때지.

○○○ 어렸을 때 언제?

●●● 지금 내 기억으로는, 내 기억으로는, 이제 어렸을 때, 초등학교 3학년 때까지 엄마하고 살았거든요. 고때, 그러고, 고때하고, 이제 응, 중학교 일학년 때하고 삼학년 때 고때까지, 내가 천진난만하고, 제일 행복했던 것 같애요. 그 뒤로는 내가 〔돈을〕 벌어야만 했었으니까.

○○○ 이쪽 일은 어떻게 하게 되셨어요?

●●● 〈침묵〉 아유, 그 얘기는 다 아는 사람은 안단 말이야.

○○○ 네….

●●● 잉, 나 가슴 아프단 말야. 나 팔려왔어….

○○○ 그럼 언니 여기 생활 그만두고, 딴 데에서 하시면, 용산, 하면 어떤 생각이 드실 것 같아요? 아니면, 용산 사람들 생각하면.

●●● 그렇게 나쁜 사람은 없어요. 그리고 용산, 아, "아유 징그러워~", 하는 느낌은 별로 없어요. (…) 그렇게 나쁜 추억은 없어요. 내가 사람하고 많이 접촉은 안 해서 그런지, 웬만하면 내가 베푸는 스타일이었거든. 아가씨들끼리도. 난 어렸을 때부터 그랬거든요. 우리 집이 이제 대구, 쫄딱 망하기 전까진, 뭐 명절, 크리스마스, 생일 뭐 이런 거 엄마가 참 잘 챙겨주셨어요. 그래갖고, 처음 와서 생활, 이런 생활을 하면서, 참 그런 게 박하더라고. 엉. 그래가지고, 같은 동료들한테도 그렇고, 업주한테도 그렇고, 업주 자식한테도 그렇고, 난 그런 걸 참 많이 챙기는 스타일이었어요. 내 주변에 나를 아는 친구들, 동료들, 막 추석날에도 나는 집에 가는데, 못 가는 친구들 팬티 하나라도 예쁘게 싸서, 꼭 메모지를 써서 이렇게 주고, 왜냐면 내가 어렸을 때부터 꼭 그렇게 받아왔거든. 그러다 보니까, 나는 진짜 집에 못 가고 있는 동료들은, 얼마나 집이 가고 싶을까, 외로울까, 그 마음 쪼금이라도 마음이 달래줄까 싶어갖고,

해마다 그렇게 해왔었어요, 내가. 그런데 어느 날 내가 그걸 안하니까, 또 그거에 대한 말이 있더라고. 사람이 변했느니, 뭐했느니…. 좀 그렇더라고. (…)

○○○ 근데 생일을 챙겨주거나, 그런 게 없어요? 명절이나….

●●● 그런 거 극히 없어요. 극히 없어요. 지금 이제, 저기하는 건 이제, 나하고 연주 언니하고 초롱이 언니하고, 서로 그냥 그러면서 지내지.

○○○ 친한 사람들끼리만 그냥….

●●● 나는 옛날에는 우리 집 아가씨가 아니라도 딴 집 아가씨라도 그랬었어요. 난 그런 게 좋았거든요…. ((내가 받는 거 보다는 남에게 주는 것이 좋았어. 그러고 나면 내 마음도 따뜻해지거든….))

○○○ 이 방에서 제일 신경 쓰시는 거는 뭐예요?

●●● 제일 신경 쓰는 거요? 화초.

○○○ 그러네. 화초가 되게 예쁘게 있네. 물을 자주 주세요?

●●● 이제 주는 시기에 맞춰서 〔줘요〕. 작년에 저쪽에서 키웠을 땐, 방 안으로 들여놨는데, 큰 것도….

○○○ 청소를 자주 하세요?

●●● 매일요. 매일요…, 매일.

○○○ 손님, 응. 저기 손님 받을 때, 애기〔강아지들〕들은 어떻게 해요?

●●● 손님 방은 따로 있어, 옛날에는…. 〈잠시 침묵〉 쟤네들 집에다 넣어놓고, 방 한 칸에서 할 때는.

○○○ 그 집은 방이 한 칸이었던 거죠. 그럼 지금은 분리가 된 〔건가요?〕

●●● 응, 손님 방 따로, 나 쓰는 방 따로.

○○○ 차이가 있어요?

●●● 뭐… 아무래도 손님 방이 따로 있으니까. 〈나지막한 한숨〉 이게

책으로 나온다구요?

○○○ 아니요, 전부 다가 나가는 건 아니고요, 어떤 부분들을, 나가기 전에 이러이러하게 한다고 언니한테 말씀드리니까, 어떻게 나온다든지, 너무 막…. (…) 그런 내용은 논의해서, 언니 사생활이 드러난다든가, 〔하는 내용은〕 안 하는 방식으로…. 그런데, 언니 느낌이 어떤지는, 말하기 그러세요?

●●● 어떤?

○○○ 손님 방이랑 언니 방이랑, 같이 있을 때가 차이가….

●●● 차이가 많지. 아무래도 손님 방은, 남자 냄새를 내가 참 잘 맡아요, 남자 냄새를. 손님 방에 들어가면 그런 냄새가 나는데, 아무래도 나 혼자서 쓰는 이 방은, 그냥 내 것 같고 그렇지, 우리 애들하고 나하고만 그냥.

○○○ 그러면 이게 더 좋으세요? 옛날 집보다?

●●● 응. 좋아요. 편하고.

○○○ 그러면, 분리가 됐으니까, 더 신경 쓰는 게 있으세요?

●●● 제 방에요? 〈웃음〉 그런 게 있긴 해요, 〔하지만〕 특별히 신경 쓰는 거 없어요. 맨날 하던 청소고, 맨날 밥 벌어 먹는 일이고, 쓸고 닦고 하는 게 매일 하는 일이라.

○○○ 요즘 컴퓨터는 잘 하세요?

●●● 예. 매일 해요.

○○○ 매일 뭐하세요?

●●● 글도 썼다가 지워보기도 하고… 편지도 보내고, 게임도 하고. (…)

"내 인생도 저 태양처럼 타올랐으면 좋겠어."

ㅇㅇㅇ 사진이나 이런 식으로 기록을 남기지는 않으세요.

●●● 〈웃음〉 사진 같은 게 있긴 한데, 그렇게 뭐 찍진 않아요. 거의 글로 많이 남겼었는데…. ((일기장을 업주한테 들킨 뒤로는 일기를 안 써요. 방을 뒤져보곤 했어요, 업주가.))

ㅇㅇㅇ 저 사진은 뭐예요?

●●● 그건 제가 필리핀 필드워크[동료교육에 참여해서], 필리핀 갔을 때 제가 찍은 거예요. 수도회에서 그 앞에 화산 저긴데, 새벽 네 시 반에 창문 내리고 찍은 거예요.

ㅇㅇㅇ 네 시 반에요?

●●● 응. 〈웃음〉

ㅇㅇㅇ 되게 아름답다. 크게 걸어놓으셨네요.

●●● 네. 멋있어서.

ㅇㅇㅇ 멋있어서. 다른 사진도 아니고 특별히 저걸….

●●● 내 인생도 저 태양처럼 타올랐으면 좋겠어. 난 저게 있지, 아침에 떠오르는 태양이 있는데, 그게 일출인데, 과연 나한테도 저렇게 다시 필~, 날이 있었으면 하고…. 너무 아름답지.

ㅇㅇㅇ 응 너무 아름다워요. 난 누가 찍었나 했어요. 〈웃음, 잠시 침묵〉 방 안에 언니 사진이 별로 없네요. 〈웃음〉 이거는 주민등록 사진 같은 건가 봐요.

●●● 응.

ㅇㅇㅇ 이게 언제에요.

●●● 그때 주민등록증 갱신할 때.

○○○ 자연스러운 사진은 없네요.

●●● 그건 위에 다락에 있어요.

○○○ 이건 약간 굳어 있잖아요. 〈머뭇거리며〉 왜 이 사진을 걸어놓으셨을까 했어요. 사진 같은 거 찍으면 좋을 텐데….

●●● 이거 다 식었다.

○○○ 자료집에, 자료사진 같은 거 들어가요. (…)

<< 이진주씨와의 두번째 대화

"하고 싶은 말이 어딨어"*

○○○ [1차 인터뷰 후] 저 가고 난 다음에 잘 지내셨어요?

●●● 그냥 그렇지 뭐.〈기침〉

○○○ 어제 전화했을 때 약… 드시고 주무셨다고….

●●● 예.〈기침〉

○○○ 약 드셔야 주무세요?

●●● 예.〈계속 기침〉

○○○ 〈침묵〉 요즘 기분은 어떠세요.

●●● 그냥 그래요 맨날. 좋은 일도 없고.

---

* 이 부분은 이 책이 『태양을 꿈꾸다』라는 제목의 자료집으로 발간됐을 당시 누락된 내용인데, 2년 후 다시 녹취파일과 녹취록을 검토하다가 누락된 것을 확인했다. 이 부분이 왜 빠져 있는지 나 스스로 이해가 되지 않는 부분이다. 녹취 당시의 실수인지 아니면 임의적인 생략이었는지 확인하기 어렵지만, 당시 2차 인터뷰가 어렵게 진행된 점에 대해 당황스러워했던 기억이 날 뿐, 이 정도의 인터뷰 분량이 생략되기에 타당한 이유를 떠올릴 수 없다. 부끄럽지만, 책의 의도를 생각해봤을 때 이 누락 부분을 그냥 간과할 수 없었다. 깊이 반성하며 이 내용을 추가한다.

○○○ 지난번에 보니까 제가 좀, 아직은 서먹서먹하셨는지 편하게 얘기를 잘 못하신 것 같아서⋯. 〔다시 한 번 왔어요.〕

●●● 으응. 〈잠시 침묵〉

○○○ 언니가 그냥, 하고 싶은 말 다 하시면 되는데⋯.

●●● 하고 싶은 말이 어딨어, 없구만. 그 때 세 시간을 했는데 뭐 할 말이 있겠어. 〈침묵〉

○○○ 언니, 물어볼 게 있는데⋯. (응, 뭐가 궁금한데.) 음⋯. 여러 가지가 있는데, 지난번에 저 나갈 때 물어봤었거든요. 술 취한 손님 안 받는다, 그러시면서 가려 받아~ 그러셨어요. (응.) 어떻게 가리시는지 궁금하고⋯.

●●● 뭐 가린다는 거야~, 손님 뭐 지저분하고~ 〔그러면〕. 사람을 좀 가린다는 거예요.

○○○ 음~. 딱 보고 판단을 한다는 그런 거⋯.

●●● 예. 깨끗한 사람. 더더군다나 혼자 있으니까~ 술취해갖고 공연히 행패나 부리면~ 감당하기 힘드니까. 〈침묵〉

○○○ 언니, 그 유리방 있잖아요. 그, 예전에 갔을 때는 방이 하나였는데, 두 개가⋯.

●●● 다른 사람이 이사해갖고 더 만든 거예요.

○○○ 그러면 자기가 그냥 만들고 싶으면 만들면 되는 거예요? (예?) 만들고 싶으면 만드는 거냐고요.

●●● 〈잠시 침묵〉 모르겠어. 〈피식 웃음〉

○○○ 옆에 공터도 조금 있잖아요. 거기도 더 만들고 싶으면 만들어도 돼요?

●●● 예. 만들고 싶으면 만들어도 돼요. 왜 그러냐면 이제는 자리를 잡

아났기 때문에, 또 만들어도 돼.

○○○ 허락을 맡거나 그러진 않아요?

●●● 예, 옛날에는…, 〈재채기〉 옛날에는 그랬는데, 이제 지금은 밖에를 못 나가게 하니까~. 옛날에는 좀 많이 그랬어, 경찰서에서도~ 자꾸 그랬는데, 지금은 밖에 못 나가게 하기 위해서~ 앉아 있는, 그 안에 들어 앉아 있는 건….

○○○ 옛날에는 그~ 경찰의 허락 맡고 만드는 거였어요?

●●● 아니요, 경찰서에서 단속을 했었지. (그런 거 만드는 걸?) 응. 뭐라고 했었지. 불법이니까. 나와서 일하는 것도 불법인데. 환히 보이게 거기 만든다고….

○○○ 지금은 별말 안 해요?

●●● 왜냐, 거 밖에 나와서~ 손님을 끄는 것보다는, 아무래도 미관상 나아서 그런지…. 가끔 이제 한 마디씩은 하죠.

○○○ 〈목소리 작아짐〉 지나가다 들려가지고…? 뭐라고 해요?

●●● 뭐라고 하긴…. 〈코 훌쩍임〉 안 없애고 다시 만들었다고~ 한 마디씩 하는 사람도 있고. 〈침묵〉

○○○ 언니가~ 되게 패션 감각이 뛰어나다는 얘기를 들었어요.

●●● 아유. 〈기침〉

○○○ 옷 같은 거 고를 때는 어떻게 고르세요?

●●● 그냥 내가 맘에 드는 거 있으면 고르는 거지 뭐.

○○○ 기준이 있으세요?

●●● 아 없어요, 나는.

○○○ 주로 어떤 옷을 좋아하세요?

●●● 그냥 캐쥬얼 같은 것, 정장도 좋아하고, 대중없어요, 난.

○○○ 영업할 때 입는 옷은~ 다, 언니만의 특별한 기준이 있어요?

●●● 아뇨, 없어요.

○○○ 어떤 옷을 주로 입으세요.

●●● 그냥…. 미니스커트.

○○○ 그냥, 미니스커트. 〔무릎에 황토팩을 붙이는 이진주씨에게〕 그게 뭐예요?

●●● 무릎이 아파갖고요.

○○○ 아~. 이거 황토예요?

●●● 예.

○○○ 이런 거 어디서 사셨어요?

●●● 예, 의료〔보조기구 파는 곳에서〕.

○○○ 의료보조기, 아~.〈침묵〉지금 힘드시죠.

●●● 예,〈기침〉별로….〈잠시 침묵〉

○○○ 저기…〔성매매〕특별법 했을 때~, 화나셨잖아요. (예.) 그래서~ 음. 언니가 어떻게 뭐, 대책을 요구하거나 뭐 그럴 생각은 없으셨어요?

●●● 다른 사람들이 하니까, 그냥 거기 따라서 그냥 응~. 다른 사람들이 다 알아서 하니까~. 우에서도 그렇고, 동네서도 뭐.

○○○ 데모 같은 것도 다 같이 나가셨어요?

●●● 그럼요, 나갔지요. 동네에서 다 하는 일인데.

○○○ 데모는 어디로 나가셨어요?

●●● 여의도~.〈강아지들에게〉이리와 빨리, 토토~ 이리와, 여의도에서 두 번인가 하고, 청량리에서도 한 번 하고.

○○○ 예전에도 용산에서 다른 걸로 나가신 적은 있어요?

●●● 없어요.

○○○ 음~ [데모는] 처음이셨겠다.

••• 예.

○○○ 처음이라 뭐 어떤, 생각이…. (응?) 떨린다든지….

••• 아~니. 〈기침〉

○○○ 그러셨구나. 〈잠시 침묵〉 그 옛날에 시영 언니랑 왔었을 때~ 막 얘기하다가, 용산역 앞에서 한 거 (뭐 어떤 거?) 음. 뭐라고 했더라. 뭐라 뭐라 하셨는데…, 자세한 내용은 기억이 잘 안 나고….

••• 용산역 있는 데서 내가 뭘 해?

○○○ 아…, 뭐라고 하셨는데….

••• 들은 사람이 모르면 내가 그걸 어떻게 알아요. 흠.

"막달레나 집 욕해봤자 무슨 소용 있어"

○○○ 혹시 용산역에서 데모하고 그러셨어요?

••• 아아~, 방화사건?

○○○ 아아~.

••• 그때 얘기했잖아요. 내[가].

○○○ 시영 언니 있을 때?[필자와 처음 만났을 때]

••• 아니, 저번에 인터뷰 할 때. (저번에 인터뷰할 때?) 아 밖에도 못나 오게 하고, 답답하고 막, 살기 싫어서 잉, 쯧.

○○○ 〈잠시 침묵〉 구체적으로 얘기를 안 하셔서…. 일부러 얘기 안 하 신 건가 해서….

••• 아니요. 〈잠시 침묵, 간간히 기침〉

○○○ 저는 그런 생각이 들었거든요. 특별법 했을 때 사람들이 기분 안

좋아졌을 때잖아요, 막달레나의집하고 친한 언니들은 그런 거 때문에 좀 걱정하는 게 있지 않았을까….

●●● 사람들이 좀… 맨처음에는 저거했지. 우리는 막달레나 집하고 친하니까, "니네는 거기 여성단체에서 뭐 저기해서 어디도 갔다 왔잖아!", 그러면서 이러쿵 저러쿵 그런 말 많이 들었지…. "니네들", 우리더러 응, 저기 뭐야 "자유 발언대 올라가서 얘기 좀 하라고, 니네는 여성단체에서 교육받고 필리핀도 갔다 오고, 중국도 갔다 오고 뭐했으니까, 니네들이 올라가서, 니네들이 앞장서서 해야 할 일"이라고, 사람들이…. 근데 우리는, 그렇게 할 수가 없었지. 왜냐면 여성단체를 욕하다 보면, 막달레나 집이 껴 있잖아, 거기에. 그래갖고 욕을 다 먹고 말은 거지…. "니네들이 앞장서서 자유발언대도 올라가서 얘기도 해야 되고, 니네들이 앞장서서 다 해야 될 일"이라고….

○○○ 동네 사람들이? 〈대답 없음〉 그럼 그때 좀 막달레나 집이랑 친한 게 좀 그랬겠다.

●●● 〈피식 웃음〉… 〈잠시 침묵〉

○○○ 그러셨어요, 아니면 어떠셨어요?

●●● 뭐 응 어차피 막달레나 집이야 오래 전부터 맺어진 인연이고, 막달레나 집에서 내린 일도 아니잖아, 그건. 막달레나 집 욕해봤자 무슨 소용 있어, 위에서 하는 일을…. 〈잠시 침묵〉

○○○ 그것 때문에 욕먹었으면 좀 억울하셨겠다.

●●● 억울하고 그런 건 없어요.

○○○ 그런 것 때문에 욕만 하고 그런 게 아니라 해꼬지 하는 것은 없었어요?

●●● 그런 건 없어…. 〈잠시 침묵〉

○○○ 언니 요즘은 혼자 지내시느라 사람들이랑 교류 안 하세요?

●●● 그냥 이렇게 혼자 있어요, 맨날.

○○○ 근데 옛날에 개나리회 같은 것도 했었어요?

●●● 예. 잠깐, 몇 개월. 처음에 와갖고….

○○○ 어떻게 하시게 된 거예요?

●●● 아, 우리 집 아가씨가 거기에 인제 임원이었어요. 그때는 우리 집 아가씨들이 많았는데, 거기 임원이어갖고 나를 끌어들였지.

○○○ 아가씨일 때는 혼자 지내는 시간이 별로 없으니까, 그런 교류도 하고 그랬나 봐요.

●●● 아, 제일 처음에 왔을 때는 뭣모르고 했지. 〈가져간 책을 살펴봄〉*

○○○ 그 책에서 언니 글이 직장촌으로….

●●● 아 직장촌으로 인제, 컴퓨터로 치다 보니까 잘못 쳐갖고, 집창촌으로 옮기라니까, 상미**가 재밌으라고 그냥 그냥 써놨대요~.

○○○ 그게 집창촌보다 직장촌이 훨씬 좋던데요.

●●● 상미가, 보는 사람이 재밌으라고, 〔그대로 넣었어〕. 집창촌보다 직장촌이라는 의미는 따로 있는 것 같다고…. 맨 처음에 쓸 때는 왜 직장촌이라고 썼냐면, 나는 여기가 내 직업이고 직장이라고 생각을 했거든. 다른 사람들이 저기할 때는 여기는 집단, 단체니까, 집창촌이라고 써야 맞는 거지만, 나는 이제 내 나름대로 '내 직장이다' 생각을 했기 때문에

---

* 이진주씨는 그간 막달레나의집을 거쳐 간 인연들의 글이 실린 20주년 기념 자료집(『밥이 되고, 희망이 되고, 삶이 된 마음들』)에 자신의 글을 보내주었다. 2차 인터뷰 때 나는 그녀의 글이 실린 이 책을 가져갔는데, 이진주씨는 '이제야 주냐' 고 살짝 핀잔을 주고는 관심 있게 책을 훑어보곤 했다.

** 막달레나의집에서 오랫동안 일한 실무자로, 이진주씨와 막역하게 지낸다. 이 책에 실린 「소음이 되어 묻히는 육십육 년의 삶」의 인터뷰를 진행했다.

써서, [그런데] 받침이 그렇게 상미가 잘못됐다고 [하더라고], 고쳐라 [그랬더니] "아냐, 언니. 그런대로 재미있어" [하대].

○○○ 상미 언니가 [언니보고] 마음이 따뜻한 분이라고 [그러더라고요]…. 옛날에 상미 언니가 교육장 있을 때 [언니가] 밥을 한~상 차려 줘서 너무너무 고마웠다고, 그러더라고요.

●●● 이쪽에 사무실 있을 때 [그렇게 했지].

○○○ 왜 그러신 거예요.

●●● 힘들고 고생하니까…. ((용산식구뿐 아니라 모든 타락한 여성들을 올바른 길로 인도하고, 또 교육을 시켜볼려고 큰언니를 도와 많이 애쓰거든요.)) 오랜 친구 같고 오랜 동생 같고 그러니까, 혼자 사무실에, 사무실에 사람들이 다 나가고 혼자 있었어, 혼자 있다고 그래서 얼른 와서 밥 먹어라…. 언제든지 내가 내 손으로 한번 해주고 싶었어요…. (…)

"그러니까 먹는 건 아웃리치 하면 안 된다구요."

○○○ 옛날 생각 별로 안 하고 싶으세요?

●●● 예, 안 하고 싶어요.

○○○ 그 용산에서 사시면서, 옛날보다 좋아진 거 뭔 거 같아요?

●●● 혼자 있으니까 편한 거.

○○○ 그 외에는 별로 다른 거 없어요? 〈한참동안 침묵, 간혹 기침〉 어떤 언니는 용산에서 좋아진 게 뭐냐면 약 안 하는 거[라고 하던데].

●●● 그치, 그것도 좋아진 거지, 좋아진 거지, 좋아졌어.

○○○ 언니도 옛날엔 하셨었어요?

●●● 예, 많이 먹었어요.

○○○ 지금은요?

●●● 아, 끊은 지 좀 됐어요. 그때 그러고 나서.

○○○ 그때?

●●● 법이 바뀌면서, 약이 마약으로 변해서. 〔끊게 됐지.〕

○○○ 어떻게 하다가 시작하셨어요?

●●● 뭐를요.

○○○ 약을….

●●● 어렸을 때 이런 생활 처음 나왔을 때 다 먹었지 다들, 그때부터 시작한 거지, 어떻게 시작하긴….

○○○ 안 하는 사람이 없었나 봐요.

●●● 거의 90프로.

○○○ 피곤하시면 좀 누우셔도 되요.

●●● 피곤한 게 아니라 몸이 아파서 그래.

○○○ 어디가 그렇게 아프세요.

●●● 감기도 조금 있고….

○○○ 한번 전화를 해보고 올 걸…. 〈잠시 침묵〉 언니는 뭐 이렇게 터부라고 하잖아요, 미신이나, 괜히 꼭 믿는 것도 아니고 안 믿는 것도 아니지만, 괜히 기분이 그래서 안 하거나 그런 거 없어요?

●●● 없어요, 그런 것 안 믿어요.

○○○ 김밥을 아웃리치 할 때, 아이고, 〔안 된다고〕 해가지고, 〔사람들에게〕 말씀해주셨다고, 그런 얘길… 〔들었는데〕.

●●● 아, 애들이 남의 음식을 잘 안 먹으니까…. 사먹는 것도 고급으로만 먹는 애들이, 그걸 어떻게 만든 건 줄 알고 먹겠냐고…. 그냥 시장에서 사다가 나눠주는 건 줄 알고 안 먹는 애들도 있고, 또 미신을 엄청 많

이 믿는 집들은~, 우리가 카톨릭이니까, 저기해서 애들을 못 먹게 하는 집도 있고…. 그러고 어떤 애들은, 에유 맛대가리가 없게 생겼다고 안 먹는 애들도 있고, 그러니까 먹는 건 여기 잉, 아웃리치 하면 안 된다구요, 김밥이나 이런 건. 떡국이니 국수 같은 건, 직접 우리가~ 거기서 끓여서 주는 거니까, 사람들이 좋아했지만. 업주들도 겨울이니까 뜨끈뜨끈 한 그릇씩 먹으니까 좋아했고. 이건 집이서 우리가 안 보는 데서 애들이 안 보는 데서〔만들어〕준 거잖아, 김밥은. 그러니까 그냥 쓰레기통으로 던져지고, 던져지고,〔그걸〕보니까 나는 속상하지…. 계란 같은 것도, 부활절날 계란 같은 것도 삶어서 나온 거잖아. 삶어서. 그러고 그 껍질만 벗기면 먹는 거고. 그래가지고 그냥 대기실 한쪽에나 씩~ 던져놓고.

○○○ 계란도요?

●●● 아니 김밥.

○○○ 계란은 아니고. 〈잠시 침묵〉

○○○ 왜 어떤 날은 재수 좋다. 어떤 날은 재수 있다, 그런 거 있잖아요.

●●● 아 그런 거 몰라요. 원래 그런 거 안 믿으니까. 〈한참동안 침묵〉

(…) 〈끝〉

<< 에필로그

두 번에 걸친 만남에서 많은 것을 알기란 당연히 불가능하다. 열린 질문을 되새기고 갔지만, 막상 이진주씨를 대하면서 나는 궁금한 것을 꼬치꼬치 묻거나, 어설픈 응답을 하곤 했다. 그녀는 방 안의 장식장 위에 자신의 얼굴이 크게 나온 주민등록 사진을 확대해서 올려놓았는데, 나는 정자세를 하고 앞을 응시하고 있는 그 사진보다 자연스러운 배경에서 찍은 것이 더 낫지 않느냐며 섣불리 물었고 그녀는 대답이 없었다. 그녀는 그 사진을 주민등록 갱신 때 찍었다고 했는데 나중에 보니, 그 시점은 업주로부터 독립해서 혼자 일을 하게 된 시기와 묘하게 일치했다. 뒤늦게야 그 사진의 형형한 눈빛이 떠올랐다.

    이 인터뷰를 둘러싼 관계의 조건과 인터뷰 참여자를 대하는 나의 미숙함에서 기인한 것일 수 있겠는데, 인터뷰 내내 그녀는 자신의 생애에 대해 자세히 이야기하지 않았다. 어떻게 이 일을 하게 되었는가를 물었을 때, "얘기 안 할래, 어차피 막달레나의집에서 아는 사람은 아니까"라며 말을 끊었는데, 그것은 그녀가 '막달레나의집'과의 관계로서 나를 의식하고 있다는 분명한 증거라서, 내 위치를 새삼 떠올려야 했다. 초심자로서의 새로운 위치도 나에게 여러 가지 다른 경험을 제공했다. 특히 두번째의 인터뷰는 그녀가 영세를 기대하면서 받았던 교리가 무산된 상태였고, 예전보다 훨씬 말하고자 하는 의지가 적은 상태여서 대답이 짧게 끊어졌다. 더구나 아픈 상황이었고 심리적으로도 좋지 않았는데, 당시의 인터뷰에서 나는 그녀의 기침소리에 크게 의미를 두지 못했던 것 같다. 이런 상황에서까지 해야 될까 고민을 했으면서도 결국 인터뷰를 강행했던 것은, 아마 '그것을 해야 한다'는 강박 때문일 것이다. 녹음을 다시 들으니, 인터뷰 당시 들리지 않았던 기침 소리가 왜 그렇게 잘 들리던지…. 한편 인터뷰 중간 중간 그녀가 애완견들과 놀면서 대화에 집중하지 않는 모습에 나는 좀 당황하기도 했었는데, 그녀가 인터뷰에 호의적이지 않다고 느꼈었다.

하지만 녹음을 들으면서, 나의 질문들이 엉뚱하거나 여러 모로 부족한 점이 있더라도 이진주씨는 거의 대부분을 빠짐없이 답해주고 있었다는 사실을 깨달았다. 몸이 좋지 않은 상황에서도 나와의 대화에 충실하려고 노력했던 그녀를 떠올리니 마음이 아팠다. 기대는 아주 쉽게 인터뷰어의 욕심이 되고, 목적한 바가 있는 관계에서 상대방을 왜곡되지 않게 있는 그대로 받아들이는 길은 매우 어려운 과정인 것 같다. 굉장히 섬세하고 지난한 노력을 동반해야 불완전하나마 '이해'에 가까워지게 되지 않을까.

인터뷰를 글로 옮기는 과정에서 이진주씨에게 동의를 구했는데, 그녀는 인터뷰 참여자 중에서 유일하게 녹취록에 더 하고 싶은 말을 적어 넣었다. 빨간 볼펜으로 세심하게 쓰인 글을 보며, 문득 이진주씨의 방 앞에 걸려있는 문패를 두고 나누었던 대화가 떠올랐다. 이렇게 자신을 외부에 드러내는 것이 '무섭지 않느냐'는 나의 물음에 그녀는 아주 당연하다는 듯, '그렇지 않다'고 했다. "이사를 했기 때문에 어디로 갔는지, 자신을 아는 사람들에게 모두 알려야 한다"는 것이었다. 인터뷰에서 술 취한 남자들이 집에 함부로 들어오는 경험에 대해 들었기 때문에 물었던 것이기도 했지만, 돌이켜 생각해보면, 그 질문에는 이런 일을 하는 것이 세상에 알려지는 것을 꺼려하는 것과 관련된 막연한 추측이 있었던 것 같다. 간단하고 명쾌한 그녀의 대답을 듣고 나와 골목길을 거쳐 차가 붐비는 대로에 선 순간, 일정한 잣대로 판단할 수 없는 세계들을 지나온 것 같은 기분이 들었다. 골목 하나를 두고, 다르지만 또 그다지 다를 것이 없는 삶들이 겹쳐져 있었다.

송곰례씨와의 인터뷰 7

두 공간을 오가며 | 용산에서의 곰례, 일산에서의 곰례

송곰례, 전유나

<< 프롤로그

"나는 어디 가서 이런 말을 할 수 없었잖아"

2005년 가을, 막달레나의집 현장지원센터는 용산의 여성들과 오랜만에 바람도 쐬고 단풍 구경도 할 겸 '강화나들이'*를 마련했다. 이 자리에서 나는 송곰례씨를 처음 만나게 되었다. 이날 그녀는 나에게 자신을 동민이 엄마라고 소개하였다. 용산에서는 기르는 애완동물의 이름을 따서 'OO의 엄마'라 불리는 게 흔한 일이었기에 나는 동민이가 기르는 개인지 물어보았다. 그러자 그녀는 웃으면서 동민이는 자신의 아들임을 알려주었고 미안해 하는 나에게 흔히 있는 일이라고 말해주었다. 그러고 보니 주변 사람들은 그녀를 송곰례라는 이름보다는 동민이 엄마라 칭했고 그녀 역시도 그렇게 불리는 게 싫지만은 않은 기색이었다. 덕분에 나는 그날 내내 그녀를 동민이 어머니라 부르게 되었다.

이런 재미난 만남이 있어서였는지 나는 용산의 생활을 들려줄 인

---

* 용산 성매매집결지 자활지원사업을 수행하는 막달레나의집 현장지원센터에서 진행한 집단상담 프로그램(엮은이).

터뷰의 대상자로 송곰례씨를 생각하게 되었고 그녀에게 이 만남을 제안하였다. 자신을 솔직히 드러내야 하는 부담감에 주저할지도 모른다는 나의 예상과는 달리 그녀는 '좋은 생각'이라며 흔쾌히 응해주었다. 하지만 시원스러웠던 인터뷰 승낙과는 반대로 송곰례씨는 몇 차례 약속시간에 오지 않아 나를 불안하게 만들더니 어느 날 사전예고도 없이 불쑥 찾아와 자신의 이야기를 들려주었다.

첫 만남이 이루어진 때는 막달레나의집 현장지원센터의 '햇살고운 진료소'가 운영되던 날이라 오가는 방문객들로 무척 분주하였다. 인터뷰를 방해받고 싶지 않은 마음에 나는 사뭇 진지하게 '접근금지'라는 푯말을 써서 문밖에 걸어놓았고 그걸 본 그녀는 재미있다는 듯이 웃어보였다. 대화를 시작하면서 나는 그녀에게 어떤 의미에서 이 인터뷰가 '좋은 생각'인지 물었다. 그러자 그녀는 용산을 나쁘게 생각하는 사람들에게 '이 세계를 좀 알리고 싶다는 생각'을 했었다며 이곳 역시 사람이 사는 곳임을 알려주고 싶은 생각이 들었다고 했다. 그러면서 오히려 자신에게 인터뷰를 제의해준 것에 대한 고마움을 표시했다. 나는 그녀가 이 인터뷰를 부담이 아닌 '큰 도움'이라고 표현한 것에 감동을 느끼며 우리의 만남이 잘 이루어질 것 같은 일종의 기대감을 갖게 되었다.

심한 당뇨를 앓고 있는 그녀는 끊임없이 이어지는 대화에 입이 마르는지 계속 물을 마시면서도 시종일관 성실하고 진지한 자세로 자신의 이야기를 들려주었다. 그런 그녀의 모습에 고마움을 느끼면서 다른 한편으로는 과연 이대로 인터뷰를 진행해도 좋은 건지에 대한 갈등을 겪기도 하였다. 두번째 만남에서 송곰례씨의 얼굴은 곱게 화장했던 첫번째 만남과는 달리 붓기가 심하고 매우 거칠어보였다. 또한 그날은 그녀의 오후 일정으로 함께 대화 나눌 시간이 조금 빠듯해보였다. 때문에 나는 또다시 인터뷰 진행에 대한 고민을 하게 되었다. 하지만 그녀의 용산 생활을 좀 더 구체적으로 이해하고 싶다는 욕심*에 다소 조급한 마음으로 대화를 진행하기도 하였다.

"내 과거와 추억은 여기밖에 없잖아."

송곰례씨는 용산을 '생활터전'으로, 이곳의 일을 '살아가는 생계수단'으로 비유하면서 반복적으로 '그렇게 나쁘지만은 않은 곳'으로 용산을 표현한다. 현재 용산에서 하고 있는 일에 대해 소개를 부탁하자 그녀는 펨푸 일을 하고 있으며 "아가씨들은 안에 앉아 있고 우리가 나가서 손님을 끌어다가 모셔주는 거예요"라고 그 일을 설명하였다. 처음부터 펨푸는 아니었으며 처녀 때 '우연찮게 집창촌에 오게 되어' 아가씨 생활을 하였다며 남대문에서 처음 일을 시작한 열아홉 살 때를 떠올리는 듯 부끄럽게 웃어보였다.** 그녀에게 있어 일을 한 시간들은 적응을 못해서 참으로 힘들었던 기간으로 기억된다. 남대문에서 그녀는 지금의 남편을 만나 결혼을 했다.

---

* 1차 인터뷰를 마치고 나는 그녀의 20년 용산생활 중 '전업'에 많은 관심을 갖게 되었다. 펨푸, 약장사, 파출부 일 등의 직업경력을 가진 그녀이기에, 직업을 바꾸는 것 혹은 그러한 시도들은 무엇을 의미하는지 궁금했기 때문이다. 그로 인해 2차 인터뷰에서는 주로 그녀의 전업기간에 대한 호기심을 해결하려는 질문이 주를 이루었다. 제한된 시간에 이루어진 인터뷰는 사전에 준비한 질문을 풀어내기에도 부족하여, 다급해진 나는 느긋한 성격의 그녀를 들들 볶아버리는 실수를 범하고 말았다. 하지만 인터뷰를 돌아보면서 나는 '전업'이라는 주제는 오로지 내가 듣고자 하는 내용이었다는 것을 알게 되었다.
** 인터뷰를 진행하면서 나는 그녀가 19세에 인신매매범에 의해 남대문으로 팔려가면서 처음으로 일을 시작하게 되었다는 사실을 알게 되었다. 나는 그녀가 담담한 어조로 "그때는 성매매범이 많았어요"라고 그 시절을 회상함과 동시에 그 상황을 '우연찮게'라 표현함에 적잖이 놀랐다.

용산에 오게 된 경위에 대해 그녀는 20년 전 시집살이가 힘들고 심해서 "그냥 살러 왔는데 계속 눌러앉게 되었지"라고 설명한다. 그 당시 그녀에게 용산은 여느 지역과 다르지 않았던 것 같다. '뭣 모르고 그냥 온' 그녀는 이사를 온 후에서야 이곳에도 집결지가 있음을 알게 되었고, 가족과 인연을 끊은 채 혼자서 아이를 키워야 했던 그녀는 다시 '아가씨 일'을 시작하게 되었다. 계속 '역전의 생활'을 하던 중 그녀는 자궁에 혹이 있는 걸 알게 되었고 좌절한 나머지 삶을 포기하려 하였다. 하지만 막달레나의집 문애현 수녀님의 도움으로 수술을 받게 되었는데, 내성적인 성격의 그녀는 이것을 계기로 말수도 많아졌고, 가족들과도 다시 만나게 되었으며 '이 세상은 참 살만하구나'라고 느껴 열심히 살게 되었다고 말하였다. 송곰례씨는 이 경험을 자신의 생애에서 가장 기억에 남을 감동적인 도움이라고 기억한다.

그녀는 30~40대에 어느 때보다 힘겹고 많은 일들을 겪었던 것으로 보인다. 20대의 아가씨 생활을 정리하고 "내가 아는 사람들 중에 아가씨 일을 하지 않고서는 펨푸하는 사람들은 하나도 없어"라는 그녀의 말처럼 그녀 역시 펨푸 일을 시작하게 되었다. 그리고 10여 년이 지났을 쯤에 '이 생활이 하기 싫어' 다른 돌파구를 찾던 중, 아는 사람의 소개로 우연히 약장사를 하게 되었다. 그녀는 용산생활이 하기 싫었던 이유가 단속이 강화되고 나이를 먹음으로 인해 점점 힘들어졌기 때문이라고 하였다. '손님을 모시는' 여성들을 주 고객층으로 러미날^{***}을 판매했던 그녀는 약사법 위반으로 구속되어 20개월의 형을 살게 되었다. 그

*** 감기, 만성 기관지염, 폐렴 등의 치료제로 다량 복용 시 환각 작용이 있어 대용마약으로 남용되기도 하는 러미라를 말한다.

녀가 출감할 당시, 러미날은 이미 마약법에 의해 '해로운 약'으로 분류가 되었고, '사람의 몸을 해롭게 하는 게 약장사'임을 인식하게 되자 그 일을 다시 시작할 생각은 전혀 없었다고 한다. 이런 이유로 그녀는 돈벌이가 괜찮아 "그때는 밥을 좀 먹었지"라고 표현하던 약장사를 이제는 법에 위반되는 '나쁜 일'로 간주한다.

또한 송곰례씨는 약을 팔았던 자신을 성판매여성들과 확연히 구분하여 인식한다. "내가 남자 상대해서 손님을 모셔다 주는 건 아니고 내가 아는 언니들이 나를 찾아와서 약을 달라고 해서 주는 거잖아. 전혀 틀리지." 그렇기에 약장사는 '남들에게 가시나 조롱을 받지 않기에' 180도 자신을 바꾼 일이라 여긴다. 또 한편으로는 이러한 본인의 생각과는 달리 다른 사람들의 눈에는 펨푸나 약장사가 '거기서 거기, 고 안의 테두리 생활' 혹은 '똑같은 직업여성'으로 보일 수 있다는 것도 잘 알고 있는 듯하였다.

2004년 여름에 출소한 그녀는 성매매방지법의 시행으로 '집창촌이 없어져 못한다는 소리를 듣고' 먹고 살 길이 없어짐에 앞이 캄캄하였다고 한다. 용산으로 돌아오고 싶었지만 강화된 단속이 겁나고 두려워서 어쩔 수 없이 8개월 정도 파출부 일을 하게 되었다. 그녀는 그 기간을 "너무 힘들었다니까"로 일관되게 표현한다. 고된 일을 해야만 했던 육체적인 힘듦과 가족의 생계를 책임져야 한다는 부담감에 온통 스트레스가 쌓여 병도 많이 났다고 했다.

이러한 시간들을 거쳐 2005년 초 송곰례씨는 다시 용산으로 돌아왔다. 그 계기에 대해 묻자 그녀는 "목구멍에 풀칠도 못 하게 생겼어"라고 설명하며 다시 이곳으로 올 수밖에 없었던 자신의 지난 생활에 대해 언급하였다. 나는 그녀에게 지금까지의 직업들 중 생계수단으로서의 적합성과 개인의 적성을 고려했을 때 괜찮은 일이 무엇인지를 물어보았다. 그러자 그녀는 현재 용산에서 하고 있는 일을 1순위로 꼽으면서 파출부보다는 육체적으로 덜 힘들고, 약장사보다는 양심의 가책을 덜 받는다는 이유를 덧붙여 설명하였다.

송곰례씨는 펨푸의 일과는 다르게 자신의 직업을 전업주부라고 설명했다. 그녀에게 있어 가족은 자신을 설명하는 데 무척 중요한 존재로 여겨진다. 자신을 송곰례가 아닌 동민이 엄마로 소개하기도 하고, 그녀 삶에 대한 이야기에도 그들은 끊임없이 등장한다. 때문에 20년 전 결혼한 순간부터 지금까지 그리고 앞으로도 자신은 계속 가정주부임을 그녀는 강조한다. 밖에서 어떤 일을 하고 있더라도 집에서 누가 아프다고 하면 당장 그 일을 그만두더라도 집안을 돌보는 것이 자신의 일이라고 그녀는 말한다. 주부와 앞에서 언급한 일들과의 차이를 묻는 나에게 그녀는 자신은 전업주부이며 그 외의 다른 경험들은 먹고 살기 위한 하나의 수단이며 아르바이트의 개념이라고 누차 강조했다.

'가면' 혹은 '내 안에 갇혀 있는 또 하나의 나'

이러한 삶 속에서 송곰례씨의 일상은 용산과 일산으로 크게 구분지을 수 있다. 용산은 일터가 있는 곳이며 일산은 가족과 집이 있는 곳이다. 용산에서의 송곰례씨는 '끼리끼리 산다', '그 밥에 그 나물' 이라는 자신의 표현처럼 동료들이 있기에 외롭지 않으며 창피함과 꾸밈, '우리끼리 살면서 누가 누구를 탓하는 일'도 없는 곳이다. 담배를 피우고 동료들과 편하게 대화할 수 있는 등 모든 행동이 제약 없이 자유스럽고, 과거와 추억이 있는 지역이다. 하지만 용산 생활로 그녀는 이곳이 아닌 다른 지역에서 경찰을 만나면, "아휴~또 단속 떴네"라는 단속에 대한 무의식적인 긴장감으로 가던 길을 멈추고 집으로 되돌아가는 경험을 하게 된다. 그 이유가 무언지 묻는 나에게 송곰례씨는 "뭐라고 확실히 설명할 수 없지만 우리 가슴속에 있는 게 있잖아"라고 말해주었다.

일산에서의 송곰례씨는 생활에 대한 부담은 있지만 사랑하는 가족이 있는 곳이기에 행복한 곳이다. 그곳에서의 그녀는 여자로서 어느 가정집에 있는 여자보다 더 깔끔해야 하고 신경을 더 많이 써야 하고 우아해야 한다고 생각한다. 그렇기에 아직 철없는 딸에게는 '여자다움'을 강요하는 보수적인 엄마이다. 또한 아들에게는 많은 고생에 비해 속 한 번 안 썩인 것에 대하여 '이런 생활을 한 사람으로서 행복한 것 같아'라는 고마움을 느끼는 엄마이다. 하지만 일산에서의 송곰례씨는 용산에서의 그녀가 기억될까봐 남의 설거지 일을 가도 화장을 통해 자신을 보호한다.* 그곳은 커피를 마시는 사소한 행동거지도 부자유스럽고 제약을 느끼며 거짓말을 해야 하는, "내 몸이 아픈 데다가 스트레스가 막 쌓여"가는 지역이다.

어느 곳이 더 편하냐는 질문에 그녀는 용산이라 말하며 사실 이곳으로 다시 돌아오고 싶으나 세상은 나 하나가 아닌, 내 가족을 위해 사는 곳임을 알기에 일산에서 '그냥 사는 것'이라 말했다. 과거와 추억이 존재하는 용산에 살 수 없기에 나만 혼자 동떨어져 사는 것 같은 기분을 느낀다는 그녀의 얼굴에서 쓸쓸함이 묻어났다.

송곰례씨는 용산과 일산 두 공간에서 이뤄지는 자신의 생활을 '두

---

* 인터뷰에 앞서 그녀와 점심식사를 하고 함께 뒷정리를 하던 중에 그녀는 "난 화장을 안 하고는 절대로 밖을 안 나가. 심지어 식당에 설거지 일을 다니면서도 화장을 해서 주변 사람들이 뭐라고 했어"라고 말했던 적이 있다.

얼굴'로 표현한다. '일산의 송곰례'가 유독 여자다움에 집착하는 이유에 대해 묻자 용산의 자연스러움을 일산 사람들이 이해하지 못하고 손가락질 할까봐 더 여자다운 여자로 만들고 싶기 때문이라 설명하며 "용산에서의 집창촌 생활이 반대로 나가는 거지"라고 말했다. 이런 자신의 생활을 그녀는 '가면' 혹은 '내 안에 갇혀 있는 또 하나의 나'로 비유하며 그 속마음을 털어놓았다. 남들과 다를 것이 없이 똑같이 주어진 하루에 이렇게 두 공간을 오가며 상반된 생활을 해야만 하는 그녀이기에 용산과 일산을 오가는 전철 속에서 감정적인 갈등을 겪는 것으로 보인다. 아는 사람을 만날까봐 걱정되기에 고개 푹 숙이고 오고가는 내내 자기도 한다던 그녀는 '일단 떠나면 다 잊고 싶은 게 솔직히 집창촌 여자들의 생활'이라며 용산으로 출퇴근하는 여성들의 어려움을 들려주었다.

"별의 별 일이 다 일어나죠."

나는 그녀의 일상을 좀 더 구체적으로 알고 싶은 마음에 하루일과표를 그려보자고 제안했다. 다소 유치한 제안에 그녀는 재미있는 듯 웃으며 선뜻 응해주었고 그녀가 들려주는 하루의 생활들을 나는 표로 그리기 시작했다. 일과표를 통해 본 그녀의 하루는 주변에서 흔히 볼 수 있는, 오전 출근으로 시작하는 그것과는 달랐다. 낮과 밤이 뒤바뀐 일과표를 함께 작성하면서 나는 '하루'의 시작이 각자의 삶마다 다를 수 있음을 처음으로 인지하게 되었다. 그녀의 하루를 다른 사람들처럼 잠에서 깨어난 시점부터 시작하려니 그때는 이미 오후를 훌쩍 넘긴 시간이었고, 출근시간을 시작으로 하려니 근무시간이 밤부터 다음 날 새벽까지 걸쳐 있었기 때문에 그것 역시 애매했다. 그래서 송곰례씨가 기준을 세웠는지 아니면 나의 익숙함 때문이었는지 잘 기억나지 않지만 우리는 아침에 이루어지는 퇴근시간을 하루의 기준으로 시작하여 일과표를 그려나갔다.

그녀가 말하는 일과에서 나의 기억에 남는 부분은 하루 중 '별로인 시간' 과 '바쁘고 생기 있는 시간' 이었다. 일과표를 그릴 때 나는 하루 중에서 가장 싫은 시간이 언제냐고 물었는데, 그녀는 별로 없는 것 같다고 말했다. 나는 누구나 하루 중 힘든 시간이나 견디기 어려운 시간이 있을 거라 생각했기에 질문을 정정하여 '별로인 시간' 에 대해 다시 물었다. 그러자 그녀는 용산과 일산으로 출퇴근하는 시간이라고 대답을 하면서 오래 걸리기도 하고, 피곤하여 졸리기도 하고, 누군가 용산의 자신을 알아볼지 모르는 두려움이 그 이유라고 덧붙여 설명하였다.

이어서 나는 그녀가 용산에서 동료들과 있으면 외롭지 않다고 했던 말을 떠올려 '재미있는 시간' 에 대해 물어보았더니 나의 예상과는 달리 그녀는 없다고 대답하였다. 질문을 정정하여 '바쁜 시간' 에 대해 물어보자 '일한 만큼 먹는 생활이니까 손님을 하나라도 더 끌어야 하는 시간' 임을 이유로 들어 용산에서 일하는 시간을 꼽았다. 나에게 있어 바쁨은 곧 힘듦을 의미하였기에 나는 그녀에게도 이곳에서의 바쁜 시간은 생계에 대한 부담감으로 힘들고 어려움이 있는 것으로 이해했다.

나는 하루 중 그녀가 즐겁게 지내는 때가 언제인지 궁금했다. 그래서 '생기 있는 시간' 에 대해 물어보자 그녀는 내가 그의 말을 이해 못 한 것이라 여겼는지 "그것도 일하는 시간이지 뭐"라고 답을 하였다. 그녀에게 있어 용산에서의 생활은 생계에 대한 부담감으로 몸과 마음이 바쁘기도 하지만 그와 동시에 동료들끼리 노래방이나 나이트도 가고, 수다도 떨고, 술도 마시고, 고스톱도 치는 등의 생활을 보내기에 '생기 있는 시간'이라고 설명해주었다.

    2차 인터뷰를 마친 후, 나는 그녀의 '바쁘고 생기 있는 시간'을 우연히 들여다보게 되었다. 그때 나는 퇴근길 정체에 밀려 꼼짝도 못하는 버스에 있었고 그녀는 자신이 일하는 가게 앞에서 동료들과 함께 서 있었다. 나는 그녀의 일상을 허락받지 않고 몰래 들여다보는 듯한 느낌에 무척 조심스러워하면서도 그녀에게서 눈을 뗄 수가 없었다. 당시 그녀의 건강상태가 매우 좋지 않다는 것을 알고 있었는데, 차창 밖으로 보이는 그녀는 매일 반복되는 일상생활 속에서 지쳐가던 내 모습과 달리 몸짓 하나 하나 활기차 보였다.

<< 송곰례씨와의 첫번째 대화

인터뷰를 시작하면서 : "이 세계를 좀 알리고 싶다는 생각"

전유나(이하 ㅇㅇㅇ) 제가 처음에 인터뷰와 관련해서 언니가 가지고 있는 용산에 대한 기억 등 여러 가지를 듣고 싶다고 전화를 드렸을 때요. 전화 받고 무슨 생각하셨어요?

송곰례(이하 ●●●) 난 좋은 생각이라고 생각했어요. 그 이 세계(용산)를 좀 알리고 싶다는 생각을 했고, (용산의 생활들을?) 그런 생각들을 했고 그래요.

ㅇㅇㅇ 용산의 생활들을 어떻게, 왜 알리면 좋겠다는 생각을 하셨어요?

●●● 글쎄~ 모르겠어요. 난 용산이라는 데를, 집창촌을. 나쁘게 생각하는 사람들이 너무 많은 것 같아가지고 그렇게 나쁘지만은 않은 곳인데, 사람들이 사는 곳인데라는 생각을 좀 했거든요.

ㅇㅇㅇ 그렇게 집창촌을, 집결지를 나쁘게 생각하고 오해하는 사람들이 있잖아요. 그런 사람들하고 접해보면 어떤 생각이 드세요?

●●● 글쎄 제가 같이 상대해서 얘기를 해보면 이해를 하더라고요. 또 어느 면에서는.

○○○ 언니가 그런 거에 대해서 얘기를 해본 경험이 있으세요? 사람들 하고?

●●● 글쎄 어떻게 생각하면 내가 오지랖이 넓은지는 몰라도 나쁘게 생각하는 사람들에게 그렇게 나쁘지만은 않은 곳이라는 것을 심어주고 싶은 생각이 자꾸 드니까…. 그래요.

○○○ 그런 사람들하고 얘기를 하다 보면 어떤 부분에서 가장 오해하고 나쁘게 생각하고 있던가요?

●●● 글쎄 뭐 이런 데가 옛날부터 집창촌이라는 데가 몸 팔고 그런 나쁜 쪽으로 생각을 하더라고요. 그런 것만은 아니거든요. 내 생각에는 그래요. 몸 파는 게 내 몸을 팔아서 꼭 나쁘다는 것만은 없거든요. 어떤 면에서, 살아가는 생계수단인 사람들도 많거든요.

○○○ 인터뷰는 이렇게 진행될 거예요. 제가 여쭤보고 언니가 그것에 대해서 솔직하게 말씀해주시는, 언니가 말씀을 많이 해주면 많이 해주실수록 좋아요. 아까 제가 말씀드렸지만 성매매방지법이 시행된 지 1주년이 넘었어요. 작년〔2004〕 9월 23일에 시행이 되었잖아요. 어떤 사람들은 '여기에는 정말 나쁜 사람들만이 있는 곳이야'라는 편협된 생각을 가지고 여기에 접근을 하잖아요. 단속도 하고, 저희는 대표님이나 여기 계시는 분들도 그렇고 그런 사람들만이 있는 곳이 아니고 여기를 중심으로 살아가는 사람들이 있고 생활터전인 사람들이 있잖아요.

●●● 그렇죠. 저 같은 경우도 마찬가지죠.

○○○ 그런 사람들의 용산에서의 삶, 용산의 다양한 집단들, 다양한 삶을 살아가는 사람들의 생활을 알려주고 싶다는 생각이 있어서 이렇게 하게 되었어요.

●●● 참 고마운 일을 하시네요. 〈미소〉

○○○ 작년 9월달에 성매매방지법이 시행이 되었잖아요. 용산에서도 한창 농성가고.

●●● 많이 갔었죠.

○○○ 한참 반대도 일어났었는데 혹시 성매매방지법 시행되던 날 기억 나세요?

●●● 네. 그날은 안 나왔어요.

○○○ 그럼 언니가 법에 대해 맨 처음 들은 적이 언제쯤이었어요?

●●● 내가 그러니까 작년에 2003년 7월 2일 교도소에서 나왔어요.* 그때 그러는 바람에 나는 데모도 못 나가고⋯. 그때 들었어요. (누구한테?) 내가 여기 생활터전이니까.

○○○ 2003년 7월달에 복역을 마치고 용산에 와서 용산의 사람들에게 얘기를 들으신 거네요. 뭐라고 들으셨어요?

●●● 이거 집창촌이 없어지니까 못 한다는 소리를 들었죠.

○○○ 그때 어떤 생각이 드셨어요?

●●● 앞이 캄캄하지 뭐, 우리야 여기서 먹고 사는 사람들이니까. 먹고 살 길이 없어진 거잖아요. 완전히 우리는 먹고 살 길이 없어진 거지. 그러니까 데모도 하고 그런 거 아니에요?

○○○ 앞이 캄캄하셨겠네요. 그 다음에는 법이 막상 시행될 날이 다가왔는데, 그땐 어떤 생각이 드셨어요?

●●● 글쎄요. 먹고 살 일이 없어지니까 힘들었죠. 너무 힘들었죠.

○○○ 언니는 정확히 용산에서 어떠한 일을 하고 계시죠?

---

* 송곰례씨는 2003년 7월 교도소를 출감하였다고 기억하고 있었으나 실은 2004년 7월 교도소 출감 후, 2005년 2월 용산으로 다시 오게 된 것임을 인터뷰를 통해 확인하였다.

●●● 음. 그러니까 펨푸라는 거 있죠. 그걸 해요.

○○○ 그 생활에 대해 자세히 얘기해주실 수 있으세요?

●●● 그니깐 아가씨들은 안에 앉아 있고 우리가 나가서 손님을 끌어다가 모셔주는 거예요. 그러면 거기에 대한 '와리'라는 것이 있어요. 그니까 몇 퍼센트 떼어주는 거. 손님에 따라서 돈을 주면 거기에 몇 퍼센트를 우리가 먹고 그 다음에 아가씨 주고 그러는 게 있어요.

○○○ 보통 와리를 어떻게 나눠요?

●●● 와리는 우리[펨푸]가 30% 가져가는 거예요.

○○○ 보통 삼만 원 받으면 만 원 가져가고.

●●● 만 원 가져가지. 아니 만 원 못 가져가지. 구천 원 정도 가져가지.

○○○ 그날 벌은 돈은 그날 계산을 다 하세요?

●●● 그렇죠. 그날 벌은 돈을, 우리는 그날 그날 계산을 다 해줘요.

○○○ 언니네 업주는 따로 떼어주는 돈은 없고?

●●● 업주들은…. 글쎄 방 값을 주어야지. 우리는 없고 아가씨들하고 이제.

○○○ 아가씨들하고 따로? 그럼 언니는 30%를 가지고 가고 나머지 70%는 업주와 아가씨들이 알아서?

●●● 그렇죠. 그렇죠.

○○○ 언니는 맨 처음부터 펨푸 역할을 하신 건…?

●●● 〈단호하게〉 아니죠.

○○○ 예전에 어떻게 이 일을 하시게 되었어요?

●●● 저 처녀 때 우연찮게 집창촌을 오게 되어서 아가씨 생활을 했어요. (몇 살 정도?) 나 열아홉 살 때. 〈부끄러워하며 웃음〉

○○○ 왜요? 부끄러우세요?

●●● 네. 〈웃음〉 그때는 정말 내가 철이 없고 힘든 생활을 했던 거 같아.

○○○ 과거를 생각하시면 그렇게 생각이 드세요?

●●● 그래도 뭐 나는 나를 경험해볼 때 많은 고생을 했지만 그래도 그곳이 아니었더라면 어떻게 되었을지 모르지. (용산이 아니었으면?) 응.

○○○ 용산에 오신 지는 얼마나 되셨어요?

●●● 그니까 용산에 온지가 지금 20년 되었지. 20년이 넘었지.

○○○ 아가씨 생활도 하셨다가 이제는 펨푸 역할을 하시게 된 거네요. 그럼 20년 동안 쭉 용산에 계셨어요?

●●● 예.

○○○ 잠깐 밖[교도소]에 갔다 오신 거 빼놓고서는? 그럼 아가씨 일은 얼마나 하셨어요?

●●● 한 5~6년 한 것 같아. (…)

○○○ 교도소에서는 얼마나 계셨었어요?

●●● 20개월. 내가 이 생활이 하기 싫어서 약장사라는 걸 했었어요. (뽕?) 아니. 러미날. 옛날에 텔레비전에도 많이 나왔죠? 내가 그거를 해서 20개월을 살고 나왔거든. (언제 들어가셨어요?) 그러니까 2001년 11월 달.

○○○ 그럼 2003년 7월 달에 거기서 나오셨겠네. 그럼 용산으로 바로 오셨어요?

●●● 아뇨. 집에서 놀다가. 힘들어가지고 교도소 나와서 병이 많이 들어서. 집에서 놀다가 남의 설거지도 해보고 파출부도 해보고 그러다가 너무너무 힘드니까. 몸이 아프니까. 2004년 2월 달에 다시 여기로 나오게 된 거죠.

○○○ 한 8개월 정도는 다른 일을 해보신 거네요?

●●● 설거지도 해보고 계단청소도 해보고.

○○○ 그 다른 일을 해보셨던 8개월에 대해 말씀해주실 수 있으세요?

●●● 어떻게 말해야지?

○○○ 어떤 일을 했고 보수 정도나 느끼셨던 부분이나 힘들었던 부분에 대해.

●●● 나 같은 경우는 너무너무 힘들었던 게 7월 2일에 나와서 7월 말부터 설거지를 시작했어. 미연파출부라는 곳에 가서 가입을 하면 거기서 소개를 시켜주는 식당 같은 데 가서 설거지, 식당보조일이지. 말하자면 그런 일을 좀 하다가 하루에 이만 원 정도 벌어요. 그런데 그게 매일 있는 게 아니야. 부르면 가고 안 부르면 못 가. 근데 경제가 어렵다 보니까 부르는 날보다 안 부르는 날이 더 많아. 그러다 보니까 내가 빚이 진 게 있으니까 그거 좀 갚고 어떻게 하다 보니까 힘드니까 못하는 거야. 아프니까. 그러면 또 한 달에 사십만 원 준다고 계단청소를 해보라고 해서 그것도 나갔다가…. 그래봤지 뭐. 그런데 너무너무 힘이 들어가지고. (육체적으로 힘들고?) 응. 정신적으로도 힘들고. 너무너무 힘이 들어.

○○○ 설거지일이라는 게 아무래도 계속 서서 그릇을 닦고 계단청소도 힘들고 육체적으로 힘든 거 이해가 되는데. 정신적으로 힘든 거에 대해 말씀해주실래요?

●●● 정신적으로 힘든 게 뭐냐면~ 집에서 애들하고 먹고 살아야 하는데 그 스트레스가 계속 쌓이는 거야. 오늘 이거 나가서 뭐 하면 애들 먹일 길이 없는 거야. 물론 담배를 피우면 안 되겠지만 애 아빠 담뱃값하고 내 담뱃값하고 뭐 그러다 보면. 없는 거야. 하루 일 나갔다 오면. 그러니까 스트레스가 더 쌓이는 거지. 난 빚도 갚아야 하고. (경제적인 스

트레스가 쌓인다는 건가?) 응. 얘네 아빠도 아파서 자꾸 병원 다니고 얘네 아빠가 지체장애자이니까 아주 사람이 골반 뼈가 고장이 나서 장애자이거든. 그러니까 일도 못하지. 내가 그 안에〔교도소〕있는 동안에 얘네 아빠가 사고가 아주 많이 나서 일도 못 하지. 나 일 못 하지. 우리 아들은 대학도 가야 하지. 딸은 아프지. 집안이 온 스트레스로 쌓여서 거기 갔다 온 후로 나가서 일은 해야 하고 집안에 돌봐줄 사람은 많고. 정신적인 스트레스로 병도 많이 났었지, 내가.

○○○ 그래도 그나마 언니가 그렇게 해서 삼, 사십만 원씩 벌었기 때문에 좀 달라진 면은 있지 않았어요? 집안에서?

●●● 너무 힘들었다니까~.

○○○ 아마 언니가 가지고 있던 부담감이라든가 스트레스가 되게 심했던 것 같아요.

●●● 그래서 난 교도소를 나오면서 집에 안 들어가려고 했어. 정말로. 집에 안 들어가고 쉼터 같은 데 가서 그냥 살았으면 하는 마음도 먹고. 그놈의 가족이. 부모라는 것이 엄마라는 입장도 있잖아요. 그게 더 힘들었던 거 같아. 내가 엄마 노릇을 다 하면 떠나도 되는데 아직까지는 열한 살짜리 딸이 있으니까 아직까지는 내가 힘들어도 집에 가야지. 그랬어요.

○○○ 어떻게 보면 가족이라는 관계가 참 어렵잖아요. 어떻게 들리실지 모르겠지만 눈에서 안 보이면 그런 걱정이라는 것이 덜어진다고 언니가 교도소에 계셨던 때가.

●●● 젤로 행복했던 것 같아. 평생에서 내가 46년을 살았는데 이런 말 하면 좀 웃기는 얘긴데….

○○○ 저도 좀 이해가 돼요.

●●● 평생 살면서 내가 그 안에 남들은 고생하느니 어쩌고저쩌고 하는데 그 안에 있었던 때가 젤로 행복했던 것 같아. 밥 주고 재워주고 걱정이라는 것이 없어요. 왜 걱정이라는 것이 없냐? 물론 밖에 나와 있으면 보는 게 내 식구들 굶는 거 보는 거니까 그게 걱정이 되는 거겠지만 안에 있으면 안 보이잖아요, 밖의 생활이. 그러니까 나만 입고 먹으면 되는 거잖아. 물론 나한테 가족이 있었으니까 생각이 안 나는 건 아닌데, 그래도 안 보이니까 자기들은 먹고 사니까. 안 그래요? 그런 생각 때문에 제일 행복했던 것 같아요. 교도소 안에 있으면서 공장 일도 했는데 너무너무 재밌었어요.

도움에 대한 추억 : '아 따뜻한 생활도 있구나.'

○○○ 그 관계라는 게 참 어려운 것 같아요. 사람들과의 관계도 그렇고 여기[막달레나의집 현장지원센터] 오시는 분들을 보면 어떤 분들은 너무 사이좋게 서로 챙겨주고 하는데 어떤 분들은 말도 안 섞이게 하려고 딱 경계를 짓는 모습이 보이더라고요.
●●● 근데 저는 사람들이 다 좋거든요.
○○○ 언니는 사람들을 좋아하는 성격이라는 게 딱 보여요. 사람들을 너무 반갑게 맞아주고 말투라든가 눈빛이라는 게. 사람을 바라볼 때 그 사람을 잘 알든 모르든 간에 그 사람에 대한 기본적인 따뜻한 마음이 있는 것 같아요.
●●● 다 잘 대해주고 싶고, 다 좋은 것 같아. 내가 볼 때는 너무너무 좋은 것 같아, 사람들이. 그 말하자면 어려운 생활을 했던 사람들은 내가 볼 때는 자기가 어렵게 살아서 그런 것도 있는 것 같아. 내 생각에는 다

따뜻한 것 같아. 사람들이 속을 파고들고 그 사람을 알고 보면 너무나 착해. 고마운 사람들이 너무나 많은 것 같아. 내가 살아온 거에 비하면 너무 고마운 사람들이 많구나. 그런 생각을 해.

○○○ 언니가 아까 어려운 상황을 겪어본 사람은 마음이 따뜻해진다고 하는데 드라마나 영화를 보면 어려운 상황을 겪은 어떤 사람들은 독해지잖아. 눈에 독기를 품잖아.

●●● 〈웃음〉 근데 나는 안 그런 것 같아. 내가 생각할 때는 내가 이만큼 어려웠기 때문에 그 사람들도 그만큼 어려우니까 힘들겠지. 그래서 더 따뜻해진 것 같아. 몰라요. 난 남의 도움을 많이 받아서. 이것도〔인터뷰〕 나한테 도움을 많이 주는 사람들이 옆에 있으니까 이거 하는 거 아녜요? 그래서 도움을 많이 받아서 나도 사람들을 돕고 싶고. 다 좋은 것 같아. 그냥.

○○○ 언니가 인복이 되게 많으신가 봐요.

●●● 모르겠어. 사람들이 다 좋은 것 같아. 나쁜 사람은 없는 것 같아. 사람들이 "저 사람 나빠" 그래도 내가 볼 때는 나한테는 안 그러니까 말 한 마디라도 따뜻하게 대해주고. 안 나쁜 것 같아.

○○○ 아까 지나가는 말씀 중에 도움을 되게 많이 받았다고 하는데요. 가장 기억에 남는 도움을 받은 경험이 어떤 건가요?

●●● 나요? 내가 용산에 살면서 수녀님하고 은혜병원에 갔었거든요.(어떤 수녀님이요?) 외국 수녀님. (저희 문수녀님〔막달레나의집 문애현 수녀〕말씀하시는 거예요?) 저희 동민이도 잘 알아요. 동민이도 맨날 물어보고. (동민이가 아드님이시죠?) 응. 그때 내가 많이 아팠어요. 혹 수술을 했어요. 〈자궁 쪽을 가리키며〉 (밑에 자궁 쪽에 혹이 있으셨어요?) 그때 은혜병원에 데리고 가서, 내가 수술을 해서 살아났죠. 너무 너무

좋았어요. 거기에 막 사람들이 너무너무 좋았고 난 평생 잊어버리지 않을 것 같아. 〈그때를 떠올리며 미소를 지음〉 (그 기억이?) 응.

◦◦◦ 그때가 언제쯤이었어요?

●●● 한 10년 됐지요. (오래 됐다.) 응. 10년 넘었어. 근데 그때가 너무너무 행복했던 것 같아. 그때는 내 주위에 아무도 없었거든. 신랑조차도 나 몰라라 그러고 없었고 아들하고 둘이만 있었거든. 부모형제도 그때는 인연을 끊고 살았었으니까, 아무도 없었어요. 근데 내가 너무너무 큰…. 그때 처음으로 '이 세상은 참 살 만하구나'. 그걸 느꼈었죠. 그리고 그냥 열심히 산 거예요.

◦◦◦ 되게 따뜻했던 경험인 것 같아요. 문수녀님은 어떻게 만나시게 되었어요?

●●● 용산에서 이 생활 하면서 만났어요. 여기 이옥정 대표님과 (막달레나) 같이 아니까 같이 생활을 하다 보니까, 역전의 생활을 하다 보니까 어우~ 너무너무 아파서 그랬었는데…. (되게 외로우셨나 봐요.) 그때 주위에 아무도 없었고 아들하고 저밖에 없었거든요. 그때 처음으로 남한테 도움을 받은 거예요. 생전 처음으로 '아 따뜻한 생활도 있구나'를 그때 알았었지. 그 이후에 계속 사람과 내가 그때부터 마음이 말하자면 '세상은 살 만하니까 살아보자.' 그전에는 안 그랬었어요. 참 힘들어가지고 삶도 많이 포기하려고 했는데 그 이후에 내 마음이 따뜻해지더라고. 사람이 좀 그래지더라고, '살 만한 생활도 있구나.' 내가 그때 땡전 한 푼 없이 길거리에서 살다시피 했는데 아들하고 둘이서 너무너무 힘든 생활을 했었는데…. 너무너무 고맙고 세상은 참 살 만하더라고. (…)

두 공간을 오가며 : 용산에서의 곰례, 일산에서의 곰례

○○○ 경찰에서 단속이 나오면 어떻게 해요?
●●● 아예 밖에를 못 나오지. 아예 밖에조차 못 나가. 아니, 누구 하나 잡혀가든가. 아니면 아는 경찰관들이 지나다니든가 형사라고 생각되는 사람들이 지나간다거나 그러면 우리는 밖에를 못 나오는 거지.
○○○ 아~ 누구 하나 잡혔다고 하면 불 끄고 다 들어가고 아니면 분위기가 좀 이상하고.
●●● 그니까 분위기가 이상하다거나 형사들이 단속하기 위해서 돌아다닌다거나 이러면 아예 밖에를 안 나가버려. (그럼 단속이 끝났다고 생각할 때까지는?) 그냥 방에 있지.
○○○ 아~ 경찰 얘기가 나와서 그러는 건데요. 제가 그때 야외나들이 갔다 오면서 언니가 하는 얘기를 잠깐 들었어요. 용산이 아닌 다른 곳에서 경찰을 만났는데 언니가 깜짝 놀라서 주위를 살피고 가만히 있었다고 하는 말을 제가 언뜻 들었어요. 그 상황에 대해 얘기해주실 수 있어요?
●●● 글쎄 이 생활을 하다 보니까 지나가다가 경찰을 만나면 힘든 거야. 이제 우리는.
○○○ 경찰복이나 순찰차를 보면은.
●●● 그렇지! 그렇게 되는 거야. 이게 그전에는 안 그랬는데 이게 단속이 심하고부터는 사람이 그렇잖아.
○○○ 근데 용산에 있을 때는 그렇게 이해가 되는데 왜, 용산이 아닌 다른 데 있어도 경찰을 만나면 왜 그럴까?
●●● 글쎄 그게 우리 가슴속에 있는 게 있잖아.

○○○ 뭐가 있는데? 뭐라고 설명할 수 있을까? 이거를.

●●● 뭐라고 확실히 설명할 수는 없네.

○○○ 그래서 그 날 어떻게 하셨어요?

●●● 그냥 보고서는 집으로 갔지.

○○○ 어디 가는 길이셨어요?

●●● 글쎄. 아무튼 어디를 가는 길이었을 거야.

○○○ 가다가 경찰차를 만났어. 그래가지고 깜짝 놀랐어요? 덜컥 내려 앉았어? 여러 가지 감정이 있잖아.

●●● '아휴~ 또 단속 떴네.' 이런 생각이 들 수밖에 없지 뭐.

○○○ 그래서 가던 길을 멈추고 집에 가는데, 언제 여기가 용산이 아니라는 생각이 들었어요?

●●● 가다 보니 그런 생각이 들더라고.

○○○ 그런 생각이 '아 여기는 용산이 아니구나!' 라는 생각이 들면.

●●● 그럼 도로 여기[용산]로 와야 되는데 그게 안 돼. 〈잠시 침묵〉 그렇게 되더라고. 내가 마음이 독하지를 못해서 그런지는 몰라도 그렇게 되더라고….

○○○ 왜 그렇다고 생각을 하세요?

●●● 글쎄.

○○○ 뭐가 왜 언니를 그렇게 만들었지?

●●● 이 생활이 그렇게 만들었겠지 뭐.

○○○ 이 생활이라면?

●●● 집창촌 생활. 〈약간 웃음〉

○○○ 그러면 언니의 이런 집창촌 생활이 경찰을 만났을 때 용산이 아님에도 불구하고 '단속 떴구나' 라며 깜짝 놀라기도 하고…. 용산에서의

생활과 일산에서의 생활과 그 이외의 생활로 언니의 생활이 구분이 되
잖아요. 여기는 언니의 직장이고, 근데 용산에서의 생활이 언니의 다른
생활에 미치는 영향이 있어요?

●●● 모르겠어요. 아직까지는 내가 볼 때는 여기 생활을 떠나면, 이 집
창촌 생활에서 내가 집으로 가기 위해 떠나면 싹 잊어야 되잖아. (용산
에서의 생활들을?) 응. 싹 잊어야 하잖아. 일산하고는 여기는 틀린 곳이
니까, 근데 여운이 남는 거야. 말하자면 가면서 사람들이 그쪽[용산]에
서 나를 봤으면 어떡하지? 나를 손가락질하면 어떡하지? 그니까 항상
사람 만나기를 두려워하는 거. 그런 게 있어요.

○○○ 용산에서의 송곰례를 기억할까봐?

●●● 응. 나는 용산에서의 송곰례는 없거든. 일단 떠나면 그러고 싶은
게 솔직히 집창촌 여자들의 생활이에요.

○○○ 근데 떠난다는 게 용산에서의 출퇴근을 의미하는 건가요? 아침
까지 일을 하고 일산으로 가면서 순간순간에 그런 생각들을 매일 하시
는 건가요?

●●● 그렇지. 그니까 예를 들어서 내가 여기[용산]로 나오고 싶어요.
사실은. 그냥 다시 일산에서 생활을 하면 아는 사람을 만나고 나에 대해
알까봐 그런 게 두려워서 다시 나오고 싶은데, 내 가족을 위해서나 나
하나만을 위해서는 사는 게 아니잖아. 이 세상은 나 하나만을 위해서 사
는 게 아니잖아. 주위에 사람이 많잖아. 그래서 그냥 사는 거야. 어떤 면
에서는 용산이 나한테는 좋을지도 모르지.

○○○ 왜 그런 생각을 하시죠?

●●● 창피한 것이 없으니까. 용산에서의 우리 동료들은, 같은 동료들
은 왜 사람들이 흔히 말하는 '끼리끼리 산다', '그 밥에 그 나물이지.'

이런 말이잖아요. 나의 살 곳은 여기인데 나만 혼자 동떨어져 사는 것 같은 기분 있잖아요.

○○○ 제가 언니 말을 다시 정리해보면 용산에서의 언니는 꾸밀 게 없고 손가락질 안 받아도 되고 언니를 잘 아는 사람들이 많아요. 친구들도 많고.

●●● 외롭지는 않으니까.

○○○ 언니에 대해 잘 알고 언니가 무슨 일을 하는지도 알고. 그런 곳은 용산이야. 일산에서의, 지금 살고 있는 곳에서의 언니는 어떻게 보면 꾸밀 것도 좀 많아야 하고.

●●● 거짓말도 많이 해야 하고.

○○○ 누가 용산에서의 언니를 기억할까봐 걱정도 되고 어떻게 보면 용산에서의 언니는 사람들이 언니를 다 알아봐도 그건 문제가 안 돼.

●●● 문제가 없죠.

○○○ 용산에서의 송곰례하고 일산에서의 송곰례하고….

●●● 전혀 아니죠.

○○○ 두 개의 갈래가 있는데, 둘 중 어느 쪽의 송곰례가 마음이 더 편하세요?

●●● 난 용산 쪽이 더 편해요. 난 꾸밀 게 없잖아요. 여기서는 아무 꺼리낌이 없고 누가 나한테 손가락질해. 봐 우리 끼리끼리 살면서 누가 누구를 탓해. 그런 건 없거든요. 그렇지만 일산에서의 생활은 부자유스럽잖아. 꾸며야 하고 말도 항시, 담배만 해도 그래. 물론 담배가 몸에 안 좋다는 거 알지만 용산에 오면 "너 담배 필래?" "응. 나도 필래" 이렇게 되는데 일산에서는 담배 연기만 맡아도 "아유~" 이래야 되는 생활. 그렇잖아요. 그게 있잖아요. 사소한 것, 요만한 거 한 가지가 부자유스러

워. 몸매 가짐 가짐이 굉장히 부자연스러워. 난 용산에 있으면, 살면서 화장을 안 해. 근데 일산에 살면서 화장을 안 해본 적이 없어. 남의 설거지 일을 가도 화장은 하고 나가야 해. 뭔가 불안한 거야. 나를 알면 어떡하나? 내가 이렇게 가면, 이렇게 행동하면 나한테 뭐라고 할 것 같아. 행동이 항상 겁나는 거야. 24시간이 불안한 거야. 근데 여기[용산]만 오면 24시간이 행복한 거야. 내 자유대로 생활할 수 있으니까.

○○○ 어떻게 보면 언니가 일산에서의 화장이나 그러한 것들이 언니를 보호하는 역할일 수도 있겠네요.

●●● 응. 그렇죠!

○○○ 언니를 알아보지 못하게 보호하는 역할일 수도 있겠네요. 매일 아침마다 나를 보호하고 방어하고 나를 지킬 수 있게끔….

●●● 응. 그렇지! 차를 한 잔 마시려면 그냥 막 이렇게 하는 게 아니라 우아하게 앉아서 신경이 그렇게 가지는 거야. 〈컵을 잡는 시늉을 하면서〉 한 마디로 말해서 그래서 내 몸이 아픈 데다가 스트레스가 막 쌓여 어떨 때는 사람이 우리 집에 온다고 하면 집에 있을 때 손님이라도 찾아오면 여기[용산]에서는 그냥 같이 대화하면서 "너 차 한 잔해. 나도 차 한 잔해" 이렇게 말도 참 정감 있게 할 수 있는 곳이지만 거기서는 여자로서 가정집에 있는 여자보다 더 깔끔해야 하고 신경을 더 많이 쓰게 되는 거 있잖아요? 우아해야 하고, 좀 나는 보수적인 생각일지 몰라도 여자는 여자다워야 한다는 생각을 하고 살았거든. 이런 생활을 하면서 그니까 그게 많이 부담스러워. 여자는 말하자면 백의민족이잖아. 여자는 하얗고 깨끗해야 한다는 그게 있는 것 같아, 머릿속에. 그래서 항상 불안한 거야. 여기[용산]에 오면 그게 사라지는 거야. 너와 나는 동등한 입장이고 '같이 생활하니까 우리 부담 없이 지내자' 이렇게 되는데 거기서는

그게 안 되는 거야. 내 자신이 용납이 안 돼. 이상하게 안 돼.

○○○ 일산에서의 송곰례가 용산에서의 송곰례를 이해 못하는 거네요?

●●● 응. 그니까 완전히 두 얼굴인 거지.

○○○ 자연스럽고 자유스러운 송곰례를 일산에 있을 때의 송곰례가 받아들이지를 못하는 거지.

●●● 응. 받아들이지를 못하는 거지.

○○○ 물론 그건 보수적인 생각일 수도 있어요. 여자는 여자다워야 하고 조신해야 하고. 근데 왜 용산에서는 그런 거 신경을 안 써도 되는 송곰례인데 왜 유독 일산에서의 송곰례는 그런 거에 집착을 할까요?

●●● 그러니까 가면이지. 여기서의 생활은. 내가 생활했던 게 집창촌에서의 생활이잖아. 그게 반대로 나가는 거지. (그걸 다시 쉽게 말한다면?) 한 마디로 말한다면 여기(용산) 생활에 접어드는 내 자연스러움을 여기 일산 가서는 사람들이 손가락질할까봐 못하는 거지. (자유분방한 걸 더 가리기 위해서 더 청결하고 더 깔끔하고 조신하고 우아한 송곰례로.) 만들고 싶은 거지. 내 안에 갇혀 있는 하나의 나지.

○○○ 여자는 더 조신하고 깔끔해야 한다는 생각이. 언니가 따님이 있으시잖아요. 따님에게 적용이 되나요?

●●● 그렇죠. 많이 적용이 되죠. (어떻게?) 여자는 말씨 하나하나 우리 딸은 아직까지 내가 심어주는 건…, 공부 못 하는 건 좋고 다 좋아. 여자는 여자다워야 하고 말씨, 솜씨, 맵씨….

○○○ 그래서 언니가 쥐어 잡아?

●●● 그런 편인 것 같아. 평상시에 앉아도 무릎 꿇고 앉아야 하고 조신하게 앉아야 하고 머리도 깔끔하게 빗고 다녀야 하고, 하나에서 열까지. 밖에 나갔다 오면 손발 딱 씻어야 하고 여자는 치마 입을 때 꼭 속치마

입어야 하고, 한 여름에 더워 죽겠대. 땀띠 난대. 항상 그래야 돼. 나시 티도 입으면 안 돼. 우리 딸은.

ㅇㅇㅇ 그런 걸로 따님하고 갈등이 있다거나.

●●● 맨날 뭐라고 그러지. (그럼 언니는 뭐라고 해요?) 여자는 여자다워야 하니까. 그니까 우리 딸은 여기(용산)에서 두 살 때인가 돌 지나고 이사를 갔어요. 이사를 갔는데 우리 딸은 용산에서의 생활을 아직 한 번도 나에 대해 아직 모르는 거야. 지네 엄마가 이 세상에서 최고인줄 알아. (맞지, 최고지.) 집에서 엄마는 무릎 꿇고 앉아야 되고 여자다워야 되는 줄 알아. (되게 깔끔하고 청결하고 우아한 엄마로) 그냥 기억되고 싶은 거야. 우리 딸은 여기 모르니까. (아들은?) 알지. (이런 생활을 하고 있는 거를?) 같이 생활했으니까 여기 안에서…. 그래서 이사를 갔어.

ㅇㅇㅇ 그럼 언니가 딸에 대해서 여자는 여자다워야 된다는 생각이 있잖아요. 그럼 아들에 대해서는 그런 건 아니에요? 아들은 마음 놓고 기르세요?

●●● 응. 마음 놓고 길러. 근데 내가 마음 놓고 기르고 정말 고생도 많이 시키고 그런 아들인데 아직까지 속은 안 썩이는 것 같아. 너무너무 착해가지고 내가 매일 따로 떨어져 사는데 매일 전화도 해주고 "엄마 어때?" 이렇게 말해주고. 내가 교도소 갔다 온 이후로 우리 아들이 여기에 나오는 줄 몰라. (그럼 뭐하고 있는 줄 아세요?) 남의 집 파출부 일하는 줄로만 알아. 내가 식당일 한다고 그랬거든. 아는지 모르는지 모르지만 아직까지 내색은 한 번도 안 해봤어. 알면 나가지 말라고 그럴 텐데…. 내색은 한 번도 안 하더라고. 옛날부터 지랑 나랑 고생을 많이 해서 용산이라는 곳은 오고 싶지 않은 곳이야. 그런데 잘 커준 것 같아서 너무 고마워. 내가 이런 생활을 한 사람으로서 행복한 것 같아. 아들이

속 한 번 안 썩여주었으니까. 그걸로 그냥 사는 것 같아. 남의 도움도 많이 받고 내가 도움을 못 주면서 아들도 예쁘게 커주고 고마운 일인 것 같아.

○○○ 일산에서의 송곰례는 가정도 있고 아들도 있고 의지가 되는 남편도 있고, 행복하시겠어요.

●●● 예~ 행복해요.

○○○ 약간 생활에 대해 부담은 있지만 가족이라는 존재가 있기에 행복하실 것 같아요.

●●● 여기(용산)에 오면 내 자유분방함 때문에 행복한 것 같고.

20년 전 동료와의 만남 : "같은 공간, 공감대라는 거 있잖아."

○○○ 두 가지의 상반되는 언니잖아요. 힘들거나 그러진 않아요?

●●● 스트레스가 많이 쌓이지.

○○○ 왜 일 끝나고 일산으로 갈 때에는 용산에서의 언니를 알아볼까봐 많이 걱정된다고 하셨잖아요. 전철 타고 가는 내내. 그런 걱정을 주로 하면서 가시는 편이세요? 퇴근하시면서?

●●● 그렇지. 올 때도 마찬가지야. (출근하실 때도?) 아는 사람 만날까봐 걱정되고 그니까 고개 푹 숙이고 한 시간 내내 자는 거야.

○○○ 만나면 어떨 것 같아요?

●●● 아는 척 안 할 것 같아.

○○○ 만나면 그 사람들이 손가락질하고 그럴 것 같아? 어떨 것 같지?

●●● 그럴 것 같진 않아. 내가 워낙 사교성이 좋아가지고 그럴 것 같지는 않은데도 그래도 불안하지.

○○○ 근데 우리 시골집 갔을 때* 20년 만에 남대문에서 같이 있었던 미자 언니를 만났잖아요. 그때 어땠어요? 전 너무 신기했거든요.

●●● 반가웠지. 나는 생활하면서 사람들한테 미움은 안 받았던 것 같아. 못 생기고 뚱뚱해도. 사람들한테 미움은 안 받았어. 인복은 있는 것 같아. 그래가지고 반가웠지.

○○○ 근데 출퇴근할 때는 용산에서의 언니를 알아볼까봐 두려웠다고 그랬잖아요. 일부러 자기도 했다고. 그렇게 사람들이 언니를 알아보는 거하고 이 공간에 같이 있었던 사람과 먼 훗날에 만나는 거하고는 다른 건가?

●●● 다른 거지. 애[미자]도 나를 알고 나도 그를 아니까…. 같은 공간에서, 공감대라는 거 있잖아. 그래도 지금은 그 생활보다는 나았다는 거잖아. (그 생활이라면?) 아가씨 생활을 하지 않잖아. 돈은 비록 여기[용산]서 먹고 살지만 일단 아가씨 생활을 안 하잖아.

○○○ 다시 말씀해주실 수 있으세요? 아가씨 생활을 안 한다는 거에 대해서?

●●● 나 같은 경우는 적응을 못했을지도 몰라도 참 힘들어 했었어요. 아가씨 생활을…. (용산에서 아가씨 생활을 했을 때) 응. 근데 그걸 떠나고 나니까 펨푸를 할 망정 사람들이 흔히 말하는 목구멍에 풀칠하는 생활이지만 그래도 여기가 있음으로 해서 딴 데 안 떠나니까 덜 창피하잖아. 다른 데보다 안 힘들고 그렇게까지 내가 힘든 건 없잖아.

---

* 내가 송곰례씨를 처음에 만난 막달레나의집 현장지원센터의 강화나들이의 일정에는 성매매에서 벗어난 중·장년 여성들에게 휴식을 지원하는 막달레나의집 장기쉼터 '시골집' 방문이 포함되어 있었다. 이날 송곰례씨는 20년 전 남대문에서 성판매 일을 함께 했던, 지금은 그곳 쉼터의 실무자로 근무하고 있는 동료여성 박미자씨를 만나게 되었다.

○○○ 다른 데라면 다른 일?

●●● 아니. 이제 내가 여기서 생활을 떠나서 하면 일단 외롭잖아. 아무도 없어야 되는 곳으로 가야 하고, 아무도 모르는 곳으로 가야 하고….

○○○ 〈시골집에서 찍은 단체사진을 함께 보면서〉 궁금한 것이 20년 전에 일했던 사람을 아주 나중에 20년이 지난 지금에 만날 때의 느낌하고 전철에서 왔다 갔다 할 때 다른 사람들이.

●●● 만약에 애〔미자〕를 전철에 왔다 갔다 할 때 만났더라면 아마 고개 푹 숙이고 안 만났을지도 몰라. 반갑게 맞이할 수 없을지도 모르겠어.

○○○ 왜? 아까는 같은 아가씨였기 때문에?

●●● 근데 거기서는 안 그렇잖아. (거기서라면?) 시골집에서는 그도 알고 나도 알고 주위 사람들이 나에 대해 아는데 꺼리길 것이 없잖아.

○○○ 그러면 언니가 반갑게 서로 맞이한 거는….

●●● 쉼터가 있음으로 해서 (그리고 용산에서의 송곰례를 아는 사람들이 있었기 때문에 가능한 거지?) 그래서 가능한 거지. 예를 들어서 내가 일산에서 사람들하고 있을 때 그 언니〔미자〕를 만났다고 생각을 해봐요. 내가 아는 척을 할 수 있을 것 같아?

○○○ 같이 일했던 사람을 만났더라도 언니가 먼저 아는 척을 하느냐 마냐의 상황에 대한 조건은 용산에서의 언니를 아는 사람이 있을 때만 그게 가능하다는 얘기네?

●●● 그렇지…. 그러니까 나는 용산에서의 자유분방하고 내 표현을 맘대로 의사소통을 할 수 있고 말하자면 나한테 아무리 누가 뭐라고 해도 "나는 그래. 그러니까 너나 잘해. 나도 잘할 거니까"라고 말할 수 있지만 여기 일산서는 내가 드러내놓고 "너나 잘해. 나도 잘할 거니까" 이 소리를 못한다는 거지. 나는 여태껏 못해왔었으니까. 이 사람한테 충고

를 들어야 하고 "너 왜 그렇게 생활했어?" 하면 나는 "어쩔 수 없었어. 그래, 미안해" 이렇게 말을 해야 하지만 여기(용산)서는 "그래. 나는 그 생활 했어. 그게 나의 최선의 방법이었어"라고 얘기할 수 있지만 여기 일산에서는 그렇게 말하지 못하잖아.

○○○ 왜 일산에서의 송곰례는 꾸밈이 있지만 용산에서의 송곰례보다 더 우아하고 조신하고 청결한 송곰례잖아. (그렇죠.) 근데 왜 그렇게 얘기를 못한다는 거지?

●●● 글쎄. 사람은 항상 과거에. 과거가 있으니 현재가 있고 미래가 있는 거 아녜요?

○○○ 그러면 언니의 과거를 모두 아는 사람하고는?

●●● 말할 수 있고 난 너무너무 잘 해. 친하게 지내고 그래. 근데 내 동생이 말하자면 넷째 동생이 나에 대해서 몰라요. 내 동생하고 나는 연락이 없어요. 그 동생만큼은 나에 대해 모르는데 한 마디로 "넌 나에 대해 모르잖아. 그러니 싫어" 그래. 말하자면 "누나 너 왜 그래?" 그러면 나는, 너가 나를 어떻게 아는데 왜 그런 소리를 하냐는 거지.

○○○ 어떤 사람들은 과거의 내가 어떤 일을 했는지 알고 있었고 내가 어떤 사람인지를 다 알고 있으면 오히려 얘기를 잘 못 하는 경향이 있어요. 내 모든 걸 알고 있기 때문에. 그런 사람들이 있는 반면에 언니는 약간 다른 입장인 것 같아요. 나를 잘 알고 있기 때문에 더 당당하고 용산에서의 송곰례는 거칠게 없고 꾸밀 게 없는 송곰례야 라고 말할 수 있지만 일산의 송곰례는 우아하고 세련되고 아름답지만 내 과거를 잘 모르는 사람이 '너나 잘 해' 라고 말하면 '난 이런 애야' 라고 인정을 못한다는 거죠. 언니에게는 거짓이 있다고 생각을 하는 거니까.

●●● 응. (…)

같은 공간을 중심으로 이루어지는 관계에 대해 :
"사창가에 있는 여성들의 마음은 어려워."

○○○ 만약에 아까 남대문에서 만난 미자 언니를 시골집에서 만났고 언니를 잘 아는 사람이 있었기 때문에 그렇게 대화가 가능했을 것이라고 말을 하는데, 만약에 먼 훗날 언니가 더 나이를 먹고 더 이상 이 일을 안한다면, 그리고 언니를 알고 있는 공간이 아니고, 잘 아는 사람도 없고, 어떤 사람인지를 모르는 공간에서는.

●●● 그땐 나이가 먹었으니까 괜찮지.

○○○ 지금의 송곰례가 아니기 때문에?

●●● 응. 그렇지.

○○○ 아마 나이가 먹어서 괜찮다 느낄 정도의 적정 나이는 어떨 것 같아요?

●●● 난 60세이면 괜찮을 것 같아. (왜 60세라고?) 그때는 우리 아들, 딸이 다 나이가 먹고 시집 장가를 갈 것이고 내가 이렇게까지 여유 없지는 않을 것 같아. 생활경제적인 것보다 마음의 여유가 있을 것 같아. 말하자면 이렇게 각박하진 않을 것 같아.

○○○ 지금 언니의 마음상태가 각박하다고 생각하세요?

●●● 그렇지. 힘든 건 사실이니까. 이것도 해야 하고 저것도 해야 하고. 내가 가진 게 없는데도 불구하고 나한테도 내가 부담을 느끼는 사람들이 많잖아. 내가 해줘야 할 사람들이 많잖아. 아들도 그렇고 딸도 그렇고 신랑도 그렇고. 형제들도 나를 걱정하지 않아야 되잖아. 현재 형제들이 나를 걱정하고 있는 상태잖아. 부모형제들이 걱정하고 있는 상태잖아. 그때 되면 부모형제들이 나에 대한 걱정은 없어지겠지. 그리고 내가

그렇게 큰 부담을 가지고 애들하고, 가족한테 있지 않아도 될 나이이고….

○○○ 그때 되면 만약에 자식들이 먹고 살 만하고 자기 앞가림을 할 수 있는 나이다?

●●● 그렇게 생각을 하거든.

○○○ 그리고 그때 되면 가족에 대한 부담감이 없는 나이이기에 그때에는 만나도 자연스럽게 만날 수 있을 것이다?

●●● 응.

○○○ 만약에 그때 되면 언니의 이런 경험이나 과거에 대해 얘기를 하면 언니가 받아들일 수 있을 것 같아요? 딸이나 다른 사람에게 알려진다면?

●●● 응.

○○○ 왜 그때는 지금보다 더 말해도 상관없을 것이라 생각하세요?

●●● 음… 아직 나이가 있잖아. 아직 과거에 대한 그런 게 있어요. 근데 그때는 과거가 덜 비중을 차지할 것 같아. 지금은 과거가 나에게 많은 비중을 차지하지.

○○○ 과거에 영향을 덜 받을 나이라고 말씀하시는 거죠?

●●● 그렇지.

○○○ 언니 주변에는 여러 사람들이 있어요. 가족, 동료여성들…. 가족 얘기는 잠시 미루고 여기에서 만난 동료들, 펨푸 언니들, 아가씨 등 같이 일하는 언니들, 언니를 잘 알고 있는 사람들이 언니에게 어떤 의미인가요?

●●● 그냥 동료에요. 그래도 날 외롭지 않게 하는 친구잖아. 내가 만약에 냉정하게 대하고 그 사람들이 나에게 냉정하게 대하면 외롭잖아. 그

〔펨푸〕 생활하면서 친구가 없다는 건 너무 외로운 거야.
○○○ 왜 그 생활을 하면서 친구가 없다는 건 외로운 건가?
●●● 먹고 자고 하는 일은 그 일〔펨푸〕밖에 없거든. 그렇다고 자기를 친구 삼아서…. (다시 말한다면?) 내가 그 친구들하고 안 어울리고 친구 없이 단절된다면 감옥생활과 마찬가지예요.
○○○ 외롭게 해주지 않는 사람들이라고 표현할 수 있을까? 언니에게 있어 동료들을?
●●● 그렇죠.
○○○ 외롭지 않으려면 끊임없이 같이 작용이 있어야 하잖아. 놀러가고 웃고.
●●● 난 그거 좋아해요. 근데 거기〔용산〕에 있는 사람들이 또 그걸 좋아해요.
○○○ 외로움을 주지 않는 사람. 사람들에게 있어 친구나 동료들은 중요한 것 같아요. 근데 그 의미가 용산에 있기 때문에 중요한 건지 아니면 다른 일을 애초부터 이 일〔펨푸〕을 하지 않았다면 선택할 수 있었던 다른 일들을 하는 송곰례에게도 친구가 중요한 건지?
●●● 그렇죠. 난 친구가 중요해요.
○○○ 용산에 있든 그렇지 않든 간에 친구란 중요한 존재이다. 가족들보다 더 많은 시간을 함께 보내는 동료여성들과의 관계가 어떻게 형성되는지 무척 궁금해요.
●●● 그냥 서로 먹고 살기 위해 노력하러 나온 사람들이니까 그 분야에 최선을 다하는 사람들이니까. 그 중에 외로운 사람이 많아요. "너 언니 해. 나 동생 할게", "우리 친구하자" 이렇게 되는 거지.
○○○ 그럼 관계의 시작은 어떻게 발달이 되나요?

● ● ● 같이 일하면서 자연스럽게 말이 오가잖아. (한 공간에서? 같은 가게에서?) 아니 한 공간에서. 우리 같은 경우는 군데군데 일하는 펨푸들이 있으면 지나다 보면 말을 하고 자연스럽게 이 사람도 외롭고 여기서 생활하는 거 다 아니냐. 집에 들어가 봐야 자기 가족들과 생활하는 건 잠 자는 시간이거든. 청소하고 바쁘게 나와야 하고 나와서 얘기를 하다 보면 "나왔어? 어제는 어땠어?" 그렇게 자연스럽게 얘기가 나오더라고요. 그럼 관계가 이루어지는 거죠.

○ ○ ○ 관계를 형성하는데 제일 영향을 많이 미치는 거는 같은 공간을 중심으로.

● ● ● 그렇지. 그 이후는 이옥정 언니도 화투 좋아하지만 화투도 치고 놀러도 가고.

○ ○ ○ 근데 공간에서 유독 안 친해지는 사람들이 있잖아요.

● ● ● 내성적인 사람들이 있지. 우리 숙모가 여기 오잖아. 한 집에 있어. 근데 나와 같은 한 집에 있기 전에, 난 참 사람들을 좋아해. 내가 어른들한테 많이 덤벼본 적은 없지만 숙모만큼은 내가 덤비기도 하고 싸우기도 했어. 숙모가 우리 시골집 갔다 온 사진 보고 "어~ 이거 우리 동민이 엄마 아냐?"라고 했다네? 제일 반가웠나봐. 근데 그 전에는 많이 싸우고…. 그런 이유가 나쁘게 평가하고 사람들과 잘 어울리지를 않아. 근데 나 같은 경우는 그런 성격을 되게 싫어하거든. 그런 사람들이 있는데 숙모가 그런 성격이었다고. 근데 나하고 친해지면서 그런 것이 없더라고. 이런 사람이 있으면 저런 사람들도 있고.

○ ○ ○ 동료들하고?

● ● ● 어울리지 못하는 사람들이 있어요. 성격이.

○ ○ ○ 관계를 맺게 될 때에는 같은 공간 사람들과 우선적으로 맺게 되

고 이 사람들이 갖고 있는 다른 사람들이 있잖아요.

●●● 그렇지. 사람들이 소개시켜줘서.

○○○ 그런 매개로 만나기도 하고. 근데 일이 안 될 때 주로 무엇을 하며 지내요?

●●● 고스톱도 치고 수다도 떨고 별 소리를 다 하지. 우리 동네는 하우스는 없고 그냥 아는 집에 가서 하고. (빈 집에 가서? 아니면 아직 장사 안 하는 집에 가서?) 응. 그냥 "오늘은 너희 집 가서 하자. 그냥 누구네 집에 가서 화투 치러 갈게." 그러는 거지. (화투치고 뭐하고?) 같이 노래방도 가고 나이트도 가고. 요 시간[일하는 시간]이 바쁘지만 다 하는 거야. 〈하루일과표의 일하는 시간을 가리키며〉

○○○ 바쁘다는 게 호객행위 때문에 바쁜 게 아니고 고스톱도 치고.

●●● 〈웃음〉 이 시간[일하는 시간]에 다 해야 해.

○○○ 고스톱, 호객, 나이트, 노래방, 술, 수다도 하고. 괜히 바쁜 게 아니네. 〈웃음〉 그렇게 언니를 잘 알고 있는 사람들과 관계를 많이 맺고 있는데 그 깊이를 따질 수는 없지만 그 깊이가 어느 정도라고 생각하세요? 예를 들면 가족을 예로 들 때.

●●● 근데 너무 깊은 관계는 아닌 것 같아. (그렇게 생각하는 이유는?) 마음을 다 못 열어. 이런 데 있는 여성들이 나부터 그렇지만 다 열어주지는 않아.

○○○ 같은 동료여성들이라도?

●●● 다 열어주지는 않아. 내가 볼 때는 나뿐만이 아니라 내 친구들도 그렇고. 가정에 들어가고 실패하고 나온 사람들이 많잖아. 이런 생활하다가 부부로 맺어 살면서 실패하고 나온 사람들이 많거든요. 왜 그렇냐면 여기에 있던 여성들이 마음을 다 열어주지 않아. 상대방에게, 상대방

이 다 이해할 수 있을 정도로 마음을 다 열어주지는 않아. 내가 볼 때는 내가 여러 사람들을 보고 했을 때 마음을 반은 열어주고 반은 꽁꽁 파묻어 두는 거야. 내 아픔이 너의 아픔이 아니고, 아픔을 같이 나누자는 게 아니라, 내가 너무 아프니까 그것만 감싸려고만 하지. 상처를 자기 마음 속에 가둬두려고 하지, 보여주지는 않아. 보여주면 창피하고 자기가 감당할 수 없을 것 같아. 내 경우는 그래. 다 보여주면 뭔가 홀딱 벗고 그 사람한테 다가서는 창피함과 무안함, 만감이 교차하는 거 있지? 그걸 대부분이 갖고 있는 것 같아. 내 생각인지는 몰라도 내가 볼 때는 다 마음을 열어주고 사는 사람들이 없는 것 같아.

○○○ 그럼 결혼에 실패하고 돌아오는 사람들이, 결혼을 실패하는 이유가 마음을 다 열어주지 못해서 그런 것 같다고 하잖아요. 그렇게 잘 놀고 하는 것에 비해 마음을 서로 다 열어주지는 않는 것 같다고 말씀하셨는데. 언니도 남편 분에게 그러세요?

●●● 난 그런 건 별로 많은 것 같지 않지만 나도 있지. 다 마음을 열어주지는 않아.

○○○ 근데 아까 용산에서의 송곰례는 많은 사람들이 언니를 잘 알고 자유분방하다고 표현을 했는데 그런 거하고는 의미가 좀 다른가?

●●● 그렇지. 틀리지.

○○○ 음. 제가 이해한 바로는 용산의 송곰례는 일산의 송곰례보다 더 자유분방하고 거칠 게 없고 이런 송곰례를 많은 사람들이 알고 있기에 꾸밈이 없는 거 같아요. 하지만 여기[용산]에 있는 송곰례도 동료여성들과 관계에 있어 적절히 거르는.

●●● 그렇지! 그렇지!

○○○ 왜 그럴까요? 언니?

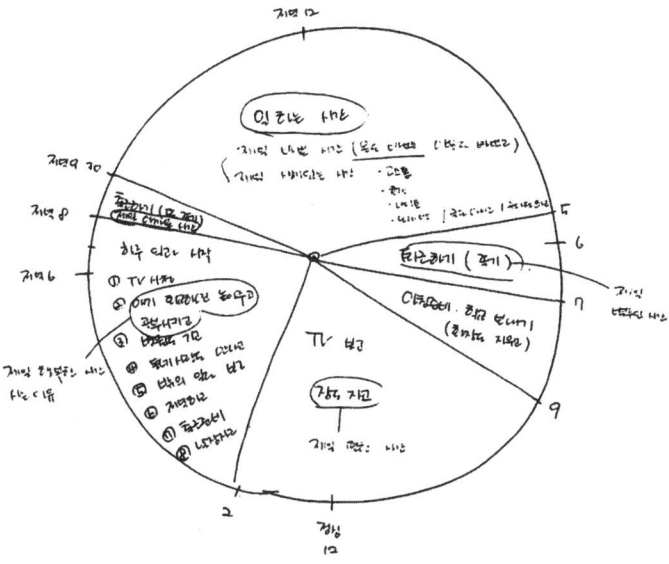

낮과 밤이 뒤바뀐 일과표

송곰례씨의 일과표에서 낮과 밤은 뒤바뀌어 있다. 저녁에 출근하고 아침에 퇴근하는 일과. 이렇게 '하루'의 시작은 각자의 삶마다 다를 수 있다. 송곰례씨의 일상에서 가장 '별로인 시간'은 멀고 오래 걸리는 데다가, 누군가 알아볼지도 모른다는 불안감을 갖게 되는 출퇴근 시간이다. 용산에서 '일하는 시간'은 송곰례씨에게 '바쁜 시간'인 동시에 동료들과 즐겁게 지내는 '생기 있는 시간'이다.

● ● ● 글쎄, 내가 그랬잖아. 아픔이 많아서 그런지 다 보여주면 창피할 것 같아.

○ ○ ○ 이미 언니의 모든 걸 알고 있는 사람들이잖아요?

● ● ● 근데도 다 못 보여주는 거야. 내가 말하고 싶은 건 내가 그 사람에 대해 잘 알아요. 근데 그 사람은 다 안 보여줘. 나는 알고 있는데. 나 같은 경우에도 나를 다 알고 있는데도 내가 보여주고 싶은 만큼 다 보여주지는 못 해. 반은 그러니까 닫혀 있는 것 같아. 다 보여준다고 생각을 하면서도 참 아이러니한 상황인 것 같아.

○ ○ ○ 다 보여준다고 하지만….

● ● ● 어느 정도는 마음의 문을 닫고 있는 것 같아.

○ ○ ○ 그러면 용산의 사람들도 그것을 인정한다는 말인가요?

● ● ● 그렇지. 다 인정하지.

○ ○ ○ 쟤 아픔이 있는 애야. 무슨 아픔인지는 잘 모르지만 아픔이 있는 애야. 어렵다.

● ● ● 참 어려워. 그니까 내가 생각할 때는 나 자신이 어려운 것보다 다 마음이 다 어려운 것 같아. 특히 이 사창가에 있는 여성들의 마음은 어려워.

○ ○ ○ 굳이 사창가에 있는 여성들의 마음이 다 어렵다고 생각할까요?

● ● ● 글쎄 나는 내 동생들이 셋이나 있는데 그네들은 마음이 다 어려운 것 같지는 않아. 내가 동료들하고 말을 많이 하는 편인데…. 덩치에 안 맞게, 오지랖이 넓어서. 그렇게 보면 다 알고 있는데 그걸 숨기려고 하고 아파하고 있는 걸 안 보이려고 하는 거지.

○ ○ ○ 누가 다 알고 있다는 거지?

● ● ● 상대방이, 얘기하다 보면 내 친구들이니까 아픔을 상대방이 알고

있잖아. 근데 그 얘기를 나한테는 죽어도 안 하려고 해. 그러니까 상대방에게는 죽어도 안 해. 그니까 한 마디로 외로운 거지. 슬픈 거야. 뒤에서 울 망정 앞에서는 안 우는 거지.

○○○ 그니까 언니는 내가 어디가 아픈지를 다 알고 있어. 근데 나는 그걸 얘기를 안 하는 거야.

●●● 그냥 웃어. "내가 어디 아파?" 라고 하면 "아니. 괜찮아. 나 안 아파" 이래 놓고서는 자기는 뒤에 가서 너무 아픈 거야.

○○○ 그런 아파하는 사람들을 보면서 어떤 생각이 들어요?

●●● 불쌍하지, 외롭겠다는 생각을 하지.

○○○ 근데 입장을 바꿔 생각하면 언니가 마음 아픈 그 입장이잖아. 그 땐 어떤 생각이 들어? 아픈데도 불구하고 숨기는 여자들의 입장이면?

●●● 그게 사창가의 여자야.

○○○ 그럴 때는 언니는 어떤 느낌이 들어?

●●● 불쌍하지…. 나도 말 못 하니까. (어떤 느낌이 들어?) 그냥 아프고 말지. 나 혼자서 아프지. 그 사람이 더 아파할까봐 내 아픔을 말하기가 쉽지 않지.

○○○ 근데 내가 아까 동료와의 관계의 깊이에 대해 말했을 때 적당히 열건 열고 감출 건 감춘다고 말씀했잖아요. 근데 얘기를 듣고 있노라면 동료들과의 관계는 결속력이 되게 깊은 것 같아. 그 사람의 아픔을 다 알 정도니까. 그럼에도 불구하고 언니는 나의 아픔을 알고 있는 사람이지만 나는 언니에게 내 아픔을 얘기하지를 못해. 그 이유가 뭐지? 자존심인가?

●●● 그렇지. 얘기하면 뭔가 꼬투리를 잡힐 것 같고 너무 자존심 상하잖아. 그게 자존심 아냐?

○○○ 그럼 자존심을 지켜주는 거네? '너 왜 아파?'라고 꼬치꼬치 캐묻지 않잖아.

●●● 캐묻지 않는 건 자존심을 지켜주는 거지. 그게 배려라고 생각하는 거지.

○○○ 그러면 동료들과의 관계의 깊이의 정도는 되게 강한 것 같은데?

●●● 그렇지.

○○○ 아픈 걸 알고 있어. 하지만 왜 얘가 그 얘기를 안 하는 것도 알고 있어.

●●● 그니까 예를 들어서 상대방이 나에게 "왜 그래? 어디 아파?"라고 하면 내가 "이래서 아파" 이렇게 얘기를 하면 내 자존심이 상하는 거야. 그니까 그 상대방도 안 물어보고 나도 얘기 안 하고. "아프냐? 그럼 아픈 만큼 아파봐. 좀 힘들더라도 내가 곁에서 지켜보고 있을게" 그런 거야.

○○○ 그럼 언니는 곁에 가족이 있는데 가족에게 못 다한 얘기를 누군가에게 하실 수 있나요?

●●● 없어. 그래서 정신과까지 갔다 왔었어. 너무나 외롭고 힘들고 그래서 혼자서 정신과까지 갔다 왔어. 그 얘기를 다 해야 하는데 머릿속은 복잡하고 가슴속은 답답하고. 그게 우울증으로 변하더라고. 힘들더라고. 그거를 가족이라는 존재나 친구들이라도 얘기를 해야 하는데. 그건 내성적이라 그런 거 아닌가? 근데 대부분의 사창가에 있는 사람들의 성격인 것 같아.

<< 송곰례씨와의 두번째 대화

<u>펨푸에서 약장사로</u> : "암튼 180도 바꾼 거지."

○○○ (…) 어떤 부분에서 '용산에서 생활을 하기 싫다' 라고 생각하셨어요?

●●● 단속도 너무 심했었고 나이가 먹으니까 힘들고 그랬어요.

○○○ 지금도 힘들잖아요. 나이가 먹으면서 일 하기 힘든 건 지금도 마찬가지잖아요.

●●● 마찬가지인데 어쩔 수 없잖아요. 다른 일이 없는데.

○○○ 그런 생활을 쭉 하다가 약장사를 하게 된 결정적인 계기는 뭐였어요? 아니면 평소에도 약장사를 할 생각을 갖고 있으셨나요?

●●● 그런 건 아니었는데 그냥 어떻게 돌파구를 찾다 보니까 그렇게 되더라고요.

○○○ 돌파구를 어떻게 찾아보셨나요?

●●● 그냥 집에서 쉬었는데 누가 소개를 시켜줘서 하게 되었어요.

○○○ 러미날 판매를 하셨다고 하는데 약을 어떤 사람들에게 어떻게 팔았어요?

● ● ● 뭐~ 아가씨들이 주로 많이 먹지.

○ ○ ○ 러미날에 대해서 소개를 해준다면? 잘 모르는 사람들에게?

● ● ● 음~ 내가 파는 욕심으로? 그냥 술 대신에 먹는 거야. 뭐 술 취하면 아가씨들이 영업을 좀 하잖아. 근데 술 냄새가 나면 손님들이 싫어한다고 약 먹으면 술 냄새가 안 나니까 그냥 그 기분으로 하는 것 같아.

○ ○ ○ 궁금한 게 있는데 술 먹으면 영업을 하기가 좀 편해?

● ● ● 그렇지. 아무래도 그렇지. 창피함이 별로고. (술기운에 한다는 애긴가?) 〈웃으며 고개 끄덕끄덕〉 (아가씨들이 주로 판매의 대상이었어요?) 응. (그러면 어떻게 팔았어요?) 걔네들도 오고 나도 오라고 하면 가고.

○ ○ ○ 약장사를 얼마나 하셨어요?

● ● ● 한 1년 했나봐. 1년 좀 넘게 했어.

○ ○ ○ 그러면 그때에는 약장사만 했어? 〈귤 먹으며 고개를 끄덕끄덕〉 근데 그 일로 먹고 살만 했어요?

● ● ● 그때는 먹었지, 밥을.

○ ○ ○ 그래? 약장사가 조금 괜찮나? 펨푸 일 하는 것에 비하면?

● ● ● 그럼. 돈벌이는 좀 나은데 지금은 아니지. 마약으로 되어서. (그러면 약은 어디서 떼어왔는데요?) 거기에 주는 사람들이 따로 있어. (그럼 교도소는 어떻게 가시게 되었어요?) 약사법! 약사가 아닌데 약을 팔아서…. 그 다음에는 그게 마약법으로 바뀌었지.

○ ○ ○ 언니는 그러면 그 당시 펨푸 역할을 하기 싫으니까 선택한 일이잖아. 약장사라는 게 그게 직업을 바꾼 일이라는 생각이 드는 건가?

● ● ● 그렇지. 암튼 180도로 바꾼 거지. 일단은 손님을 모시고 그런 건 아니잖아.

○ ○ ○ 근데 손님을 모시는 일은 하지 않지만 언니의 주 고객은 손님을

모시는 여성들이잖아. 그거랑은 다른가?

●●● 그거랑은 또 틀리지. (어떻게?) 내가 손님을 모시다가, 남자 상대해서 손님을 모셔다 주는 건 아니고 내가 아는 언니들이 나를 찾아와서 약을 달라고 해서 약을 주는 거잖아. 전혀 틀리지.

○○○ 조금 틀리다는 거에 대해 자세하게 설명해주실 수 있어요? 어떻게 보면 이 성매매산업 구조 내에 있는 역할들이잖아요.

●●● 음~ 그렇지! 그렇지!

○○○ 약장사도 그렇고, 여성도 그렇고, 펨푸 언니도 그렇고, 펨푸 일을 하다가 언니가 나이가 들면서 이 일을 하기 힘들다고 생각이 들었고 그래서 약장사로 업종을 변경을 했는데, 이것을 언니는 직업을 바꿨다고 표현할 수 있는 건가?

●●● 그렇지. 그니까 한 마디로 내가 남자 손님을 상대하는 게 아니잖아. 거기 나와서 '쉬었다 가세요.' 이런 식으로 남자들하고 이렇게 가시를 받아가서 조롱을 받아가서 생활을 하는 건 아니잖아.

○○○ 그 당시 언니의 느낌은 어땠어? 내가 약장사를 함으로서 이 일[펨푸]을 하지 않는다는 거에 대해서?

●●● 난 이 일을 하지 않는다는 거에 대해서 좋았어. 그냥 그것으로 좋았어.

○○○ 그러면 남들이 볼 때 언니의 과정들, 펨푸 일을 하기 싫어서 약장사를 했던 시간들을. 직장을 바꾸는 걸 전업이라고 하잖아. 또 바꾸기 위해 노력도 하고. 남들이 볼 때는 이러한 과정이라고 볼 수 있을까?

●●● 없지. 그러지는 않아.

○○○ 남들은 그런 과정으로 보지는 않아?

●●● 거기서 거기. 고 안의 테두리의 생활이니까.

○○○ 거기서 거기니까? 근데 언니는….

●●● 근데 우리는 그게 아니지. 일단은 남자 상대를 안 하고 그러니까 그게 좋은 게지.

○○○ 그러면 언니는 이 기간을 전업이라고 표현할 수 있겠네? 생각을?

●●● 응. 그렇지. 남들이 보는 거는 상관 안 하고 내가 볼 때는 그거보다는 약장사가 더 나았었고 사람들과 남자들에게 조롱, 한 마디로 말해서 가시! 그런 거를 안 당하니까 훨씬 그게 난 나은 전업이라고 생각할 수 있지. 사실상 그건 아닌데. 더 나쁜 건 줄도 모르는데…. 그렇게 생각을 하지. 〈잠시 침묵〉 근데 남들이 우리의 생활 테두리를 그렇게 생각을 안 해.

○○○ 그렇게 생각을 안 한다는 거는?

●●● 다 똑같은 직업여성이지 뭐.

○○○ 그러면 언니가 교도소를 갔다 오고 나서 한 7~8개월 정도 집에 계셨었잖아요. 그 당시 교도소에서 나왔을 때에는 방지법 시행으로 단속이 심해져서 언니는 용산으로 오고 싶었지만 단속 때문에 못 오니까 2차 대안으로 파출부 일을, 청소부 일을 한 거잖아요. 그 기간을 뭐라고 생각하시나요?

●●● 그 기간은 너무 힘들었으니까. 목구멍에 풀칠이라고 해야 하나? 거미줄 못 치니까 먹고 살려고 노력한 거지. (그럼 기간은 직업을 바꾼 건가?) 아니지. 그 기간은…. 직업은 아니었지. (왜?) 그냥 불규칙한 거니까. 계속 꾸준히 일이 있었던 게 아니고 하루에 이만 원도 벌고 이만 사천 원도 벌고 없으면 안 벌고 그러니까, 그거 갖고 솔직히 먹고 살기도 힘들었지. 그치만 목구멍에 풀칠은 하니까 병원비는 대고….

○○○ 그런 교도소 갔다 온 후의 기간은 언니가 직업을 바꾸려 노력을.

●●● 한 거였지만 안 되더라고, 그게.

○○○ 언니가 생각하고 있는 직업을 바꾸는 전업에 대한 생각은 어떤 거예요?

●●● 직업을 바꾼다고 생각한다면? 완전히 이 생활을 떠나 내가 공장을 다닌다든가 하다못해 식당에 전적으로 취직을 해서 한 달에 백만 원 월급을 받더라도 그게 내 전업이지. 그리고 그럴 수만 있다면 그래야지.

○○○ 근데 언니가 아까 약장사를 한 건 언니가 전업이라며.

●●● 거기서 한 달에 꾸준한 벌이가 되었으니까. (근데 어쨌든 성매매 산업 구조에 있는 거잖아.) 그렇지.

○○○ 그거 볼 때에는 그 구조 안에 있든 없든 간에 꾸준한 돈벌이가 들어왔기 때문에 그건 전업의 기간이라고, 직업을 바꾼 기간이라고 생각을 하는 건가?

●●● 응.

○○○ 그러면 교도소 갔다 온 이후에는?

●●● 주부로만 살았고 뭐 파출부는 전업을 한 거는 아니지. 주부이면서 그냥 음…. 목구멍에 풀칠하려고 약값이라도 벌려고 파출부 일을 나간 거지.

○○○ 그러면 언니가 용산으로 다시 나와야겠다고 생각하게 된.

●●● 계기는 우리 아저씨가 십 원도 안 갖다 주고. 살기가 목구멍에 풀칠도 못하게 생겼어. 그리고 내가 너무 아프니까 파출부 일도 못나가게 됐어. 그래가지고 용산 일을 다시 나오게 되었지.

○○○ 그 당시에는 약 장사를 할 생각을 안 했던가?

●●● 교도소 갔다 오고 난 이후로? (응.) 전혀 거기에 아니올시다였지. 하기 싫었지. 그 근처에 가보지 않았어. 그게 이제 마약법으로 바뀌면서

나쁘다니까. 우리가 약장사를 했을 때에는 약사가 아님으로 해서 약을 팔았으니까 약사법으로 갔는데 지금은 그게 아니고 해로운 마약이 된 거니까. 쳐다도 보기 싫지. 아가씨들도 못 먹게 된 그런 계기가 된 거지.
○○○ 음. 나는 생각이 든 거는 언니의 삶에 대해 정리를 하다가 교도소를 가기 전에 약장사를 한 경험과 교도소를 갔다 온 후 파출부 일을 한 경험하고, 교도소를 중점으로 언니가 약장사와 파출부 일을 용산 생활 20년 동안 잠깐 다른 일을 하신 경험이잖아요.
●●● 잠깐이지.
○○○ 이 기간에 대해 언니가 어떻게 생각하고 있는지 궁금해요. 그 두 경험에 대해. 사람들이 성매매여성들이 더 이상 그 일을 하지 않으려면 그 일을 하지 않고 다른 방법을 통해서 생활을 할 수 있게끔 다른 직업을 찾고 그렇게 찾을 수 있도록 지원을 많이 하잖아요.
●●● 난 이렇게 생각해. 나이 먹은 사람은 그래도 손을 놀릴 수 있거든, 항시. 이렇게 회사나 공장 같은 데 있잖아요. 파출부 일을 하면서 그게 제일 아쉽더라고. 파출부 일은 한 시간 일하면 사천 원 줘. 그러면 우리 같은 사람들은 몸 아프고 나이 먹은 사람은 써주지도 않고 일도 못해. 앉아서 손 놀리고. 내가 교도소에서 그런 거는 했어. 예를 들어서 앉아서 이런 거 만드는 거 있지. 〈볼펜을 가리키며〉 그런 거는 머리가 없어도 할 수 있거든. 그렇게 심하게 몸 안 놀려도…. 그런 직업은 여자들에게 많이 찾아줄 수 있는 것 같아. 이 기간[교도소 있을 당시]보다 이 경험을 토대로 하면 그게 제일 아쉽더라고.
○○○ 아쉽다는 이유를 다시 말해준다면?
●●● 파출부 일을 해서 남의 집에 손 담그고 일을 해도 한 시간에 사천 원인데 차 타고 왔다가는 이런 시간이 되게 힘들거든. 그니까 앉아서 공

장 같은 거 하면 같이 취직 같은 거 시켜주면 잘한다고.

○○○ 언니가 생각하는 직업의 개념은 뭐예요? 직업은 뭐야?

●●● 음. 그야 한 마디로 말해서 여자들도 할 수 있는 일들이 많잖아. 그런 거 찾아서 가는 거지.

○○○ 사람들이 직업을 왜 갖고 있지?

●●● 인간은 평생 일해야 먹고 사는 거 아닌가? 직업이 있어야 먹고 사는 거 아닌가?

○○○ 직업은 먹고 살기 위한.

●●● 먹고 살기 위한 수단이지.

○○○ 그러면 이때까지 언니가 총 경험했던 직업은 펨푸, 약장사, 파출부야. 언니가 약장사를 통해서도 생계를 유지했어. 근데 파출부나 청소부를 통해서는.

●●● 생계를 그렇게 많이 유지하지는 않았지.

○○○ 그러면 위의 세 직업 중에서 언니가 생각하는 먹고 살기 위한 수단인 직업으로서 가장 적합했던 거 뭐야? 아니면 정말 이건 내 직업이라고 생각했던 거?

●●● 그건 난 펨푸밖에 없어. (그럼 약장사는?) 그건 하나의 경험이었다니까. (어떤 경험?) 내가 아직까지 해보지 못 했던 거는 우연한 소개로 가서 했는데 돈이 벌렸으니까.

○○○ 어쨌든 펨푸와 약장사 사이에는 생활의 변화가 있었겠네.

●●● 그렇지. 약장사 했을 때는 그래도 먹고는 살았다니까. 남의 빚을 안 지고….

○○○ 펨푸보다 약장사가 먹고 살았어? 그럼 약장사가 더 괜찮은 직업 아닌가?

●●● 근데 그렇게 생각 안 한다니까. (왜?) 나쁜 거니까. 사람의 몸을 해롭게 하는 게 약장사래. 근데 교도소 갔다 오기 전에는 그거를 모르고 한 거니까. 지금 생각은 그렇다는 거지.

○○○ 법에 위반되니까 이건 나쁜 거다? 나쁜 직업이었다?

●●● 그렇지. 그 사람 몸에 해로운 약이라고 하더라고.

○○○ 그럼 파출부 일은 어떤 거였어?

●●● 내가 먹고 살기 위해서 나도 이 직업을 택했는데 너무너무 힘들더라는 얘기지. 몸이 너무 아프니까.

○○○ 그리고 언니가 이때는 힘든 상황이 많았던 때니까. 그러면 가장 괜찮았던 직업은 펨푸. 그 다음에는?

●●● 그냥 먹고 살기 좋은 거.

○○○ 그럼 약장사, 펨푸, 파출부 중 세 개 중에서 골라보자. 아, 그리고 여성의 삶도 있었지.

●●● 응.

○○○ 그럼 언니가 경험한 직업은 크게 성매매여성, 펨푸, 약장사, 파출부 네 가지가 있었어.

●●● 제일 먹고 살기 좋았던 때는 약장사고···.

○○○ 한 번 써보자. 먹고 살기 좋았던 거. 순서를 고르시오. 1번.

●●● 약장사! (2번은?) 펨푸. 그 다음에는 파출부. 그거지 뭐.

○○○ 성매매경험여성은?

●●● 그건 잘 모르겠어. 나는···. (왜?) 뭣 모르고 그냥 했었으니까···.

○○○ 여성은 먹고 살기 좋았던 거는 잘 모르겠어?

●●● 응.

○○○ 그러면 가장 괜찮았던 직업. 괜찮았던 거는 먹고 살기 좋았던 거

를 포괄적인 개념인 것 같아. 언니 적성도 포함될 수 있겠고 포괄적으로 생각해 봐서.

●●● 그냥 펨푸 같아. (그렇게 생각하는 이유는?) 편하고 그럭저럭 먹고 사니까.

○○○ 두번째는?

●●● 두번째는 약장사지, 뭐.

○○○ 약장사는 항상 2등이네.

●●● 응. (세번째는? 여기에서 성매매경험은 안 들어가?) 응. (안 괜찮았어? 왜?) 다른 사람은 잘 모르겠는데 내 경험을 볼 때 나는 모르고 했고 그렇게 원하지 않았던 거니까…. 〈잠시 침묵〉

전업에 대한 생각 : "내 직업은 주부니까요."

○○○ 네 번의 많은 경험을 하셨네요. 근데 나는 궁금한 게 약장사는 전업이라고 생각을 하고 파출부는 전업이라고 생각을 하지 않는지….

●●● 내가 아까 얘기했듯이 나는 파출부 일을 하면서 그냥 먹고 살기에도 급급했거든. 집안의 살림을 하다 보니까 먹고 살기 급급하니까 (파출부 일이) 전업은 아니라는 생각이 들어. 주부가 전업(전업주부의 의미에서)이었지.

○○○ 주부는 왜 전업이라고 생각을 해?

●●● 항상 나는 직업이 펨푸가 아니고 약장사도 아니고 파출부도 아니고 나의 직업은 주부라고 어디 가서 말하고 싶어.

○○○ 언니의 직업은 주부야? (응.) 그럼 직장 터는?

●●● 직장 터는 내 가정.

○○○ 그러면 언니는 20년 전에 결혼을 했으니까 늘 주부였던 거잖아. 그러면 언니는 그동안에 언니의 직업을 뭐라고 생각했어? 지난 20년 동안?

●●● 어디 가서 물어봐도 약장사였을 때도 "직업이 뭡니까?" 해도 "난 가정주부예요."

○○○ 그렇게 가정주부라고 얘기한 거는 약장사, 펨푸라는 얘기를 하기가….

●●● 아니, 그래서도 아니고, 그냥 난 가정주부에요.

○○○ 그렇지. 가정이 있는 사람이니까.

●●● 나 참. 난 가정주부야. 〈웃으면서 오히려 나에게 질문을 던짐〉 직업이 뭐에요?

○○○ 〈당황하며〉 저요? 글쎄 난 직업이 뭘까?

●●● 나는 어디 가서 직업이 뭐냐고 물어봐도 "난 가정주부인데요. 왜요?" 펨푸 하면서도 "직업이 뭐냐?" 하면 "난 가정주부에요" 약장사를 하면서도 "직업이 뭐냐?", "가정주부에요" 파출부를 나가면서도 "직업이 뭐냐?" 하면 파출부 일하면서도 "파출부 아닌데요. 난 가정주부에요. 이건 그냥 알바에요". 내 직업은 주부니까요.

○○○ 왜 언니의 직업은 주부라고 생각했어요?

●●● 아들 있고 딸 있고 신랑 있고. 그냥 가정주부이고 싶어. 다른 거 다 떠나서 아무것도 안 하고 파출부도 안 하고 펨푸도 안 하고 약장사도 안 하고 그러면 가정에서 살림만 할 수 있잖아. 그러니까 가정주부지. 그런 것들은 먹기 위한 알바야. 수단이야.

○○○ 주부라는 직업은 언니의 직업이야. 이외에 펨푸라는 직업도 잠깐 경험했고 약장사도 경험했고 파출부 일도 경험했어. 이 주부와 이 직업

(펨푸, 약장사, 파출부)의 관계는 뭐야?

●●● 이거는 알바, 먹기 위한 알바야. 주부인데…. (위의 세 개가 알바야?) 직업이 아니지. 난 전업주부지. 난 전업펨푸도 아니고 전업약장사도 아니고 전업파출부도 아니고 난 전업주부라니까.

○○○ 언니의 직업은 주부고 펨푸, 약장사, 파출부는 알바네.

●●● 먹고 살라고. 예를 들어서 파출부 일을 해서 설거지 일을 막 하고 있는데 집안에서 누가 아프다고 하거나 집안에 이상이 있다고 하면 파출부 일을 때려치우더라도 거기 가서 매달리는 게 본 직업으로 돌아가는 게 가정주부잖아. 그러니까 전업주부지.

○○○ 그러면 언니의 직업은 전업주부야. 그러면 펨푸하고 약장사하고 파출부로 옮기는 건 뭐야?

●●● 먹고 살기 위한 알바라니까.

○○○ 그러니까 알바직종을 옮기는 건 뭐야?

●●● 무슨 개념으로 얘기하는 건데?

○○○ 여러 가지 직업과 직종이 있어. 이렇게 좀 더 언니가 펨푸 생활에서 약장사를 하게 된 거는 이 생활을 하기가 싫어서 약장사를 선택한 거잖아.

●●● 그니까 알바를 하기 싫으니까.

○○○ 이 알바[펨푸]를 하기 싫어서 이 알바[약장사]를 한 거야?

●●● 난 직업이 주부라니까. 죽을 때까지 주부라니까. 나 잘못된 생각인가?

○○○ 아니에요. 난 그냥 언니의 그 생활이 궁금해서 물어봤을 뿐이야.

●●● 네가 궁금한 거 또 한 가지만 얘기해줄게. 여기[용산] 있는 여성들이 다 이거[펨푸]를 직업이라고 생각하는 여성들이 별로 많지는 않

아. 다 먹고 살기를 위한 알바야. 내 생각이 틀린지도 모르겠는데. 우리 현자 언니나 주변 사람들에게 물어보면 "당신들 직업이 대체 뭐냐?" 하면 가정주부라고 얘기하지, "난 전적으로 펨푸만 해서 살아요." 이렇게 얘기는 안 하거든. 그냥 단지 먹고 살길이 없으니까 펨푸를 하는 거야. 그니까 알바야. 알바…. (…) 〈끝〉

<< 에필로그

 인터뷰를 마치고 지난 시간들을 돌아보면서 나는 송곰례씨가 우리의 대화를 통해 사람들에게 들려주고 싶었던 용산의 생활이 무엇인지에 대한 확인과정을 거쳐야 했다. 그녀의 '이 세계를 알리고 싶어서'라는 목적이 이 인터뷰를 통해 조금이나마 이루어졌으면 하는 바람에서였다. 하지만 녹음된 대화들을 확인하면서 나는 점차 그녀의 목적보다는 인터뷰 중에 여과 없이 드러나는 나의 미숙함에 집중하게 되었고 점차 이 작업은 나에게 내 실수를 직면해야 하는 하나의 부담으로 다가왔다.

 내가 인터뷰라는 형식을 빌려 그녀에게 범한 실수 중의 하나는 인터뷰를 끌어가는 나의 대화 방법에서 시작되었다. 그녀의 말을 내가 오해 없이 제대로 이해하였는지 확인하고 싶은 마음과 평소 쉽게 들을 수 없는 용산에서의 삶에 대한 나의 개인적인 호기심으로 인해 인터뷰의 어떤 부분은 꼬치꼬치 캐묻는 듯한 인상을 주기도 해 고개를 들지 못할 정도의 민망함을 느끼기도 하였다. 이런 무례함은 전후맥락을 따져가며 상황을 인식하는 나의 사고방식에서도 종종 발견되었다. 46년 삶의 조각들을 듬성듬성 그녀가 꺼내놓으면 나는 복잡한 그림퍼즐을 맞추듯 앞뒤 상황을 따져가며 하나의 완벽한 이야기로 재구성하곤 하였다. 그 당시에는 그것이 그녀를 위한 작업이라 굳게 믿었었지만 지금 돌이켜보면 자신의 과거가 타인의 손에 의해 재배치되는 과정을 지켜보았을 그녀에게 무척 미안한 마음이 든다.

하지만 이러한 장애물에도 불구하고 그녀가 대화 전반에 걸쳐 그 흐름을 놓지 않은 채 끊임없이 말하고자 한 주제가 있었음을 나는 알게 되었다. 그것은 바로 용산과 일산이라는 두 공간을 오가며 이루어지는 그녀의 삶에 관한 이야기였다. 그것은 때로는 20년 만의 우연한 동료와의 만남으로, 때로는 결혼생활로, 때로는 별의별 일이 일어나는 하루 일과로, 때로는 전업 등 다양한 소주제로 표출되었다. 그것을 얘기할 때 그녀는 때로는 웃기도 하고, 때로는 한숨을 쉬기도 하며, 때로는 말없이 고개만 끄덕이고, 때로는 격한 몸짓을 취하는 등 말로 표현될 수 없는 감정과 느낌들을 비언어적인 표현을 통해 나에게 그 의미를 들려주고자 했음을 깨달을 수 있었다.

20년 용산의 삶에서 시작하여, 그 삶을 채워주는 일상을 지나, 일상을 구성하는 하루의 일과로 이어지는 그녀의 이야기들을 통해 나에게 그녀가 어디에 있든, 그녀의 모습이 일치하건 불일치하건 간에 그것 역시도 현재를 살아가는 송곰례씨의 다양한 모습임을 이해할 수 있었다.

백경옥씨와의 인터뷰 8

용산의 원조 | 히빠리골목 사람들

백경옥, 이희애

<< 프롤로그

<u>인터뷰가 있기까지</u>: <u>시골집, 필리핀, 강화나들이</u>에서의 <u>기억들</u>

백경옥씨에 관한 첫 기억은 2002년 1월 14일 장기쉼터인 '시골집' 개원 기념 축성식으로 거슬러 올라간다. 우리는 그날 용산역 언니들이 나들이 삼아 '시골집' 구경을 할 수 있도록 작은 미니버스를 한 대 대절했다. 밤새 영업을 한 언니들이 잠들기 전에 출발해야 했기에 새벽부터 버스를 용산 역 앞에 대기시켰고, 다녀와서도 당일 영업에 지장이 없도록 여유를 두고 용산에 도착할 수 있게 했다. 용산 여성들 상황에 맞게 일정을 고려해서였는지 아니면 자신들을 위해 만든 집이란 걸 알아서였는지 대절한 차는 빈자리 없이 '시골집'에 도착했다. 축성식이 있던 날 나는 방명록을 작성하는 일을 맡았는데 방명록에 흔적 남기기를 열없어 하는 대부분의 언니들과는 달리 백경옥씨는 선뜻 펜을 잡아 방명록 치고는 비교적 긴 메시지를 남겨주었다. 나는 그날 백경옥씨가 써준 방명록 글을 아직도 기억하고 있다. '옥정이 언니 저 경옥이요. 언니는 저를 모르겠지만… 앞으로 자주…'

백경옥씨는 같은 골목에서 일하는 단짝 친구를 통해 그동안 막달레나의집 이야기를 많이 들어왔던 터였다. 당시 막달레나의집은 용산집 결지 여성들과 함께 할 수 있는 프로그램을 기획하고 있었는데 결국 백경옥씨는 자신이 방명록에 남긴 말 그대로 그 해 7월부터 시작한 동료 교육 프로그램[*]과 이후 성매매를 경험한 여성들의 전업에 관한 인식조사[**]에도 참여하게 되었다.

궁금한 것이 있으면 말을 돌려 물을 필요 없이 그냥 질문할 수 있는 인생 선배쯤 되는 언니로 내가 백경옥씨를 인식하게 된 배경에는 동료 교육의 일환으로 진행했던 필리핀 연수에서의 교류가 그 바탕이 되었을 것이다. 필리핀 연수는 결코 만만한 일정이 아니었고 차로 이동하는 시간은 더욱이 고된 시간이었다. 체구가 작은 백경옥씨와 나는 주로 흔들리는 차량 짐칸의 보조좌석에서 세로로 나란히 앉아 수많은 이야기들을 나누었다. 앞좌석 사람들이 이동 시간을 피로를 푸는 데 활용한 것에 반해 우리는 다양한 이야기로 시간 가는 줄 몰랐다. 이야기는 차멀미 예방에도 효과가 좋아서 자리를 바꿔주겠다는 일행의 권유에도 우리는 짐칸의 보조 좌석을 고집했다.

무식하면 용감하다고 했던가? 두려울 것도 거칠 것도 없는, 앞 뒤 없이 무례하기 짝이 없었을 내 질문들에 대해 백경옥씨는 "너 좀 배와라" 하면서 "너도 어차피 이런 일을 하기로 한 이상 내 알려줄 건 알려주마"며 내 질문에 그건 왜 그런지, 그럴 수밖에 없는 상황들이 어떻게 존재하는지 자신의 경험을 토대로 들려주었다. 내가 밖에서 보는 집결

---

[*] 「전·현직 성 판매 여성의 필드워크 양성과정」, 『용감한 여성들, 필드워크하다』, 막달레나의집, 2002.
[**] 「성매매로부터의 탈주, 그리고 전업」, 『탈성매매, 미래를 준비하는 여성들』, 막달레나의집, 2003.

지는 '크리넥스 한 통도 따블로 받는' 불합리와 착취의 공간이었지만 백경옥씨가 들려주는 집결지는 비싼 줄 알면서도 사게 되는 상황을 이해해야 하는 공간이었다. 당시 백경옥씨에 대한 나의 느낌은 선후배 사이에서 오가는 후배의 의존과 선배로서의 책임감 같은 것이었다고 기억한다.

　백경옥씨의 이런 책임정신은 용산 언니들과 함께 얼마 전 다녀온 '강화나들이'*에서도 발견되었다. 나들이에서 돌아오는 길에서의 차 안 풍경은 안전에 위험을 줄 정도로 흥이 넘쳤다. 미니버스 안에서 언니들은 도무지 엉덩이를 의자에 두지 못하고 노래에, 춤에, 만담에 정신이 없는 반면, 프로그램을 위해 동행한 신입 상담원들은 공손하고 정돈된 상태에서 예의바르게 박수로 흥을 돋우며 춤 구경에 몰두하고 있었다. 흥이 오를 만큼 올랐을 때 백경옥씨는 '어디 직원 교육 함 해보까나?' 하며 막달레나의집에서 제대로 일하려면 우선은 숫기가 있어야 한다며, 이래서야 어디 일을 제대로 하겠냐며 기어이 신입 상담원들의 엉덩이를 의자에서 떼어놓았다. 상담원들의 춤은 언니들의 화려한 막춤에 비하면 정말 보잘 것 없고 초라했지만 그 어설픈 동작으로 상담원들은 경직된 근육을 풀어버릴 수 있었다. 근육은 근육만의 문제가 아니다. 마음이 경직되면 따라서 근육이 경직되듯, 근육이 풀리면 사고도 따라서 유연해질 것을 기대했을까? 아무튼 백경옥씨 식 직원교육으로 우리는 서로의 막춤을 관람한 막역한 사이로 누구 하나 손해볼 것 없는 대등한 관계설정이 가능해졌다.

---

* 2005년 용산 성매매집결지 자활지원사업의 일환으로 막달레나의집 현장지원센터에서 진행한 집단상담 프로그램.

떼돈 버는 줄 알고 온 용산 : 8년의 생활

백경옥씨는 30대 후반에 용산에 와서 지금은 40대 후반이 되었다. 용산에서 처음 1년은 업주 밑에서 일을 하면서 수입을 나누는 형태로 영업을 했었고, 그 뒤로는 뒷골목 쪽에 방을 얻어 방세를 다달이 내가며 혼자서 일하고 있다. 용산에서 8년, 한 지역에서 8년이면 지역 내 인간관계의 폭이 다양해질 수도 있었겠지만 백경옥씨는 특별히 친한 몇몇을 제외하고는 거의 사람들과 교류하지 않고 지낸다.

백경옥씨는 용산을 '술을 먹어도 혼자 먹어야 되는 곳, 괜히 둘씩 셋씩 먹으면 사고 나는 곳'이라고 했다. '먹고 살기가 그래서' 그럴 것이라고 했다. '떼돈 버는 줄 알고' 온 용산에서 백경옥씨는 이제 집결지가 없어지기 전에 '집이라도 한 칸 얻어 가는 거, 여기서 나갈 때 전셋집이라도 살 만한 거 얻어서 나갈 수 있게 되는 것'을 궁극적인 계획으로 가지고 있다.

집결지 폐쇄 이야기가 나오자 백경옥씨는 영구임대주택 아파트와 예전에 자신이 넣었던 주택부금 이야기를 꺼냈다. 백경옥씨는 본인이 어떻게 하면 임대주택에 들어갈 수 있는지 궁금해 했다. 그리고 이어서 예전에 넣었던, 꽤 부었던 그 주택부금을 형편이 곤란한 어머니께서 '깨서 찾아다가 써버린' 이야기를 했다. 이야기 속에는 분노나 억울함도 느껴지지 않았을 뿐더러 심지어 작은 속상함조차도 묻어나지 않았다. 오히려 지방에 계신 늙은 엄마에게 예전처럼 생활비를 자주, 많이 보내드리지 못하는 상황이 괴롭고 걱정이었다. 백경옥씨는 '암보험에 연금보험에 생활자금 나오는 거'까지 현재 그녀의 형편에 과하다 싶을 정도로 많은 금액을 보험료 명목으로 집에 보내고 있다. 하지만 정작 백경옥씨는 자신이 가입한 보험의 만기가 언제인지 수급연령이 몇 세부터 인지도 잘 모르고 있었다. 자신은 그냥 '입금만 하고 타는 것은 엄마가' 라는 말로 자신이 보낸 보험료에 대한 권리를 미련 없이 이양하고 있었 다. 보험은 백경옥씨 자신을 위한 것이라기보다는 늙으신 어머니를 위 한 것이라고 느껴졌다.

백경옥씨는 용산에서 자신이 하고 있는 일에 대해 '없어져야 할 일, 좋지 않은 직업, 나 자신도 하기 싫은 일'이라고 표현하면서도 이왕 일을 하게 된 이상 단속이나 다른 외부적인 위험들로부터 보호를 받거 나 아니면 여성들이 업주나 국가를 일대일로 상대할 수 있을 정도의 힘 을 가질 수 있기를 희망하고 있다. 이것은 이 일을 '어디서건 자유롭게' 한다거나 '언제까지고 계속해서' 하겠다는 의미는 아니라고 했다. 다만 이 일을 하는 여성들에게는 어쩔 수 없는 이유가, 당장 그만둘 수 없는 형편들이 있기 때문에 일을 하는 동안만큼이라도 여성들의 피해를 '간 소화' 해야 한다는 의미라고 설명했다. 그리고 용산이 정비가 되어 더 이상 일을 할 수 없게 되면 '미련 없이 뜰' 생각을 하면서도 용산 지역 발전에 기여한 사람들은 그 일을 하고 있는 여성들이라는 생각을 가지 고 있었다.

삶터이자 일터인 익숙한 공간에서의 인터뷰

두 번의 인터뷰는 모두 백경옥씨의 방에서 진행했다. 덕분에 외부의 방 해를 받지 않고 편안한 상태에서 인터뷰를 진행할 수 있었다. 내가 인터 뷰를 위해 백경옥씨가 사는 곳으로 간 시간은 대낮이었음에도 불구하고 건물에 들어서서 계단을 반만 내려와도 자연빛이 들지 않아 바로 앞 계단도 보이지 않았다. 게다가 계단은 가파르고 폭도 좁아서 정신을 똑바로 차리지 않으면 발을 헛디디기 십상이었다. 더욱이 그 골목 여성들은 성매매방지법이 실행된 이후로는 단속이 두려워 밤에도 계단이나 건물 복도에 불을 켜지 않고 지내고 있다.

위험하지 않느냐고 수선을 떠는 내 질문에 그래서 많이들 다치는 거 아니겠냐고 했다. 아닌 게 아니라 얼마 전 실제로 술에 취한 손님이 계단에서 발을 헛디뎌 넘어지는 일이 있었는데 그 손님을 호객한 여성이 온 몸으로 손님이 다치는 것을 막았다. 다행히 손님은 무사했지만 덕분에 여성은 중상을 입었다. 이 일에 대해 용산에서 일하는 여성들은 모두들 한결같이 자신이라도 그렇게 했을 것이라고 했다. 차라리 내가 다치고 말지 손님이 다쳐서 문제가 커지고, 경찰이 개입되고, 다시 순찰이라도 돌게 되면 '다 같이' 큰일이라는 것이다.

백경옥씨는 두 차례 인터뷰에서 참으로 다양한 이야기들을 들려주었다. 성매매방지법이 실행된 '9. 23' 그날의 기억에서부터 예정에 없이 길어진 2달 동안의 특별단속기간, 그리고 법 시행 이후에 달라진 용산의 정세에 대해 이야기했다. 그리고 경찰의 단속을 피하는 용산 뒷골목 여성들의 전략들과 그럼에도 불구하고 단속에 걸렸던, 그 생각하기도 싫은 경험을 풀어놓았다. 이야기는 법 시행 이후 달라진 구매자의 행태와 그것과 더불어 집결지 내의 생활을 더욱 힘들게 하는 다양한 상황들로 이어졌고 결국에는 애초에 내가 인터뷰에서 언급되지 않기를 희망했던 내용으로까지 이야기가 전개되었다.

나는 인터뷰에 앞서 현재 내가 하고 있는 업무와 관련이 있는 내용은 가능한 배제해야 한다는 나름의 원칙을 가지고 있었다. 혹시라도 내가 가진 공식적인 포지션이 연구에 개입되는 것은 옳지 않다고 생각했기 때문이었다. 그러나 결국 이야기의 흐름이 직업훈련이라든지 현재 현장지원센터에서 진행하는 지원 사업으로 전개되었다. 이것은 능숙하지 못한 인터뷰 진행이라는 반성적 자기평가만으로는 무언가 부족하다는 생각이 든다. 두 번의 인터뷰의 마지막을 장식하는 이야기가 모두 직업훈련과 관련된 이야기, 용산을 벗어나기 위한 시도에 관한 이야기였다는 것은 백경옥씨의 현재의 관심사와 자신의 '궁극적인 계획'을 반영하고 있는 것이라고 생각된다.

특별한 경험 : 용산에서 외출하기

백경옥씨는 지난 9월부터 용산에서 버스로 30분 정도 소요되는 곳에 위치한 치과에서 치료를 받고 있다. 다니던 치과에서 '더 이상은 손을 쓸 수 없겠다'는 절망적인 이야기를 듣고 백경옥씨는 그녀의 치아만큼이나 처참한 표정으로 '살고 싶지 않다'고 했다. 굳이 말을 하지 않았어도 느껴졌을 그 말을 하는 도중 느닷없이 그녀의 윗니들이 툭 하고 떨어졌다. 단지 몇 마디 말을 했을 뿐인데 맥없이 툭 빠져버린 그 이를 백경옥씨는 혀로 얼른 수습해 제자리에 넣었다. 음료수도 빨대로 먹어야 할 정도로 심각했던 백경옥씨는 막달레나의집이 연계한 치과에서 치료를 받아 이제는 식사에 불편을 못 느낄 정도로 상태가 호전되었다.

　백경옥씨의 진료는 치료를 담당했던 의료진과 용산의 여성들 사이에서 한동안 화제거리가 되었다. 치아만 좋아진 것이 아니라 얼굴도 예뻐졌다고 모두들 관심을 보였다. 백경옥씨는 이후에 집결지 여성들이 치과 진료를 시작하게 되면 그 과정이 얼마나 힘들지에 대해 조언을 잊지 않는다.

백경옥씨는 치과 치료를 계기로 대중교통을 이용하게 되었다. 5개월이나 지속된 일상이지만 아직도 교통카드를 이용하는 일은 백경옥씨에게 '떨리고, 민망스럽고, 두려운 일'로 표현되었다. 백경옥씨는 '카드를 꺼내지도 않고 가방에 둔 채로 찍는' 다른 사람들과는 달리 아직도 카드를 손에 들고 있다가 찍는다고 했다. 그리고 뭔가 잘못되어 또 삑 소리가 날 때를 대비해 천 원짜리 한 장을 주머니에 항상 대기시켜 놓는다고 했다.

백경옥씨는 지하철을 갈아탈 때에도 다른 사람들은 '억수로 바쁘게' 걸어가고 자신은 혼자만 '느긋한 것 같다'고 했다. 일반사람들은 아무렇지도 않게 하는 일들이 '우리 같은 사람들에게는 엄청난 부담'이라고 했다. 그러면서 '사회생활이 버스를 타는 것만으로도 이렇게 힘이 드니 나가서 무엇을 제대로 하겠냐'고 했다. 백경옥씨가 말하는 '사회생활'은 전업, 혹은 전업을 위한 직업교육, 용산에서 벗어나기 등 인터뷰 내용 안에서 문맥에 따라 백경옥씨가 현재 용산에서 하고 있는 일을 제외한 다양한 의미로 사용되었다. 백경옥씨는 치과에 다니는 길에 수많은 사람들 사이에 섞여서 '나도 아침에 출근하고, 출퇴근 있게 살고, 진작에 이렇게 살았어야 했다'는 생각을 했다고 한다. 장기간 받아야 하는 치료 때문에 시작된 대중교통 이용하기는 백경옥씨에게는 '사회생활'을 준비하는 계기로 작용했다.

특별법 이후 달라진 용산의 정세 : 유리관골목과 히빠리골목

이번 인터뷰에서 내가 듣고 싶었던 부분은 주로 집결지 내에서의 복잡다양한 인간관계에 관한 부분이었다. 그 공간을 채우고 있는 사람들은 어떤 식으로든 성매매와 관련이 있는 사람들이고 집결지는 결과적으로 그 사람들의 의지와 무관한 방향으로 유지될 수 없기 때문에 나는 집결지를 이해하려면 그 안에서의 인간관계의 역학을 이해하는 것만큼 좋은 방법은 없다고 생각했다. 그것을 할 수만 있다면 궁극적으로 우리가 희망하는 바를 실천할 수 있을 것이라는 기대 또한 품고 있었다.

애초에 내가 듣고자 했던 바와는 조금 차이가 있지만 작년 성매매방지법 시행을 계기로 용산 지역 내 갈등이 있었다는 사실을 알게 되었다. 이 갈등은 인구학적 특성이 다른 두 여성 집단에 각각 다른 영향을 주었고 이 영향은 아직도 파워를 행사하고 있다.

성매매방지법이 시행되자 전국의 집결지는 일제히 영업을 하지 않는다는 것을 보여주기 위해 소등하였다. 그리고 얼마 후 자체적인 대응전략으로 '아가씨는 없되 불만 켜놓기로' 했다. 이 상태로 또 얼마간의 시간이 흐르고 전경 배치와 순찰이 뜸해지자 평상복 차림의 여성들이 하나둘씩 다시 유리관 안쪽에 모습을 보이기 시작했고, 약 두 달 정도가 지나고 나서는 법 시행 이전의 모습을 되찾았다. 지역 내 갈등이 생긴 것은 이 즈음이었던 것 같다. 단속이 예정에 없이 길어지자 자체적으로 대응책을 마련하는 과정에 열린 회의에서 앞골목의 목소리 큰 업주들은 용산이 단속에서 조용하려면 호객을 하는 뒷골목 쪽에서 자제를 해줘야 한다고 했다. 그래서 호객을 하는 시간과 인원수를 제한하라는 지시를 내렸다. 뒷골목은 호객을 하지 않으면 영업을 하지 못하는 것과 같았지만 그 지시를 따르지 않을 수 없었다. 왜냐면 그것은 용산이 '다 같이' 살기 위해서 회의에서 정한 것이기 때문이었다.

용산 성매매집결지역에는 앞쪽 혹은 유리관이라고 지칭하는 공간이 있다. 백경옥씨는 이곳을 '아가씨 골목'이라고 표현하기도 했다. 이 공간에서 주로 만나는 사람들은 20~30대 젊은 여성들, 업주, '삼촌', 구매자, 방문판매 상인들 정도이다.

유리관에서 골목 하나만 더 들어가면 뒷골목 혹은 히빠리골목 또는 펨푸골목이라고 부르는 공간이 있다. 유리관 언니들의 얼굴이 자주 바뀌는 것에 반해 뒷골목 언니들은 용산에서 길게는 30년씩 잔뼈가 굵은 낯익은 얼굴들이다. 이 골목에서 주로 만날 수 있는 사람들은 길을 가는 일반 행인들과 펨푸 아줌마들과 월세로 방을 얻어 혼자서 영업을 하는 나이든 여성들이다.

백경옥씨는 작년 9월 23일 이후로 '히빠리골목은 규제가 많아진 반면 아가씨골목은 규제가 없어졌'고 했다. '아가씨골목' 여성들이 타 지역에서 용산으로 올 때는 굵직한 몇 가지만을 생각하고 오지만 실제로 일을 시작하고 보면 하나씩 따지게 되는 것들이 생기기 마련이다. 이를테면 근처의 업소나 업주들에 대해 어떤 집이 방값을 더 뗀다든가 어떤 집 주방이모가 밥을 더 맛있게 해준다거나 아니면 어떤 집이 더 끗발이 좋아 성가신 일이 없다거나 하는 것들을 파악할 수 있게 된다.

법 시행 전 유리관 여성들은 업소에 불만이 있는 경우 용산 내 다른 업소로의 이동이 용이하지 않았다. 그런데 법 시행을 계기로 '아가씨회'라는 종사자 여성들의 조직이 생기고 나서는 유리관 쪽에서 일하는 젊은 여성들의 경우 '아가씨회'를 통한 요구사항에 업주들도 함께 협조하기로 했다는 것이다. 업주들의 협조에 대하여는 다른 견해가 있을 수 있겠지만 어찌되었건 유리관 쪽 여성들은 앞집이든 옆집이든 백경옥씨가 보기에 이동이 자유로워졌다. 그런데 히빠리 골목은 상황이 좀 달랐다. 호객을 할 수 있는 시간과 인원수를 따로 정하게 되었고 또 뒷골목이 조용하려면 길가에 나와서 호객하는 사람이 한 명이라도 적어야 한다는 이유로 '외부에서 새로 펨푸가 들어오지 못 한다'는 새로운 규칙과 함께 기존에 있던 여성의 경우 '이 집에서 일하다 저 집으로 못 가는 전에 없는 규제가 생긴 것이다. 그리고 뒷골목 쪽 건물주나 업주들도 이제는 '새로 방을 주지 못하는' 규제들을 따라야 했다. 달라진 것은 외적 규제만은 아니었다. 유리관 쪽은 법 시행 이후 가격이 오른 반면 뒷골목은 가격이 있다고도 할 수 없을 만큼 열악해졌다. 백경옥씨는 이제 손님에게 서비스로 나가는 '음료수 하나도 따지게 됐다'고 이야기한다.

백경옥씨는 예전 용산에는 유리관이 없었다고 했다. 그리고 '용산의 원조들, 용산의 붙박이들은 지금 모두 펨푸골목에 다 앉아 있다'고 했다. 유리관 여성들에 비해 히빠리골목 여성들의 생활은 더 열악하고 조금 더 소외되어 있다. 막달레나의집이 성매매방지법이 적용되는 시점에서 가장 걱정했던 부분이기도 한 이 골목 여성들은 대부분 윤락이나 호객과 관련된 전과가 있기 때문에 그리고 방세를 내기는 하지만 업주에게 따로 떼는 돈이 없기 때문에 새로운 법안에서 전혀 보호를 받을 수 없을 뿐 아니라 오히려 범죄자로 처벌의 대상이 된다. 법 시행 전에도 그랬지만 특히 성매매방지법이 실행된 이후 히빠리골목 여성들은 단속의 집중 대상이 되었다. 실제로 2004년 9월 23일 이후부터 2005년 6월까지 용산집결지에서 성매매방지법 위반으로 단속된 건수는 총 14건이었고 이중 13건이 호객행위로 인한 것이었다.*

백경옥씨에게 있어서도 법은 곧 강화된 단속과 높아진 벌금으로 이야기되었고 단속과 벌금은 펨푸골목 여성들에게 외적으로는 가장 큰 위협의 대상이 되고 있다. 펨푸골목, 히빠리골목에도 백경옥씨와 같이

---

* 정보제공 : 용산경찰서.

직접 호객을 하는 여성들이 있고 펨푸 아줌마를 통해 구매자를 공급받는 '앉은뱅이' 여성들이 있다. 후자의 경우 펨푸 아줌마가 호객으로 단속에 걸려 벌금이 나오면 '혼자 벌자고 한 호객이 아니기 때문에' 업주와 펨푸와 여성이 벌금을 삼등분하여 나누어 부담한다. 때문에 똑같이 히빠리골목에서 호객을 하더라도 펨푸 아줌마들보다 백경옥씨와 같이 혼자서 영업을 하는 여성들이 단속에 대한 공포를 더 많이 가지고 있다. 그리고 벌금은 '열흘을 벌어도 못 낼 만큼' 높아졌다.

유리관 여성들과 히빠리골목 여성들. 이 두 여성들은 서로 얼마나 소통하고 있을지, 같은 일을 하는 '용산의 아가씨'로 서로를 어떻게 인식하고 있는지에 대한 고민. 그리고 유리관 여성들과 히빠리골목 여성들을 모두 아우를 수 있는 활동에 대한 고민은 늘 내가 가지고 있는 질문으로 남아 있다.

<< 백경옥씨와의 첫번째 대화

성매매방지법 '그날'의 기억

이희애(이하 ○○○) 작년 9월 23일 날 기억나요?
백경옥(이하 ●●●) 나지.
○○○ 하루 종일 뭐하셨어요?
●●● 9월 23일 날? 하루 종일 밖에서 그냥 있었지. 도망댕겼지. (도망 댕겼다고?) 응. 집에 있어도 안 되는 줄 알고, 바깥에 다 모여 있었지. (어디요?) 그야, 술집, 뭐 호프집 뭐 〈웃음〉 이런 데 다 삼삼오오 모여가 지고 이게 뭔가? 〈웃음〉 진짜로 이렇게 하는 게. 23일 날이 문제가 아니고, 22일. 아니지, 21일 날 새벽부터 그랬어 우리. 21일 날 새벽에 장사를 하니까 22일이 된 거지? 22일 된 날부터 "야 못한댄다", 어쩐댄다, 뭐 경찰이 막 배치되고 이랬어. 진짜로. 거, 전경 애들이 갑자기 막, 보통 전경 애들이 뭐 둘, 셋, 이렇게 삼삼오오 이렇게 돌긴 돌아. 근데, 그때는 입구에 막 다서여섯 명씩 배치되가 있으니까, 진짜인가 보다, 〈웃음〉 진짜 이 특별법이 발표되나 보다, 우리 이제 그만하고 들어가자. 그래서 22일 날 밤 청소를 대대적으로 했지. "콘돔을 없애야 된다" 뭐 〈웃

음〉 뭐 방에 있는 콘돔, 쓰레기통 뭐 다 뒤져가지고 다 갖다 버리고, 콘돔도 바깥에 다 갖다 버리고 인제 "방에는 증거물이 없어야 된다" 뭐 이러대. 홀복이니 뭐니 다 보따리 싸버렸지. 22일 날. (옷도?) 홀복 이런 거. 찜찜하니까. 그래가 뭐 어떤 사람들은 쓰레기통에 갖다 놓고, 차고에 갖다 처박고, 뭐 하여튼 용산에 여기 〔성매매〕 일하는 데는 없어야 된다 그래서 내가, 우리가 난리였다 그때.

○○○ 그래서 언니는 어디에 계셨어요? 포장마차에 계셨어요?

●●● 나는 그냥 여기 지하실 문 닫고 가만히 처박혀 있었지. (이 방안에? 혼자서?) 꼼짝도 안 하고 문 두들겨도 안 열어주는 거야, 이제. 〈웃음〉 그 다음부터는, 왜 또 아가씨가 몇 명 있나 이거 조사를 댕기더라. (누가?) 어디에서 나왔는지 몰라. "장애자가 있냐?" 뭐 이런 거를 조사 댕기더라. 나는 안 열어줬지. 아예. (없는 척한 거예요?) 응. 안 나왔지 아예. (…)

궁금하니까 나오긴 나오지 출퇴근하는 사람들은 궁금하니까 나와서 장사를 할 수 있나 없나 궁금하니까 나오지. 나오는데, 그 다음에는 여기 아가씨 모임에서 전면적으로 하지 말자 한 집도 불을 키면 안 된다. 〔영업을〕 하면 자체적으로 그 집은 만약에 열게 되도 영원히 장사를 못 하게 할 것이다. (영업이 재개가 돼도?) 어. 돼도. 그동안 만약에 살짝 몰래라도 영업을 한다든지 하는 사람들을 자체적으로 감시를 해서 영업을 재개할 수 있어도 못 하게 할 거니까 지금부터 뭐 다시 회의를 해서 어떻게 결정이 날 때까지는 일절 하지 마라. 그래서 아가씨는 다 보따리 싸갖고 가고, 우리 같은 경우는, 내도 집에 내려가서 한 달? 보름이상 있다가 왔지. 못 하게 하는데 뭐 여기 있을 이유가 없잖아. 자체적으로 못 하게 했으니까. 그 다음에는 뭐 한 달 지나니까 불은 켜자. 불만 켜놓

자. 아가씨는 없되 뭐 불만 켜놓자. 일을 하는 것처럼. 그 다음에는 뭐 데모하러 댕기고 바빴지 뭐.

뒤죽박죽된 개인의 경제 사정

○○○ 불 못 키고 있을 때나 영업을 안 했을 때는 일수 있는 아가씨들이나 방세 내는 것들은 어떻게 계산했어요?
●●● 우리는 방세는 꼬박꼬박 내고 있었지. (계속 냈다고?) 이 건물 주인이 〔성매매〕 영업하라고 한 건 아니니까, 맨 처음에 저기 업주회의에서 두 달은 주인들한테서 방세를 까주게 하겠다. 근데 여기 뭐 큰 유리관들은 어차피 장사를 하는 집들이니까 두 달은 집세를 안 낸 것 같더라고. 그런데 우리같이 뭐 방 얻어가지고 자취하는 사람들은 뭐 그런 것 없이 계속 내고 있었지. (꼬박 다 냈다고?) 어. 다 냈지. (힘들었겠네.) 힘든 게 〔한숨〕 밀리고, 뭐 그땐 다 생활이 뒤죽박죽…. 그때 뒤죽박죽된 게 지금까지 복귀가 안 되는 거지. 놀면 돈 써야 되잖아. 뭐 유리관에 있는 애들은 모르겠지만, 카드 사용한 게 있다든지, 전기세, 뭐 월 나가는 게 있는 사람들은 한 달 내내 십 원짜리 하나 못 만지니까. 집세 내야 되지, 뭐 해야 되지, 그때부터 지금까지 밀려온 거야.

악어와 악어새

●●● (…) 펨푸 아줌마들이 있으면 〈기침〉 많이 불편하지, 솔직히. 그런데 나이가 들었으니까, 나가서 이렇게 손님을 끄는 게 창피하고 뭐 좀 그렇잖아. 그런데 30프로를 떼준다는 거 상당한 거야. 그러니까 뭐 펨

푸 아줌마들은 자기들이 30프로를 먹으니까 진짜 개나 소나 돈만 주면 데리고 오는 거야. 술 취했거나 뭐 추접스럽거나, 뭐 진짜 보기에 이상한 사람들도 노숙자라도 돈만 주면 데려오는 거야. 그럼 방에 있는 아가씨는 만약 그걸 캔슬하면 다음 손님 받는 데 또 순서가 있으니까 지장이 있으니까 안 되니까 마지못해 받는 거야. 울며 겨자 먹기로 받는 거고. 필요악, 뭐 서로가 그렇지. 그런 거 가지고 싸우는 거지, 펨푸들하고 아가씨들하고, 주인은 잘 받아주면 좋고, 많이 끌고 오면 좋으니까. (…)

뒷골목에는 나이가 있으니까 나가서 내가 해봤자 별 소득도 없고, 나가기도 챙피하고 나이도 들고 하니까. (펨푸를 쓰는 거고?) 쓰는 거고~. 나는 내가 벌어서 내가 다 하는 거지. 만약에 펨푸가 자기네들이 손님을 받았는데, 이제 자기네 아가씨가 빠꾸를 놓고, 돈은 받았는데 빠꾸를 놓고 그러면 우리 집으로 데리고 와. 예를 들어서. 그러면 오만 원짜리를 받으면 만오천 원을 빼가는 거지. 삼만오천 원은 날 주는 거지. 아가씨 같은 경우는, 그 집의 아가씨 같은 경우는 오만 원짜리면 만오천 원을 펨푸가 떼가고 아가씨는 만칠천 원 가지지. (그럼 그 주인이 하는 일은 뭐야?) 주인은 밥 해주고, 방 주고 밥 해준다는 거지. (그럴 경우에는 방값을 따로 안 받아?) 옛날에는 받았다고 하더라고. 그런데 이제 이 성매매방지법 생기고 애들이 하도 어려우니까, 그런 거는 이제 서로 방값은 안 받는다고 하더라고. 워낙 이 펨푸골목은 안 받는가 보더라고.
○○○ 어떤 언니는 물어보니까 방값만 낸다고 하더라고. 돈은 아예 안 떼고.

●●● 그건 독장사. 우리처럼 독장사. 그건 펨푸가 있건 없건 상관없이. 그건 자기가 펨푸가 데려온 손님을 받을 때 [펨푸한테] 30프로 주는 거고, 자기 혼자 장사하는 사람은 방값을 내고. 그런데 방값이 어마어마하

지. 뭐 한 달에 방값을 뭐 이백, 삼백, 삼백오십, 그리고 요새 같은 경우에는 삼백오십을 어떻게 뽑아~. 그러니까 요새는 독장사하는 애들이 없지. 차라리 주인 끼고 하는 게 낫지. (손님을) 안 받으면 안 받고, 받으면 (받은 거에서 주고) 그러니까. 7통 저 뒤쪽에는 전부 옛날에 방값만 받는 주인들이 있었어. 한 달에 삼백오십, 삼백, 이백 이렇게 (저기 안쪽에 말하는 거지?) 어. 그쪽. 그니까 저쪽 골목. 거기 지금 거의 다 문 닫았잖아. 삼백오십씩 (방값을) 줘봤자 자기가 벌어가는 게 없으니까. 그래서 많이 내렸다고 하더라. 한 이백 정도 받는다 하더라. 요새는. 그래도 혼자 하는 거 보다 주인이 있는 게 낫지. 우리 같은 경우는 벌금이 문제잖아. 만약 호객행위하다 걸리면, 그러면 펨푸가 있는 집, 주인이 있고, 펨푸 있는 집은 벌금도 셋이서 나누니까. 펨푸가 손님을 모시다가 걸렸잖아? 펨푸 앞으로 하여튼 어쨌든 벌금이 나올 거 아냐. 그러면 그 벌금을 펨푸 혼자 벌자고 한 게 아니잖아. 서로 벌자고 하기 위해서 그랬으니까 아가씨, 주인, 펨푸 나눠서 벌금을 내는 거야. 우리 같은 경우는 걸리면 우리가 다 내야 하잖아. 그러니까 우리는 몸을 많이 사리고. 그니까 이 뒷골목은 하여튼 뭐 걸렸다. 벌금 백오십 나왔다. 오십씩이니까 좀 낫지. 주인은 인자 뒤에서 좀 봐주고.

요 특별법 생기고 나서 하도 뭐 뭐 펨푸들이 바깥에 나와서 많이 설쳐서 고발이 많이 들어가서 이런 시끄러운 일이 있다, 없다. 뭐 이거 난리가 났었잖아. 인원수를 또 제한했지. 많이 안 나가게. (펨푸 인원수를?) 기존에 있던 사람 외에 다시 못 들어온다. 펨푸들이. 펨푸가 여럿 있으면 더 좋지, 아가씨는. 어차피 아가씨는 버는 거에서 떼가니까. 근데 그 이상은 못 들어온다. 그리고 저녁 아홉 시 이전에는 나오지 마라. (그래서 열 시 얘기가 나온 거구나.) 응. 응. 열 시.

지역 내 갈등 : 유리관 VS 뒷골목

◦◦◦ 그런 문제제기를 누가 했어요? 펨푸 아줌마들이 많이 나와 있어서 단속이 많이 된다는 거.

●●● 그거는 업주회의에서. (업주회의에서?) 응. (업주는 거의 유리관 쪽 업주가 많죠?) 그렇지. (그러면 거의 젊은 언니들이 일하기 편한 쪽으로.) 몰아가는데, 우리가 또 가만히 있을 수가 있냐. 뒷골목에 있는 사람들이 우리끼리 자체적으로 올라갔지. 우리 뒷골목에 있는 사람들만 모아서. "이건 너무하는 거 아니냐? 누구는 일곱 시부터 불 켜고 24시간 불 켜놓는데, 왜 우리만 가지고 그러느냐. 어? 너희는 그러면 대낮에 좀 불 좀 꺼라. 어? 낮에라도, 여기가 딱 특별구역이 되가지고 그거 하러 오는 사람들만 있다면 24시간 불 켜놔도 상관없지만 너네들도 벌거벗고 있잖냐. 그러면 너네도 윗도리 긴 거 입고 있어라" "그러면 낮에 나오는 사람들은 쫌 피해라" "왜 뒷골목에 있는 사람만 그러냐" 〔그랬더니〕 뭐 현대에서 뭐 서류가 왔는데 이만큼이 왔니, 뭐 태평양에서 뭐 신고가 들어와서 이만큼이 왔니. 다 펨푸들 때문에 그렇다 이거야.

◦◦◦ 현대하고 태평양이 뭐야? 그 회사 다니는 사람들?

●●● 그 회사 다니는 사람들이 신고를 한다는 거야. 왜 그러냐. 그것도 일리가 있는 게, 이렇게 〔출퇴근길에〕 한 번 내리고 지나가면 이 사람이 놀다가라, 또 그냥 지나가는 길인데도 이 사람이 잡아당기다가, 뭐 또 이 사람이 잡아댕기다가 그러니까 이 근처에서 회사 다니는 사람들이 신고를 많이 한다는 거야. 대체적으로 그러니까, 그리고 뭐 이제 경찰 교대시간이 여덟 시면 뭐 높은 사람이 지나가는 경우도 그 시간에 대부분 지나가는데 "아줌마들이 하도 설치니까 외국인들이고 뭐고 신고가

많이 들어가니까 자제를 해주라" "그 시간에 나와 봤자 손님 몇 개나 하냐?" "신고가 안 들어가야 전경배치도 덜 되는 게 아니냐." 전경 배치되면 우리만 당장 피해 보니까. 그러니까 우리는 그 말을 안 따를 수가 또 없는 거야. 울며 겨자 먹기로. 그렇게 된 거지, 맨날 펨푸골목을 없애야 된대. (회의에서? 업주회의에서?) 어. 무조건. 그런데 이제 우리가 여기 있는 사람들이 여기 붙박이 들은 전부 펨푸골목에 있다, 다 영등포에서 오고 뭐 이제 들어온 신입 포주들은 새로 온 사람이지, 용산의 원조들은 다 진짜 펨푸골목에 앉아 있다, 옛날에 누가, 유리관이 어디 있었냐, 전부 다 펨푸골목이었는데, 그러면 그 사람들을 다 몰아낼 수는 없지 않느냐, 그 대신 좀 자제를 하자, 그래가지고 합의를 본 거지. 열 시.

○○○ 열 시에 나오고, 다섯 시에 들어가는 걸로?

●●● 응. 근데 이제 슬슬 아홉 시, 이제 슬슬 아홉 시 쯤 넘으면 슬슬 나오는 거지. 그리고 이제 펨푸골목에 있는 사람들이 너무 많이 나와 있다. 한 집에서. 아가씨까지 나와서. 아가씨는 당연히 나와서 하면 자기는 버는데, 나와 있지. 방에 가만히 있느니. 어차피 돈 벌러 나왔으니까. 그런데 그거를 못 나오게 해라, 어째라. 뭐. (갈등이 쫌 있네.) 많았지. 많았지. (나오는 시간, 사람 인원수 제한?) 응. 그것 때문에. 어떤 사람들은 회의 참석 안 하는 사람도 있잖아. 보호를 받을 수가 없으니까. 그러면 맨 처음에 막 우리가 뭐 급하게 뭐 특별법 이랬을 때는 그 말이 떨어졌을 때는 급했으니까, [회의도 나가고 지시에 따르기도 하고 그랬는데] 그런데 가만 보니까 암껏도 아니고 결국에 피해보는 건 우리 쪽이니까. 그러면 [앞 골목] 업주들이 결정한 것을 지키는 사람들은 지키고, 안 지키는 사람들은 "저들이 뭔데 뭐 어떻게 보호를 해준다고 인원수를 제한하느냐?" 그러면 그때 당시 한 집에 둘이 있었다. 예를 들어서. 지금은 셋,

불을 밝힌 유리관골목
성매매방지법 이후 용산의 성매매 업소들의 단속에 대한 공동대응은 펨푸골목의 나이든 여성들의 소규모 영업에 더 큰 부담으로 다가온다. 호객행위에 대한 자체적인 제재는 펨푸골목 여성들의 '영업'을 매우 어렵게 했고, 이 여성들은 생계를 위협받는 상황에 처하기도 했다. 반면 '목소리가 큰' 유리관업소는 이런 자체 제재로 인한 타격이 상대적으로 덜하다.

넷 되면 옆집에서는 가만 보면 다른 집은 [나와서 호객하는 사람이] 서넛 되는데 우리 집은 손해인 것 같거든. 그러면 "왜 너그는 그러냐? 응? 더 이상 두지 않기로 했지 않느냐? 안 두기로 했잖냐?" 뭐 그거가지고 여기 동네 매일 싸웠어. 매일. 진짜. (펨푸 아줌마들을 한 집당 몇 명씩?) 한 집당 몇 명씩이 아니고 기존에 있던 대로 치는 거야. 그럼 그때 [조사] 당시 없었던 사람이 지금은 아가씨가 있을 수도 있고, 펨푸가 있을 수도 있잖아. 인원수가 늘어나면 "왜 거 제한하기로 했는데, 하냐?" 또 지들끼리 치고받고 싸우는 거야. 업주들끼리. 뒤에 있는 업주들끼리.

이제, 그러다 보니까 또 이제 회의 참석하는 사람들하고, 안 참석하는 사람하고 "나는 그런 얘기 듣지도 못했고, 나는 그런 말을 따를 필요가 없다" 그런 집이 있고. "왜 회의에서 이렇게 하기로 했는데, 너는 규칙을 안 따르냐?" "그러면 너는 그 말을 따라라. 나는 나대로 한다." 이래가지고 싸움이 많았지. 진짜 많았어. 특히 동진이 언니 같은 경우는 그때는 아가씨가 없었어. 하나인가 있었어. 근데 그 골목에 하도 싸움이 많이 나니까 정한 거야. 최양은 혼자 나오기로, 서희네는 둘, 동진이네 둘, 근데 동진이네가 그러다가 아가씨가 한 명 더 생긴 거야. [아가씨] 하나가 더 나와 있으니까 인제. 근데 밖에는 밥그릇이니까 이게 구역이 있으니까, "왜 회의에서 그랬는데, 안 지키냐?" "언니야 뭐냐?" 뭐 어쨌다 하니까 하나가 더 생기니까 하나가 슬슬 나오니까 아~. 〈담배를 꺼내어 문다.〉 (그래서 서로가 좀 갈등이 있었구나.) 응. 응. 하여튼 거기가 제일 문제였어. 하여튼. (지금은 좀 정리가 됐어요?) 정리가 된 게 아니고 서희가 이리로 왔으니까. 그쪽에 싸울 일이 없지. 정리나마나 인제는 회의도 별로 안 하거니와 회비도 받으러 오지도 않더라. 요새는 (회비 안 받으러 와요?) 몰라. 내가 안 냈으니. 내가 잘 안 맞춰서인지. 내가 잘 안 나가니까. 뭐 밀리면 한꺼번에 받아가겠지. (한 달에 오만 원씩?) 응. (그것도 큰 돈이다.) 큰 돈이지. (…)

○○○ 펨푸골목이랑 뒤쪽골목이랑 갈등 그런 것처럼 또 무슨 갈등이 있거나 서로 입장이나 상황이 달라서 그런 일이 또 있었어요? 뭐 개인과 개인 간에 아니면 뭐 7통하고 8통하고 그런 일?

●●● 그 7통하고 8통 얘기는 우리가 알 수 없고, 업주들 지들끼리 얘기니까 알 수가 없고, 여 뒤에는 엄청나게 그런 갈등이 좀 있다가 지금은 많이 완화된 것 같애. 규제가 완화돼서 그런 건지, 여하튼 좀 많이 완화됐어. 서로 양보도 좀 하고. 어차피 우리 싸워봤자 우리 자기 살 뜯기니까 조금씩 많이 양보하는 거지. 처음에는 뭐 외부 펨푸가 못 들어온다. 이 집에 있다가 그만두면 저 집에 가서 일을 못한다. 그런 게 있었어. (정말? 동진 언니 밑에 있다가 서희 언니 밑으로 못 가는 거였어?) 어. (왜요? 왜 그런 일이 생겼어요?) 그건 회의에서 그렇게 정했으니까. 그러니까 인원수를 자꾸 줄여 나간다는 거지. 〔뒷골목에 사람이〕 많으면 아무래도 사건이 많아지니까.

○○○ 그게 다 9월 23일 이후에 벌어진 일이라는 거지?

●●● 응응. 그리고 이쪽으로는 그렇게 9월 23일 이후로 그런 규제가 많아진 반면에 아가씨골목은 또 그런 규제가 없어진 거지. 우리 아가씨 회의에서 들어보니까 내가 만약 오늘 여기에서 일하다가 앞집에 가고 싶다. 그러면 옛날에는 업주들끼리 안 받아주고 개네들을 빙빙 돌렸잖아. 근데 그거를 인자, 아가씨 회장이나 부회장한테 가서 난 저기 가고 싶다 그럼, 받아주라 아가씨회에서 받아주라면 무조건 받아주게 됐잖아. 그게 만약에 아가씨회에서 결정한 대로 그렇게 안 하면 그 집은 장사 못 하게 해준다. 뭐 업주들도 같이 단합을 해서. 그러니까 유리관 아

가씨들은 좋아졌지. 만약에 돈 나눌 때 반반 말고 무슨 방세를 뗀다든지 이상하면.

○○○ 그러니까 젊은 아가씨들은 유리한 계산방법을 해주는 집으로 옮기고 싶으면 옮길 수가 있게 된 거네?

●●● 응. 아가씨들은 그렇게 됐지.

○○○ 근데 왜 그렇게 됐을까? 그럼 똑같은 법 때문에 저기 앞 골목 아가씨들은 일하는 게 좀 편해진 셈이고 뒷골목 나이든 언니들은 더 힘들어지고?

●●● 파워 때문이지. (파워?) 그리고 뒷골목은 어쨌든, 이유가 이제 거기서 많은 사람들이 설치면 여기가 바로 역 앞인 데다가 또 파출소 옆이니까 외부인들의 신고가 많아지니까 다 같이 지장을 본다. 그러니까 뒷골목에서 좀 자제를 해줘라. [영업을] 못 하게는 못 하지만 영업을 하되 좀 자제를 하자. 우리도 어차피 전경들이 배치되어 있으면 일을 못 하잖아. 전경이 배치되어 있든지 순찰이 돌면, 그럼 뭐 [유리관 쪽 업주] 자기네들 얘기로는 순찰이 자꾸 도는 이유가 뭐냐 이거지. 하도 바깥[뒷골목]에서 잡아댕기고 실갱이를 하고 [호객을] 하니까 그렇다. 아줌마들이 설쳐대니까. 그러니까 아줌마들이 자제하면 전경들도 안 나올 것 아니냐. 그렇게 말하니 뭐 그렇게 따를 수밖에. 그니까 그 수를 제한하는 방법은 아가씨가 그 집에서 만약에 싸움이 나서 일을 하기 싫다. 옆집에 못 가면 그 사람은 용산을 떠나야 된다는 것이다 이거야. 그러니까 인원수가 당연히 줄어들겠지? 그렇게 만들었다고.

근데 그 첨에는 말도 안 되지만 첨에는 우리가 장사를 하기 위해서 전경들이 맨날 배치되어 있고, 순찰 돌고 이러면 영업을 하지를 못하니까 하나라도 벌기 위해서 법을 따라야, 그 주어진 대로 울며 겨자 먹기로. 근데 이제 차츰차츰 뭐 그럴 수가 없지. 아무리 생각을 해도. 그리고 유리관에 아가씨들도 그때는 단속에 걸려서 잡혀가면 개네들은 보호를 다 받고 어쨌든.

○○○ 유리관 아가씨들도 단속에 걸렸어요?

●●● 걸린 적이 있었어. 근데 한 번을 처벌받은 적이 없어. 그러니까. 결론은. 근데 펨푸들이 다 잡혀 들어갔는데 다 처벌받고 나온 거야. 아직까지 벌금 나온 사람들이 몇 명이나 되는지는 그거는 모르겠고 하여튼 은실이 같은 경우는 영등포에서 걸린 거니까 벌금이 백만 원 나왔다고 하고, 처음에는 백만 원이 나오고, 두번째 걸렸을 때는 백오십이 나오고. 〔그렇게 벌금이〕나온 거를 알고 있어. 근데 여기는 펨푸들도 걸린 사람이 지금 몇 되거든. 동진이 언니 같은 경우도 특별법이 생긴 그 이후에, 그 이후에 펨푸들이 몇몇 우리가 아는 몇 잡혀갔었어. 근데 유리관은 처음에 초창기 때 몇 번 잡혀가고, 다 뭐 그냥 나오더라고. (업주가 손을 써준 거예요?) 그렇겠지. (업주들한테도 벌금 물리거나 그렇지 않고 아무것도 없이 나왔다고?) 잘 모르겠어. 그것까지는. 자기네들이 하는 일이니까. 그때는 변호사가 있었잖아. 변호사 선임을 한다고 하니 업주들 뭐 뭐 얼마씩 걷고 그랬어. 고문 변호사를 선임했어. 하여튼 좌우지간 선임을 했어. 뭐 대학 교수인가 뭔가 하면서 변호사도 하는 사람을. 그렇다는 거 같애. 자세하게 내용은 잘 모르겠어. 하여튼 변호사를 선임을 했어. 근데 만약에 무슨 사건이 일어나면 백오십만 원을 또 내야 된대. 사건이 나면. 뭐 백오십만을 낸다든가? 뭐 하여튼 그래. 근데 우리는 뭐 변호사를 선임하는 것하고, 차라리 벌금 백오십 내는 게 낫지. 안 그래? 예를 들어서 우리 같은 경우는. 우리야 해당사항이 없으니까 그런 거에 대해서는 귀를 안 귀울였지.

○○○ 근데 변호사 선임한 거 다 여기서 회비 걷은 걸로 했을 거 아냐?

●●● 그니까 그 따로. 변호사 선임건은 따로. (회비에서 안 하고? 회비에서 걷은 걸로 변호사도 선임하고 그랬으면 펨푸가 걸렸건, 유리관이 걸렸건 간에 변호사 도움을 받아야 하는 거 아닌가?) 그러니까. 근데 우리는 인제 보호를 못 받으니까 점차적으로 쟤네들 말을 따를 수가 없다. 우리가 전화하면 와서 얼굴 코빼기라도, 파출소에 잡혀가면 우리가 당연히 회장, 부회장한테 전화를 하잖아. 하면. 누구라도 오긴, 왔다 가긴가. 왔다 가면 뭐하냐고. 그냥 뭐 조사받고 그냥…. (아무런 조취도 취해주지 않았어?) 응. 그러니까 그 다음부터는 연락도 안 하거니와 변호사가 있다고 해서 만약에 뭐 변호사 선임, 뭐 고문 변호사는 뭐 일도 그냥 봐줘야 되잖아. 근데 한번 자기네가 할 때마다 밤이고 뭐 낮이고 뭐 쫓아온다 하더라고 그러면 또 뭐 백오십만 원을 내야 한다는 소리가 있더라고. 그럴 바에는 벌금 내는 게 낫잖아. 여기 전과 없는 사람 어디 있어. 여기 윤락 전과, 호객 전과 없는 사람이 어디 있어. 그니까, 여기 실효를 못 거두니까, 그 뒤로 여기, 여기 신임이 안 가니까. 느그들은 너대로 떠들어라 우린 우리대로 장사한다. 이런 식으로 됐지. 지금도 변호사가 있는지 없는지는 잘 모르겠고. 하여튼, 그땐 뭐 성매매방지법 생기고 한 몇 달 동안, 뭐 몇 번은 일주일에 한 번 정도? 회의 했나? 맨날 그 얘기가 그 얘기야.

○○○ 언니, 여기 독장사하는 언니들도 힘을 가지려면 그럼 모여야 되겠네?

●●● 우리끼리 몇 번. 한 번 모였지. 이 뒷골목 사람들만 모이자 해서 모여서 인자 회장을 불렀어. 불렀지. "왜 우리만 꼭 이렇게 해야 되냐?" 〔회장〕 그 사람 말 좀 잘 하냐? 뭐 소리가 어쩌고 저쩌고 저쩌고 이렇다

하면서 그러니까 우리가 협조를 해야 다 같이 용산이 피해를 안 본다. 그러니까 물론 자기도 어릴 때부터 〔용산에〕 있었지만 여기 다 여기 토박이들인데 자기는 내치지는 못하는데 단, 신고가 덜 들어가야, 조용해야 우리가 단속을 덜 맞고, 여기 전경들도 풀 수가 있으니까, 협조를 해달라. 그럼 우린 당장 전경을 푸는 게 문제니까 협조를 안 할 수가 있냐고. 그랬더니 그럼 좋다. "우리가 그것까지 협조를 해줄 테니 우리도 좀 살려줘라" (그래서 〔유리관〕 그 쪽에서 이쪽 〔뒷골목〕을 위해서 해준 일은 뭐야?) 없~지. 결론적으로 전경이 풀렸다는 게 자기네들 때문에 풀렸다는데 사실은 뭐 그 전경들이 매일 집창촌만 관리할 수 있냐? 솔직히 우리 생각은 그래. 기한이 됐으니까 풀린 거야. 처음에 진짜 몇 달 동안은 특별단속기간이니까 백 일 동안 무조건 배치된 거고 그 와중에 우린 살겠다고 버덕대니까 그럼 기한이 더 연장된다 그러니까 느그가 좀 조용히 해주라. 뭐 해먹고 살려니까 조용히 해준 거지 처음에는. 근데 나중에 본께는 그게 아니지. 우리끼리 인자 얘기로….

○○○ 독장사하는 언니들은 몇 명이나 모였었어? 그때?

●●● 한 이십 명 정도, 앉은뱅이 아가씨들, 그니까 방에 있는 애들만 말고. 펨푸, 업주, 독장사하는 사람들이 다 모였지. 같이. 우리가 자체적으로 모이자. 좀. 제발. 우리도 목소리 좀 크게 하자. (앞에 업주 말고, 뒤에 업주만?) 그니까 펨푸골목이라 해봤자, 우리집에서 〈앉은 자리에서 손으로 방바닥에 둥그런 원을 그리며〉 요렇게 돌아가서 고기까지야. 거 역전 바로 앞에까지. 바로 한 칸 건너까지. 거기들만 다 모였지. 그런데 모여 봤자 목소리 큰 사람도 없고, 먹고 살려니 뭐 따라야 되겠고, 그러다 보니까 맨날 우리만 당하고 있으니까, 에라 모르겠다. 너그 하고는 이제 말하기도 싫다. 이제 이런 식으로 나가게 된 거지.

○○○ 뒷골목 앉은뱅이 언니들 중에서도 저기 독장사 많죠? 완전히 중앙통로 말고 골목 하나 들어가고 양쪽으로 문 있잖아요.
●●● 거기는 거의 없어졌어. 지금. 불 껐어. 다 거진. 그, 독장사를 하면 돈을 더 많이 벌기 위해서 독장사를 하잖아. 앞에 나와서 이제 유리관에 서 있을 형편은 못되고, 뒷골목 다 나이 있는 아가씨들이 있으니까 거 같이들 해먹으니까. 그랬는데, 방세가 너무 비싸니까. 생각을 해봐. 이백, 삼백씩 주고 누가 어떻게 하냐고. (꽤 되던데?) 많았지. 어휴, 많았지. 많았는데, 그런데 지금은 그쪽으로는 진짜 불이 많이 꺼졌어. (…)

밖에서 보는 착취, 안에서 이야기하는 상황

○○○ 불만은 없어요?
●●● 불만은 무슨 불만. 빨리 벌어서 나가는 게 최고의 목적이지. 치. 불만만 하고 있으면 뭐 할래?
○○○ 그래도 하다못해 음료수 파는 아줌마한테도 약간 불만이 있더라. 조금 비싸게 받더라.
●●● 그래서 안 사잖아 우리 같은 경우에는 마트 같은 데서 사오든지, 나야 옛날부터 그랬으니까. 옛날부터 뭐 마트 가서 사오고. 뭐 한꺼번에 사다놓고. 용사의 집 가서 사오고, 여긴 뭐 마 따불이잖아. 크리넥스 한 통도 따불이야. (누가 팔아?) 불곰이라고 있었고. (불곰?) 어. 지금은 업주 하잖아. 그리고 차로 오는 아저씨. 그리고 옛날엔 삼촌들이 다 했지.
○○○ 분위기가 안 살 수 없진 않았나 보네? 꼭 사야 되는 거는 아니었나 보네?
●●● 그니까 여기 우리 같은 경우는 우리가 돈을 만지니까, 매일 뭐 사

러 다니고 이러지만, 그래도 콘돔 같은 거 사러 나가는 건 좀 그렇잖아. 그러니까 삼촌들이 "몇 개 필요해" 하면 몇 개 갖다주고 몇 개 필요하면 몇 개 갖다주고 하니까, 그리고 장부 적어났다가 계산에서 빼고 그러니까 개네들은 그래서 사는 거지, 개네들이라고 생각이 없겠어? 그리고 맨날 자고 일어나고 그게 뭐 이렇게 사러 나가는 게, 그게 어마어마하게 힘들어. 우리가 장보러 가는 것도 힘든데. 개네들 열 몇 시간, 열두 시간씩 서 있다가 잠자다가 일어나서 씻지도 안 하고 나갈 수도 없고. 그니까 편하게 사는 거야. 불만은 불만이지. 그 비싸게 받는데 불만 아닌 사람이 어디 있겠어. 그리고 인제 우리 같은 경우는 비싸니까 한 박스를 산다든지 이렇게 사다놓고 쌓아놓잖아. 그런데 개네들은 방도 좁고, 어디 쌓아 놓을 데도 없고, 그러니까 필요할 때마다 한 통 두 통 이렇게 사다 쓰니까. 개네도 생각이 내가 뭐 오래 있겠다, 내가 몇 년 몇 월 며칠까지 일하겠다, 이러면 아~ 그때까지 쓸 양을 뭐 싸게 도매로 떼어올 텐데, 여기 일이 그런 게 아니잖아. 그러니까 강제가 아니더라도 그렇게 이용할 수 있겠지. 뭐 그런데 콘돔장사나 휴지장사도 많이 없어졌어. 아가씨들이 이제 돈벌이가 안 되니까 서비스도 덜 하고 그러니까.

○○○ 서비스도 많이 달라졌어요? 옛날보다?

●●● 아가씨들이? 우리가? (예.) 그렇지. 돈벌이가 안 되니까 음료수라도 아끼게 되지. (어떻게 달라졌어?) 안 주는 거지. (옛날에 아주 잘 나갈 때는 어느 정도나 많이 나갔어? 기본으로.) 기본은, 뭐 한 사람 앞에 음료수 두 병 먹고, 들어올 때 하나, 나갈 때 하나. 뭐 그리고. 뭐 자고 가는 손님의 경우, 양말 정도는 뭐 기본으로 나갔고. 하여튼 어쨌든 후하게 그런 건 빠지지 않았는데, 이제는 뭐 음료수 한 병도 따지게 됐으니까. (가격도 많이 달라졌어요?) 가격은 올랐다더라. (올랐어?) 응. 원래 육만

원이었거든, 근데 칠만 원. (유리관 거기 앞에가?) 유리관. 쟤네는 뭐 칠만 원인가? 펨푸골목은 거진 사만 원…. 여긴 가격이 있다고도 할 수 없고. (가격에도 차이가 나면 더 힘들 것 같다. 단속도 있는데.) 펨푸가 단속에 제일 많이 걸리지. 아무래도 설쳐대니까. 또 지나가는 게 누가 누군지 모르니까. 유리관 아가씨들은 보호받으니까 좋지. 큰 보호받고 있다니까. 근데 손님들이 없으니까 빚 댕겨서 왔다가, 몰라 요즘에는 빚 댕겨주는지 안 댕겨주는지 몰라. 왔다가 그냥 몇 개월 있다가 가고. 손님이 없으니까 첫째.

단속에 관한 경험

○○○ 언니도 단속에 걸린 적 있어요? 용산에서?

●●● 한 번 걸렸잖아 (언제?) 특별법 생기기 전에 (걸리면 어떻게 되는 거야?) 파출소 가서 조사를 받고, 그 다음에 경찰서 가서 조사를 받고, 집에 오면. 어 그 전에는 즉결을 갔다더라. 근데 특별법이 생기네 마네, 그때 초창기 법 딱 바뀌고 나서는 내가 최초로 걸린 거지. 근데, 내가 경찰서 가니까 "왜 이런 걸 가지고 경찰서를 보냈냐?" 그래서 경찰서에서 다시 즉결을 보낸 거야 나를. (즉결심판?) 어. 즉결을 보냈는데, 즉결심판에서 법이 바뀌어서 인제 또 다시 조사기관에서 조사를 받아야 된대. 나 두 번 세 번 왔다 갔다 했어 (그럼 다시 경찰서로 간 거야?) 다시 경찰서로 왔지. 그러니까, 어느 법에 적용을 해야 될지 몰라 막 우왕좌왕 하더라? 그러다가 벌금 오십만 원 나왔더라고…. 그전에는 다 즉결 갔어. 특별법 생기기 한 몇 달 전, 한 6개월인가, 하튼 그 전에 그런 일이 있었지 싶어. (오십만 원이면 되게 비싼 건데.) 되게 비싼~ 정도가 아니지.

○○○ 내가 전에 물어봤어. 이렇게 벌금이 많이 나오는 근거가 뭐냐고. 그게 단속이 전에 걸린 적이 있으면 더 나오고 그런 거라고 하더라고.

●●● 난 처음이야 하여튼. 호객이고 윤락이고 간에 난 처음이었어. (정말 짜증났겠다, 진짜. 왔다 갔다~.) 왔다 갔다, 왔다 갔다 그게 문제가 아니야. 거기 가서 그 조사받는 과정이 문제지.

○○○ 그것 좀 얘기해줄 수 있어요?

●●● 가면, 일단 사람 취급도 안 하잖아. 농담하면서 "요즘은 얼마예요?" "전에는 얼마였는데" "요새도 마, 애들 많아요?" 뭐. 이 조사를 받으면 내만 딱 가서 거기만 가서 딱 받고 오면 되는데, 그게 아니라 옆에 지나가면서 뭐 "윤락 왔네" 어쩌네 저쩌네, 그거 자체도 부끄러운 데다가 그 조사하는 것도 뭐, 뭐, 어디서 태어나서 어떻게 된 것까지 다 하더라. (왜?) 모르지. 학력, 뭐 "담배 피냐?" "술을 마시냐?"

○○○ 담배 피냐 술을 마시냐는 왜 물어본대?

●●● 몰라. 언제 일을 했냐. 그럼 다 어제부터 일했대지, 며칠 전부터 일했대지, 누가 뭐 몇 달 전부터 일했다고 그러냐? 그리고 전과가 있나 없나 다 보더라. "윤락 전과가 있냐?" "업소는 처음이다." 어휴~ 한 서너 시간 받았나? 묻고 또 묻고, 묻고 또 묻고. (뭘 그렇게 물어?) "얼마냐?" "요새 손님이 얼마나, 하루에 몇 명이나 받냐?" "주인이 얼마 빼가냐?" 주인 없다. 뭐 그럼 "언제 왔느냐?" 별의 별 걸 다 묻더라니까. 아무 상관없는 거. 지겨워서 죽는 줄 알았어. 지겨워~ (그래서 서너 시간 파출소에서 조사를 받고~.) 아, 파출소에서는 잡혀가면, 인제 왜 잡혀왔는지, 그건 진술서를 쓰잖아, 그러면 또 그 파출소에 몇 시간을 앉아 있어. (기다리고 있는 거예요?) 응. 경찰서에 넘길 때까지. 그럼 또 빽차를 타고 경찰서에 넘어가지.

그럼 우리가 보통 일하는 게 밤에 일을 하니까, 경찰서 넘어가면 이미 시간이 넘어간 거 아니야. 그 사람들 사무 보는 사람들, 그 조사하는 사람들이. 그니까 당직하는 사람들이 몇몇 있으니까 또 기다려야 돼, 거기서. 몇 시간 기다리면 한 사람 와서 조사를 하다가 뭐 급한 일 있으면 나갔다가, 들락날락 그렇게 밤새고 나오면은, 사만 원. 하루에 사만 원인가를 까줘, 벌금에서. 밤을 샜으니까, 거기서. (하루치를?) 어. 나같이 아침에, 나는 즉결 가는 줄 알고 갔다가, 다시 조사계 갔다가, 이렇게 하는 사람은 아침에 갔으니 사만 원도 안 까주고 고대로 오십만 원 다 나오고. 밤에 보통 열 시 열한 시에 잡혀가잖아, 그럼 보통 새벽 네 시에 나와. 운 좋은 사람은 한두 시에 나오고, 또 사람 대접을 못 받잖아. 다른 사건으로 온 사람은 떳떳하게 얘기나 하지만, 우리는 조용 조용 얘기를 해야 될 거 아니야. "요새 얼마 받어?" 뭐, "어떻게 손님을 모셨냐?" "뭐라고 했느냐?" "방이 어디냐, 어? 주인이 누구냐?" 뭐, 뭐, "얼마를 벌었냐?" "대충 한 달에 얼마를 버느냐?" 아~ 그게 진짜 괴로운 거지, 벌금도 벌금이지만. 그리고 벌금 나오는 기간에 나오는 사람도 있고, 그거 경찰서까지 넘어갔는데도 나온 사람이 있고, 안 나온 사람도 있고 그러더라고. (그래요? 어 그거 안 나오면.) 그래도 나올 때까지 얼마나 마음 졸여. 언제 나올지 어떻게 알어, 그게. 내 같은 경우는 한~ 두 달만에 나왔나? 벌금이.

○○○ 금액이 얼마가 나오는지는 받아봐야 아는 거예요? 아니면 얼마가 나올 거라 미리 얘기해줘요?

●●● 아니, 받아봐야지. 나는 처음에 즉결 가면 최고 이십만 원까지라고 하더라고. 즉결 가는 사람들은 보통 오만 원 나오는 사람도 있고, 십만 원 나오는 사람도 있고, 이십만 원 나오는 사람도 있고 그런대. 아니

면 구류를 살든지. 근데, 특별법 생기고 나서는 거진 백만 원이 나온다고 하더라고. 나온 사람들이 백만 원 받았으니까. 근데, 백오십만 원 나온 사람도 있더라고. 특별법 생기고, 지금 여태까지 십일월인데 잡혀간 사람들 아직 벌금 안 나온 사람들 많으니까, 언제 나올지는 모르지. 잡혀가면 진짜 짜증나지. 요새 들어가면 열흘 벌어서도 벌금도 못 낸다는 소리야. 그니까 인자 삼백만 원까지 나온다는 소리가 있더라고. 그럼 업소, 업주들이 있는 집은 인제 교육을 시키지. 혼자 장사한다고. 그게 잘못되면 업주도 걸리고, 뭐 그 건물주도 걸리고 그러나 봐. 그래서 변호사가 필요하지. 우리 같은 경우는 변호사가 진짜 필요한 게 아니라 불필요하지. 우리 같으면 걸리면 뭐 여태까지 전례를 봐서 백만 원인데, 변호사를 백오십 주고 살 이유가 없잖아. 업주들은 자기네도 걸리고 벌금도 대단하다더라, 업주라. 업주는 아가씨도 걸리고, 뭐 집주인도 걸리니까, 변호사를 사서라도 마무리를 시키겠지만, 우리 같은 경우는 필요가 없지. 변호사 이거는 우리하고 상관없는 일이지. 보호를 전혀 못 받았으니까, 인제 회의도 참석 안 해. 뒷골목 업소에서는, 안 가지, 가봤자 뭐 해. 시간 낭비지. 회비나 내라 소리 하고, 찬조금 내라 소리밖에 안 하는데, 뭐. (…)

독장사, 벌금, 단속….

○○○ 뒤에 언니들은 그런 거 잘 참석 안 해요?
●●● 원래 앉은뱅이들은, 회의 날 아예, 업주 아니면, 아가씨 회의인데. 아가씨 회의도 뒤에 앉은뱅이들은 아예 아무도 참석을 안 하지. 앉은뱅이도 다 해봤자 몇 안 되고. 그리고 독장사 하는 애는 어차피 업주로 되

니까 업주 회의에 가야지, 업주잖아. 자기가, 자기가 다 먹으니까, 어쨌든. 집세를 그만큼 많이 준다는 것뿐이지.

○○○ 에이 업주는 아니지. 그냥 자기 혼자 장사하는 거니까. 근데도 업주 회의를 나가요? 독장사하는 언니들은?

●●● 그렇게 해야지. 그니까 그 방을 얻어서 하니까 어쨌든 그 방의 주인이잖아. 그러니까 우리 같은 경우도 업주 회의를 나가야 된다는 그 소리야. 그리고 아가씨 회의는 아가씨 회의대로 왜 안 오냐고 또 부르러 오고. 이중으로 한다고 봐야지~. 인제 이거 하, 하는 거냐? 전면적으로 못 하는 거야?

○○○ 이거요? 언니가 보기에 달라진 게 뭐가 있어요?

●●● 그니까 특별법 하고서 달라진 게 뭐가 있냐고? 벌금만 더 세졌지. 손님들도 처음에는 걸린다, 뭐 어쩐다, 그러면서 안 오더라. 진짜 손님이 안 와서 못 했어. 그 다음에는 문 열고 슬슬 했거든? 근데 손님들이 겁이 나서 못 들어오는거야, 첫째는. 그리고 유리관 쪽으로는 그래도 좀 보호를 받겠거니 하고 들어가는 사람도 있지만, 이 바깥에는 뭐, 뭐 누가 쫓아온다고, 뭐 겁을 내서 안 들어오더라. 뭐 인제는 손님들 자체도 경각심 없어졌나봐. 잘 들어오더라.

○○○ 좀 나아지긴 나아졌다는 얘기네 그러면?

●●● 일하는 거는 좀 나졌지. 일하는 거는 특별법이 생긴 때보다는 좀 나졌지. 그때는 아예 손님이 안 들어 왔으니까. 겁이 나서 잘 안 들어오니까.

○○○ 그럼 겁이 나서 안 들어온다는 손님은 어떻게 달랬어? 그냥 어쩔 도리가 없었나?

●●● 우리 같은 경우는 어쩔 도리가 없지. 우리도 겁나는데 뭐. 손님이

겁낸다고 둘이 같이 떨 수는 없잖아. 그래서 우리가 맨 처음에는 [손님한테] 단속이 없다, 없다, 괜찮다, 괜찮다 해서 모시고 왔어. 괜찮으니까 우리가 나왔지, 우리도 벌금을 내는데 우리가 왜 나오겠냐. 이렇게 해서 왔어. 그런데 그걸 또 회의에서 "단속은 있다 해야지 없다 카면 여성부에서 가만히 있겠냐. 단속은 있되 우리가 먹고 살라니까 한다고 그렇게 얘기를 해라" 회의에서 그렇게 나온 거야. 인제 뒷골목에서 사람들이 또 설치니까 그런 건지, 자기네들도 하면서. 뭐 요새 단속이 없단 소리를 해서 용산만 찍혔네 어쨌네. 뭐 그러니까 될 수 있으면 손님 모실 때 그런 말을 좀 하지 마라. 회의에 가면 인제 그런 얘기를 하는 거야. "왜 단속이 없다고 하냐? [단속은] 있는데, 먹고 살라고 한다" 그리고 "문 잠그고 불 끄고 해라." 그래서 나 같은 경우는 아예 불을 안 켜잖아. 우리 바깥에 복도에. (복도? 여기 들어오는 입구?) 입구에. 밑에만 켜고 위에는 안 켜잖아. 켜면 빨간불이 보이잖아. 단속 당할까봐 혹시나 겁나니까. (…)

이 내가 한 번 잡혀가서 노이로제 걸려가지고, 봐서 쫌 의심스럽다 그러면 [호객을] 안 해. 신발만. 경찰 신발만 신어도 안 해. 머리 스포츠 머리면 안 해. 〈웃음〉

단속을 피하는 나름의 전략들

○○○ 그러면 사람 봤을 때 저 사람이 함정수사 나온 건지 아닌지 판단하는 기준이 있어요?

●●● 우리? 음 신발. (신발이 왜?) 경찰 신발은 왜 딱 경찰들 신발이 정해져 있잖아. 신발, 머리, 두상. (두상? 머리는 왜?) 전경 애들은 대부분

다 스포츠머리잖아. 그리고 인상이 또 왜, 인상이 또 있어. 암튼. 특별히 인상이, 눈매라든지, 특별한 인상이 있어. 그럼 아예 안 받아. 〈웃음〉 (구두, 머리스타일, 인상?) 응. 그래 인상을 딱 보고 걸음걸이나 인상을 보고 이렇게 〈고개를 돌리며〉 안 하지. 그럼 내가 안 모시면 인제 〈앉은 자리에서 오른쪽을 가리키며〉 저쪽에서 오는 사람은 우리 집이 요기 골목에서는 첫 집이잖아, 우리 집이 첫 집이니, 내가 이렇게 처다보고 〔호객을〕 안 하면 줄줄이 다 아무도 안 모셔. 아무도 안 붙지. 그리고 나 역시도 〈앉은 자리에서 왼쪽을 보며〉 이쪽에서 딱 오는데, 펨푸들이 분명히 붙잡을 만한데 아무도 안 붙들면 나도 아닌 것 같애, 그러면 나도 그냥 보내지. 〈웃음〉 벌금이 장난 아니잖아. 하루 안 버는 게 낫지, 몇 만 원 안 버는 게 낫지~ 그렇게 하지. 그러면 서로 인자, 뭐 오늘 어디서 나왔대더라. 경찰 직원 차만 나타나도 오늘 직원 나왔다. 그러면 그냥 직원들이 볼일 보러 올 수도 있잖아? 그래도 우리는 다 들어가. (직원 차 알아요?) 그 옛날에는 진짜 그것만 외우는 사람이 있었어. 근데 지금은 직원들도 지방차도 끌고 오고 그래가지고, 우리도 헷갈리는 거야. 여기 여청계 직원들이랑 이런 사람들은 우리가 얼굴을 알잖아. 아는데 그 사람들은 와서 자기네들은 단속을 안 하고 밑에 부하들이 하니까 그 사람 얼굴만 보였다 하면, 바깥에 있는 사람들은 다 조용~해. 그리고 요새는 지구대 직원들이 너무 자주 바꿔잖아. 그러니 너무 무서운 거야. 옛날에는 다 정해져 있으면, 그 사람들 얼굴은 우리가 매일 나와 있으니까, 그 사람들도 매일 출퇴근 하니까 다 알잖아. 근데 인제는 얼굴을 모르니까. 무섭지. 그니까 인상만 좀 까틋하고 쫌 사람이 쫌 그렇게 보이면 안 받아. 진짜 죽인다니까. 못 살겠다. 못 살겠어.

○○○ 옛날에는 진짜 그거 번호만 외우는 사람 있었어?

●●● 그래, 번호만 외는 사람도 있었어. 차번호 몇 번 몇 번 지나갔다. 뭐, 회색 뭔 차에 뭔 번호 다 알고 있는 사람도 있었어. 그 차 떴다 이러면, 조용하게 한, 두 시간 있어. (…) 그 차가 괜히 골목에 떴다 이러면 우리는 주눅 들어가가 그 사람들 갈 때까지 조용하게 들어가 있는 거지. 또, 단속 나오는 거 아는 사람들은 알잖아. 그럼 뭐 허위정보가 와도 우리는 할 수 없지 뭐. 한 두어 시까지, 열두 시까지는 나가지 말자 그러면 또 들어와서 그때 가서 열두 시까지 못 나가고 있는 거야. (아예 열두 시 넘어서 한 시, 두 시 그런 새벽에는 단속 안 하죠?) 왜 안 해. (그때도 해요?) 응. 한, 두 시까지는. 두 시까지는, 두 시에 잡히는 사람도 있으니까. (아~ 경찰 진짜 애쓰시네.) 손님 모실래, 눈치 볼래, 진짜 애쓴다. 요샌 손님도 없거니와. 제일 문제는 카드야.

카드깡

●●● 하도 신용불량자가 많아서 그런지는 몰라도. 카드 내는 사람은 아예 받지도 안 해, 나는. 골 아프잖아.
○○○ 그게 육만 원짜리 손님이면 카드를 칠만팔천 원을 긁어와야 해? 그러면 손님한테 칠만팔천 원을 청구해?
●●● 그렇지. 손님한테 얘기를 하지. 처음에 우리가 이제 손님하고 얘기할 때, 오만 원입니다. 육만 원입니다. 얘기를 할 거 아냐. 그래서 결정을 하고 들어왔는데 카드를 내밀면 현금서비스를 받아오면 현금으로 오만 원 받지만, 아니면 그냥 카드로 긁어달라면 우리가 오만 원을 받아야 하니까, 오만 원을 손에 받아 쥐어야 되니까, 오만 원이면 육만오천 원 긁어야 된다고 얘기를 해야 돼. [얘기를] 해. 그럼 어떤 사람들은 부

당하다고 안 하는 사람 많지. 왜 오만 원인데 육만오천 원 달라고 그러냐고. 그러면 이런 저런 말하기 싫으니까 안 받아.

○○○ 그래서 만약에 오만 원인데 육만오천 원 긁으라고 하면 어디 가서 긁어와요?

●●● 긁어주는 데가 있으니까 이 근처에. 삼촌들이 있으니까.

○○○ 긁고, 현금으로 언니가 카드 삼촌한테 오만 원을 받아와?

●●● 긁고 와서 손님한테 싸인 받아서 그걸 갖다 주면 오만 원을 받아오지. 카드를 주면 일단 주민등록증하고, 그 사람 주민등록증하고, 그 사람 얼굴하고 대조를 해가, 주민등록증하고 카드를 가지고 가야 해. (손님들이 주민등록증도 내줘요?) 하러 왔으니까 그 사람들은. 우리가 본인이 아닌 카드를 가지고 가서 끊으면 도난 사고 나고 그러면 안 되니까. 하러 온 사람들은 아, 여기 오면 주민등록증 줘야 되는 줄로 알지. 그럼 거기서도 주민등록증하고 카드하고 확인을 한 다음에 그리고 주지. (오만 원이면 육만오천, 육만 원이면 칠만팔천?) 칠만 원은 구만천 원. 십만 원이면 십삼만 원. 한 22.5프로 되나? 한 그 정도 되는 거 같아. 내가 계산해보니까, 내가 계산해보니까 한 22.5프로 되는 거 같더라고. (그럼 상호가 어디로 찍혀요?) 글쎄, 옛날에는 쌀집도 나왔다가 횟집도 나왔다가. 뭐 의상실도 나왔다가, 뭐 손님들이 또 여관이나 여인숙, 여관이나 이거는 원치를 않으니까. 명세표에 나오니까, "여관으로 끊으면 안 해요" "안 해요" 그카지. 손님들 자체가 그래. 어디로 나오냐고 물어봐. 그럼 여관으로는 안 나온다고. 뭐 그럼 어디 나오든 상관없잖아.

(그럼 카드깡 하는 데가 많아요? 이 근처에?) 옛날에는 많았는데, 지금은 내가 카드를 전혀 안 받고, 전혀 잘 안 하니까, 한 서너 집. 근처에 있다가 전화하면 오지. 여기서 상주를 하고 있잖아. 차 안에서. 삼촌 오

라고 전화하면, 요 앞까지 오면, 긁어서 손님한테 주면 돼. 손님들도 옛날에는 카드를 많이 했는데, 하면 뭐 돈도 안 남거니와. 그 시간에 왔다리, 갔다리 그게 하느라고 힘들고. 하고 가서도 [나중에] 했네, 안 했네 뭐 가서 나중에 결재할 때 안 먹었네 하면, 우리는 오만 원을 받아왔지만 육만오천 원 물어줘야 돼. 예를 들어서, 그 사람이 도난신고를 냈다든지, 뭐 어쩌고 저쩌고 했다든지, 시끄러우면 우리는 그냥 돈 물어줘야 되잖아. 육만오천 원짜리 전표가 들어갔으니까 내가 오만 원을 받아 왔어도 육만오천 원 물어줘야 되는 거야.

더욱 나빠진 구매자의 행태

○○○ 제일 열 받을 때가 언제였어?

●●● 돈 내줄 때가 제일 열 받지. 요새는 또 이 특별법 생기고 제일 열 받는 게, 손님하고 사고가 생기잖아? 손님이 하다가 뭐 타임인데 뭐 너무 오래 한다든지, 내가 뭐 싸워서라도 얼마라도 받고 싶고. 얼마라도, 난 노력을 했으니까, 근데 이거는 파출소 가자 카고 이러면, 파출소 가면 벌금이 장난이 아니잖아. 그럼 실컷 해먹고 돈 내줄 때 그때 제일 속상하지. 그렇게 법을 악용하는 사람들이 많지. (손님들은 뭘로 시비를 걸어?) 못 했으니까 돈 달라는 거지. 다 달라는 거지. 무조건 다 내놔라 이거지. 옛날에는 못 하면 진짜 양심상, 지가 못 했으니까 다른 데라도 가서 마저 하고 가야 하니까 조금이라도 내달라고 했지. 아니면 큰 소리를 친다든지, 업주가 있으면 업주가 달래든지 뭐 이랬잖아. 그런데 인젠 뻑하면 신고한다네. 파출소 가자니, 내가 노력한 거 오늘 안 벌었다 생각하고 그냥 내주는 거지. 그 일부러 시간 끌고, 인제 아가씨를 역이용해

서 몇 집을 댕기면서 그러는 애들도 있어. 일부러 시간 끌고 하다가 힘들다고 쉬었다가 하자고 그러고. 시간 끌면 우리는 짜증낼 거 아냐. 이게 긴 밤도 아니고 숏 타임인데 이러면 되냐고. 그럼 두말 안 하고 돈 내줘. 옛날 같으면 싸우고 시비하고 뭐 파출소 가고 뭐 억울하니까, 그거에 몇 만 원 보태면 벌금내면 되잖아. 〈웃음〉 그러면 자기네들도 파출소 가면 당하는 줄 알면서도 한다는 거지, 돈 내 놓으라는 거지. 우리가 약자니까 [돈을] 내주고 마는 거지. (그런 경우가 많았어요?) 특별법 생기고 나서 유달리 많아졌지. 좀, 쫌 많아졌지. 옛날같이 삼촌들이 와서는 해결이 안 되는 거지. 옛날에는 삼촌들이 싸우고 어떻게 해서라도 보내는데. 이젠 삼촌들도 "그냥 내줘. 그냥 내줘라" 이카는데 뭐.

○○○ 독장사하는 언니들도 그런 경우에는 삼촌들 도움을 받을 수가 있었어요?

●●● 도움을 받는다… 보다도. 자기도 동네사람이니까, 삼촌을 부르면 와서 옛날 같으면 뭐 손님이 술 먹고 누워 있다든지 이러면 부르면 와서 도와주지. 도와주는데, 도와주면 너 같으면 그냥 가만히 있냐? 음료수라도 담배라도 사줘야지. 그게 그거지. 그렇게 해야 와서 도와주지. 아니면 바쁘다 카고 하지 뭐. 그니까 이 특별법 생기고 나서 제일 지랄이 벌금 내는 거. 손님한테 찍소리 못하고 돈 다 내주는 거. 인제. 싸울 필요가 없으니, 시간 끌 필요가 없으니 그냥 돈 다 내주는 거지.

그렇게 힘들었던 용산 : 왜 이곳에 있는지

○○○ (…) 힘들다고 그러고 장사는 안 된다 그러면서 여기가 방값이 싸기를 해? 그러면서도 여기 있잖아.

●●● 그치만 일을 할 수 있으니까 여기에 있는 거고, 거 또 막상 나가서, 아니 백오십, 백만 원 받고 일하는 게 그게 적어서 그렇지. 내 같은 경우에는 또 뭐 혼자 하다가 내 쉬고 싶으면 쉬다가 뭐 이러다가, 진짜 한 달 내내 정기적으로 출근한다는 그것도 좀 두렵기는 하지만, 하면 하겠지. 좀…. 술 먹고 담배 피다가 가서 어울린다는 게, 좀 사회생활 안 하다가 한다는 게, 좀 두렵지. 그래서 돈이 많아서 자기 창업이나 한다면 또 모를까. (직장생활보다 자기 장사가 더 힘들어.) 아~ 직장생활은 물 건너 간 일이잖아. 그게 문제지. 이 나이에 무슨 직장생활을 하겠냐고. 생각을 해봐라. 식당일 빼고, 딱 말해봐라. 우리가 갈 데가 어디 있냐? 남자나이로 따지면 경비실 아니면 우린 식당이지 뭐. 갈 데 있냐? 지금 공부를 해서 월급봉투를 타겠어, 뭘 하겠어. 파출부 아니면 식당에서 일하고, 식접시나 닦아야지. 그게 제일 문제지. 그러니까 할 수 없이 이러지. (할 게 없다는 게?) 응. 할 게 없다는 거야. 돈이나 있으면 창업을 한다지만, 할 게 없다는 게 그게 문제야. 아무리 고민을 해봐도 파출부, 식당에서 설거지 하는 거밖엔 없어. 그런데 차라리 힘들어도 한 달에 열흘만 일해도 그 정도는 버니까. 진짜, 제일 열심히만 하면 보름만 해도. 그러니까 여기 있지. 그러니 용산이 없어져야 이 바닥을 떠날 수 있을 것 같애.

○○○ 용산이 없어져도 영등포가 남아 있고 그러면?

●●● 이 나이에 내가 영등포로 갈 수도 없을 거 아니야. (다른 데 갈 생각은 없고? 다른 데랑 용산이랑 비교해서 다른 점이 있어요?) 나는 인천에 있어봤으니까, 그때하고 비교할 수 있지. 다르지. 인천 옐로우는 다 그거 하러 오는 사람만 오고, 그 안에는 이렇게 외부인이 왔다 갔다 하는 동네가 아니야. 진짜 특징이, 그 지역 내에는 내리면 딱 그거밖에 없어.

그니까 그거를 하기 위해서 오는 동네밖에 안 되는 거야. 그러니까 뭐 잠옷 입고 온 거리를 활보해도 아무도 쳐다보는 사람이 없으니까. 그리고 거기는 일단 손님을 하루에 몇 명씩 받는 것이 아니라 한 사람만 하루에 모시니까. 한 사람만 받으면 끝이니까. 대부분이 자고 가는 사람이니까.

그리고 거기는, 거기 있다가 여기 오니까 진짜 너무 틀리더라. 거기는 아가씨 위주였는데, 여기는 업주 위주로 생활하고 있더라고. 아가씨는 공주야 공주. 그냥 드레스 입고 방에 유리관에 앉아만 있으면 돼. 펨푸라고 이제 나까이라고 하거든 거기는. 거기는 고 집 앞에서 그 아줌마들이 "어서오세요" 하고 그 손님을 모셔가지고 들어와. 그러면 그 펨푸들이 떼어 먹는 게 아니라 주인이 줘. 펨푸비라는 게 아니고, 이제 매상에, 집집마다 틀리긴 하지만, 뭐 천만 원을 올리면 오십만 원 나가는 데가 있고, 사십만 원 나가는 데가 있어. 그럼 난 천만 원을 올려놓기만 하면, 난 오백을 타가는 거야. 주인이 나머지는 그 아줌마한테 주고 (무조건 50프로를 떼요?) 어. 방세고 뭐고 없으니까. 그래서 나는 몰랐어. 진짜, 인천엔 그런 게 없거든. 노는 데 벌금? 이런 것도 없었어. "니가 돈 벌러 왔으니까 니 알아서 해라" 이거지. 그 대신 이제, 빚에 대한 이자는 있었지. (선불을 받았을 경우에요?) 응. 선불을 받았을 경우에. 선불을 받았을 경우에만 이자를 주지. 돈은 지가 갚고 싶을 때 갚고. 거기서는 돈 가지고 아가씨가 주인하고 업주하고 불만이 있고 이런 건 별로 없었던 것 같애. 거기서. 그러고. 딱 의무적으로 해야 될 게 매주 보건소 가야 되는 거. 보건증이 있어야 일을 하니까. 검진에서 떨어지면 갇혀 있어야 되지.

검진에서 떨어지면 갇혀 있어야 하는 보건소 검진

○○○ 어디서 갇혀 있어요?

●●● 지금은 없어져서 없어. 보건소 내에 거 있어. 한 건물에 보건소가 있잖아, 그 다음에 숙소가 있어. 그럼 거기서 밥 주고, 먹고, 화투치고 노는 거야. 검진이 떨어지면 불르러 와. 잡으러 와. 보건소에서 인자. 몇 호집 누구누구누구 불르러 와. 패스를 안 주니까. 그걸 매주 찍어 와야 돼. 유리관에 갖다놔야 돼. 그래야 일을 할 수가 있어.

○○○ 업주도 그거 없으면 일을 안 시켜줘요?

●●● 그기는 그게 당연히 그렇게 해야 되게 돼 있어. 그리고 인자 불르러, 잡으러 오잖아? 그러면 가기 싫으면 업주가 집에 귀가조치 했다고 써주기는 했는데 그것도 한 번 두 번이지. 어떻게 해. 그러면 업주들이 가서 있으라고 해. 그러면 가서 주는 밥 먹고, 놀고, 화투치고, (기숙사처럼 되어 있어요?) 어. 그 대신 주사시간 시간 맞고, 영업시간에만 와 있으면 돼. 영업시간 아닐 때는 가서 자기 일 보고 바깥에 돌아댕기다가 인제 보건소에 직원 있을 때만 거기 가 있으면 돼. 〈웃음〉 그럼 일 안하고 얼마나 좋냐? 그때는 일 안 하고 놀면 좋은 거지. 보건소에 [검사하러] 낮에 가잖아. 그럼 저녁에 일단 바로바로 나오잖아. 염증 이런 거는 결과가 바로 나온다고. 그럼 저녁 일곱 시쯤 되면, 영업시간쯤 되면 업소로 찾으러와. 보건소가 아니고 옐로우 안에 그 보건 시설이 되어 있어. 잡으러 와. 오면 가. 가면 여기서 주사 뭐, 2박 3일. 이틀 동안 주사 맞고 약 먹어야 된다고 그러면 그럼 뭐 주사 맞고 약 먹는 거지. 낮엔 영업시간이 아니니까 돌아다니다가 밤에는 직원들이 항상 상주해 있으니까, 밤엔 들어가서 화투치고 놀다가. (보건소 직원들이 밤에만 나와 있어

요?) 아니. 낮에도 나와 있지만, 외출허가 받고서 낮에는 돌아다니지. 관리를 해야 될 아니야. 관리하는 사람이 있잖아. 그러면 밥 먹고, 화투 치고, 자고, 텔레비 보고, 좋아. 그러면 이틀 있다가 주사 맞고, 또 매일 또 검사를 해. 내일 또 검진을 해. 그래가지고 통과가 되면, [업소로] 가는 거고, 통과 안 되면 [보건소 숙소에] 있는 거고. 그리고 또 한 달에 검진이 세 번 떨어지잖아? 그러면 업주들이 꼭 굳이 일을 안 시키니까 휴가 받아 집에 갔다 오지. 휴가 받든지 그건 지가 알아서 하지. 그런 건 철두철미하지.

상담하는 거 한 달에 한 번씩, 상담사가 와, 방으로 와 상담을 했다는 도장을 받아야 하니까, 그러니까, 그기는 주민등록증, 보건증, 상담증, 세 개가 있어야 해. (그게 몇 년도예요?) 여기 오기 전이니까 90년도겠지. (용산은 그런 게 없었죠?) 보건소도 없거니와, 검진하라는 소리도 없거니와, 뭘, 뭐 뭐 뭐 손님을 뭐 하루에 몇 개씩 받아야 되는 데다가, 이게 숏타임이잖아. 그게 틀린 데다가, 여기는 또 만약에 빚을 지게 되면 일수이자더라고. 하여튼 그때는 옐로우가 편했어. 여기서 지금 생각하면 옐로우가 편한 거지.

거긴 보너스도 많고. 거기는 보너스 때문에 애들이 옮겨 다니는 거야. 한 달에 27일 일하면 금 한 돈, 예를 들어서, 금 한 돈에, 장부 스무 개 하면 금 한 돈, 예를 들어서. 뭐 하여튼 포상이 집집마다 억수로 틀려. 그러면 한 달에 어떤 아가씨들은 오, 육십을 받는 거야, 포상금이. 그러니 그런 것 때문에 어느 집이 좀 후하게 한다 그러면 그 집으로 모이는 거야. 그런 경향이 있지. 아니면 매상을 얼마 올리면 보너스 백만 원 준다. 뭐 오십만 원 준다. 그런 것 때문에 애들이 이쪽 집 갔다가. 모르고 가잖아. 처음에 갈 때는 반반으로 나누는 것만 알고 애들이 가잖

아. 근데 그 포상제도가 집집마다 틀려. 그러면 에라이 절로 가자. 한 달 일하고. 그러면 몇 달 일한 사람은 금 이만큼씩 갖고.

○○○ 실제로 정말로 줘요? 그거를?

●●● 아니, 그럼 안 주면 돼냐? 아가씨들이 가만히 있냐? 근데 27일 일해가 타는 애들이 별로 없지. 만약에 어떤 집이 25일이다. 그럼 하는 애들이 있어. 아니면 27일인데, 26일 일해서 하루가 모자라잖아? 생리해서 못 할 때도 있고, 막 아프고 하면 지가 단골 하나를 불러. 그러면 27일 되는 거잖아. 그럼 금이 한 돈인데, 나도 오백 이상 벌면 몇 십만 원씩 보너스 나왔어. 뭐 육백 벌면 이십. 천만 원 벌면… 그게 얼마냐? 그러니 한 달에 보너스만 한 백 받는 거지. 그럼 곗돈 하나 넣고도 남는데. 그니까 그 포상제 때문에 옮겨다니는 거지. 거기는 그랬던 거 외에는 뭐 방세 띠네, 뭐 벌금 무네, 이런 거 난 첨 알았어.

그리고 뭐 즉결재판 간다든지 호객하다 잡히면 이렇게 된다는 거, 나는 전혀 몰랐다니까. 거기선 뭐 만약 손님하고 싸운다고 하거나 그러면 주인이 거진 다 해결해. 아가씨한테는 손해 없게. 여기는 너무하더라니까. 거기는 일찍 내려가면 돈 많이 버는 거고, 지가 자다 늦게 내려가면 적게 버는 거고. 단지 거기는 보건소 가는 게 최고의 곤욕이었지. 근데, 그것도 지금 생각해보면 그것도 좋은 거야. 출장을 나오니까 잠옷을 입고 갈 수가 있으니까. 바로 고 안에 있어. 몇 호 집 밑에 지하야. (…)

그렇게 힘든 용산 : 왜 떠나지 않았는지

○○○ 그럼 왜 언니는 용산을 왜 안 떠났었어?

●●● 왔으니까 못 떠났지. 왔으니까. 독장사 하게 되었으니까. 아 근데

나이 들고 남의 집에 가서 일한다는 게 그게 쉽냐? 한 번 왔는데. 그니까 못 떠났지. 이제 편해졌잖아. 이런 줄 알았으면 안 왔지. 진짜. 떼돈 버는 줄 알고 왔지. (…) 이 바닥에 있는 사람들 나이 들고 어째도 다 이 바닥에 있던 사람들이 돌고 도는 것 같애. 그리고 눈먼 돈도 여기에 다 있고.

○○○ 눈먼 돈은 무슨 눈먼 돈이야. 고생이 이만 저만이 아니면서

●●● 아이 그렇지만 우리가 나가서 어디 나가서 뭐 해서 이 돈을 벌래? (뭘 해도 벌기야 벌지.) 뭐~ 할까? 니 한 번 생각해봐. 뭐 했으면 좋겠냐? (…)

○○○ 그럼 언니 계획은 뭐야?

●●● 여기서 나갈 때 집이라도 한 칸 얻어가는 거. 전셋집이라도 살 만한 거 얻어야 할 거 아냐. 그러니까 나갔으니까 어떻게든 살 궁리를 해야 되니까, 그전에는 궁리를 해봤자 이거 어떻게 안 될 거라고 생각했지. 조리사 자격증 애들 따러 다닐 때 나도 갈까 싶었는데, 그럼, 이것도 못하고 저것도 못하고 아무것도 안 될 것 같더라고. 여기서 나가면 우선 당장 계획은 집 한 칸이라도 전셋집이라도 살 만한 거 얻어서 나가겠다. 그게 제일 큰 계획이지. 궁극적으로.

○○○ 그게 궁극적이야? 그럼 막연히 말고 아주 착수를 해야지.

●●● 그러니까 지금 착수를 하려고 인자, 주택부금이라도 넣어야지. 그 임대 아파트 같은 경우는 보증금 천만 원에, 뭐, 월 얼마씩 내면 들어갈 수 있더라고. 전셋집보다는 낫지 않냐. 전세는 2년에 한번 이사 댕기고, 그 집에 있다 하더라도 돈을 올려주고 그래야 되는데. 그러니까 그거라도 하나 어떻게 해가지고 나가야 될 거 아냐. 돈 없으면 못 쓰는 거니까. 그래도 잠자고 먹고 잘 수 있는 주거공간만 딱 있으면, 진짜 뭐 하

루 벌어 파출부를 해서 하루 벌어가 쓰고, 하루 쓰겠지. 돈 없으면 어떻게 생활하냐? 누가 나 돈 빌려줄 사람도 없을 테고. 그게 제일 관건이지. 그러니까 이제부터 주택부금을 넣을 것이다, 이 말이다. 이런 생각만 한다. 우리는 일어나면 밤이니까, 요새 치과 다니면서 나 이런 생각도 해봤어. 나도 아침에 출근 좀 하고, 출퇴근 있게 하고, 버스 타고 다니고, 버스 타고 댕긴 거 요번이 처음이잖아. 아~ 진작에 이렇게 살았으면. 〈웃음〉

용산에서 벗어나기

○○○ 진짜 버스 타는 거 처음이었어?
●●● 야~ 내가 교통카드 그거 잘 못 해가지고, 망신, 망신 그런 망신이 없다. 걔랑 버스 타고 다녔잖아. 걔가 내릴 때도 찍어야 된다드라? 근데 내가 잘못 찍었나봐. 충전을 만 원했는데, 딱 가서 하니까 안 돼. 버스 타는데, 얼마나 떨리냐. 민망스럽고. 그래서 어떻게, 또 천 원 주고 인자, 천 원 주고 탔지. 그 다음에는 가서 또 찍으니까 또 안 되는 거야. 그래서 전철로 일부러 갔지. 이번엔, 전철역에서 찍어보자. 버스는 타야 되지만 전철은 타기 전에 이거 해야 되잖아. 그런데 또 안 되는 거야. 용기를 내서 가서 물어봤지. 그랬더니 내릴 때 안 찍어서 그렇대. 난 분명히 찍었는데, (제대로 안 찍혔나 보다.) 어, 삑 소리 나면 되는 거 아니냐? (예. 왜 그랬지?) 모올라아, 탈 때도 몇 번을 찍어도 다시 찍으라고 하고, 자꾸 그 카드라고. 아유~씨. (지금은 잘 돼요?) 요샌 잘해. 근데, 두려워가지고 아예 남들은 가방 넣은 채로 이케 하잖아? 난 두려워가지고 주머니에 딱 갖고 있다가 카드를 뽑아서 찍어. (요새 문제없어요?) 문

제없는데 두려워. 〈웃음〉 버스 탈 때마다 걱정이야. 이거 또 안 찍히면 어떡하나. 천 원짜리 여기 딱 하나 넣고 〈바지 주머니 부분을 손바닥으로 때리며〉 그거 딱 넣고 하지. 난 가방 채로 못하고 그것만 딱 꺼내가 찍었지. (재밌지 않아요? 그래도?) 재밌지. 재밌는 게 아니라 바쁘게 사는 사람들 많잖아. 어휴, 진작에 이렇게 살아야 되는데 그 생각이 들지. 진짜 그런 생각 억수로 많이 들지. 그래서 요즘엔 [지방] 집에 갈 때 꼭 전철 타고 가잖아. 택시 안 타고. 갈아타려고 막 이렇게 걸어가잖아? 그럼 사람들이 억~쑤 바쁘게 걸어가. 막~ 나 혼자 느긋한 것 같애. 그래 나도 일부러 마아악 빨리 가 그게 제일 부러워. 사는 게. 아~ 우리 엄마도 이러고 사는구나. 부모님도 이렇게 살고 있구나 싶은 게. 진짜 요새는 뭐 쓰고 싶은 게 있어도…. (택시비만 아껴도 어딘데.) 그러니까. 그래 버스를 타는데, 뭐가 그리 당황스러워서. 내 얼마나 당황을 했는지 모른다. 혼자 타고 가면서 히히히, 사회생활이 이렇게 힘드니까, 나가서 뭘 제대로 하지 싶겠냐고. 버스 타는 이 자체로도 힘든데.

○○○ 대중교통 타고 다니는 게 요번에 치과 다니는 게 처음이었어?

●●● 그렇지. 어쩌다가 남들 다 같이 어울려서 전철 한 번 다 같이 타봤지만~. 이제 악착같이 해야지.

<< 백경옥씨와의 두번째 대화

<u>여성들이 무엇인가를 주장하는 것의 배경</u>

●●● 그게, 그기 정당하다고는 아닌데, 하여튼 몸담고 있으니까. 내가 보는 눈이 그러니까 응. 뭐 그럴 수도 있지 않을까, 아예. 정말 근본적으로 이, 없앨 순 없으니까. 그렇다고 무슨 이거 정당화시켜달라는 건 아니지만 무조건 없앤다 해서 이게 해결되는 건 아니니까. 차라리 뭐 등록제를 한다든지, 노동자로 인정을 해서 세금을 받는다든지, 그것도 괜찮을 거 같애.
○○○ 근데 그렇게 되면, 등록을 한다면 정말 신분이 드러나는 거잖아.
●●● 그렇지. (그거에 대해서는?) 그게, 그렇다고 개인 신분을 노출한다든지~ 뭐 노출은 안 할 거 아니냐? 그렇게 할 거 아니야. 여기 일을 하는 동안은 보장을 받을 거 아니야. 인제 내가 만약에 등록을 해서 몇 월 몇 일 날부터 일을 한다고 등록을 하면 일하는 동안은 세금을 내고, 뭐 포주나 뭐 이런 삼촌이나 뭐 이런 소개쟁이나, 뭐 이런 뭐 다른 데 헛돈이 나간다든지 아니면 우리가 뭐 걸려서 어떻게 된다든지 하는, 뭐 이런 건 보호를 받지 않을까? 아가씨들은 그게 제일 바램이지, 뭐~. 개개

인이 사업자등록이 있다든지 뭐 이러면…. (국가에 등록을 하고 일대일로?) 일대일로 하든지 아니면 업주가 하든지, 뭐 조합이 있다든지 뭐 그런 거. 특정지역 내에서만 그게 형성된다든지, 뭐 바깥에서는 그게 통용이 안 되고, 뭐 밖에 나가서는. 뭐 아무데서나 그렇게 한다는 게 아니라, 특정지역 내에서는, 고 안에서는 보호를 받을 수 있다든지. 뭐 이러면 좋지 않을까. 그런 생각도 나니까.

○○○ 그럼 이게 일이면 이제 직업이 되는 거잖아. 그거에 대해서는?

●●● 휴~ 지금 직업이 아니라도…. 돈을 번다는 거 자체가 직업이잖아. 안 그래? 직업이라는 게 뭐야? 일을 해서 돈을 버는 게 직업이잖아. 그러니까 우리는 이거, 도구가 몸이라는 거 때문에 문젠데 막노동하는 사람은 팔 다리 안 쓰냐? 단지 성이라는 거 땜에 이게 문젠데 그것도 좀, 합법화되면 좋지 않을까. 결국에는 돈을 벌어야 하니까.

그~ 아가씨들하고 포주하고, 이 합법화에 대한 좀 견해 차이가 있는 거지. (어떻게?) 포주는~ 이 아가씨들을 좀 자유롭게 일을 시켜서 벌자는 거고, 아가씨들은 이왕 이렇게 일이 벌어졌으니까 포주와 관계를 떠나서 직업으로 인정받고, 떳떳하게. 뭐 포주하고 상대를 해도 일대일로 상대할 수 있을 정도의 힘을 갖자, 뭐 이런 거고. 그런 거지. (합법화를 똑같이 주장을 해도 포주 입장과 아가씨 입장이 좀?) 다르지. 아가씨 일 때 얘길하는 거 하고, 포주 회의 때 얘기하는 거하곤 쪼끔 틀리지. (구체적으로 들어봤어요?) 구체적으로~ 구체적이라고 하기보담도, 업주 얘기라면은 우리는 애매모호하잖아. 업주 회의에 드가도 되고, 아가씨 회의에 드가도 되고 〈웃음〉 어, 좀 애매모호한데. 가면 업주들은 어, 아가씨들한테 반반이면 반반, 뭐 규율을 정해서 어떻게, 이게 성노동으로 인정이 되면 정당화가 되니까 업주들이 이제 다른 공권력하고 이렇게 맞설 수 있는 그게 되잖아. 편하게 인제 아가씨들에게 착취하겠다는 거고. 아가씨들은 어차피 이게 노동으로 인정되면 포주고 뭐고, 만약에 어느 회사든 주인 없는 공사는 없으니까 [포주는] 있되, 좀 우리 권리 주장을 좀 당당히 하자. 뭐 그런 갈림길이 틀리지. (…) 그러니깐. 우린 그거를 좀 피해를 간소화하자, 그런 거고. 업주들은 그렇게 하면서 자기네들 구획을 뭐~ 아가씨가 이집에서 옆집을 가냐 못 가냐, 그거 왜 그러겠어? 한 집에서 많이 벌겠다는 소리지. 다~ 자기 이권 챙기고, 우리가 만약에 노동자라면 이 회사 댕기다 저 회사 갈 수 있는 거고, 그렇잖아? 그런 반면에. 포주들은 또 요새 등록제를 하느니 뭐 카드를 맨들어주니 그러면서, 이것 봐 아직까지 어떻게 되는지 모르겠어. (…)

법에 대한 평가

●●● 근데 여성부에서 진짜로 만약에 단속을 하면 천편일률적으로 하는 것이 아니고, 어느 지역에 한한 것도 아니고, 없는 사람만, 여기 보니까 용산에서 업주들, 대단한 업주들은 다 장사 잘 해. 그 뒤에, 골목에 있는 사람이나 아웃사이더에 있는 사람들은 지금 그냥 그냥 연명하는 거잖아. 악이용해서, 앞 주인들이 자기들 장사 안 하고 옆에서 "움직이지 마라" "열 시에 나와라 다섯 시에 나와라" 응? "몇 명이상 나오지 마라" 그 말이나 되냐고? 그렇게라도 벌어 먹을래니 그 사람들 말을 따라야지. 그렇다고 이 나이 돼서 전부 다 유리관 가서 있을 수는 없는 거니까. (…)

○○○ 단속에 대해서는 할라면 하고 말라면 아예 말라는 입장이에요? 사실 단속은 경찰이 하는 거고, 여성부가 하란다고 하고, 말란다고 마는

건 아니니까요. 이 처벌이나 이런 거는 법무부 소관이고, 여성부는 여성들 지원하는 것만 소관이거든요.

●●● 그래도 우리는 여기 지금 하다 보면 여성부하고 싸우는 거잖아. 여성부에서 단속을 해라 해서 하는 거라고…. 우리는 그렇게 알고 있다니까. 경찰들도 "니네 여자들이 떠들어서 다 우리까지, 우리가 바쁜 업무 와중에 왜에~ 여기까지 와서, 왜 그런 거까지, 돈 내고 하는 거까지 단속을 해야 되냐? 할 일이 얼마나 많은데", "전경들 내보내고 하는 것도 개네들도 추운데 여기 몇 시간씩 서 있으라 하면 좋겠냐? 다~ 여자들이 목소리 높여서 그런 거 아니냐"고. 그럼 우린 여성부에서 다 그러는 거로 알잖아. (경찰이 그렇게 얘기를 해?) 경찰도 그렇게 얘기하고, 우리가 여기에서 맨날 뭐 회의 때 얘기하면 다 여성부에서, 여성부하고 적으로 상대를 해서 싸우잖아. 다 여성부에서 지시를 내려서 그런 일이 있다 이거지. (…) (언니가 생각하기에 진짜 이게 없어지려면 단속밖에 대책이 없을라나?) 그럴 것 같애. 아 그럼 어떡해, 안 없어지는데. 손님은 처음에 그 단속 심화했다 뭐 어쩌고 저쩌고 할 때는 없었잖아, 아예 없었어. 손님도 없었고, 우리도 아예. (언니들도 하나도 없었어, 그때는.) 아니 그건 자체 내에서 단속 심할 땐 하지 말자, 괜히 용산이 만약에 단속이 많이 걸리면 집중적으로 용산만 단속을 할 거 아니냐 이거지. 그러니 지키자. 한두 달은 절대 문 열지 말자, 그리고 문 안 열었지. 그리고 인제 두 달 지나니까, 이, 집세 문제랑 애들도 왔다리 갔다리 하고, 뭐 다 나가고 없지. 빚 땡겨준 애들 다 도망가고 없지. 이러니깐 인제 단속 좀 뜸해지니깐 인제 다~ 단속 말고는 없애뜨릴 수가 없지, 어떻게 없애겠어. (…)

용산집결지가 없어지면

○○○ 언니는 여기 없어지면 어떨 거 같애?

●●● 나는 다른데, 뭐 다른데, 여기 없어지면 이거 하던 사람들 또 이런 거밖에 갈 수가 없을 거 같애. 정말~ 으~ 없어지면. (기분이 어떨 거 같애?) 없어진다면~ 나 전체가 만약에 이런 게 없다. 용산에서 이거 못한다 그러면 나도 미련이 없을 거 같애. (미련이?) 어. 어차피 용산 내에는 이거 못 하게 되어 있다, 이러면 나도 미련 없이 털 수 있을 거 같애. (뜰 거야?) 떠야지 그럼, 당연히. 다른 데를 이런 데를 찾아가는 게 아니라. (아니 그니깐 이 동네를 떠날 거야?) 이게 없는데, 이 동네에, 뭐 모르지. 이 동네에 이게 없으면 다른 업종을 찾든지, 만약에 이걸 못한다면 미련 없이 이런 일에 두 번 다시 미련을 안 둘 거 같애. 근데 인제 다른 사람, 하는 사람 있으니까 이거. 다른 데 연구하는 거보다 하던 게 나으니까.

왜 다방에 댕기는 애들은 다방만 댕기고, 술집에 댕기는 애들은 술집만 다니잖아. (왜 그럴까, 그건?) 응? 놀던 물이 좋다는 거지, 익숙하잖아. 생활이. 니, 술집에서 2차 안 나간다는 보장 없잖아? 그럼 술 마시고 2차 나가면, 여기에서 가만히 생각하면 아~ 걔들은 술까지 마셔가 2차도 나가고, 아~ 어떻게 할까. 걔네들도 우리한테 말하기를 하유~ 저저 틀어박혀가 어떻게 저러카고 살을까. 똑같은 거라고. 그러니까 걔네들은 계속 술집으로 돌고, 업주, 만약에 소개소 타는 애들도 계~속 술집에 댕기는 애들은 술집으로 소개소 타잖아. 아가씨 촌 되면 아가씨 촌으로 다 타고, 또 히빠리골목에 있는 애들은 이 히빠리골목으로만 타고 댕기고. 앉은뱅이들, 왜 유리관에 있는 애들, 거기는 왜 자기네들 드레스만 입고 앉아 있으면 되니까 걸로는 그 쪽으로만 돌고. 서울, 부산. 아니, 부산, 대구, 인천 요렇게. 인제 가만 보면 인천은 대부분 대구 아니면 부산에서 온다네. 완월동 아니면 자갈마당에서 온다는 거지. 여기 와서 일하다 보니까 애들이 여수, 청량리, 뭐 영등포 이런 데서 오고, 마산 이런 데서 오고. 이 다 갈 길이 〈웃음〉 자기네 벌어먹던 그게 있으니까 (언니는 진짜로 여기가 정비가 돼서.) 아무도 못 한다면, 일이 없으니까 다른 거 생각해야지. (다른 거, 언니 뭐?) 뭐 할 거 있냐? 일단 식당이라도 가야지. 그전에 이런 기회가 있으니까 뭘 하든 해봐야 하는데. 뭘 하든 이것도 안 되고, 저것도 안 되고. 맨날 생각만 하다가 볼 일 다 보는 거지, 뭐. 두 가지 이유로 못 하잖아, 우리가. 그러니까 2, 3년을 팍 작정을 하고 쉬면서 어떻게 해야 되는데. 진짜 그게 걱정이다. 봄 되면 한 2, 3개월 쉰다 생각하고 학원을 다니든지 어떻게 해야 될 거 같애. 뭐 2, 3년. 이게 길어 봤자…가 아니고 이제 나이가 있으니까 우리가. 또다시 뭐 펨푸 생활을 한다거나 이럴 순 없잖아, 우리가.

○○○ 그런 마음은 전혀 없어요? 만약에 용산이 이대로 계속 이 지역이 유지된다 그러면?

● ● ● 펨푸를 하고 싶은 생각은 없어. (왜에?) 하~ 나는 아가씨 생활을 해서 그런지 아가씨를 해서 벌어먹음 했지. 차라리 포주를 하지 펨푸를 하겠어? 차라리 그런다, 난. (포주가 더 나쁜 거 아니야?) 그런, 그러니까, 아니 나쁘지만 펨푸도 맹 마찬가지야. 내 하기 싫은 거. 자기, 내, 내가 만약에 아가씨일 때는 술 먹었거나 이럴 때에는 아무리 돈 벌자 해도 싫은 건 싫잖아. 펨푸 그거는 돈만 챙기면 되니까. 개나 소나 돈만 주면 데리고 오니깐. 난 정말~ 아가씨는 아가씨가 알아서 하잖아. 포주는 가만히 있으면 아가씨들이 지 좋은 거 알아서 해가 돈 벌어주지. 또 난 능

력 없으니 포주는 못할 것이고. 하기도 싫고. (포주는 돈이 있어야 되나?) 힘이 있으니 돈도 있고 힘도 있어야 하겠지. (어떤 힘?) 어떤 힘이라기보담도 무슨 권력이 있어야 될 거 같애. (그러니까 그 어떤 권력? 그러니까 아가씨들이 좀 좋아하는 포주가 되려면?) 뭐 좀, 경찰하고 맞설 수도 있어야 된다든지, 정보에 귀가 좀 밝다든지. 뭐 좀, 뭐 삼촌이라도 와서 뭐 아무나 와서 찍쩝도 못 대게 한다든지. 뭐 그런 거 있을 수 있잖아. (한 마디로 좀 끗발?) 끗발이 있어야 되지. 어떤 집 아가씨들은 그 집 주인이 다 예전에 건달 생활하고 그런 생활하는 사람들이잖아. 그 집 주인이 뭐 잘못했는지 어쨌는지, 뻑하면 유리창 뚫고 하니, 일 못 하고 들어가고, 일 못 하고 들어가고. 뭐 삼촌들이 와서 유리창 뿌셔뿔고, 강제로 불 끄라 카고, 들어가라 카고, 그러면 들어가는 거야. 싹 다 뿌셔 (자기네 가게야?) 아니, 자기네 가게가 아니고 그만큼 파워가 센 거야 (어? 남의 가게에 그렇게 하면 돼?) 그 뭐뭐뭐 형님 선후배 뭐에 또 뭐가 있겠지. 찍소리 안 하는 거 보면 (그럼 그 아가씨는 그날 장사 못 하는 거잖아.) 못 하는 거지, 뭐. 그런 게 포주가 힘이라는 거지. 그런 게 포주의 힘. (그러니까 끗발 있는 포주한텐) 못 뿌스지~, 감히~ 아가씨들이 뭐 어떻게 한대도 삼촌들이 뭐 들어가라 나와라 소리 못 하는 거지. (…)

악어하고 악어새의 관계니까. 뭐 펨푸 없인 못 벌잖아, 솔직히 뭐 또, 와리를 30프로라고 하는 거는 대단해. 주인 30, 주인은 가만 앉아서 밥이나 해주고 가게나 빌려주니까 30프로 준다 치자. 펨푸는 또 바깥에 추운데 떨고 단속, 단속도 다 같이 나와, 걸리면 다 같이 벌금 내니까 그런 건 둘째 치고, 뭐 나가서 손님 모셔온다는 거, 단 그거 하나 때문에 30프로. (아가씬 뭐 남어?) 그러니까. 그러니 이 나이에 혼자 하지. 내가 다 하고 말지. 이 나이 들면 아가씨도 못 한다니. 옛날에는 다 독방으로 했어. 그것도 너무 비싸니까 지금 못 하는 거지. 방세가 삼백이면~. (…) 이제 그 독방도 못 주게 하고. (왜 못 주게 해?) 사무실에서. (왜?) 이제 바깥에, 아가씨 길거리에 나와서 설치게 되면 아무래도 신고하는 사람도 많고, 못 하게 하는데도 바깥에 나와서 손님 잡아땡기니, 미니, 뭐 역전에서, 용산역, 신용산역 한 번 갈라면 아줌마들한테 이거 팔이 멍이 다 드니 어쩌니 신고가 많이 들어오니 어쩌니 그라니까. 그 또 어찌 들어보면 일리 있는 소리야. 초저녁부터 나와서 뭐 한 탕 땡기니 뭐 어쩌니 저쩌니 하니까. 열 시에 나오는 사람은 열 시에 나오지만 요새는 서서히 아홉 시에도 나온다. 자기들이 뭐 우리한테 도움 준 거 없는데 뭐, 결코 우리 땜에 이게 없어지진 않을 거 아니야.

윤락보다 더 큰 죄 호객행위

○○○ 결국 그러면은 법 때문에 독장사 언니들한테만….

●●● 피해가 가지. 그러니까 없는 사람들한테만 피해가 온 거야. 있는 사람들도 물론 한두 달 놀았으니까 피해는 왔겠지. 그리고 아가씨들이 많이 없으니까 피해는 왔겠지만. 우리처럼 허덕이고 우리처럼 이렇게, 우린 아주 공포 속에서 일하잖아. (무슨 공포?) 공포지~. 신발 보고 얼굴 보고 머리 보고. 이 누가 안 잡으면 절대 우리도 못 잡잖아. 혹시나 잡혀갈까봐. 벌금 삼백이 장난이냐? 백만 원이 장난이냐고. 백만 원을 벌 거 같으면, 몇 날, 보름을 일해가 갖다줘야 한다는 소리데. 한 번 걸리면 또 안 걸린단 보장이 없으니까. 결국 우리만. 유리관 애들은 단속이 없잖아. (그거에 대해선 어떻게 생각해, 언니? 왜 그런 거야?) 호객행위가 윤락행위보다 더 큰 죄가 호객행위라메? (누가 그래?) 모올~라.

그래가 지금 우리가 잡아땡겼다는 죄로 알선이 최고 나쁘다 이거지. 호객 자체는 알선이다 이거지. 알선하는 사람이 없으면 윤락행위가 없다 이거지. 그러니까 잡혀가면 전부 다 내가 했다케야 돼. 60대 할머니도 내가 했다카고, 뭐 펨푸 아줌마도 60대라도 내가 끌어가 내가 했다케야지. 알선보다는 낫잖아. 이중 삼중 처벌은 안 받으니까. 경찰들도 다 알아도 뭐라 할 꺼야? 직접적인 근거가 없으니까. "할머니 보고도 들어와요?"라고 묻지. 안 할 수도 없고 할 수도 없고, 뭐 매달 한 달에 한 번씩 모이고 하더니 우리 요새는 모이지도 않아. 그러니 회비를 걷어갈 근거가 없는 건지 회비도 안 걷어가고 뭐 그라데. (…) 그때는, 불이 꺼졌을 때는, 그때는 한시적으로 꺼지지 영원히 끄겠다는 게 아니고 어, 우리가 이 단속을 피하기 위해서 한 달을 불 끄자. 보름은 절대 나오지 말자 이거지 영원히 못한다는 게 아니었잖아.

○○○ 그 생각을, 영원히 못할 거란 생각은 전혀 없었어?

●●● 우리가 생각보다 이 기간이 길어져서 그렇지, 순간적이란 거는 누구든지 알고 있었지. 이 특별법이, 특별법, 특별법 해도 이것만 가지고 정부에서 뭐 일 년 내도록 뭐 사창가만 맨날 있을 순 없잖아. 그니까 특별법, 특별법이 한 번 지나가나 보다. 그 정도로만 생각했지. 그 좀 우리가 생각보다 좀 길어졌긴 했지. (…) 불 꺼졌을 때 그때 당시 처음에는 한 보름, 불 껐나 보다. 우리가 한, 열흘이면 불 키겠지. 오~ 근데 열흘이 지나고, 보름이 지나고, 이십일 지나가니까 젊은 애들은 다~ 다른 데로 가는 거야. 노래방 도우미, 뭐 룸싸롱 바깥에 외곽으로 다 나가더라고. 뭐, 빌라 같은 데 얻어가 한다는 애들도 있고, "언니 외국에 가자"는 애들도 있고, 뭐 재빠른 애들은 다 글로 빠졌어, 인제. 그럼 우리 같은 미련 곰탱이만 사나흘이면 키겠지 뭐 이 업주들이 다 못 할리야 있겠

나. 그럭하고 기다린 거지. (그때 기분이 어땠어?) 그때는 뭐 아이, 뭐 이참 저참 해서 인제 좀 쉬자. 몸 관리나 좀 하자 그런 기분으로 기다렸지, 뭐. 그렇게 조급해가 뭐 오늘 안 벌어먹으면 뭐 당장 쌀이 없어가 뭐 꼴딱 죽을 거 같았으면 나도 식당이라도 갔겠지. 그게 아니니까, 뭐 길어 봤자 한 달이겠지 싶었고, 또 다들 하는 말들도 있고. 막 인제 뭐 조합을 결성하고 어쩌고 어영어영 한 달은 그냥 지나갔어. 맨날~ 데모하고 모임이고 회의하고. 어영여영 한 달은 그냥 지나가더라고. 그 언제부터 불 켠다 하니까 아, 그때까지 기다려보자.

○○○ 실질적으로 불 킨 게 언제지?

●●● 두 달 가까이 돼. 한 달 넘어서 불 켰으니까, 한 10월? 11월 달부터 불 켰으니까. 한, 두 달은 불을 켜도 불만 키고 아직도 여기는 안 죽었다, 손님들이 지나가면서 불도 꺼져 있으면 사람들이 완~전히 폐쇄로 아니까, 이 남자들이 용산 여기는 없나 보다 없나 보다 하니까 불만 켜놓자. 그러다가 아가씨들을 옷을 입혀가 한두 명씩 내놨어. 이렇게 막 파진 거 안 입고, 이렇게 사무복처럼 입혀놓고. 평상복 입고. 그러고 인제 외곽에 전경들 마 인제 배치되어 있고 그러니까, 바깥에 있는 사람들 조심해서 하고, 눈을 피해서 하고 그때 많이 걸렸지. 그때 최고 많이 걸렸지. 하루에 한 명, 어쩔 땐 두 명. 막 이래 걸렸는데, 그러고는 뭐. 그리고 그 유리관은 그 다음에 슬슬 하더니 아가씨들 한두 명 모여 들더니 지금처럼 또 하는 거고. 바깥에 있는 사람들은 전경들 나오면 들어갔다가 1시에, 1시에 들어간다 하면 1시에 나왔다가 그렇게 한 거지. 그래가 한 달에 한 번씩 전부 모였었잖아. 회의 한다고 모여라 해서 정신없었고. 어영부영, 이것도 그냥 특별법 말만 정해놓고 우리 벌금만 쎄진 거지, 결론이 뭐냐고 글쎄. 여성부에서 하는 일이 뭐냐고? 난 그게 알고

8통 펨푸골목 풍경
7통의 유리관골목과 달리 펨푸골목에는 독장사를 하는 나이든 여성들이 주를 이룬다. 엄주와 펨푸에게 떼이는 것보다는 낫다고 해서 시작한 독장사지만, 성매매방지법 이후 늘어난 벌금의 부담 또한 오로지 혼자서 감당해야 한다. 내부분 십수 년, 많게는 사십여 년 동안 이 골목에서 살아온 여성들은 가장 후미진 곳에서 가장 열악한 환경에 놓여 그들만의 일을 찾아 손님을 좇는다. 사진은 8통 펨푸골목으로, '타이어골목' 혹은 '히빠리골목'이라고 불리기도 한다.

싶어, 진짜. 그렇다고, 아~ 인원수는 좀 줄은 거 같애. 줄었지만 그 사람들 다 어디 갔겠어? 외국 가고, 여기 있는 애들 다 소식 들어보면 외국 갔든지. (…)

반복되는 이야기 : 법에 대한 평가

○○○ 일단 언니는 법에 대해서는 평가가 별로 좋지는 않네.
●●● 아니 그게 천편일률적으로 법이라면 공평해야 되잖아. 응? 근데 이게 없어져야 된다는 걸 나도 인정은 해. 별로 좋지 않은 직업이라고는 인정을 해. 뭐, 나 자신도 하기 싫으니까. 지금 뭐 어쩔 수 없이 인자, 어쩔 수 없다는 것도 말도 안 되지만. 난 테레비 보면 진짜 단돈 몇 만 원 갖고 한 달을 살드라만. 어쨌든 물들었으니까, 우리도 이게 뭐 때 되면 없어져야 되는 건 당연한데, 특별법이 생겨서 법을 적용할라면 똑같이 적용을 해야 될 거 아니냐고. 어? 하는 사람만 하게 하고, 못 하는, 뒤에 있는 사람들은 맨날 가서 벌금 물고 나와야 되고. 그게 억울한 거지. (요새는 또 단속에 걸리는 언니들은 거의 없죠?) 요즘은 뭐 거의 없지. (단속을 안 한다는 얘긴가?) 안 하지는 않아. 그케 뭐 굳이 손님 들어가는 것을 보고 와서 단속을 한다 이런 거는 없는데, 뭐 파출소에 지구대에 직원이 지나가는데 모셨다 그러면 잡혀가는 거지, 뭐. 그럼 우리가 그만큼 많이 조심을 한다는 거지. 조심도 하고 그렇게 단속이 특별법 생긴 때처럼은 없는 거 같애. 옛날에는 업주들이 어디에 뭐 몇 시에 단속 나온다 그런 얘기도 해주고 그랬는데 요즘엔 그런 얘기 전혀 없어. 우리만 걸리는 거지. 한 사람이 걸리면 아무래도 용산에서 걸려왔다, 용산에 몇 건인지 신고가 들어와서 뭐 잡혀갔다, 용산이 시끄러워지면 손님 오기도

불안하잖아. 그니까 업주들이 뭐 이렇게 [호객]하는 사람들이 오늘은 좀 조심해서 장사해라. 몇 시까지 들어가 있다가 나와라. 이렇게 얘기를 줬었어. 정보를. 근데 인제는 그런 것도 없고, 도움 받는 것도 없고 하니까 이제 누가 이 뒷골목에서 말을 듣겠냐고….

집결지 폐쇄, 직업교육에 대한 희망

○○○ 이제 어떻게 했으면 좋겠어? 만약에 이게 2007년에 없어진다면.
●●● 없어, 없어진다면 누구, 누구를 어떻게 믿냐? 없어지기 전에 내가 방책을 세워야 되는데.
○○○ 그래서 언니가 정말 진짜 용산이 전면적으로 아무도 그 일을 못하게 됐어. 그럼 언니 아까 미련 없이 떠나겠다고.
●●● 떠나고 싶어. 뭐 다른 외곽지에서 한다든지 이런 거에 대해서는 전혀 미련 없고, 용산이 전체가 못 한다면 글쎄, 대안을 생각해봐야지. 그때를 생각해서 돈부터 진짜 전세라도 알아서 나갈까? 뭐 한 2년. 애들도 누가 하나 같이 가면 같이 간다, 서로 미루고 내 밀라 니 밀라 하고 있는데, 서로 니 밀라 해서. 서로 말을 그렇게 하잖아, 나이도 있고. 우리~ 어떻게 해야 하지 않느냐, 언제까지 이 짓을 할 수 있는 것도 아니고. 또 인제 막달레나의집에서 지원도 해준다니까 그때 하자. 근데 날씨 추우니까 이제 핑계는 날씨가 추우니까 봄에 하재. 어떻게 어차피 뭐 그 길밖에 없잖아. 월급을 받아도 좀, 좀 나은 환경에서 월급을 받아보자.〈잠시 침묵〉그거 뭐 우리가 투자해서 교육 받지 못할 것이고, 뭐 뭐 우리끼리 술 한잔 하면 대단히 많이 해, 말만. 실천을 못 옮기고 있을 뿐이지. 근데 실질적으로 만약에 저런 저 의료, 치료 저런 게 지원이 되잖

아? 우리가 진짜 차 타고 나가서 체력이 이게 이렇고, 이 일반인들 하고 함께~ 이거 뭐를 배운다는 것은 진짜 어려워. 그런 무슨 직업학교가 여기 하나 있다든지, 조리사 자격증을 따주게 뭐 매주 무슨 요일 날 와서 한 두 시간씩 근무를 한다든지. (여기 우리 저기 막달레나 사무실에서?) 그렇게 한다면 진짜 할, 할 사람들 많아. 내 말고도 할 사람들 많을 거 같아. 솔직히 추리닝 바지에 머리 딱 질끈 묶고, 추리닝 입고라도 갈 수 있잖아. 근데 외부로 나간다면, 우리가 이거 또 이거하고 씻고 닦고 그 시간에 왔다 갔다 하는 시간 있지, 뭐 또 일반 사람하고 섞여서 한다는 자체가 조금 우리는 두려움이 있어. (…) 생활하는 게 그러니까. 저기 교육 가서도 연주 한 거도 내가 물어봤어. "교육 받는 게 그렇게 힘들드냐? 왜 학원 가서 오바이트까지 했냐? 그 정도냐?" 물어봤어. 연주가, 연주도 그런 거지, 이제 사람들 일반인들하고 섞여서 하고, 우리가 매일 이렇게 안 다니잖아. 차 타고, 차 타고 다니는 것도 힘들고.

○○○ 그게 힘들었대요? 요리를 배우는 게 힘든 게 아니라 낯선 사람들하고.

●●● 그래, 우리는 그게 진짜, 우리는 진짜 그게 힘들다니깐. 어차피 지원을 할 때는 우리는, 그~ 우리가, 애완견 뭐 이런 건 취미생활이지, 우리한텐 그게 직업이 될 수 없고. 하여튼 조리사 자격증이나 이런 거는 나이 많은 우리로써는 진짜 써먹을 수 있잖아. 배운다 한들 다른 건 써먹을 수 없는 게 많잖아. 근데 여기에 뭐 교육 센터가 있다. 그럼 열심히 다니지 싶어. 매일이라도 되겠다, 매일이라도 하지 싶어. 매일같이는 힘들겠지만, 뭐 하여튼 일주일에 3번 교육 있다. 하면 진짜 꼭 가. 수영장 이런 데도 건강을 생각했을 때 가고 싶은데 끊어가지고 한 달을 채 못 채울 거 같애. 우리끼리라면, 또 야, 니도 가자, 내도 가자 껴서라도 가

겠는데 그게 잘 안 돼. 그게 젤 힘들어. 연주도 그러더라. "교육과정이 그렇게 힘들다냐?" 그런 게 아니고 교육과정이 힘든 기 아이고 이제 말도 함부로 말하는데도 조심스럽지, 행동하는 것도 조심스럽지, 이젠 그렇게 살아야 되지만. 우리가 좀 적응하기 힘들지 그런 건 생각 안 하고 무조건 밖으로 학원 가라는 건 어렵지. (…) 그런 거 하면, 뭐 꼭 용산에서만 안 해도, 용산에서 하면 더 좋겠지만. 이런 데 있는 애들만 모아서 한다면, 쪼~끔 더, 쪼~끔 더 나을 게 아닌가, 쪼~금 (…)

뭐 배우러 갈 수 있다는 자체만 해도 어디야? 그렇다고 무슨 되게 뭐 애들이 우르르 왔다 와르르 가는 건 아닐 거 아니야. 하여튼 일반인만 안 섞이고 우리들만 배울 수 있다고 하면. (좋겠다?) 할 수, 할 수 있을 거 같다. 그러고 또 동네 안에 있으면 더 더욱이 좋겠다. 안 그러면 뭐 추리닝 입고 가서 교육만 제대로 받으면 되니까. 근데 이거는 뭐 한 번 차려입고 나갈려면, 우리가 인제 일상복이 많은 것도 아니고, 이게 진짜 일 년에 한 번 해입자고 옷을 사입기는 진짜 그렇잖아. 맨~날 여기서 청바지나 티셔츠 입고 뒹굴뒹굴하다가 바깥에 나가는 자체가, 여기서 입던 옷 띠리리 입고 나갈 수도 없는 거고. 이 다른 사람들은 생각을 못 하는데 우리한테는 그게 어마어마한 부담이야. 남들은 길거리 보면, 기차 타고 우리 집에 내려갈 때도 보면 추리닝 입고 집에 가는 사람도 많고, 쓰레빠 신고 비행기 타는 사람도 있더만. 근데 우리는 그렇게 못 하잖아, 우리 자신이. 그게 일반인하고 못 섞여 산다는 거지. 연주도 뭐 그래서 힘들었다는 거고. 그런 거 좀 고려해 봐. (…) 공부가 힘든 게 아니다. 그, 그 교육 받는 것도 신경 써야 하는데 거기 있는 그 시간 내~내~ 신경을 쓰고 있어야 되잖아. 조심하고 있어야 되잖아. (…) 〈끝〉

<< 에필로그

첫번째 인터뷰를 약속한 날 백경옥씨는 깨어보니 나와 약속한 시간이 거의 다 되어가고 있었다고 했다. 그래서 시간을 조금 늦추려 내게 전화를 시도했지만 통화가 되지 않자 급기야 이옥정 대표에게 전화를 해 내 행방을 물었다고 했다. '희애랑 만나기로 했는데 상담소고 어디고 도통 전화가 안 된다'고. 애가 달아 있는 백경옥씨에게 이옥정 대표는 '새벽 세 시 반에 만나 할 일이 무어냐'는 말로 사태를 마무리하셨다. 시계 바늘이 한 바퀴 더 돌고 나서야 나는 그런 일이 있었다는 것을 알았다.

백경옥씨가 살고 있는 방은 대낮에도 불을 켜지 않으면 칠흑같이 어두운 지하이다. 때문에 정말 잠에서 깨 시계를 보면 그 바늘의 숫자가 낮을 의미하는지 밤을 의미하는지 전혀 감을 잡을 수 없다. 그녀의 방이 백경옥씨가 용산에서 지낸 8년과 많이 닮아 있다는 생각을 했다.

이런 저런 인사를 나누고 인터뷰를 시작하면서 처음으로 백경옥씨에게 물었던 질문은 8년 전과 비교해 제일 많이 바뀐 점이 무엇이냐는 질문이었다. 나는 이 질문에 당연히 8년 전 용산 성매매지역의 지도가 펼쳐질 것이라고 생각했다. 아니 최소한 용산 역전의 외적 변화와 발전에 대한 이야기가 나올 것이라고 생각하고 있었다. 이를테면 그때는 유리관골목이 어떤 구조였다든가, 용산역이 지금처럼 크지 않았었다든가, 지금의 전자상가가 그때는 어떠했다든가 하는 것들 말이다. 백경옥씨의 답은 '장사하는 게 제일 많이 바뀌었다'였다. 내가 질문을 어지럽게 이리 저리 돌렸지만 백경옥씨는 결국엔 법이 바뀐 이후 달라진 영업 형태에 관해 이야기를 했다. 용산의 외적인 변화는 백경옥씨에게는 의미가 없는 일인 것 같았다. 마치 지하 방 밖의 세상이 해의 지배 하에 있든 달의 지배 하에 있든 방에 있는 백경옥씨한테는 큰 의미가 없듯이 말이다.

나는 인터뷰를 마치고 백경옥씨의 방에서 나올 때마다 '방에 있으면 비가 와도 모르겠구나'라는 생각을 했다. 나는 백경옥씨가 살고 있는 골목을 지날 때마다 백경옥씨가 자신의 궁극적인 계획대로 제발 살 만한 방을 얻어 하루라도 빨리 그 지하에서 올라 나왔으면 좋겠다는 생각을 한다. 천식을 앓고 있는 백경옥씨가 자연볕이 잘 드는 집에서 매일매일의 일기에 대한 감수성을 키워나갔으면 좋겠다. 그렇게 하면 어쩐지 백경옥씨가 가장 걱정하는 '사회생활'에 대한 두려움도 이길 수 있지 않을까 하는 생각도 해본다.

이 글에 대한 코멘트와 인터뷰 공개에 관한 동의를 얻기 위해 다시 백경옥씨의 집을 방문했을 때 백경옥씨는 상기된 얼굴로 나를 맞았다. 손가락 여덟 개를 펴보이며 신기하고 재미있어 죽겠다는 듯 "오늘이 금연 8일째"라고 했다. 그리고 내가 가져간 원고와 녹취록을 검토한 후 자신의 금연 이야기를 써넣도록 당부했다. 용산에서도 대표적인 애연가로 손꼽히는 백경옥씨는 자신이 그동안 평균 15분에 한 대씩 담배를 피워댔다는 사실에 소름끼쳐 했다. 백경옥씨는 용산 사람들이라면 모두들 자신의 건강을 걱정한다고 했다. 저렇게 그냥 살고 있는 것은 건강에 대해 아무 생각이 없어서가 아니라 누군가 이끌어주지 않기 때문이라고 했다. 혼자선 시행이 안 되니 건강검진이고 금연이고 누군가 이끌어주고 다 같이 해야 한다고 했다. 그리고 금연을 시작한 가장 힘들었던 처음 3일간의 금연일지를 구수한 입담으로 풀어냈다. 금연의 고통은 특히 일을 하고 있는 장면에서 찾아왔다. 일단 일을 하러 나가면 자연스레 한 대 생각이 났고, 추워서 커피라도 한잔 뽑아 마시면 또 습관처럼 담배를 한 대 꺼내게 된다고 했다. 손님을 모시려다 실패하면 쑥스러워 또 담배 생각이 났고, 지나는 사람이 없으면 그래서 또 생각이 났다고 했다.

습관적으로 피워 물던 담배를 끊는 것은 용산을 벗어나는 일만큼이나 힘든 일이었을 것이라는 짐작을 하게 했다. 백경옥씨는 이 힘든 시간을 세탁기 돌리는 것으로 극복했다. 일을 하다 담배 생각이 간절하면 방으로 내려와 세탁기를 돌렸다. 그리고 다시 올라가 일을 했고, 또 담배 생각이 나면 몇 번이고 다시 내려와 빨래를 돌리고 널고를 반복했다. 백경옥씨는 하룻밤에 세탁기를 무려 네 번이나 돌렸다고 했다. 아침 여섯 시까지 자신의 지하방과 거리를 오르락내리락 하면서 덕분에 이 엄동설한에 밀린 이불빨래까지 다 해치워 버렸다. 백경옥씨는 너무 큰 소리로 외치고 다녀서 이제는 다시 담배를 피울 수도 없게 되었다고 했다. 혹시 술이라도 한잔 하게 되면 자기도 모르게 담배를 피우게 될까봐 덕분에 술까지 끊게 생겼다며 영원히 담배를 끊을 자신은 없지만 우선 한 달은 버텨보겠다고 했다. 백경옥씨는 직업훈련 교육 이야기를 할 때도 '우선 한 달'이 문제라고 했었다. '한 달만 하면, 한 달만 채우면 그 다음은 조금 쉽다'고 말했던 것이 연상되었다.

작업의 마지막 정리를 위해 백경옥씨를 방문하고 나오며 나는 백경옥씨가 이제 세탁기 돌리기처럼 쉽고도 만만하게 시작할 수 있는 일을 찾으면 좋겠다고 생각했다.

고연주씨와의 인터뷰 9

프리랜서, 성노동자, 그리고 새로운 선택

고연주, 김애령

<< 프롤로그

고연주씨를 만난 날은 올해(2005년) 겨울 들어서도 가장 춥다고 한 12월의 어느 날이다. 이옥정 대표가 알려준 전화번호로 전화를 걸어, 약속 시간과 장소를 정하고자 했을 때, 고연주씨는 "자신은 지금 치과에 치료를 받으러 가는 길"이라고 했다. 막달레나의집 현장지원센터에서 운영하는 '햇살고운진료소'를 통해 연결된 신촌의 한 치과에 진료 약속이 되어 있다고 했다. 진료가 끝나는 시간에 맞춰 신촌 근처에서 만나는 것도 좋겠다고 나는 생각했었지만 그 뜻을 제대로 전달하지 못하고, 결국 우리 두 사람 모두에게 익숙한 '거기', 막달레나의집 쉼터에서 만나자는 약속을 하고 전화를 끊었다.

  도착한 막달레나의집 문 앞에서 운동복 차림의 고연주씨를 만났다. 나보다 먼저 도착해 쉼터에 인사를 하고 잠시 담배를 사러 다녀오는 길이라는 고연주씨가 내게는 낯설지 않았다. 내 기억으로는 만나서 정식으로 인사를 한 적도, 단 둘이 대화를 나누어본 적도 없지만, 지난 몇 년 동안 막달레나의집의 크고 작은 행사에서 다른 사람들과 함께 낯을 익힌 적이 있었기 때문이다. 또 그 얼마 전에 있었던 고연주씨의 결혼식에 참석하여 인사를 나눈 일도 있었다.

사실 나는 그녀가 생각하는 것보다 고연주씨를 더 잘 알고 있다고 할 수 있다. 『용감한 여성들, 늑대를 타고 달리는』*에서 나는 벌써 그녀를 만난 적이 있다. 그 글은 그녀의 정체성을 조심스레 가리고 있었지만, 이후 막달레나의집을 드나들면서 그 "'갈보' 혹은 '성노동자'의 인권"을 이야기한 여성이 바로 고연주씨일 것이라고 짐작했다. 또한 솔직히 말해 그 글에서 나는 단지 '고연주'라는 개인을 만난 것이 아니라, 두고두고 오랫동안 여러 가지를 생각하게 하는, 위험이 상존하는 성매매 공간에서 지혜롭고 씩씩하게 살아가는 자존심 강한 한 '용감한 여성'을 보았다. 이후 내가 성매매 관련 연구를 하거나 글을 쓸 때, 내게는 늘 그녀의 음성, '성노동자'라는 말을 처음 들었을 때의 그 충격과 전환을 생생히 전하던 그 음성을 잊을 수 없었다. 그녀에게 '성노동자'라는 말은 늘 무화되고, 늘 무시되던 자기 존재에 대한 긍정의 '명명'이었을 것이다.

그런 그녀가 지난 [2005년] 11월 결혼식을 했다. 이 연구를 기획하면서, '용산 성매매집결지의 역사'를 재구성하는 데 자신의 경험과 기억을 보태줄 인터뷰 대상을 선정하는 과정에서, 고연주씨는 당연하다 싶을 만큼 일찌감치 명단에 포함되어 있었다. 그 일차적인 이유는 고연주씨와 막달레나의집 사이의 끈끈한 관계에 있다. 고연주씨는 막달레나의집에서 하는 프로그램에 늘 참석해왔을 뿐 아니라, 용산에서 무슨 일이 있을 때마다, 자신이 힘들거나 답답할 때마다 의논하고 하소연하기 위해 연락하고 찾는 가장 가까운 친구이자 조언자로 '막달레나의집'을

---

* 엄상미, 「'갈보' 혹은 '성노동자'의 인권론」, 『용감한 여성들, 늑대를 타고 달리는』, 막달레나의집 엮음, 삼인, 2002.

꼽고 있다. 성매매방지법이 시행되고 난 이후, 그 동네에서 알게 된 한 남성과 '살림을 합쳤다'는 이야기도 막달레나의집에 이미 전한 바 있고, 그 사람과 사진관에서 '면사포 쓰고' 사진이라도 한 장 남기고 싶다는 고연주씨의 생각을 '이왕 그럴 바에 정식으로 결혼식을 올리자'며 추진해준 것도 막달레나의집이다.

결혼식 날의 고연주씨는 참 예뻤다. 작은 성당의 조촐하지만 넉넉한 피로연 자리에서, 나는 나름의 감동으로 참 예쁜 고연주씨의 밝은 웃음을 쳐다보고, '아저씨가 참 멋있다'는 추임새를 보태며 살짝 다른 사람들과 섞여 사진도 찍었다. 인터뷰 일정은 이 '인생의 대사' 이후로 잡았다.*

용산집결지를 벗어나는 꿈

첫번째 인터뷰는 그렇게 시작되었다. 나는 가깝고 친근하게 느꼈지만 상대도 그렇다고는 확신할 수 없는 상황에서, 용산이 본인에게 어떤 의미인지, 그리고 지금 자신에게 가장 중요한 바람이 무엇인지 고연주씨는 특유의 친절하고 다감한 억양으로 이야기해주었다. 나의 과장된 친근감은 인터뷰의 목적이나 사용에 대한 충분한 설명을 건너뛰게 했고, 고연주씨는 "무엇이든 물어보라"며 여유 있게 다가왔다.

---

*결혼 직후의 인터뷰가 우리가 듣고자 하는 '용산 지역 이야기' 보다 '결혼'이라는 특별한 개인적 변화에 맞추어지지 않을까라는 염려가 우리 연구자들 사이에 없었던 바는 아니다. 그리고 실제로 고연주씨의 현재의 가장 큰 관심은 '가정'이라는 새로운 생활 단위를 어떻게 잘 이끌어갈까에 맞추어져 있다. 그러나 이러한 현재의 관심에 맞추어진 적정한 '거리'도 용산에서의 오랜 경험을 되돌아보는 '여유'가 될 수 있을 거라는 믿음이 앞선 우려를 밀어냈다. 또한 실제로 '결혼'을 현재의 막연한 흥분과 맹목이 아닌, 자신의 생애의 전환이라는 관점에서 바라보고 있다는 인상을 인터뷰 과정에서 받게 되었다.

고연주씨는 용산에서만 30년을 살아왔다. 중간에 몇 년씩 그 곳을 떠난 적도 있지만, 어린 시절의 가출이 집결지에서의 삶으로 이어졌고, 19세에 그 이전부터 알던 친구를 만나 들어온 용산 역전에서 그녀는 이제 50세를 바라본다. 성매매방지법 시행 이후로 처음에는 상황에 밀려, 나중에는 본인의 뜻으로 현재는 일을 하지 않고 있다. '일을 하지 않'아도 그녀는 한가해 보이진 않았다. 인터뷰를 하는 중에도 휴대전화는 계속 울렸고, 짐작건대 용산역 근처에서 친구들이 기다리고 있는 듯했다. 인터뷰 중에도 나오지만, 그녀의 일상은 그녀의 삶의 공간, 오랜 생활 터전인 용산역 앞에서 친구들을 만나 이런저런 이야기를 나누고, 더러 백 원짜리 고스톱을 치고, 간혹 술도 한잔 하면서, 그 '생활세계'를 유지하고 누리는 방식으로 이어지고 있는 듯했다.

'일을 그만두고', '가정을 꾸린' 현재의 조건에서 그녀의 관심은, 이전에 자신의 영업방으로 사용하던 현재의 낡은 지하방 살림집, 싱크대 하나 제대로 갖추어져 있지 않은 그 공간을 벗어나는 데 있다. '번듯한, 집 같은 집'에서 살아보는 꿈, 그것은 모아놓은 돈을 날리고, 일도 하지 않는 지금, 일용직으로 더러는 돈을 벌고, 또 이런 겨울에는 허탕을 치기도 하는 남편의 경제적 형편을 고려할 때, 당장 실현 가능한 꿈이 아니다. 그래서 용산역 앞, 지금의 생활세계가 재개발로 곧 없어지리라는 소식에 대해서, "[철거한다는] 공문, 이런 것도 나오지 않은 한" "아직은 그래도 이삼년 이상은 더 걸릴 것"이라고 유보적으로 기대하고 있는지도 모른다. 그것은 또한 그곳의 좁은 지하방을 벗어나고 싶은 희망과 그래도 "친구들이 있고, 추억이 있고, 그래도 내 고향같이 편안한" 그 용산 골목의 익숙함을 벗어나기 어려운 심정이 혼재된 기대이기도 하다.

'프리랜서'의 차이

용산으로 들어와 고연주씨는 업주 밑에서 오랫동안 일하다가, '프리랜서'로 독립해 성매매방지법이 있기까지 혼자 일했다. 혼자 일하면서 생명의 위협을 느낄 만큼 위험한 상황에 처한 적도 있지만, 그녀는 '업주의 착취 없이' 번 것을 혼자 가질 수 있고, 일하는 시간과 조건을 자유로이 선택할 수 있는 '프리랜서'가 훨씬 좋다고 강조했다. 이 주장은 첫번째 인터뷰에서도 분명했지만, 막달레나의집 현장지원센터 진료실에서 진행된 두번째 인터뷰에서는 보다 구체적이었다.

고연주씨와의 두번째 만남은 쉼터에서의 만남 이후 몇 주의 시간이 흐른 뒤에야 이루어졌다.[*]

두번째 만남에서 고연주씨는 처음 인터뷰에서도 언급한 바 있는, 한소리회를 통해 홍콩에 가서 다른 아시아 국가들에서 온 '성노동자들'과 만났던 경험[**]을 다시 즐겁게 이야기했다. 그때의 경험을 늘 '위축감을 주던' 타인의 시선과 멸시를 극복하는, 자신의 삶과 생활, 일을 긍정할 수 있게 했던 전환의 계기였다고 인식했다. 고연주씨는 현재의 법이 있는 한, '성노동'의 인정은 불가능하다고 현실적으로 판단한다. 그녀가 이해하는 '성노동' 인정은 이 일을 하고자 하는 아가씨들이 '업주와 나누는 것 없이, 자기가 번 것을 다 가질 수 있고', 그것을 보호 받을 수

---

[*] 인터뷰 일정이 늦어진 것은, 2차 인터뷰를 하는 것이 좋은지, 아니면 처음 인터뷰로 마무리 지을지를 결정하지 못하면서 시간을 보냈기 때문이다. 이런 오랜 생각과 고민과는 달리 두번째 만남이 정식 인터뷰 형식을 갖게 되는 과정은 자연스러웠다. 첫번째 인터뷰에 대한 아쉬움은 나만의 것은 아니었던 것 같다.

[**] 중국, 한국, 필리핀, 일본 등에서 '성노동자들'과 관련 NGO 활동가들이 모여 비공개로 진행된 이 회의는 2000년 1월에 개최되었다. 이때의 경험은 『용감한 여성들, 늑대를 타고 달리는』에도 실려 있다.

있는 체제를 의미하는데, 이게 실현되기는 어려울 것이라고 판단한다. 고연주씨가 말하는 그것이 구체적으로는 어떤 모습일지 모르지만, 일차적으로는 '업주의 착취가 없는' 형태를 말하는 것 같다. "좋은 포주는 있을 수 없다"는 고연주씨의 말에는 감금이나 구타 같은 외적인 착취가 아니더라도, 아가씨가 '당하는 일'로 번 돈을 반반씩 나누는 것은 부당하다는 평가가 포함되어 있다. 그래서 '성노동'에 대해 말하는 자신의 의견을 '아가씨들뿐 아니라, 포주들도' 인정할 것이라고, "우리 목소리를 낸다는 것을 그 사람들, 업주들도 존중해줄 만하다"고 생각한다.

"국가에다 감사를…"

고연주씨는 막달레나의집 현장지원센터를 통해 '지원'을 받고 있다. 매주 수요일 진료소의 정기진료가 있는 날이면, '자기 집처럼' 센터를 드나들면서 상담도 받고 사람들을 만나고 함께 점심을 먹기도 한다. 치과진료는 진행 중이고, 의과상담을 통해 천식 약을 받아서 먹고 있고, "새해부터는 담배를 끊으려고" 금연 약과 패치, 껌도 우리가 만난 바로 그 전날 받았다고 했다. 또 '생활지원금'으로 매달 사십만 원을 받기 시작했다. 그 지원금이 남편의 수입이 불안정하고, 본인의 수입이 전혀 없는 지금 큰 도움이 된다고 했다. 그 돈으로 방세라도 낼 수 있게 되었기 때문에 "나라에다 감사"한다. 고연주씨는 "사람 마음이 열두 번도 바뀐다"며, 바로 작년 성매매방지법 시행 당시 자신도 여의도 집회 때 연단에 서서 여성부가 그럴 수는 없다는 항의를 했었다고 이야기했다. 그 답답하고 암울하던 상황에서 그 항의는 너무나도 당연하고 절박한 것이었을 것이다. 그리고 그 답답하고 암울한 상황에 그나마 작은 도움이 되는 것은 바로 정부의 '지원금'이다.

그러나 지원금이 고연주씨에게 펨푸 일이라도 다시 해볼까라는 유혹을 차단할 수 있을 만큼 충분한 것은 아니다. 나가면 부식비라도 벌 수 있지 않을까라는 생각을 수시로 하게 되는 것은, 자신이 현재 수입이 없고 하는 일 없이 '그 길'을 매일 오가기 때문이라고 했다. 다시 그 일을 하고 싶지 않다는 의지에, 그러나 뚜렷한 대안은 없어보인다. 일자리를 찾고자 하지만 경험도 정보도 없고, 해본 일이라고는 용산을 떠났을 적 한동안 리모콘 조립 공장을 다녀본 것이 전부이다. 그렇기에 현재 막달레나의집 현장지원센터는, 자신에게 적당한 일자리를 소개해줄 중요한 자원이자 창구다. 규칙적으로 출퇴근을 할 수 있는 공장일이라도 할 수 있다면, 푸념 같은 말뿐이라 할지라도 여전히 버리지 못하는 '유혹'을 끊어버릴 수 있을 것 같다고 여기기 때문에 이 자원은 그녀에게 아주 소중한 것이었다.

"용산은 고향 같은 곳"

마음 편한 고향 같은 곳, "거기에 너무 찌들어" 그런지는 몰라도, 용산역전의 그 공간은 고연주씨에게 마음 편한 곳이다. 2007년 용산이 재개발되리라는 소문에, 친구들은 모두 어디로 갈지, 자신은 어디로 갈 수 있을지 걱정이다. 다들 어디서 모일 수나 있을지. 용산에서 보낸 지난 30년의 세월은 그녀에게 '남은 세월'보다 더 길지도 모른다. 일을 그만두고, 다시는 그 일을 하고 싶지 않다는 의지가 분명하지만, 젊은 시절과 달리 앞으로의 생활에 대해서는 걱정과 두려움도 있다.

이러한 두려움에 맞서 처음 만남에서 고연주씨는 이렇게 말했다.

"내가 살아오면서, 여기 있으면서, 그렇게 크게 곤란했던 점, 좋아한 것, 좋아했던 거, 지금까지는 정리가 잘 안 되었어. 그냥 현재, 지금…. 과거 없는 사람 없고, 미래는 모르기 때문에, 현재 오늘, 애령씨하고 웃고 얘기해서 좋은 거고. 그래~. 그래. 크게 깊~이, 요즘에는 가끔 조금씩 이 사람[남편]이랑 최선으로 노력을 해야겠다. (…) 최선으로 노력할라고. 이제 앞으로 어떻게 될지 모르기 때문에, 불확실하니까…." 그 최선의 노력이 그녀가 원하는 보다 나은 삶으로 연결될 수 있기를, 마음먹은 대로 무엇이든 시작할 수 있기를, 그 지난 과거와 아직 모르는 미래 사이, 그 다정한 현재의 시간을 나누면서 생각했다.

<< 고연주씨와의 첫번째 대화

용산역 집결지 폐쇄에 대해서

김애령(이하 ㅇㅇㅇ) (…) 용산 여기 없어지면 어떨까요?
고연주(이하 ●●●) 몰라 별로 아직 상상 안 해봤어. 그런 말은 들었어. 어쩌면 2007년에 없어진다고 해서, 그런 말을 우리가, 우리끼리~ [해], "야, 여기 2007년에 없어진다 그러더라." 그러니까 건물 주인들은, 개인 땅이 많아서 만약 2007년에 없어지면 지금부터 뭐가 들어와야 된대. 뭔 공문인가 뭔가, 그런 게. 그런 게 아직까지 안 들어온 걸 보면, 그런 걸 봐서 일이 년, 이삼 년 걸린대. 그런 게 아직 안 들어왔다고 그런대. 몰라~, 업주들은 갈랑가 몰라도, 친구들은 다 어디로 가라고, 어디에서 만날 것이며.〈웃음〉(같이 어디로 가실 수 있으면….) 그러니까 말야.

　그 나 아는 언니는, 조금 전에 상미[막달레나의집 실무자, 엄상미]가 갔다왔다는, 그 언니도 벌써 주인을, 주인을 한 거진 삼십 년 [했는데], 그 언니도 육십 그 언니가 넘었는데, (…) 거기서 한 삼사십 년 살았대. 그래갖고, 요번에 상미가 갔다 왔다는데, 글로 이사 갔는데. 얼마 전에 [검사를] 받아보니까, 그 저기 근육이 죽어가는 병 있잖아. 다리에 힘이 없어서 잘 걷지를 못해. 그런 병에 걸렸다 그러더라고. 근데 요번에 인자, 그 언니는 자기가 벌어놓은 게 좀 있었어. 아가씨 장사를 오래했어. 그러고 그 언니는 나갔어도, 영세민에다 장애인 있어갖고, 그기, 보조금이 나오나봐, 나라에서. 병원비가 안 들걸. 그래서 거기서, 한번 거기 우리가 인제 가봤는데, 방 두 개 요만한 거, 이렇게 큰 방 하나하고 조그만 방 하나하고. 방 두 개에 삼천오백만 원짜리라는데, 전세가. 돈 있어서 이사 나갔는데, 근데 여기서 몇 십 년을 골목에서만 살다가 "나도 좀 좋은 집에 한번 살고 싶다" 그래서 나갔는데, 좋아~. 좋대. 심심해서 그렇지 좋대. 우리는 그냥 우리끼리 몰려갖고 만나서 얘기하고, 쓸데없는 거 그냥, "야, 너네 어저께 어떻게 지냈냐?", "어제 뭔 일 있었냐?", "아, 어제 쌈 했대?" 쓸데없는 거지만 모여서 앉아갖고 얘기를 하는데, 그런 게 없어서 좀 심심하기는 해도 좋대. 이사 나가니까. 여기서는 밤에 가시내들 싸움하면 시끌시끌하지, 그런 게 맨날 있다가. 그리고 원치 않아도 막 우리가 쑤시고 들어가면, 언니니까~. 〈웃음〉 오지 말라고 그래도 막 들어가. 그러다가 "너네들 안 보니까 살겠다." 〈웃음〉 몰라, 그 언니 같은 경우에는 그렇게 자기 몸도 안 좋고, 자기가 그래도 얻을 돈이 있으니까 나가서, 그렇게 계시니까. 우리도 놀러 가면 좋더라고. 집이 좋으니까. 좋고 딱. 근데 우리 같은 경우는 지금 여기서 살고 있으니까 친구들이나, 오늘 재랑 내가 뭔 얘기를 해야지 그러면, 눈만 뜨면 나가서 만나니까. 없어지면, 없어지면 다들 어떻게 나부터래도 어떻게 되나….

수용소 경험과 그 이후

ㅇㅇㅇ 그 언니 수용소에 일 년 있었다고 그랬잖아요, 그때 어땠어요?

••• 나는 옛날에 수용소, 거기가 여기 대방동이란 데가 있었어, 옛날에. 대방동에 있다가 그리, 세곡동으로 건너갔거든. 그런데 대방동에 있을 때 그때부터 난 들락날락했어. 그래서 이제 글로 가서 거기서 일 년 동안 있었는데, 내가 공부를 못 해 초등학교를 못 나왔어. 초등학교도 못 나오니까 이렇게 만화책 같은 거 이렇게 그림 보다가 나중에는 뭐 하나씩 읽다가, 읽을 줄은 알아도 쓸 줄은 몰랐어. 글씨를 쓸 줄은 몰랐어. 근데 인제 어떻게 거기서 좀 배우고. 거기서 있으면서, 아유, 좀 괴로웠지. 그땐 어렸지만서도 또 그런 게 있어. 거기는 갇혀 있는 건데. 그리고 심했고. 우리 자유~의사가 아니라 저녁밥 먹으면 우리 복도에 다~ 이렇게 있으면, 저 끝에서 쭉 앉아갖고 전도사가 인제 설교 한 시간씩 하고, 강제적으로 그렇게 해야 돼. 목사가 거기 원장인데~ 그래서 그렇게 뭐 강제적으로 해야 되고. 아침밥 먹고 인제 청소하고, 뭐 어떻게 어떻게 하면 강당 올라가서 목사 아니면 전도사가 나와서 설교해야 되고.

거기가 그때 당시 미용도 있고 이용도 있었어. 이용, 미용, 양재, 고런 기술 배우는 게 있었어. 그러면 1년짜린 기술 배워야 돼. 그러면 난 인제 조금 배운 게 없었잖아. 그때 그냥 어린 나이니까. 친구 하나가, 참 친한 애가 있었는데, 가가 지금 뭐 어떻게 사는지도 몰라 난, 가서 거기서 만났는데, 가가 그렇게 나누는 거 있잖아. 더하기 빼기, 뭐 나누는 것도 갈켜줬어, 나한테. 숙제도 내고 어떻게 하라고 그러고. 조금 알았어. 그래갖고 어떻게 양재~, 양재를 배웠어 거기서. 양재가 그게 뭣 좀 나눠야 되고 막 이런 게 있다고. (그렇죠. 그렇죠.) 그런데 나는 공부도 못 했는데, 가한테 조금씩 배웠는데, 근데 어렸을 때니까 배우면서, 가한테 공부는 따로 하고. 저기, 지금도 뭐 이렇게 더하기는 자신 있는데, 뭐 나누고 이런 건 못 해 내가. 그때 양재과를 어떻게 들어가갖고 배웠어.

그래갖고 양재 배워가지고, 거기서 일 년 되니까 취직을 시켜주더라고. 취직을 시켜줬어. 일 년 넘어서 취직시켜줬구나. 취직을. 저~ 미아리, 미아리. 지금 그, 미아리 왜 있잖아, 거기 대지극장 있었어, 옛날에. 지금도 있나? 대지극장 앞에 쪼그만 그런 덴데, 시다 같은 거. 근데 거기서 인제 그냥 심부름 하고, 청소하고, 식모처럼 그렇게 했지. 우리 거기서[수용소에서] 배운 거는 택도 없고 아무것도 못해. 그냥 그냥 완전히 그냥 따까리로 들어가서 그렇게 몇 개월 있다가…. 지금 생각하니까, 그쪽에 가끔, 거기서 응, 저기 저기…. 그땐 진짜 어렸을 땐데, 한 열여덟, 일곱 됐을 때쯤인가 봐. 방이 조그만 거 하나 있는데, 나는 거기서 먹고 자고 했는데, 저기 뭐야 재봉틀하는 언니가 있었어. 그 언니 가끔 잘 때도 있고 안 잘 때도 있는데, 그 주인 남자가 있어. 주인 남자가 있는데 그 남자가 자꾸 내 몸을 만져. (아이고!) 그래서 나는, 그때 이런 생활을 좀 했는데, 그때는 저기…. 그니까 사람은~ 조금, 그래도 내가 여기서 생활하면서 가만히 이렇게 보면, 같은, 같은 아가씨래도 조금 배운 사람이 달라. 뭔~가~, 생각하는 게 다르고. 예를 들어서 고등학교만 나와도 벌써 달르드라고. 그걸 느낀다고. 내가 못 배웠기 땜에 그런가 몰라도 그걸 느껴. 그때 거기서 일 년 넘게 있었지. 주인이 몸을 만지고 막 그렇게 밤에 장난을 쳐도, 그 뭐라고 할까, 그거를 갖다 표시를 못 했어. 그거 그냥 혼자만 알고 있지. "왜 이래요!", 이런 표시를…. 지금 같으면 어림 반푼어치도 없지. 그때는 어렸지만서도 순진했다고 봐야지.

그래가지고 그 집에서, 그 집에서 몇~ 개월 있었어. 있다가 나와서 그 옆집에, 그때는 [머리를] 요렇게 요렇게 해가지고 〈손짓을 하며〉 요렇게 단발머리, 빵모자 쓴 것처럼 요렇게 해가지고 요런 머리해서, 귀엽다 그랬어. 상냥하고 귀엽다고 나보고 자기네 점원으로 있으래, 옆집에서

~. 그래서 아저씨가 그러니까[성추행을 하니까] 그 집으로 갔어. 그래 가지고 거기서 넥타이 팔고, 이렇게 남방 같은 거 파는데, 양품점이라 그러나? 그런데 거기서 있다가 나중에 친구를 하나, 남산 놀러갔다 만났나~? 친구를 하나 만났어. 야 죽었는데, 걔도 자살했어. (…) 걔를, 죽은 애를 만나서 다시 또 이런 데를 들어온 거야. 그때부터 거기서 그렇게 해가지고. 그래서 그러니까 지금 생각하면 멍청한 게, 그래 거기서 만약에, 거기서 그렇게 계속 그런 식으로 살았으면, 인생이 바뀌지 않았을까 이런 생각도 들어, 그지? (네. 그럼 좀 달랐을 수도 있겠죠.) 왜 그러냐면, 지금은 아무것도 없이 다 잊어먹었어. 다 잊어먹었지만, 그때 당시에는 거기서 뭐 이렇게 재단하는 거, 종이로 배웠잖아. 배우고 지금 모타[모터]로 다 하는데, 옛날에는 발로 요롷게 요롷게 돌리는 거, 고런 것도 할 줄 알고. 거기서 고런 거 가르쳐주거든. 그래서 미싱도 할 줄 알았었고 그랬는데. 그런 생각하면, 제가 지금 이제 철들어서 가만히 생각하면, 아, 그때 수용소를 갔을 때, 일 년 좀 넘게 있다가 나와서 거기 취직시켜줘서 거기서 있었는데, 거기서 그렇게 그냥 그냥 친구를 안 만나고, 남산을 그때 안 갔었으면 안 만나고, 그냥 내 인생이 바뀌지지 않았나, 바뀌어질 수도 있지 않았나~. 그것도 팔자가 있고 운명이란 게 있나 이런 생각도 들고. (…)

ㅇㅇㅇ 그~ 언니 맨날 단속 자주 당해서 수용소도 여러 번 가고 그랬는데, 단속할 땐 어때요?

●●● 아휴, 최소한도로, 안 잡힐라고 노력했지. 진짜, 최소한도로, 어? 진짜, 나왔다 만약에~, 잘 이렇게 형사들…. 오래 포주를 한 사람들은 밖에 한 번 나왔다가 단속 나오면 형사들이 지나가면, 단속 있는갑다라는 식으로 얘길 하면, "아유, 조심해야지" 그러지만, 그냥 잡히는 수가

있어. 사복을 입었기 때문에 다 똑같이 남자로 보이지, '나 형사요' 써 있지 않거든. 그렇기 때문에 최소한도로 신경을 쓰면서 인제 하지. 해도 잡히는 거는 어쩔 수 없더라고. 맨발 벗고, 막~ 그냥. 예를 들어서, 딱 요렇게 잡는다고, 손을 이렇게 딱 잡어. 〈손목을 잡으며〉 우리는 여자니까 딱 잡히지. 근데 옆에서 누가 "아이, 아저씨 왜 그러시냐"고 봐주라면서, 이럴 때 구두고 뭐고 골목으로 골목으로 막~. 그런데 어떤 사람들은 끝까지 쫓아와서까지 잡어. 그래 도망가도, 봐줘도 되는데 와서까지 잡는데, 딱 도망가서 숨어 있으면 "이리 나와!" 쫓아와서 그래.

　근데 지금은 아주 양반이야. 자꾸 세월이 가서~ 좋아진 거야. 옛날에 수용소 있을 때는, 밤에 〔단속반이 집으로〕 들어오잖아. 천장 다 뚜드려봐야 돼. 비밀실 다 만들어갖고 있었거든. 이런 데 있으면 여기 비밀실, 창고 있어. 옛날에는 집 다 뒤졌어. 지금은 그렇게 못 하지. 옛날에는 전두환 그럴 때하고, 저기 뭐야, 박정희, 박정희 〔때〕, 집까지 싸~악 뒤졌어. 그 비밀실, 여기다 딱 해가지고 찾아내고 그랬어. 밤에 자다가도 집 뒤지기 시작했다고. 그땐 그랬다고. 그런데 비하면, 도망가도 끝까지 잡는 거는 양호하지~. 그때는 진짜 안 끌려갈라고, 막 인검 한번 나왔다 그러면 지붕으로 막…. (…)

업주 밑에서 일하는 것과 혼자 일하는 것의 차이

○○○ 언니는 그러면 계속 주인 있는 집에서 일하시다가….
●●● 응. 주인 있는 집에서 일하다가 혼자 얻어서 나왔지.
○○○ 그건 얼마 안 되신 거고….
●●● 그건 몇 년 안 됐어.

○○○ 그게 차이가 크게 있어요?

••• 그럼. 차이가 많아~. 차이가 많아. 내가 아까도 공창 같은 거 얘기했잖아. 이 어마어마한 차이가 많아. 내가 혼자 얻어가지고 나 혼자 했잖아. 내가 몸이 아플 수도 있고~, 근데 주인이 나빠~서, 나가라고 막 이런 게 아냐, 응? 주인은. 나는 주인 밑에 있어도, 성격이 조금 내가 와일드한 게 있어. 내가 좀 급하고. 그래가지고 하고 싶은 얘기 있다든가, 내가 안 하고 싶으면 난 안 해. 줄 게 있든 받을 게 있든 주인을 위해서 가서 하고 싶지 않은 걸 막 가서 영업을 하고 이렇게 안 해도 돼, 주인한테는. 그런데 내 자신이~ 그 사람도 그거 갖고 먹고 사니까, 그 사람 밑에 있을 때는 눈치가 보인다고, 내 자신이. 그렇게 나는, "아유, 나 오늘 놀 거야. 안 할 거야." 이렇게 말하고 안 나가기도 〔하고〕 그러기도 많이 했는데, 그게 그렇지가 않아. 둘이 있는데 하나가 논다든가, 일할 사람 하난데 나도 버틴다, 하루 이틀 그렇지, 그렇지가 않어. 눈치가 있다고. 그러니까 혼자 하는 거하고 많은 차이가 있어. 왜 그냐면 일단 마음적으로 해방됐다. 이거 눈치 안 봐도 되고 그런 거, 내 마음대로 할 수가 있어. 그런 거. 맘대로 행동할 수도 있고. 오늘, 예를 들어서 어디 볼 일이 있잖아? 누가 놀러가자 그래도, 옛날에는 "주인 있는데 어떻게 가냐?", 지금은 "내가 안 하면, 안 하는 거지. 나 프리랜선데 내 마음대로지, 내가 뭘…. 가는 거야, 가." 그러고, 그런 것도 있었고. 아마 그런 것 때문에 저번에 몇 년 전에 중국〔홍콩〕을, 그래서 갔을지도 몰라. 왜 그러냐면 프리랜서가 나뿐이 그때는 없었어. 그러니까 그때는 그랬고.

또 돈도 그렇지, 돈도. 우리는 나이 먹어서, 칠만 원씩, 여기 이제 다 육만 원, 칠만 원씩 하거든. 오만 원인데, 그 인제 요즘에는 위험수당비 만 원을 더 받어, 손님한테. "우리 위험하다, 잡혀가면 벌금이 많다."

위험수당 만 원 더 받는데. 아니~ 생각을 해봐. 그렇게 우리는 나이 먹어서 그렇게 안 줄라고 그래. 남자들이 눈이 있어. 젊은 애들은 오만 원 달라면 탁 들어가는데, 우리들은 오만 원씩이나 하냐고, 삼, 사만 원, 사만 원, 삼만 원 요렇게 한다고. 그러면 "아유, 그래 혼자다. 주인이랑 같이 나눠먹는 거나 혼자나, 차라리 이게 더 이익이다." 이래서 쪼께 주는 사람도 들어갈 수 있고. 또 버는 것도, 버는 것도, 만약에 십만 원 벌어서 내가 십만 원 다 쓸 수가 있잖아. 그래서 그런 차원이 있더라고. 그래서 아주 많은 차원에서, 그리고 내가 혼자 몇 년을 있어봤는데, 혼자 몇 년 있어보니까, 뭐 단속, 막 거기 업주회장 말 듣고, 주인 말 들으면 뒤에서 봐주는 사람 크게 있는 것처럼 [말하는데], 아유, 천만의 말씀. 그런 거 다 필요 없어. 단속 나오면, 다 똑같이 걸리고 다 저기하지. 저기 그래, 밥 같은 거는 소홀하게, 혼자 있다 보면, 술 먹고 잔다든가 혼자 챙겨먹는 게 좀 저기하니까 바깥에 시켜먹지, 사먹고 이러니까….

○○○ 근데 혼자 하면 위험하지 않아요?

●●● 조금. 아니, 근데 난 어떻게 하냐면, 신발을 갖다가 여기다 놓고 저기다 놓고, 구두를 주워다가 남자 구두도 갖다놓고 그래. 우리 집에 오면 다 사람들이 그래. "저게 웬 구두야?" 왜냐면 사람 있는 척할라고. 그렇게 했어. 그런 식으로 해도 마음은~ 또 불안한 마음도 있긴 해. 뭔 일 있으면 불안 안 할 사람은 없지. 그런 건 있었어. 근데 이제 나중엔 그런 것도 없어졌고 좀.

새로운 주거 환경에 대한 희망

○○○ 나가서, 다른 데서 집 얻어서 살았으면 좋겠요?

●●● 그건 당연하지. 나 영업하는 데 거기서 사는데…. 지금 상황이 그래. 그렇지. 근데 저기, 아직 조금 더 저기를 해볼라고 그래. (그러면 뭐 바깥에다가, 딴 데다가, 집 구해서….) 좀 바깥에 살고 싶은 마음도 있지. 나도 혼자 있으면서 지하실 얻어가지고 있었는데, 지하실에서 지금 몇 년을 있었는데. 가스렌지가 여기 있으면, 여기서 저쪽으로 가서, 저~리 가서 뭐 그릇 하나 씻어다가, 여기서 〔요리〕 해야지. 우리 지하실은 그래. 이런 데〔막달레나의집 쉼터〕 와보니까, 그럴싸하네. 〈웃음〉 그래도 없으니까 그냥 살아야지.

내가 혼자 있으면서, 내가 쫌 모아뒀었어. 천 단위, 이천 단위 모았었는데, 내가 또 바보짓을…. 갑자기 내 친구 그 죽었다는 애, 걔 죽은 후에 갑자기 걔 얼굴이 떠오르고, 밖에도 안 나가고 영업도 안 하고…. 그러다가 집에 있다가 어느날 누가 화투방 얘기를 하더라고, 고스톱 치는데. 거기를 다니다가 거기에 다 빠뜨려버렸어. 그래가지고 빈털털이가 됐어. 그래가지고 그러고, 그냥 영업하면서 혼자 뭐 크게 〔문제없이〕, 엄마한테 좀 붙여주고, 그렇게 크게 뭐 저기는 없이 그냥 있었지. 모아놓은 것은 없어도, 평생에 그거 조금 해놓은 것을…. 그 친구, 죽은, 4층에서 죽은, 그것을…. 죽을 수도 있어 사람이. 자살할 수 있어, 자살할 수 있어. 그런데 걔가 나를 좀 가슴 아프게 하고 갔어. 그래갖고 그때 당시에, 복잡한 얘기야, 그거는. 돈 얘기가…, 안 좋은 일이…. 그 전날도 나한테 와서 낮에도 통화를 했는데, 밤에, 초저녁에 떨어졌더라고. 그때 나는 노래방에 있었다고 또, 손님들이랑. 어떻게 통화가 돼서 7통, 요기 그때는 7통에 있었다고. 중대 부속병원 거기 있다고 하더라고. 갔더니…. 걔를 어떻게 해줄 수 없는, 그런 게 있었다고. 돈 얘기기 때문에…. 걔가 돈을 빌려달라고 했었는데, 나는, 내 생각에는 조금, 그 남자한테 개가 돈을 갖다주면 안 된다는 생각에 안 주고 있었다고~. 그때. 그 전날도 돈 얘기 때문에 왔었거든. 삼백만 원, 충분히 줄 수 있었어, 그때 당시에. 있었기 때문에…. 그때 걔네 서울역에 있으면서 그 남자가 우리 동네 와서 술도 먹고 가고. 남자가 좀 뭐랄까, 그런 면이 있었더라고, 내가 안 주고 있었거든. 그래가지고 내가 안 줘서 죽었나? 그때는 말도 못했어, 그 자각심에. 그래가지고 또 미친 지랄을 했잖아.

그래도 친군데…. 그래갖고 병원에 가니까 이거[심폐소생술] 하고 있어. 그거 하고 있는데 쾅쾅 하는 거. 이런 데, 막 땀구멍 있잖아, 이런 땀구멍까지, 이거 누를 때마다 피가 퍽 퍽 쏟아 불어 홍수처럼 나오는 거야. 그러고 좀 있다가 숨을 안 쉬더라고. 그 전날도 그러고, 그 다음 날, 죽는 날, 남자가 한 일곱 시쯤에. 그땐 약 먹고 난 나와 있었어, 밖에. 영업할라고 나와 있었는데, 그 남자가 전화가 왔어. [내 친구가] 지금 술 먹고 저렇게 저기한다고. 조금 "니네 각시니까, 걔를 잘 봐주라"고~, "나는 지금 약 먹고 영업하러 나왔으니까, 내일 아침에 갈 테니까, 좀 잘 봐주라"고 그랬거든. 그러고 난 영업하다 손님들 만나서 노래방 갔다 왔는데 그 이튿날 죽었잖아. 그날 떨어졌대, 그날. 나는 그 남자가 민 것도 같고, 여러 가지가 많아. 걔네 오빠도 영안실에 왔는데, 오빠도 만나고. 그 남자가 참~ 드러운 사람이더라고. 그래서 걔 죽은 거, 조금 모아놓은 거, 세상에! 거기 처박혀서, 거기서 맨날 집에도 안 오고 밥 먹고 한쪽에서 자다가 또 일어나면 저기서 놀고 있으면, 그래서 건달들이 얼마나 날고뛰는 사람들인데 거기서 내가 뭘 저기한다고. 그래놓고 '아이고, 미친년'. 어차피 그거를 친구를 줬으면 친구가 안 죽었을 수도 있었을까, 아니면 그때 술에다가 약을 먹었다니까 또 그렇게 죽었을라나…. 여러 가지가 복합적으로….

"용산은 고향과 같은 곳"

○○○ 용산은 언니한테 뭐라고 얘기하실 수 있으세요?
●●● 글쎄, 그래도 어떻게 됐든, 작은 거든 큰 거든, 좋은 기억이든, 여지까지 내가 거기서 밥 먹고 살았고, 뭐 그냥 작은 일이든 큰일이든. 뭐, 지금이야 오십이니까, 옛날에 그 벅쩍벅쩍 대던, 친구들도, 추억도 있고. 글쎄, 그래도 내 고향 같애 나는. 고향 같애. 왜 그러냐면 여기서 가도, 거기 입구만 들어서도 그냥 마음이 편안해. 그게 너무 거기에 너무 찌들어서 그런가 봐, 나이 먹도록. 누가 거기 들어가면 누가 거기 쳐다볼라고 그러겠어? 다른 사람들은, 보통 사람들은? 근데 거기가면 담배 펴도 누가 손가락질 하는 사람도 없고, "에이, 씨발" 이래도 누가 "뭐 저 사람 욕을 저렇게 잘 한대" 이런 사람 없고. 그냥 편안하니까 일단은 고향 같고. 그냥 뭐 밥 먹여줬네. 지금까지 숨 쉬고 살고 있으니까. 그래 인제, 앞으로 여기서, 내가 지금 여기서 내가 오십인데, 여기서만 삼십 년을 살았는데, 내가 앞으로 삼십 년 못 살잖아. 못 사는데, 세월은 더 불안한 마음이 있어. 내가 죽기 전에, 남은 세월이 십 년일지 이십 년일지 모르겠지만, 일 년일지 그건 몰라, 모르지. 지나온 거는 지나와서 이렇~게 보면, 거기에 좀 저기가 있어. [이] 동네[에서] 삼십 년이라는 세월이 있는데, 앞으로는 겁나는 게 있어. 여기, 어디로 이사하면, 요즘엔 돈 있으면 이사 가는데~, 생활이지 뭐. 그냥 생활, 내가 그냥 나이 먹으니까 또 겁이 많아져. 옛날엔 난 겁이 없었어, 쪼그만해도 겁 없었는데, 지금은 겁이 좀 생겼어. 그래가지고 그런 걱정이지 뭐.

<< 고연주씨와의 두번째 대화

'성노동자'라는 말

○○○ 저희가 그, 저는 사실 그걸 읽었었거든요. 그 『용감한 여성들…』, 그때 왜 그 엄상미씨가 쓴 글에 언니 인터뷰 들어 있었잖아요.

●●● 몰라, 오래 돼서….

○○○ 그게 벌써 몇 년 전 얘기죠?

●●● 응. 몇 년 됐어. (…) 그때 당시에는 한 지금 저기 한 4, 5년 됐으니까, 지금 2005년도 말이니까 4, 5년 됐네이 그때가? 중국〔홍콩〕나갔다 온 것은 획기적이었다고 봐. 왜냐하면 나도 여기서 그런 생활을 오래 하고, 몇 십 년을 했지만, 그런 경험이 처음이었고. 아주 와가지고 막 그 뭐라 그럴까, 아주 어디라도 나가서 진짜 뭐 외치고 싶다. 하~나도 부끄러움이 없어졌고. 그때만 해도 조금 위축돼가지고 막 그, 이런 게 많이 있었거든. 이런 생활을 하면 사람이 손가락질만 하고, 어디 나가도 누가 뭐, 어찌 손님이, 나 또 어찌 단골이나 만나지 않을까? 어디서 한 길에서 누가 이런 데 있는 걸 알면 손가락질 막 하지 않을까 하는 이런 위축감이 많이 있었고, 그런 막 자각심에 막 그런 것이 많이 있었는데

거기 갔다 와서는 용감해졌다고 봐야지. 막 사람이 용감해져가지고 "어디 가서, 서울시내 한복판에 가서도 내가 이렇게 할 수 있다" 이런, 그러한 용기가 생겼다고. 그리고 성노동자란 말을 거기서 처음 들었고, "우리는 이제 매춘부, 윤락녀가 아니라 이왕이면 성노동자라고 불러다오"라고 이렇게 막 애들한테도 얘기하고〈웃으며〉, 내 갔다 온 그 파일을 여기저기 나눠주고 막 보라고 그랬었어.

○○○ 여기 다른 분들한테도요?

●●● 응응. "이거 좀 읽어봐라. 우리는 성노동자다" 막 그래서 이제 진주란 아이도 이제 그때부터 "우리는 성노동자야" 남한테 얘기할 때도 그렇게 됐었어. (그러셨어요?) 나도 거기 가 처음 들었기 때문에. 왜냐면 그때 당시에도 텔레비전에서도 전부 다 그런 식으로 얘기했지, 뭐 윤락녀라든가 매춘부라고 얘기했지, 성노동자라고 안 그랬어. 그러고 나서, 어느 순간부터 보니까 이제 성노동, 매매, 노동 뭐 이렇게 나오더라고. 아, 그러고 이제 이렇게 됐구나 이제…. 왜냐면 그때 왜 태희*랑도 같이 갔다 왔잖아, 그 한소리회에…. (예예.) 그니까 그때만 해도 거기 갔다 와서 용기가 막 넘쳐가지고 조금 들뜬 마음이 있었지. 근데 지금은 다 잊어버렸어. 그때 당시에 갔다 와서 그런….

지금도 뭐 그렇게, 그렇게 지금은, 지금도 내가 뭐 숨기고, 막 어디 가서 누가 나한테 막 눈치 줄까? 그런 거 이제 신경 안 써. (네.) 어 저기 뭐야, 남의 눈치를 안 보고 살겠다는 얘기지. 남을 위해서 살지 않는다는 얘기지. 나만 위해서, 나는 그래도 내 자신이 살아 숨 쉬고 있는 이상, 남이 나한테 손가락질을 하든, 욕을 하든, 뭐 쟤 좋다 하든, 그래도

---

* 인터뷰 당시 '성매매근절을 위한 한소리회' 사무국장.

나는 내가 제일 소중하다고 생각하기 때문에…. 남 눈치 안 봐. 옷도 마찬가지야. 이런 옷도. 막 좀 저기한 데 가면 정장 같은 거 입고, 그런 것도 눈치 안 봐. 쪼끔 그런 저기가 없어졌어. 남을 위해서 뭐 이런 게 없어졌어. 지금도 마찬가지야.

○○○ 근데 그게 그 계기가 되신 거 같아요?

●●● 쪼끔 그렇지. 큰 계기가 됐어. 그때 당시, 거기 갔다 와서는 큰 계기가 됐어. 그리고 거기가 이제 나처럼 똑같이 영업하는 아가씨도 왔었어. 일본에서도 왔었고. 그랬었어. 그랬기 때문에…. 좀 얘기도 좀, 통역이지만 통해서 얘기도 하고, 같이 술도 먹고. 일본에 그 성노동자랑 나랑은 막 이제 그 제스처, 남자들이 연애하는 제스처가 몇 가지 있나. 사람들, 쫙 전부 다 각국에 있는 사람들 모여 있는 데서, 마지막 날 가라오케란 데를 가지고 걔랑 나랑 춤으로, 춤으로 여자하고 남자 할 수 있는 몸동작을 다 재현했지. 〈웃음〉 (너무 재미있었겠다~.) 걔가 올라오기도 하고, 내가 올라가기도 하고, 막, 앉아서도…. 이런 제스처를 우리가 다 보여줬지, 걔랑 나랑. 그래서 하여튼 그때만 해도 나이도 있었지만은, 조금 몰랐던 걸 많이 알아서…. 지금도 뭐…. 지금도 뭐, 그렇게 어디가 뭐 어디가 챙피하다, 누구를 뭐 저기하다 그런 거 없어. 지금도.

그래서 나 아는 애가, 장수하늘소!** 장수하늘소 알지? 가가, 내가 이제 왜 그러냐면, 한 6년 전에 집에를 한번 갔다 왔어. 집에를 갔다가 엄마 보고 오빠 보고 그렇게 하고 올라왔는데, 마음에 상처가 좀 있었어. 그래가지고 〔그 다음에는〕 집에를 안 갔었어, 한 6년 넘게. 안 갔는

** 다큐멘터리 제작 공동체로 「성매매 거리에서 쓴 꿈에 관한 보고서」, 「가출 이데아 : 밀리오레에서 길을 잃다」 등을 제작했다.

데, 근데 이제 작년에 특별법 이거 바뀌고 이 남자가 "밥 먹여준다" 그래서 만나서 합쳤잖아? 그런데 이제, 인제 같이 합치고 걔한테도 말 안 했었어. 장수하늘소하고 나랑 친하게 지내. 이제 그 촬영[「꿈에 관한 보고서」]*이 있고 나서, 생일 때마다 걔네들이 케이크 사서 와서 나 해주고 가고 그랬거든. 지금도 친하게 지내니까.

그러니까 이제 저기 뭐야, 이제 이 남자 만나서 이제 결혼 얘기가, 나도 막달레나 옥정이 언니, 맨 처음에 재희[막달레나의집 실무자, 백재희]한테 그랬나, 아마 그냥 언니한테 그랬나, "사진관에 가서 이 사람도 마흔 넘게 혼자 이렇게 살아왔고, 처음이고, 나 역시 면사포 안 써본 게 한이니까, 가서 사진관에 가서 이렇게 좀 한번 해볼까?" 그랬더니, "그렇게 할 바에야 결혼식을 하자" 그러니까, 이제 집에다가는 엄마한테는 "엄마가 오실라면 오시고, 오빠도 마찬가지고, 나 결혼합니다" 얘기만 했어. 그랬더니 "아무리 그래도 와서 남자를 인사도 시키고 결혼하는 것이지, 그래 싸가지 없이 결혼 통보만 할 것이냐?" ⟨웃음⟩ 그래가지고 이 남자를 데리고 가는데, 장수하늘소 그 저기 미선[장수하늘소 촬영팀]이라는 애가 사진기 들고 따라간대. 그래갖고 우리 신랑이랑 나랑한테 양해를 구하는 거야. 다큐멘터리 하나 저기[출품]할라 그러는데, 여기 국내에다 하는 게 아니고 외국에다가 저기할라 그건데, 동의를 구해. "아, 이제 나는 이제 귀찮다. 마음대로 찍고 싶으면, 근데 내가 찍을 게 뭐 있냐, 찍고 싶으면 찍어라." 우리 신랑도 뭐 그냥 괜찮다고 그랬어. 외국에다 뭐 하는 게 있대, 출품하는 게…. 그래서 걔네들도 뭐 저기하

---

* 1999년 '장수하늘소'와 '성매매근절을 위한 한소리회'가 공동제작한 다큐멘터리로 고연주씨를 비롯, 용산 성매매집결지 여성들이 제작위원회에 참여하여 함께 제작한 작품이다.

니까 내가 이제 뭐 감출 것도 없고, 나는 그렇더라고.

그럼 집에 가는데, 너를 어떻게 설명을 할 수가, 몇 년 만에 집에를 가는데, 얘가 지금 집에를 따라오니, 내가 지금 스타도 아니고, 〈웃음〉 집에 6년 만에 이렇게 가면서, 남자는 결혼한다고 인사시키러 가지만, 뭔 이거[카메라]까지 데리고 가니까 뭐라고 설명을 해야 되나. [가족이랑] 친하게 지냈으면 괜찮지, 왔다 갔다 했으면. 그래서 인제 고민하다가 이제 "아니, 내가 50이 돼서 결혼을 하니까, 참 사연도 많고 그러니까 나의 결혼을 내가 찍어서 남겨둘라 그런다", 그래서 "따라가자" 해서 우리 집까지 갔어. 가가꼬 엄마랑 얘기하는 것도 찍고 엄마도 찍고. 그래 우리 집에, 동생 집이나 오빠 집에 갈 꺼 아녀? 그러면 올케들이 있잖아. 올케들 땜에. 그래 이제 거기 가서 이게 뭐냐고 이러는 거여. "아니야. 신경쓰지 마." 장수하늘소 따라 온 애가 "아, 이거는요, 저기 연주 언니 아는 동생인데요. 이거 촬영을 해서 고연주 결혼식 때 저기를 할라 그런다, 행사를 할라 그런다." 막 이렇게 고짓말 시켜갖고, 그냥 오빠랑 저녁밥 먹는 거 얘기 좀 하는 것도 찍고, 동생 집에 가서 저는 저대로 자고, 우리는 자고 또…. 인제 그때 인사시키러 가서 개랑 추석 전날인가 가서 추석날 올라오는 데까지 개가 찍고 왔지.

그러니까 이제, 그런 것도 옛날에 그… 「꿈에 관한 보고서」, 그 촬영 장수하늘소가 맨 처음에 하기 전에 우리가 집단[1999년 '인간관계개선훈련']이라는 거를 했어. 여기서 막달레나 이사 가기 전에 옛날에 여기 살 때, 거기서 여럿이서 우리 모여가지고. 그때는 지금보다도 머리가 좀 돌아갔다고 생각해. 지금은 또 그렇게 하라면 못해. 인제 거기 직접 현장에서 영업하는 사람 몇 명. 그때 막 그 「꿈에 관한 보고서」 촬영하기 전에야, 장수하늘소가. 이렇게 모여가지고 인제 뭐, 수녀님 한 분이 집도를 하시고, 집단, 그 모임 식으로 해갖고 한 사람씩 자기의 느낌 뭐 얘기하고 이런 거 있어. 그런 거 했었어. 그런 거 하고. 저 '바람과 물'〔바람과 물 연구소, 워크샵을 진행할 수 있는 시설〕이라는 거기 가서, 몇 박 잤어, 거기서 2박인가 자고. 전부 다 이제 여기서 영업 안 하고 거기 가서 잉? 그리고 꽹과리도 치고 장구도 치고 막 이러고 놀고. 하여튼 그리고 왔어. 그래서 이제 '아. 이런 것도 있었구나', 처음 그때 '이 사회에서 이런 것도 있구나'라는 것을 처음 접했지, 여기 살면서. 맨날 여기서 일어나서 약 먹고, 나가서 손님 영업하고, 또 와서 술 쩔어서 자고 이런 것만 하다가…. 그렇게 접해보기는 처음이었지, 처음으로. 그래가지고 그 원래 그「꿈에 관한 보고서」촬영할 때 나는 그때 빠졌었어. 그냥 아는 언니 촬영하는 것만, 왔다 갔다 찍는 거만 보고. 근데 이제 아는 언니〔한테〕가니까 그거 찍고 있더라고. 그래서 그 집 주인이, 포주지, "연주야, 너도 한번 찍어봐라." 이래쌌더라고. 그래서 찍었지. 찍었어.

○○○ 그때는 어떠셨어요? 그거 공개되면 어떨까 그런 거 생각 안 해보셨어요?

●●● 아니, 그때는 이제 뭐가 있었냐면, 나는 괜찮았어. 예를 들어서, 우리가 세종문화회관에서도 촬영〔상영〕을 했잖아. 이거 했는데, 그날 가서 이제 우리도 봤잖아? 그리고 나서 이제, 뭐가 있었냐면, 그거를 어디다가 누구, 어떤 사람한테 보여줄 것이냐, 이런 걸 알아야 되겠더라고…. (그렇죠.) 왜 그때만 해도…. 왜 지금 같으면 나는 상관 안 해. 지금 맘 같으면. 근데 그때 당시에는 집에 한 몇 년 안 가고 있었지만, 2, 3년 안 가고 있었지만, 올케들, 동생 마누라가 있고, 오빠의 마누라가 있잖아. 그러면 그 사람들 다 자식 낳고 나이 먹도록 살고 있는데, 이제 만약에 이게 지방도 가서 보기도 하고 이러면 그 올케들이 알까봐. 엄마는

나를 알고 있어. 나 이런 생활하는 거를 옛날부터 알고 있어. 이제 엄마가 알고 있는데, 상관이 없잖아. 난 촬영을 해도, 공개를 해도. 그런데 올케들 땜에. 그러해서 이제 어디가 촬영〔상영〕, 어떻게 할 것이냐 물어봤더니, 그냥 학생들, 대학생들이나 쪼금 보여준다고 해서 그래서 그냥 저기를〔허락을〕 했지.

근데 지금은 그런 것도 다 과거고, 지금은 뭐 그렇게 큰 신경 안 써. 그런 게 어디서 보여진다든가 그래도 신경 안 써. 근데 그때는 그런 게 있었다고.

"주인들도 공감할 거야."

○○○ 〈침묵〉 그럼 혹시 지난번에 저랑 이야기하셨던 것 중에, 이번에는 인터뷰를 그대로 실을 거니까, 혹시 이런 부분은 좀 안 나왔으면 좋겠다, 이런 거 있으세요?

●●● 내가 뭔 얘기를 얼마나 해서? 글쎄…. 안 나와야 되겠다는, 지난번에 말한 거에 대해서 그런 거는 없는데, 뭐 안 나와야 되겠다 이런 저기는 없어. 뭐 이런 거는…. 예를 들어서 누구든지 공감은 하지. 예를 들어서 주인들이 봐도 공감할 것이고, 아가씨들이 그런 책을 봐도 공감을 할 거야. 그러면은 그런 건 있어. 내가 한번 그때 저쪽 청파동〔막달레나의집 쉼터〕에서 우리 얘기할 때, 그때 우리나라는 그렇게 공창제도가 될 수 없다고 생각을 하잖아. 또 지금 저기 평택〔'민주성노동자연대'(민성노련)가 있는 지역〕이나 어디서 이거 이거〔시위를〕 〈손짓을 하며〉 하는 것도 그냥 이거하는 걸로 끝나지 법이 바뀔 리는 없잖아. 그렇게…, (쉽게 바뀌지는 않겠죠.) 쉽게 우리를 성노동자로 다 인정해주지를 않잖아.

그냥 이렇게 해보는 것이지. 몰라, 뭣이가 뜯어고친다면 그럴 수도 있다고 보지만, 아직은 그런 생각은 들어. 그래도 우리 목소리 낸다는 것은 그 사람들도 존중해줄 만하다고, 그렇지? (그렇죠.) 이제 그 공창제도란 거를 나도 들었고. 거기〔홍콩〕 가서 들었어, 나는. 거기 가서 듣고. 또 내가 직접 경험을 하고 했잖아.

집을 얻어가지고, 나 혼자서. 맞아 죽는, 남자가 때릴까봐 말이야, 혼자 있는 것을 알까봐, 신발을 저 방에다 놔두고, 이렇게 했지만은, 맞아죽을 뻔도 했지마는. 내가 해보니까 역시 이런 생활을 해도 착취 안 당하고, 혼자서 하는 게, 어? 만약에 그렇게 하는 법이라도 된다면 그런 게 좋겠드라 그런 말을 했잖아. 그런 거를 주인이 볼 수도 있고, 아가씨가 볼 수도 있고. 봐도 상관이 없고. 상관이 없어, 어? 그래~. 친한 주인들도 있지만, 자기네들도 그건 공감을 할 거야. 공감을 하지만, 그러한 사람들은 자기네 아가씨들도, 옆집…. 유리관이라는 데가, 우리는, 우리, 밖에 나가는 우리는 히빠리라 그러잖아, 히빠리. 한 마디로 저기 저기 그 뭐냐, 저기 삐끼 나가잖아. 밖에 나가서 한길이 이렇게 있으면, 그것도 구역이 다 있어. 여기 있는 사람이 저리 못 올라가. 이 밑에 못 내려와. 구역 때문에 싸움한다고. 다른 자리에서 손님 못 모셔. 싸움해. 그렇지만 얘기는 해. 지나가는 남자는 〔자기 구역이 아니면〕 히빠리를 못하지만, 걔랑 가서, 같은 동료랑은 술도 한잔 먹기도 하고 얘기는 하잖아. 우리 삐끼하는 사람들은 나가서 그래. 히빠리 직접 하러 나가면.

그런데 유리관에 있는 사람들은 이렇게 이 집 있고, 이 집 있고, 쫙 쫙 서 있어도, 얘가 저녁에 여기 가서 조잘조잘 못해. 할 말 있어도. 그런 거 싫어해. 주인들〔이〕 그런 거는 이렇게. (막아요?) 당연히. 싫어하지. (자기네 얘기할까봐 그러나?) 그렇지. 아무래도 여자애들이 만나서 애기를 하면 자연적으로 그런 식으로 얘기하다 보면, 누구네 집 얘기도 나오고 누구네 집 얘기도 나오고 그렇다 보면 저기가 되니깐 차단을 시켜. 그래서…. 몰라, 나 잘 아는 집은 보면 말하는 거 싫어해. 말도 못 붙이게 하고, 그래. 그런 거 있어. 유리관 애들은 그런 거 있어. 정보도 자기네만 그냥…. 그 집에서 영업하고 그 집에서 자고 그러니까 정보 같은 거 잘 모르지. 그런 거는 테레비나 보고 신문이나 보고 알까? 요즘에는 많이 자유스러워졌으니까 그런 건 많이 알 거야. 그런 건 있지. 그래서 그런 것도 봐도 상관이 없다. 예를 들어서 그래…. 〈웃음〉 여기에 대해서 내가 얘기한 것은 그런 것뿐이 더 있어?

처음에 그거 물어봤잖아? 내가 나도 직접 주인 밑에 내가 그 몇 십 년을 있다가, 내가 딱 혼자 〔독립할 때〕. 그때도 집을 얻어가지고, 저기 삼백에 삼십만 원 할 때…. 그것만도 큰 돈이지. 나는 돈이 많지 않으니까. 그런데 이제 그거를 얻을 당시에는, 너는 나랑은 원수라는 식으로…. 그게 큰 기회야. 나한테는 큰 기회고, 그렇지만 또 그 주인 언니란 사람이 나한테 잘했기 때문에 그 당시에는 그렇게 하면 안 됐어. 그 언니한테. 주인한테는, "언니, 언니" 하잖아. 그렇게 하면 안 되는 상황인데도, 그 뭐라 그럴까…. 그렇지만 그게 나한테 저기〔기회〕니까, 그냥 과감하게. 그 대신 빚도 없으니까 나올 수도 있었고. 오죽했으면 여기 집 얻으려면 돈 들어가는데, 여기 빚 갚아줄 형편이 못 되니까 못 나오지만. 음, 내가 조금 생긴 건 이렇게 조그만해도 조금 야물딱져서 빚 같은 거 〔없었어〕, 거 술 그렇게 먹고 했어도 그렇게는 나는 안 살았거든. 그래서 이제, 그래서 나올 수가 있었고. 나오고 나서 그 사람이 날 자기네 아가씨까지 밖에 나가서 보면 나를 '너 누구냐' 식으로 아는 체도 말라 그래가지고, 그래서 그 다음서부터 조기면 조기, 이제 막~ 선물 사가지고 가서, "나를 죽여주시오."〈웃음〉이래가지고 풀어졌어. 그래서 또 친하게 지내고 그랬다고. 그래서 내가 경험을 했기 때문에, 음, 그것이, 그런 걸 알지. 주인 밑에 있는 거와 이게, 심적으로나 이것 적으로나〈손가락을 동그랗게 말아 '돈'을 표시하며〉그런 게 있어.

○○○ 근데 좋은 주인이 있을 수 있어요? 좋은 포주가?

●●● 좋은 포주는 없어.

○○○ 좋은 포주는 없죠?

●●● 절대 좋은 포주가 있을 수가 없어. 절대 없어. 진짜 없어. 좋은 주인이라는 사람은 있을 수가 없어. 그러니까 사람도 예를 들어서 빵간에 가는 사람도 보면 도둑놈도 있고, 살인자도 있고, 뭐 사기꾼도 있고 있잖아. 다 그 성격 나름이라서 뭐 여러 가지 죄목이 다르듯이, 이 사람 주인들도 보면 이 성격 차이로 똑같은 걸 하면서, 이제 말로나 뭐 행동으로 쫌 감싸준다든가 이런 것 차이 땜에 "우리 주인은 좋아" 이런 말이 나오지. 그거는 똑같애. 그 죄는. 이 사람 살인하고 이 사람 도둑질했다고 똑같지. 죄가~ 없던 거 아니야. (그렇죠.) 똑같애. 똑같듯이, 이 사람도 똑같애. 똑같지만 차이는 조금 성격상으로 도둑질도 하는 사람이 있듯이 이 사람도 요렇게 요렇게 성격상으로 감싸주고, 말도 "야야, 오늘 어디 극장구경이나 갈까나?" 뭐 이런 식으로 조금 애들한테 잘해준다는, 그러면서 "우리 주인 좋다." 그러지. 하나면 하나 열 명이면 열 명 똑같애. 다 나쁜 사람. 그렇게 좋은 사람 있을 수 없어. 자기네도 먹고 살라니까. 받을 거 다….

진짜 그거는 왜 그냐면 안 당해본 사람은 모르지. 손님…. 그 지금도 나는 거기〔용산집결지〕살잖아. 지금 살면서 낮에 보면 낮에 뛰는 애들 밤에 뛰는 애들 따로 있어. 유리관. 히빠리도 낮에 나오는 언니가 있어. 밤에 들어가고. 근데 그걸 볼 때, 손님 하나씩 들어가는 걸 보잖아. 아휴, 참 어떻게 저걸 또 견디나, 이 생각을 한다고. 그런 생각을 해…. 그…. 〈침묵 후 허탈한 웃음〉 그래서 음…. 만약에 만 원 받으면 진짜 오천 원씩 반반씩 나누는 거 너무해. 진짜로 내가 직접 그 손님한테 저기 하는 걸, 당하는 걸 생각하면은. 내가 했기 땜에 그 생각을 하면 너무 가슴이 아프지. (…)

현재 상황과 미래의 희망

○○○ 언니는 그만두고 나니까 좋으세요?
●●● 어~, 근데, 아직 자리가…. 그니까 희한한 거는…. (…) 이 사람[남편]이, 나 지금 면사포도 썼잖아. 썼고, 지금 일은 안 하는데. 이제 여기 사니까 남자란 사람이 노가다를 하니깐, 뭐 나가면 또 털래~ 털래~ 들어오네. 또 가방 매고 아침에 나갔다가 일거리가 없어서. 그니까 퍼뜩 하면 "내가 나가께, 내가 여기라도 나가야지." 내가 화나서, 화나가지고…. 그런 소리를 아직까지 하고 있다는 얘기야. 이거 문제지. 그래서 자리가 안 잡혀서, 확실하게. 그러나, 여러 가지 생각을 많이 해서…. 음…. 그런 생각을 하면 안 되지, 응? 손을 뗐으니까. 근데 거기[용산집결지] 사니까 그런가봐. 인제 나가면 내가 부식비라도 벌지 않을까, 이런 생각. 응? 〈웃음〉 그게 사람 심린가 봐…. 참…. 〈침묵〉

그래도 요즘에는 그, 나라에다 감사를 드려…. 〈웃음〉 어? 나라에다 감사를 또 드리네…. 내가 참 옛날에는…. 참…. 사람은 간사스런 마음이, 열두 번도 바뀔 수가 있다고 생각해. 나한테 이득이 있으니까 참 또…. 감사하다는 마음이.

그리고 또~ 그때 당시에 이 법[성매매방지법] 바뀌어가지고 막 그럴 때는 데모하러 다닐 때는 그, 올라가서 애들이 하나씩 하나씩 막~ 얘기를 하는 거야. 그때 나도 올라갔었어. (그러셨어요?) 응. 올라가서, "여성부 사람들 말이야, 어쩜 그럴 수가 있냐?" 그렇게 얘기를 하고 그랬었는데. 그래도 말 잘 못했지, 그때 당시에는. 근데 지나고 나도 이 생활을 일단 접고, 또 인제 접으면서, 또 인제 이러면서, 만약에 글쎄, 어떻게 되든 간에 이 생활은 다시 들어오고 싶지가 않애. 절대 그걸 하고 싶지 않애. 이제, 절대 하고 싶지 않은데, 음 글쎄. 이제 〈웃음〉 여성부에다 감사하다는, 나라에다 감사하다는···. 왜 그러냐믄 내가 지금 도움을 받고 있으니깐. 의료든지, 의료든지···. 나 지금 치과치료도 받고 있고, 또 지원금도 받고 있어, 현재. 그러니까 크게 집세 같은 거는 걱정이 안 돼. 집세는 여기 나오는 걸로 되고, 이제 먹고 사는 거야 이제 그렇게 많이 들어가는 거 아니고, 자식도 없고 한데.

그 법 바뀌었을 때는 막 그랬는데, 지금은 인제···. 근데 지금 나만 그런 생각하는 거 아니고, 도움을 받는 사람은, 내가 알고 있는 사람들은 그렇게 생각해. 나뿐만이 아니야. 작년 말하고 또 틀리지. 작년 마음하고. 〈웃음〉 (예, 그렇죠. 작년에 힘들었으니까, 여기 아무것도 못 하고.) 음. 두 달 동안 아무것도 못 했으니까. (그때 너무 힘드셨죠?) 음. 힘들었어, 진짜. 그니까 그때 마음하고 틀리잖아, 마음이. 그래서 간사스럽다고 하는 거야.

나는 이 앞에 이빨이 다 부러졌었어. (지금은 이쁜데요.) 내꺼 아니야, 내꺼 아니야. 이렇게 부러졌는데, 인제 결혼한다고, 이 결혼한다고 여기서[현장지원센터] 이놈을 해줬어. 웃으면은 이렇게 못 웃었어. 〈웃음〉 (근데 지금은 너무 이쁜데.) 요렇게 웃고, 요렇게 웃고. 〈손으로 입을 가리며〉 여기 부러져가지고 술 먹고 엎푸러져가지고, 깨져가지고. 이렇게 부러져가지고, 쪽팔려서 그랬는데. 인제 지금은 크게 웃어. 면사포 쓰면서 이제 사진발 받으라고 해준 거야. 이거 하고는 감정이 밀려오는 거야, 감동이. 또 숨길 수가 없잖아. 막 막달레, 큰언니[막달레나의집 이옥정 대표]한테 전화해가지고, "옥정이 언니야? 야, 나 이거 도저히 참을 수가 없다."〈웃음〉내 얼굴도 바뀌었고, 이제 웃으니까. 내 얼굴도 바뀌고 마음이, 너무너무 고마운 마음이 많아. 왜 그러냐 하면 언니를 통해서 또 요렇게 돼서 요렇게 하니까 또 그쪽으로 고마운 마음이 가는 거야. 그래가지고, 그때 당시 전화를 해가지고 얘기를 했지. 〈침묵〉(…)

○○○ 결혼하니까 어떠세요?

●●● 아휴, 글쎄… 폭폭한 건 많이 있지. 있지만, 뭐 다 거, 좋은 면도 있고 그런 거 같애. 좋은 면도 있고, 반반씩인 거 같애.(…)

50프로 50프론 거 같애. 뭐 어떻게 잘 살아봐야 되겠다 그런 거는 [생각은] 가지고 있어. 그런 생각 많이 가지고 있고. 뭐… 뭐. 〈침묵〉 이렇게 조금 아무리, 돈 땜에 대체적으로 싸움이 나지. 생활고 땜에 싸움이, 인제 둘이 생활고 땜에. (…) 근데 뭐 옛날처럼 남자가 조금 마음에 안 든다 그래서 확…. 옛날에는 그런 것도 있었잖아. 좀 그런 것도 있었는데. 지금은 일단 이런 생활 다시는 하고 싶은 마음은 없어. 나도 노력을 할 거야. 나도. 이 사람 뻔한 직업을 알고 합쳤고. 성격도, 성격은 완전히는 몰랐지만. 성격은 솔직히 완전히는 몰랐고. 직업은 알고 선택을 했기 땜에. 그 없는 거야, 없다 보니까 싸움이 자주 나기는 나는데, 그거는 극복할 수가 있을 거 같애. 왜 그러냐면 조금 경제적으로 나아지면 마음의 여유가 생길 거 같으니까. 나도 이제 요번에 일월 달[부터] 해서 뭐라도 [해보려고], 어떻게…. 내가 알아볼 수는 없어. 근데 [그건] 내가 뭘 모르기 땜에야. 내가 컴퓨터도 할 줄 모르고 이렇게 돌아다니면서 어디에 뭐가 있는지를 모르기 땜에 알아볼 수가 없거든. 하여튼 조금 가사에 도움이 될 수 있는…. 집에서, 어저께는 뭐라 그러냐 하면 나 보고, "아, 내가 뭐 좀 알아봐야 된다"는 식으로…. 내가 내 혼자말처럼 얘기를 했더니, 뭐…. "왜 옛날에 보면 집에서도 뭐 갖다 하는 것들도 있던데…."〔그래.〕여기는 어디서 뭐가 있는지 몰라. 영업만 하고 살아서야. 가정 쪽으로 아니면 이런, 이런 저기 쪽으로 모르기 땜에 그래. 그래서 이제, 결혼도 다 끝났고 하니깐. 한 달 됐는데, 아직은 결혼사진을 안 받아서 아직 실감은 안 나.

○○○ 아하, 결혼사진 아직 안 받으셨어요?

●●● 응. 나는 이번에 너무너무 결혼하면서 복이 많았지. 인덕을 좀 많이 봤어. 왜냐면 장수하늘소 네 명이서 지네들끼리 돈을 걷어지고 드레스, 남자는 턱시도 그거 다 그냥, 돈 안 받았고, 안 줬고. 그리고 웨딩촬영을 참 잘했어. 파티복까지 입었거든. 드레스 벗고 파티복도〔입고〕. 탁숄도 걸치고. 그것도 웨딩촬영도 있었거든. 그것도 음, 돈 안 들었어. 나한테 안 받고 지네들끼리 이제 한 거야. 그리고 우리 결혼식 날 사진 찍은 거. 그것도 지네들이 찍은 거여. 근데 지네들이 왜 그러냐 하면, 그래서 좀 오래 걸린다고 봐. 한 달 쯤 잡더라고. 근데 애네들은 좀 오래 걸리는 게 다른 거 촬영하면서, 다른 거 하면서 이거를 하기 땜에 조금 걸리나봐. 그렇지만 나는 보고 싶지. 왜 그러냐 하면, (그렇죠.) 실감이 안 나. 나는 거울도 안 봤어. 〔결혼식을 한〕성당에 거울도 없어. 그리고 웨딩 촬영한 것도. 그거는 화장이 더 좋았어. 여기〔결혼식 때〕하는 거 그것이 화장할 때 장수하늘소가 데려왔어. 화장, 그 메이크업이랑 머리하는 사람이랑 근데 개네들은 나이가 어려서 그런가 좀 못했고. 압구정동

인가 어딘가 거기 가서, 웨딩샵 가서 웨딩 옷 입고 [웨딩촬영]할 때 그건 좋았다고. 그건 내가 더 좋았어. 근데 이제 보고 싶지. 그래서 내가 민정이[장수하늘소 촬영팀]한테 전화했더니. "언니, 알았어." 요번 안에 갖다준다 했으니까 뭔 일이 나겠지. 근데 봐야 실감이 날 것 같애. (…)

○○○ 그럼 언니는 일을, 한 1월부터는 일을 좀 알아보시고 싶으신 거예요?

●●● 어. 그러니까 내가 [직접 알아보는 걸] 못 하니까 인제. 여기다 얘기를 한다든가, 그거는 언니, 막달레나 언니, 큰언니, 옥정 언니한테는, 결혼하기 전에 결혼 끝나면 어디 공장이라든가 생산하는 데…. 머 내가 큰일은 못해. 그래서 식당 같은 데 왜 아직 오십이래도 식당 같은 데 할 수 있으면 하는데. 내가 체격이 안 따라줘. 내가 팔 힘이 좀 부족해. 그래갖고 옛날에 해봤어 식당을. 근데 내 못하겠더라고. 그걸 알기 때문에. 그런 데를 다닐 수 있으면 내가 알아보지. 근데 그게 안 되니까. 이제, 뭐 이제 교통 다니기 좋은 데라든가, 아니면 이 동네라든가. 뭐 어디 뭐 있으면, 우리 가계에 보탬 되는 걸 하면은 그게 큰 싸움이 안 나고, 가계가 아직 자리는 안 잡혔지만 빨리 이사도 갈 수 있지 않나 하는 생각도 들고 그래서. 그런 생각이…. 헤어지고 싶지도 않고 다시 이 생활을 하고 싶지 않아. 그런 마음이야 현재.

근데 자리가 아직 안 잡혀서 이렇게 살고, 여기 그대로 살고 있으면서 지금 이제 조금 음…. 이 사람이 고정적인 수입이 없다 보니까, 놀 때는 팍팍 놀고, 또 있을 때는 며칠씩 나가 벌기도 하고 그러니까. 조금 "에이, 내가 저기 오늘서부텀 내가 저녁에 나가야지." 〈웃음〉 이 말이 나온다니깐…. 아직은…. 헤어지고 싶지는 않은데. 아이 참, 여기 사는, 살아서 그런가 봐. 그걸 밤마다 보고 그러니까. (나가면 조금이라도 벌

텐데 그런 생각이⋯.) 음음. 그거지. 조금 이제, 내가 이제 그때 옥정이 언니한테 그 얘기는, 결혼 끝나면 뭐라도 좀 아침에 [나가는], 나도 만약에 그런 데가 있으면, 아침에 나가서, 우리 살아가는 데 도움이 되면서 좀 하면은 되지 않을까 이런 생각도 해보고, 뭐 그냥 혼자, 혼자 그런 생각을 해봐. (그럼 여기서[현장지원센터] 알아봐달라고 해야겠네요?) 음, 내가 이제 얘기해야지. 〈잠시 침묵〉

아니 여기서도 알아본대, 선생님 한 분이 나한테 저번에 그래. (⋯) 여기 선생님한테 설명은 내가 들었는데 모르겠어. 그거를 어떻게 한 번, 저번 주에 얘기를 하자 그랬으니까. 요번 지나고, 그거가 어떻게 되는 건가 그거를 물어볼까? 아니면 그냥 옛날에 내가 리모콘, 이렇게 하는 데[조립하는 데] 다녀봤거든 조금. 봉제공장도 시다로 다녀보고. 그래서 그런 데라도 있으면 조금 아침에 나가서 저녁에 좀 들어올 수 있는 그런 걸 하면은 몸도 피곤하고 이러니까, 밖에를 조금 들 나가서 여기 살아도, 밖에를 좀 들 나가서 사람들을 좀 들 보지 않나. 그러면 없어서 여기 사니까, 아직은. 그렇게까지 저거하지 않으니까. 이런 생각도 해보고. 왜 그러냐 하면 지금 낮에도 밖에 많이 나와. (낮에도 영업하죠?) 응. 친구들 만나고 언니네 집 가서 놀기도 하고, 백 원짜리 화투도 치기도 하고, 얘기도 하기도 하고 여기저기 돌아댕기기도 하고 그래. 그러다 보니까 그런 게 있어. (그래도 그 재미로, 그 재미가 있잖아요.) 그럼. 그 재미도 있어. 그러다가 또 뭐, 술도 한잔씩 또⋯. 친구가 술도 잘 먹어. 내 친구 하나가. 근데 갸는 술 먹어도 속은 안 아프대. 걔는 타고난 위장을 가지고 있구만. 머리만 좀 아프대. 근데 나는 절대적으로 위장이 아프거든. 머리는 안 아파요 또. 어저께 술 먹었으면 오늘 절~대 못 먹어. 나는 술을 처다보지도 않아. 근데 걔는 그렇지 않애, 또 먹어.

○○○ 진짜 술꾼이다.

●●● 응, 술 좋아해. 그래서 인제 또 걔 만나면 어쩌다 술도 한잔씩 먹어. 그러면 인제 술 한잔씩 먹고, 집에서 우리 신랑 만나면 조금…. 음…. 괴롭지. 뭐라 그럴까…. 음…. 이제 내가 지나고 나면 아, 그런 얘길 뭣하러 하지? 그런 생각이 들지. 근데 거짓말 하면, 거짓말 하면 절대 난 싫어하거든? 나도 역시 거짓말은 안 하니까. 근데 이제 만약에 신랑이 나한테 뭔가 숨기고 있다는 여자의 깜이라는 것이 있어. 뭐, 자기도 뻥땅을 쳐야 먹고 살지. 안 그래? 차비랑 가져가지만, 저기 노가다네 누구 만나서 밥이라도 한 끼 먹을 수 있고. 그렇지만, 그런 거 쪼끔 눈치가 있다고. 크…. 이 사람이 나한테 왜 말을 안 하나? 이렇게 있다가, '아휴, 그래. 자기도 그럴 수 있다' 는 이해가 돼. 근데 이제 친구랑 밖에 나왔다가 어쩌다 술 한잔 먹고 만나잖아, 저녁에. 그러면 "당신 그거 솔직히 얘기해 봐, 나한테 거짓말 했지?" 인제 이제 얘기가 나오네…. 말을 안 해야 되는디.

○○○ 그래도 잘 받아주시나 봐요, 아저씨가?

●●● 음. 받아줘. 들어준다고 봐야지 이제. 금방 또 잊어먹는가 봐? 근데 인제 자기도 얘기를 해. 왜 그러냐면 저번에 인터뷰 한다고, 걔네들 장수하늘소. 친하다 그랬잖아? 결혼하기 이삼일 놔두고 왔더라고 밤에. 밤에 왔어, 둘이서. 와가지고 이제 이런 얘기 저런 얘기 물어본다고 하는데. 아니, 저기, 내가 그랬어. 이 사람은 베개하고 머리만 붙으면 자. 딱~ 베개에 머리만 눕히면 한 몇 초도, 일 분도 안 가는가 봐. 금방 코골아. 난 놀래버린다고. 그러면 참 저 사람은, 난 인자 혼자 앉아갖고 텔레비전 보면서, 야 금방 코 고니까. '참~ 저 사람은 고민도 없구나, 어쩌면 저렇게 잠을 잘 잘까?' 꼭! 붙기만 하면 잔다고. 그 말을 했어. 〔이

사람이] 그 인터뷰하는 사람한테 뭐라 그러는 줄 알아? "나는 고민이 없어요." 그 고민을 한다고 뭐가 되는 게 아니다. 그래서 아예 고민을 안 한다. 고민이 없대, 고민을 안 한대. 그래서 내가 하는 말이 "아니 그렇지만 당신도 늦게 나를 만났고, 나도 늦게 만났지만 우리가 잘살아보자고 [만났는데], 이게 지금 가정이다, 이것도. 당신 혼자 맨날 밥 사먹고 사는 거보다, 이게 가정인데 서로 신경을 좀 써야 잘살 거 아니냐? 그러니까, 당신이랑 나랑, 내가 저 여자랑 어떡하면 잘살까? 조금 저 여자가 뭐가 불만 있으면 내가 풀어줄 수도 있다. 이런 걸 고민할 수 있지 않느냐?" 〈웃음〉 "난 그거 불만이다. 나는 많은 고민을 하는데, 당신은 아무리 금방 나하고 죽네 사네 뭐라고 해놓고, 이렇게 해놓고도 금방 머리만 붙으면 코를 고니 이해가 안 된다." 〈웃음〉 그래도 원래 성격이 그러기 땜에, 〈웃음〉 원래 성격이기 땜에 안 돼. 음…. 〈잠시 침묵〉

근데 착하지. 어…. 내가 어떤 사람들은 내가 맨 처음에 이 사람이랑 법 바뀌어가지고, 영업 나와서 이제 잡힌 건 아니었지[만], 벌금도 기다리고 있잖아? 그 며칠 전에 잡힌 거 땜에. 벌금도 인제 기다리고 있는데 법은 또 바뀌었고, 이제 시끌시끌하고 영업 못 하고 그럴 때. 아, 이 사람이 이제 나한테 대시를 [해], 먼저 얘기를. "아, 내가 인제 노가다니까 일거리가 있을 때 있고, 없기도 하고 이러니까. [그렇지만] 둘이 사는데 밥은 안 굶는다"라는 식으로. 그렇지만 자기가 너무 없다 보니까. 진짜 나랑 합칠 때 천 원짜리 하나 안 갖고 오고, 딱 청바지 세 개만 갖고 왔다니깐. 자기가 나 사는 데로 내려왔으니까, 여인숙에서. 〈웃음〉 그니까 그러기 전에 이제 "근데 자기는 연상의 여인을 좋아한다"라는 이런 식으로, 뭐 인제 이런 쪼끔 그런 말을 했어. 같이 술도 잘 먹었어. "나 저기 술 한잔 사줄 판이여?" 그러면 전화가 와, 지가. 그러면 핸드폰 번호 아니까. 그러면 "저기서 거기서 한잔 사줘" 그러면 "사주께" 그래. 그래서 만나서 같이 청하를 먹고 그러면 그런 얘길 하더라고.

인제 뭐 그래서 자기가 확실히 말은 못하고 이제, 그런 식으로 얘기를 할 때, 그렇지만 성격은 완전히 몰라도, 같이 살아[보니까], 합치고서 살아보니까, 좀 착한 면이 많아. 이런 데 굴러먹던 사람 그런 저기가 없고, 남자들 이런 데 있는 애들, 몇 명, 동네에서 몇 년 있었기 땜에, 방을 얻어갖고 있었기 땜에, 보는 눈은 있잖아. 그래서 그런 사람 별로 안 좋아라 그러고, 양아치라 그러고 막. 저보다도 차도 있고 빵빵한 사람인데도 양아치라 그러고 막 그래. 자기 말이 나한테 표현을 하는 게. 그러고 인제 음…. 나는 그 전에 참, 기둥도 만나서 살아봤고. 그런데 영업해서 감춰놓으면은 그 돈 꺼내가서 막 노름하러 가고 그랬거든. 맞기도 많이 맞았고. 인제 그런 사람을 만나봐서 그런가 몰라도. 난 남자가 한 두 명이 아니었잖아.

근데 이 사람은 여자가, 내가 예를 들어서 성격, 성질이 좀 급한 편이잖아. 그러면 다다다닥 할 수가 있잖아. 그러면 자기도 화가 날 수가 있어. 근데 그 화를 "아이 그만해" 그러고 끝나지, 뭘 나를 갖다 톡 친다든가 요렇게 한다든가, 손짓하는 걸 모르고. 욕하는 거, "씨발" 한 번 했다가 내가 크게 그거를 얘기를 했어. "어떻게 씨발을 할 수가 있느냐?" 자기도 자기 뭔 말끝에 씨발 소리가 나왔어. 내가 그거를, 내가 조근조근 얘기를 했다고. "절대 그런 말을 쓰면은 우리는 안 된다" 이제. 막 그래가지고 이제, 한 번 자기도 모르게 자기 말하다가 그런 말이 나와서…. 그래서 싸움을, 말다툼을 해도 크게 오고가질 않고, 이 사람이 듣는 편이고 이렇게 좀 착한 면이, 그런 면이 있더라고. 영업을 딱 못…. 자기랑 나랑 산 지 얼마 안 되서 내가 영업하러 나가려고 딱 준비하고 그러니까, 못 나가게 하더라고. 그래서 근데 옛날에 여기 나의 남자들은, 건달 남자들은 내가 가서 뭔 짓을 해도 돈을 벌어오길 바랬지. (그래도 자기가 밥 먹여준다고….) 음음. (…)

지금 일 년~ 한 달 됐는데, 그냥 마음이 착하니까. 그래서, 나는 지금 내가 이 남자를 안 만나고 그냥 이렇게 살았으면, 나중에는…. 우리 엄마는 나보고 저 꽃동네라는 데가 있어. 거기를 자꾸 가라 그래. 우리 엄마가 이 생활을 알기 땜에. 내가 이 영업하는 걸 알아. 그래서 "거기를 자꾸 가라" 엄마는 그랬는데.

이제 막달레나 집은 모르니까, 막달레 언니를 한 번 봤어 엄마가. 엄마가 옛날에 나 기둥 있을 때 기둥이 나를 확~ 벽에다 여기 해가지고, 여기 뇌출혈 돼서, 그때 여기 중앙대 부속병원이 옛날에 철도 병원이었어, 철도 병원. 88년도에. 거기 와서, 막 저기 보증금 50만원 걸어야 수술한다 그랬어. 뇌출혈이 돼가지고. 그때 나는 눈이 빠지는 거 같고, 막 오바이트 나서 나는 정신이 없었어. 그니까 이 기둥이 막 다 때려 부수고, "돈이 문제냐, 사람 먼저 살려라"고 막 때려 부수니까 거기서 이제 구급대를 불러갖고, 저 무슨 강남 성모병원, 아니 저기 나라에서 하는 병원이 있대. 그리 가가지고 거기서 엄마가 왔어. 그래서 알았고, 그때 막달레 언니도 만났어. 그때는 친하지 않았었어. 알기는 그전부터 알고 있었지만. 다 이제 우리 다 알잖아. 근데…. 지금처럼 친하지는 않았지. 그때 와서 있었고, 엄마도 그때 한 번 봤을 거야. 막달레 옥정이 언니를. 그때 오래전이고 엄마가 잘 몰라. 자꾸 나보고 이제 "너 이제 나이 먹었으니까 그만하고, 거기나 가서 봉사나 하고 살아라." 그러면, 우리 엄마가 가봤나 봐, 거기[꽃동네]. 엄마가 성당을 다녀. 그러니까 거기를 가봤어. 한 두어 번 가봤나 봐. 하니까 이제 "니가 할 수 있는 것도 있더라, 거기 가면…" 막 그렇게 얘기를 하더라고. 근데 나는 이제, 글쎄, 뭐 내가 이렇게 하다가 천상 갈 데 없으면 막달레나 집뿐이 없구나. 이 생각을, 이런 생각을 하고 있었지.

어린 시절의 기억

○○○ 언니도 영세 받으셨죠?

●●● 응. 나는 어렸을 때 유아 세례 받았어.

○○○ 아~ 그러셨어요? 어머니가 예전부터 다녔었구나?

●●● 엄마나 아빠나 똑같애. 자기네 둘이 결혼하기 전서부터 다니고 있었어. 집안이. 그래서 그 동네서 만나서 둘이 결혼하니까, 구교가 되가지고, 우리는 구교라 그래. 그러니까 엄마 아부지 자식들은 어렸을 때 태어나자마자 세례를 받아. 그래가지고 나 하는 거는 몰랐는데, 내 동생 하는 걸 내가 봤잖아. 그래갖고 [신부님이] 오셔가지고 이렇게 하면서 세례명 지어줘. 그래서 어렸을 때 받았지, 우리는. 그리고 집 나오기 전까지는 [성당에 다녔어.] 아버지 살아 있을 때[까지는], 아버지 무섭다 그랬잖아, 아버지 보면 도망갔다 그랬잖아. (…) 그렇게 해서 성경을 가르쳐줘서, 주일마다 가서 고해성사 보고 가서 저기를 했고 그렇게 열심히 다녔지. 아버지 살아 있을 때까지는. 그러고 나서 잊어먹었어. 기억도 안 나고, 지금도 기억도 안 나고, 그때 당시에 다니고 이런 저기는 있지만 어떻게 성당에서 한다는 건 몰라. 근데 지금도 집에 가보면 우리 엄마는 그냥 자기 몸 아파도 병원에 잘 안 갈라 그래. 안 갈라고 노인넨데 팔십인데. "병원도 가고 성당도 가, 엄마." 그 "주님이 다 알아서 해주신대" 그래. 〈웃음〉

그렇게 열성인데. 내가 성당에서 결혼도 했고, 뭣도 이렇게 저기 한다 그러니까 좋아라 그래. 말도 못 해. 말도 못 해. (그러시겠네요, 진짜.) 굉장히 좋아라 그러지. 노인네가. 근데 그런 거는 조금 엄마의 조금, 어…. 엄마가 어…. 그냥 연세가 많으니까 언제가 될지 모르지만, 그치만 죽는 데 나이순이 없다고는 하지만, 나보다는 먼저 가실 거 아니냐. 근데 내가 계속 일하는 거 보고 가셨으면 엄마는 한이 남으실 것이다. 근데 내가 요번에 잘한 짓을 했다. 잘한 짓을 했다, 그런 생각이 들어. 엄마는 아프셔서 못 왔지만. 전화는 팔팔해, 전화하면 또. 그래서 좋아라 그러고. 엄마가 좋아라 하니까 내가 요즘에, 저기 뭐야, 견진 성사라고 그것도 일주일에 한 번씩 가서 교육받아야 돼. 그래야 그거 봐. 그것도 했고 그랬거든? 그러니까 이제 그것도 했다고 그러니까…. 막…. (너무 좋아하시고.) 응. 그래 이제 막달레 언니, 얘기를 내가 하지. 하니까 이제 엄마도 알아 이제 그 양반. 그래가지고 이제 그 양반한테 전화가 갔더래. 전화번호 가르쳐달라 그래서 가르쳐줬더니, 막 울드래. 고맙다고…. 그래서 이제 그런 거는 엄마가 이제 연세가 있으니까 언제 돌아가시든 나에 대한 걱정은 좀 덜고 가시지 않나 그런 생각도 들고, 좀 그래.

옛날에는 엄마한테 꼴통도 많이 부렸어. "왜 나는 키가 작냐?" 내 잘못인데. 이제 사춘기 때 이런 생각하다가 집에 내려가면, "엄마, 왜 나는, 어디서 주워오지 않았나?" 그때 그 사춘기 때 배움도 없는 데다가 막 돌아다니다가, 그런 거 있잖아. 응. "왜 나만 이렇게 작냐?", "원래 딸이 더 커야 되는데 나중에 보면은 딸이 큰데 엄마가 더 크냐?" 그리고 흔히 엄마한테 짜증 많이 부렸고 그랬어. 아휴, 그래갖고 용산에 그 골목에도 엄마가 왔고…. (아, 그러셨어요?) 응.

○○○ 언니, 그럼 집은 아버지 돌아가시고 집 나오신 거예요?
●●● 아버지 돌아가시고 조금 있었지. 이제 엄마가 방을 얻어가지고, 사글세 방을 얻어서 동생, 남동생 둘하고, 오빠가 나랑 일곱 살 차이인데, 그때 오빠는 사춘기 때니까 막 지만 혼자 돌아다니고.

그니까 내 잘못이야. 지금 생각하면 음…. 미성년자 때 집을 나와서 그때 이제, 참~, 지금도 그런 생각은 생생해. 서울역에 〈침묵〉 앉아 있다가, 이제 그 옛날에는 이렇게 좀, 키 좀 크고 좀 나이 좀 들어 보이면, 무조건 막 우리 같은 사람 조그만한 사람, 나이도 어릴 때니까. 이제 몇 명씩 자기네가 딱 잡으러〔잡아서〕, 똘마니라 그래. 〈웃음〉 여자 깡패가 있었다고. 그러면 이제 우리 껌팔이 시켰어. 막 껌팔이 시키고. 애기도 하나 이렇게 막 빌려줘. 그 조금 장애인 부부가 있는〔데〕 애기를 빌려준다, 돈 주고. 그럼 애기를 업고 지금 생각하면 신세계 백화점이야. 육교 가서 딱 엎드려 있으라 그래. 그럼 사람들이 돈을 놓고 가. 애기가 애기를 업고 있으니까. 지금도 키를 안 큰 게 그런 면이야. 근데 엄마한테 가서 그랬으니. 그때 당시에는, 〈웃음〉 (그게 언니 몇 살 때에요?) 그때가 한 열네 살 때 막 그럴 때야. 열세 살, 열네 살 때야. 그러면 이제 발로 와서 툭 치고 가. 돈이 좀 모아졌다 그러면. 저기서 이제 망보고 있어, 그 언니는. 그러면 가서 애기 업고 가면은 돈 자기가 다 가져가. 그럼 애기 업고 또 올라가라 그래. 그리고 이제 저녁이 되면은 밥 사줘, 밥 먹고 자기가 잠 재워줘.

그때 당시에는 도동, 서울역 있는데, 도동이라는 데가, 양동, 도동이라는 데가 다 하꼬방〔판자집〕이었어. 지금은 어마어마한 건물들이 다 그렇지만. 그럼 거기 가서 자고, 또 그 이튿날은 이제, 예를 들어서 껌을 사준다든가, 아니면 가서 앵벌이 해라 그랬으면, 그런 거 맨 처음에 했다고, 그 언니들한테 똘마니 잡혀가지고. 〈웃음〉 (그냥 무작정 서울 올라왔다가?) 그래. 서울역에 앉아 있다가. 아니, 그것도 이제 왜 그러냐면 엄마가 이제 아버지 죽고 이제, 동생…. 오빠는 왔다 갔다 하니까, 사춘기니까. 난 열두 살, 열세 살 됐잖아. 근데 방을 전주에 어디 저쪽에 사는데 우리 오빠는 왔다 갔다 하고, 집도 왔다 갔다 하고 그러는데. 그러면 엄마가 이제 식모살이를 다니잖아, 식당 같은 데를 돈 버느라고. 그러면 엄마가 이제 나한테 돈을 줘. 뭐 이제 연탄을 사 때라든가, 쌀을 사서 이제 동생들이랑 밥 해먹고 있어라. 그리고 어차피 나는 학교도 안 다니니까. 근데 지금 생각하면 저~, 그 동네 친구들이 몇 명 있었어. 그럼 동생들도 걸어다니고 다 그랬으니까, "니네들 집에 있어라." 그러고 엄마가 이제 예를 들어 연탄 값을 줬다. 그러면 연탄을 꺼뜨려 놓고, 그걸, 그 돈을 가지고 친구 몇 명이서 놀러를 가는 거야. 극장을 간다든가. 그 어린 것이. 지금 생각하면, "야, 그 어린 것이 어떻게 그렇게 갔나"…. 그리고 이제 뭐 그러면 엄마가 와서 연탄불 꺼졌다, 그럼 또 막 ~ 매 맞고. 그 매 맞는 거 때문에 아마 도망나왔을 거야, 친구랑.

내가 잘못해가지고 매 맞고, 또 쌀 사라고 엄마가 이제 바쁘다고 가면은 쌀을 또 엄마가 사다놓고 밥 해주라고 하면 그 쌀을 또 도로 갖다 팔어. 〈웃음〉 쌀가게에다 팔어. 그래가지고 그 돈 가지고 또 영화구경 가. 그래가지고 엄마한테 죽게, 죽을 정도로 맞은 일이 있어. 내가 잘못해서. 그러니까 그때 나 학교를 다니고 그랬으면 달라졌을지 모르는데. 학교를 안 다니고 있었으니까. 그 애가 서울에서 살다온 앤데, "야, 서울에 가면 막 땅 속으로 집도 있고", 지금 생각하니까 서울역 앞 지하도를 얘기한 거 같애. 땅 속으로도 집도 있고 잘 수도 있고 그런다 그래갖고, 그때 개 따라서 엄마를 피해서 도망온다고 서울로 온 것이여. 그래가지고 그렇게 똘마니 잡혀가지고 그때서부터 그렇게 이제⋯.

　한번 도망와서 집에를 갔었어. 갔더니 방 얻어서 살던 집이, 엄마가 어떻게 했냐 하면은, 어, 동생 하나는 저기 작은 집인가 어디로 보내고 막둥이는 엄마가 데리고 어디 식당인가 갔다 그러고, 방도 없어져버렸더라고. 그래서 나를 이제 엄마를 찾아갔을 거 아냐. 엄마가 있는 데를 물어서. 엄마가 있는 데를 알아서 〔찾아갔어.〕 〔엄마가〕 나를 잡아가지고 우리 작은 집에다 갖다 작은아버지한테 맡기니까, 거기서 머리를 빡빡 깎더라고. 이제 또 나간다고. 그래가지고 거기서 한, 거진 일 년은 〔있었어.〕 나랑 동갑짜리 작은 아버지 딸이 있어. 걔는 학교, 중학교도 다니고 교복 입고, 근데 나는 거기서 식모처럼 방청소하고 밥, 아침에 밥도 해야 되고 막 독에다 보리쌀 갈아서. 참, 그 생각 지금도 나. 그래서 걔네들 만화책도 많이 빌려다 봤어. 걔네들이. 그래서 그거 보고 그거 보면서 그림 보다가 나중에는 글씨를 하나씩 읽게 되었었어. 그러다가 나중에는 쓰지는 못하고 읽기만 했었어. 그러다가 이제 거기서 머리가 좀 자랐을 거 아녀, 일 년쯤 있으니까. 그래서 나왔어 거기서.

　그래갖고 서울로 도로 온 거야. 그래가지고 그니까 열일곱 살 땐가 내가 처음에 서울역에, 저 봉래동이라는 데, 지금은 거기 완전히 없어졌어. 거기 굉장히 컸었거든. 봉래동도 있었고, 그 순화동, 봉래동⋯. 이렇게 한길 하나 두고 순화동, 봉래동 있었는데, 거기서 처음으로 히빠리를 배웠어. 열일곱 살 때. 그래 가지고 거기서 수용소를 한 번 잡혀 갔었어. 잡혀 갔다 나와서 청량리로 갔다가 이리 온 게 마지막이지. 그니까 이제 그게 저기 뭐야 너무너무 일찍, 일찍. 지금은 그런 거 알지. 아, 막 사람이 클 때 먹는 것도 중요하고 클 수 있는 그런 환경이라는 게 뼈에 있다는데, 그렇게 해서 키도 못 컸나. 엄마보다 작으니까. 뭐 그런 거. 그래도 난쟁이과는 조금 면해서 다행이지 뭐.

○○○ 아이, 언니 그렇게 작게 보이지 않는데, 조금 아담하다 이런 느낌이지….

●●● 그래서…. 지금도 그렇게 그때부터 잘 살고 그러지는 않애. 않지만, 그런…. 몰라…. 이제 사람이 한번 잘못 들으면 어떻게 이상하게 그렇게 되더라만은, 난 그런 애들도 많이 봤기 땜에 이해를 해. 이해를 하는데. 길을 잘못 들면 계속해서 이렇게 되는가…. 그때 껌팔이 할 때도 이런 나처럼 이렇게 영업하고 이런 사람들 봤을 때도, 양동이라는 데가 굉장히 유명했어. 옛날에 밖에 나와서. 그러면, 지금은 없어졌지만 그러면 거기서 사람들, 껌팔이 언니들한테 잡혀 있으면서 똘마니라는 걸로 잡혀 있으면서 나처럼 영업하는 언니들을 봤었단 말이야. 그러면 우리가 놀리고 그랬다고, 그때 당시에는. 근데 그 생각을 내가 하지. 여기서 영업할 때 야! 그 어렸을 때 그 철모르고, 그 언니가 껌 사주면 껌 팔아서 돈 그리로 다 갖다주고, 밥이나 얻어먹고 잠자고, 그때 그 언니들 보고 우리가 막 놀렸는데…. 더…. 〈잠시 침묵〉 참…. 〈잠시 침묵〉 (…)

"여성부가 이렇게 할 수 있다면…"

○○○ 여성부에서 여기 줄이고, 아니면 뭐 좀 착취 이런 거 안 당하고 하게 하는 걸로 할 수 있다면, 어떤 방식으로 하면 좋았을까요?

●●● 그게 가능하겠어? 왜 그러냐 하면…. 〈잠시 침묵〉 몰라…. 내는…. 어…. 〈잠시 침묵〉 내가 학식도 짧고, 배움도 없고 뭐, 깊이 내가 뭔 생각을 해서 뭐 이런 걸[의견] 저기 그런 거 없어 그냥. 그런 걸 못하잖아. 그런 걸 못하고 그냥, 내가 보고, 내가 보고 뭐 듣는 거. 이게 현실

이구, 그런 정도만 생각하는 거지. 내가 뭐 깊이 뭐…. 그런 거는…. 근데 현실적으로, 현실적으로. 또 어떤 애들은 음…. 그니까 그 어~, (…) 요즘 애들은 좀 배운 애들이 많아. 지금 내 또래들은 나만큼 못 배운 사람들이 많아. 또 많고, 그냥 어디 갈 데가 없어. 솔직히 어디 갈 데가 없어. 남자랑 살든 안 살든, 다 벌어먹고 살기 위해서 나와. 내 나이 또래도 많~잖아. 여기[현장지원센터] 오는 사람도 나이 어린 사람들 몇 명 안 돼. 다 고 사람들이지. 근데 음…. 다 갈 데가 없고.

근데 유리관 있는 애들. 젊은 애들은 가만히 이렇게 보면 우리보다 배움은 더 있어. 아무래도 고등학교 나온 사람들도 있고. 좀, 참, 저 정도 되는데…. 나도 길을 잘못 들어서 내가 참 그렇게 돼가지고 지금 온다고 최고로 와 있는 데가, 〈웃음〉 똘마니 중에서 최고로 와 있는 데가 여기였고. 이 나이 됐는데…. 참, 삶도 너무너무 기구하지만. 쟤네들을 가만히 볼 때, 얘네들도 자기네가 또, 어떤 면에서는 주인이 같이 있는 걸 원하는 애들도 있을 거라고 봐. 그런 목소리를 내는 애들도 있고. "아, 우리 주인 좋다 말이야", "착하고 이 사람이랑 같이 있고 싶다" 뭐 이런 걸…. 이런 애들도 있다니까 진짜로. 근데 그런 애들도 있는데, 어, 그게 진심인지 아닌지를 몰라, 우리는. 우리는 솔직하게 얘기하는데, 또 걔네들은 그게 진심이 아닐 수도 있다고 봐~. 그런 거 원하는 사람 별로 없거든. 자기네도 그 저기 칠만 원 받으면은, 육만 원인데 이제 칠만 원씩 받잖아? 칠만 원 받으면은, 육만 원, 칠만 원 받으면은, 만일 육만 원 받으면은, 그거 저기 삼만 원씩이잖아. 그 전에는 방세까지 냈어. 걔네들은 방세도 막 비쌌다고, 방이 좋으니까. 물건도 다 주인이 다 그냥 들여놓고. 그렇기 땜에, 그런 거 생각하면 걔네들도 사람인데, 계산할 줄도 [알고], 머리도 배운 애들은 다 좋다던데, 그러겠어? 그런데 그런 목소리 내던 애들을 봤어. 실제로 봤는데 그건 진심이 아닐 거라고 봐. 근데 뭐 주인들이 없어지지는 않을 거라고 본다고. 〈작은 목소리로〉 주인들이 솔직히, 그거 내가 볼 때 돈 많은 사람도 봤는데, 왜 그 집에 미련이 있나. 아니면 뭐 나가서 할 게 없나, 돈도 많이 있는 사람인데. 왜 안 나가고 애들을 잡고 장사하고 있나, 또 놀 때는 두 달씩 팍팍, 석 달씩 놀다가 불 다 끄고 놀다가 또 그렇게 또 같이 영업하고. 뭐 그런 거 있잖아. 그 동네는 딱~ 그 사람들이 잡고 있고 뭐 그런 것도 있더라고.

그래서 아~ 아가씨들한테는, 나는 그런 생각은 들어. 이…, 만약에 음성적으로 더 해가지고 더 진짜 사람이 죽을 수도 있고, 잘못 돼서 죽는다면 안 되잖아. 예를 들어서 너무 착취도 당할 수 있고, 그런 거 많잖아. 사람 똑같은 저긴데, 너무 단속이 저기하다 보면[심하다 보면] 그럴 수가 많이 있어, 그런 게. 단속 땜에 너무 이렇게 했다 그러면, 당하는 건 그 밑에 있는 여자들뿐이 없어. 그러면 그런 걸 위해서는, 뭐 용산을 없애든 청량리를 없애든, 이렇게 퍼져서 있든 간에 아니면 어디 단속만 심해가지고 어디 숨어서 있다가 더 당하고…. 내가 지금 세월 흘러 보니까, 몇 십 년을 여기에서, 거진 30년을 용산에서만 30년을 있으면서, 글쎄…. 나도 주인 [밑에] 오래 있었잖아. 몇 십 년을 있었는데. 나한테 남은 게 뭐냐고? 지금 남자랑 살면서 이거 끼니 걱정을 하고 사니…. 그러면 그 사람들도 나중에 자기한테 오는 거는, 그 여인들한테는 아무것도 없단 말이야. 자기가 지금 나를 성노동자로 인정해달라, 그렇게 외치고 싶은 여자들도 많이 있잖아. 그리고 안 그런 사람들도 개중에 성격 나름대로 있겠지만, 그러면은 음…. 참…. 그게 이루어질지 안 이루어질지 모르지만, 뭐 허가를 안 내더라도, 지금 음성적으로 그냥, 지금 여기 단속 없잖아. 또 영업하잖아. 이런 식으로 한다면은 [차라리] 그냥 모아가지고 요렇게 그냥 주인 없이 너네들, 니네 진짜 니네가 이렇게만 해서 살겠다면, 안 그래? 그 아가씨들이 이렇게만 해서 살겠다면, 너무 착취 안 당하게끔, 빨리 지네들도 돈을 벌어서 나온다든가. 또 거기 들어가는 여인들도 있을 거고 나오는 사람도 있을 거야. [그렇게] 있어야 되지 않느냐. 그렇게 뭐 이 법 바뀌어서 물론 그만둔 사람도 있지만, 그만두지 않는 사람도 많고. 다른 데로…. 뭐 여러 가지로 많아. 그래…. 그런 거는 희망사항이지, 까놓고.

근데 모르겠어, 지금. 우리 지금 이렇게 지금 내가 지금 여기서 의료나, [지원받는] 이것도 보통 예산이 아닐 걸? 의료나, 이렇게 지원을 받고, 작은 돈이지만…. 내가 어저께 아까 왔던 애 있잖아. 걔 이름이 희숙인데. 본명은 몰라 그냥 "희숙아, 희숙아" 그래. 근데 걔는 나이도 이제 서른…. 사십도 안 됐을 거야. 쟤가…. 사십 넘었나? 근데 쟤도 아주 오래 됐어. 근데 어저께 나랑 잠깐 얘기를 했는데, 개도 고맙다 그래. 큰 저기가 [도움이] 된다 그러지. 왜냐면 당장 자기가 잠깐 감기 들어서 일도 못 하니까 좀 쉬고 있나 봐. 근데 그게 없는 거보단 나으니깐 저한테는. 작은 사십만 원이지만 많은 도움이 된다 그러더라고. 나 역시 그렇지만. 그러니까 이것도 큰 저긴 [도움인]데, 글쎄…. 그런 것도 상상이라도 해볼 수 있지 않나…. 그런 생각도 들어. (…) 〈끝〉

<< 에필로그

고연주씨와의 처음 만남은 황급히 끝났다. 인터뷰 중간 중간 울리던 용산 역전에서 기다리는 친구들의 전화를 그저 무시할 수 없었던 나는, 그녀를 빨리 보내주어야 할 것 같았다. 고연주씨는 친절하고 다정하게 대화를 이끌어갔지만, 그날 유독 힘겨웠다던 치과의 신경치료로 어눌해진 발음도 마음에 걸렸다.

처음 인터뷰에서 내가 받은 인상은 고연주씨가 초등학교도 나오지 못했다고 했지만, 참 훌륭한 대화자이며, 놀라운 판단력의 소유자라는 것이었다. 인터뷰 녹음을 들으면서 나의 과장된 친근함의 표현을 녹여주는 그녀의 다정함이 더욱 돋보였고, 대화 중에 어떤 상황을 내가 이해할 수 있도록 자세히 설명해주려는 그녀의 노력이 두드러져 보여 더욱 고마웠다.

첫번째 인터뷰가 내내 아쉬웠던 점은 내가 충분히 조심스럽게 인터뷰의 목적과 사용방향에 대해 설명하지 못했다는 데 있었다. 나의 일방적인 친숙함이 그녀의 것이 아닌 이상, 이건 참으로 기묘한 불균형이 내재해 있는 상황이었다. 그러나 고연주씨는 실상 막달레나의집을 매개로 한 일종의 동료의식으로 그걸 극복해주었던 듯했다. 두번째 인터뷰를 시작하면서, 인터뷰 목적과 사용 방식에 대해 설명하고, 공개에 동의를 구할 때, 그리고 첫번째 인터뷰 당시 그걸 충분히 설명하지 못했던 것에 사과했을 때, 고연주씨는 웃으며 "우리는 막달레 옥정 언니가 시키면…"이라고 말했다. 그건 내가 이미 막달레나의집을 통해 고연주씨에게 친근감을 가지고 있었던 것처럼, 고연주씨도 처음 대화를 나누는 나를 자신이 가지고 있는 지지 공동체의 일원으로 받아들여 주었다는 것을 의미한다.

두번째 인터뷰를 생각했을 때는, 첫번째 만남에서의 아쉬움을 극복해보고자 하는 마음이 컸다. 현장지원센터에서 인터뷰를 하자고 약속을 하고, 그 근처에서 만나 함께 센터로 향하는 길에서 고연주씨는 자신의 집으로 나를 초대하지 못 하는 사정을 미안한 듯 털어놓았다. 낡고 지저분한 집에 초대할 수는 없었다고, 그렇지만 센터는 내 집처럼 편한 곳이라고 웃으며 말하는 그녀가 한층 가까워진 느낌이었다. 그리고 그 느낌은 약간은 불편했던 첫 인터뷰에 대한 나의 자기 비판적 평가, 반성을 녹여주었다.

첫번째 만남에 대한 아쉬움은 나만의 것은 아니었던 듯하다. 편히 자기 집처럼 센터에 들어서, "여기가 이야기하기 좋은데"라며 진료가 없는 날에는 비어 있는 진료 상담실에 나를 안내할 때, 오늘은 맘먹고 이야기를 들려주려 한다는 인상을 받았다. 첫번째 인터뷰 때와 같은 "무엇이든 물어보라"가 아닌, 자연스럽게 흘러나오는 화제들과 나의 물음에 응대하는 그녀의 이야기가 이런 인상을 확인해주었다. 두번째 인터뷰는 '목적'이 전면에 있지 않았다. 자연스럽게 현재의 관심사를 들으면서, 이것저것 물어보면서, 자연스레 인터뷰가 마무리되어 갈 즈음, 필요한 것이 있으면 아무 때나 또 연락하라고 고연주씨는 흔쾌히 약속해주었다. 두번째 인터뷰가 끝나고 센터를 나서는 고연주씨는 다시 서둘러 역전으로 향했다. 그날도 그녀가 돌아가 가장 편히 느끼는 그곳, 벗어나고 싶지만 지금으로서는 가장 익숙하고 친숙한 그곳에서 친구들이, 새로이 지키고 싶은 가정이 기다리고 있을 것이다.